“十一五”国家重点图书规划项目·防空指

防空指挥自动化信息处理

贺正洪　吕　辉　王　睿　主编

贺正洪　吕　辉　王　睿
刘进忙　岳韶华　胥明军　编著

军队 2110 工程资助项目

西北工業大學出版社

【内容简介】 本书以防空指挥自动化系统中的信息处理为研究对象，以信息的获取、处理及指挥决策为主线，构建信息处理的完整框架和流程，突出介绍了防空指挥自动化信息处理的基本原理与主要技术。全书共分 8 章，其主要内容包括雷达信息的一、二、三次处理和坐标变换，以及防空指挥决策、武器控制、数据融合。

本书内容丰富，逻辑严谨，注重基础，面向应用。在各章的最后附有思考题，便于读者加深理解。

本书可作为高等院校指挥自动化工程、信息工程、雷达工程及相关专业本科生和研究生的教材或参考书，也可供相关领域的科研和工程技术人员参考。

图书在版编目(CIP)数据

防空指挥自动化信息处理/贺正洪，吕辉，王睿等编著．—西安：西北工业大学出版社，2006.1(2014.8 重印)
(防空指挥自动化系列丛书)
ISBN 978-7-5612-2027-6

Ⅰ.防… Ⅱ.①贺… ②吕… ③王… Ⅲ.防空战役—作战指挥—信息处理系统—高等学校—教材 Ⅳ.E115

中国版本图书馆 CIP 数据核字(2006)第 018399 号

出版发行：西北工业大学出版社
通信地址：西安市友谊西路 127 号　　邮编：710072
电　　话：(029) 88493844　　88491757
网　　址：www.nwpup.com
印 刷 者：陕西宝石兰印务有限责任公司
开　　本：787 mm×1 092 mm　　1/16
印　　张：17.625
字　　数：421 千字
版　　次：2006 年 1 月第 1 版　　2014 年 8 月第 2 次印刷
定　　价：35.00 元

防空指挥自动化系列丛书
编　委　会

总序

随着计算机网络技术和信息技术的发展，人类跨入了信息时代，信息战已登上历史的舞台。加强指挥手段建设，提高信息作战能力，努力建设和发展我军指挥自动化系统，已经是历史的必然。

信息技术的高速发展及其在军事领域的广泛运用，正深刻改变着军事斗争的方式。当前，指挥自动化已成为国防威慑的重要力量，是军队现代化的基本标志。军队指挥自动化系统已成为打赢高技术局部战争必备的重要手段，是实施信息作战的重要武器系统。军队指挥自动化系统建设要以我军新时期军事战略方针为依据，着眼于提高我军整体作战效能和信息化水平，坚持战斗力标准，加强建设综合一体、功能完备、技术先进、协调配套、稳定可靠、安全保密的指挥自动化系统，提高我军高技术条件下的联合作战指挥能力和信息作战能力。建设指挥自动化系统的目标是要努力实现指挥控制、情报侦察、预警探测、通信、电子对抗和信息保障系统一体，各军兵种指挥自动化系统一体，战略、战役、战术级指挥自动化系统一体，以及指挥自动化系统与主战武器系统一体。既要具备抵御信息攻击的能力，又要具备信息攻击的能力。

我军指挥自动化建设经过多年的努力，已经取得了许多重要的进展。加强我军现代化建设，必须着眼于改善作战指挥手段，提高信息作战能力，把指挥自动化建设作为国防和军队现代化建设的战略重点。这是世界军事变革对我军现代化建设提出的客观要求，是提高部队"打赢"能力的迫切需要。

在防空指挥自动化系统建设的过程中，空军工程大学导弹学院在教学、科研方面进行了多年的工作，完成了许多重要建设项目，培养了大批高素质的人才。为了总结多年教学、科研成果，编写出版防空指挥自动化系统系列丛书5本，分别是《防空指挥自动化系统》《防空指挥自动化信息处理》《防空指挥自动化通信系统》《防空指挥自动化系统软件工程》《防空指挥自动化指挥控制系统》。从系统、信息处理、通信系统、软件工程及指挥控制等方面，分别介绍了防空指挥自动化系统的基本原理和关键技术，这对从事防空指挥自动化领域的工程技术人员及军队相关领域的指战员都有很好的参考价值。

本系列丛书的作者，都是我院长期从事防空指挥自动化系统研究的专家、学者，有丰富的教学和实践经验。他们对自己从事的工作进行了科学总结，编写风格尽量做到理论与实践相结合，形成系统概念；书中图文并茂，通俗易懂，努力做到开卷有益。为了保证本系列丛书的编写质量，专门成立了丛书编委会，反复研究编写思想和编写提纲。相信防空指挥自动化系统系列丛书的出版发行会对我军防空指挥自动化系统的建设起到一定的促进作用。

本系列丛书的出版，得到了西北工业大学出版社的重视和大力支持，正是他们对国防建设的高度事业心和责任心，并为此付出了辛勤的劳动，使本系列丛书得到顺利出版，在这里向他们表示诚挚的敬意。

空军工程大学导弹学院院长

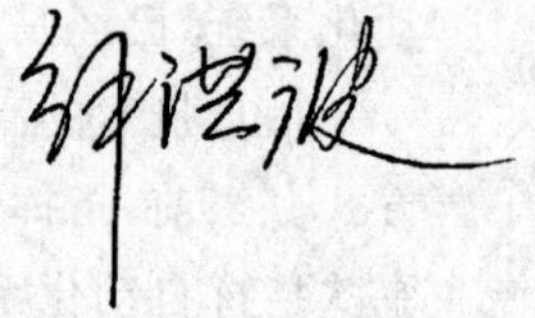

2005 年 12 月

前 言

指挥自动化系统是军队重要的武器装备，已成为国防威慑的重要力量，是军队现代化的基本标志，受到各国政府和军队的高度重视。人们把指挥自动化系统看做“力量倍增器”和“第三次军事革命”。我军也认为，指挥自动化系统是打赢高技术条件下局部战争必备的指挥手段，是实施信息作战的重要武器系统。

防空指挥自动化系统是军队指挥自动化系统的重要组成部分，它担负着预警探测、情报处理、指挥控制等重要任务。经过多年的努力，我军防空指挥自动化系统建设已取得长足发展，各级各类指挥自动化系统大量装备部队，在保障作战指挥、战备值班、训练演习中发挥了重要作用。目前，防空指挥自动化系统正向着分布式、综合一体化和智能化的方向发展。

指挥自动化系统本质上是一个军事信息处理系统，它的主要功能是信息获取、处理、决策、对部队实施指挥与控制以及战场管理等。所以，信息处理是指挥自动化系统的基本功能和主要任务，它存在于系统中各分系统和组成单元，渗透到系统工作过程的每一个环节。系统利用各种传感器获取大量的原始情报，并对原始情报进行分类、研究、分析、综合，进行鉴别和浓缩，得到整个战场的综合态势信息，辅助指挥员科学决策。对信息处理的基本要求是近零时延、最优化和稳健。

本书以防空指挥自动化系统中的信息处理为研究对象，以信息的获取、处理及指挥决策为主线，构建信息处理的完整框架和流程，突出介绍了防空指挥自动化信息处理的原理与主要技术。考虑到目前的防空指挥自动化系统以雷达网为主要信息源，所以本书将雷达信息处理作为重点，适当介绍其他类型传感器及多传感器信息融合技术。指挥决策以目标识别、威胁估计和目标分配等为研究重点。

全书分为 8 章。第 1 章介绍指挥自动化系统的基本概念；第 2,3,5 章分别介绍雷达信息的一、二、三次处理的基本原理与方法；第 4 章介绍指挥自动化系统中常用的坐标系和各种坐标之间的变换方法；第 6 章介绍目标识别、威胁估计和目标分配等指挥决策的基本原理与方法；第 7 章简要介绍武器控制的基本概念和方法；第 8 章对数据融合这个信息处理技术热点领域的基本概念和原理进行了介绍。

本书注重概念，采用通俗的文字和简明的图示阐述基本概念和基本原理，尽量减少繁杂的公式推导和证明，并联系实际的指挥自动化系统，介绍了大量实用的信息处理方法。在各章的最后附有思考题，便于加深理解和自学。本书可作为高等院校指挥自动化工程、信息工程、雷达工程及相关专业本科生和研究生的教材或参考书，也可供相关领域的科研和工程技术人员参考。

本书中的主要内容于1999年编写成内部教材，在多年的使用中从多方面获得了许多宝贵的意见；又经过作者多年的教学实践和科研工作的积累，在此基础上重新编写了本书稿。全书由贺正洪负责统稿，并编写第2～7章；吕辉编写第1章；王睿编写第8章，并参与了第4章的编写；刘进忙、岳韶华、胥明军参与了部分编写工作。

本书的出版得到了空军工程大学导弹学院领导、训练部机关和西北工业大学出版社的大力支持。在此，作者向他们表示真诚的感谢。

限于作者水平，本书的不妥与错误之处在所难免，恳请广大读者批评指正。

编著者

2005年10月

目 录

第 1 章 指挥自动化系统概述 …… 1

1.1 指挥自动化基本概念 …… 1

1.2 指挥自动化系统的功能、组成与结构 …… 7

1.3 防空指挥自动化系统的信息处理 …… 15

1.4 指挥自动化系统的工作模式与主要战术技术指标 …… 18

1.5 军队指挥自动化系统的现状与发展 …… 23

思考题 …… 32

第 2 章 雷达信息的一次处理 …… 33

2.1 雷达信息一次处理的任务 …… 33

2.2 统计检测基本原理 …… 34

2.3 雷达信号的检测 …… 40

2.4 确定目标坐标的方法 …… 52

2.5 雷达数据的录取 …… 56

2.6 雷达信息一次处理的算法流程 …… 68

思考题 …… 69

第 3 章 雷达信息的二次处理 …… 71

3.1 雷达信息二次处理的任务 …… 71

3.2 目标航迹的外推与滤波原理 …… 73

3.3 一阶和二阶多项式近似的航迹外推与滤波 …… 78

3.4 航迹参数的递推式滤波(平滑) …… 87

3.5 航迹建立与航迹相关 …… 94

3.6 雷达信息二次处理的算法流程 …… 99

思考题 …… 100

第 4 章 坐标变换 …… 102

4.1 坐标系 …… 102
4.2 地图投影方法 …… 113
4.3 方格坐标与投影平面直角坐标的相互转换 …… 126
4.4 不同站之间的坐标变换 …… 132
思考题 …… 141

第 5 章 雷达信息的三次处理 …… 142

5.1 雷达信息三次处理的任务 …… 142
5.2 雷达站情报的收集 …… 144
5.3 时间统一 …… 147
5.4 点迹核对 …… 149
5.5 坐标平均 …… 159
5.6 三次处理的信息综合算法 …… 160
5.7 干扰机方位信息的处理 …… 165
思考题 …… 168

第 6 章 防空指挥决策 …… 169

6.1 指挥决策的基本概念 …… 169
6.2 目标识别 …… 176
6.3 威胁估计 …… 183
6.4 歼击机的目标分配 …… 188
6.5 地面防空武器的性能 …… 191
6.6 地空导弹旅(团)指挥算法流程 …… 195
6.7 地空导弹的目标分配 …… 198
6.8 干扰机分配算法 …… 203
思考题 …… 209

第 7 章 武器控制 …… 210

7.1 自动控制的基本原理 …… 210
7.2 自动化武器控制的实现 …… 213
思考题 …… 217

第 8 章 C^3I 系统信息处理技术的新进展——数据融合 …… 218

8.1 概述 …… 218
8.2 数据融合的体系结构 …… 223

8.3　多传感器数据融合的理论基础 …… 228
8.4　数据融合用于目标关联和状态估计 …… 237
8.5　数据融合技术用于目标识别 …… 247
8.6　基于数据融合的态势评估与威胁评估(STA) …… 252
8.7　多传感器数据融合在 C^3I 系统中的应用 …… 261

参考文献…… 269

第 1 章　指挥自动化系统概述

由于科学技术的蓬勃发展，改变了传统的战争方式，突破了传统的战争空间和时间观念。未来战争要求必须实现指挥自动化。本章介绍指挥自动化系统的概念、功能、组成结构及指挥自动化信息处理过程等知识，使读者对指挥自动化系统有一个初步的了解。

1.1　指挥自动化基本概念

指挥自动化系统的建设作为军队现代化建设的一个重要方面，在世界上已有半个世纪的发展历程。为了提高我军在高技术条件下的联合作战指挥能力和信息作战能力，我国也必须对指挥自动化和指挥自动化系统进行全面规划、研究，发展与建设综合一体、功能完备、技术先进、协调配套、稳定可靠、安全保密的指挥自动化系统。

1.1.1　指挥自动化与指挥自动化系统

有关指挥自动化系统的含义、概念或定义的说法很多。我国有关专家对现阶段指挥自动化和指挥自动化系统的基本概念和范畴，于 1995 年底给出了一个定义(或描述)："指挥自动化，是在军队指挥体系中综合运用现代电子科学技术和军事理论，融指挥、控制、情报、通信和电子对抗为一体，实现信息采集、传递、处理自动化和决策方法科学化，保障对部队和武器实施高效指挥的一种手段。指挥自动化系统作为指挥自动化手段的技术实现，是在特定作战理论指导下，结合运用现代电子技术和设备，与作战指挥人员紧密结合，对部队和武器实施指挥与控制的人—机系统。指挥自动化是一个内容不断丰富的发展中的概念，现阶段的指挥自动化建设主要包括指挥控制、情报侦察、预警探测、通信和电子对抗及综合保障等业务领域。"

国际上流行的概念是 C^3I(系统)，即 Command，Control，Communication and Intelligence System，译为指挥、控制、通信和情报系统。世界上最早的 C^3I 系统是由美国 20 世纪 40 年代末开始研制，50 年代末投入使用的赛其系统(Semi Automatic Ground Environment system，SAGE)，这是一种半自动化的地面防空系统。从 20 世纪 50 年代起，世界上几个发达国家也开始研究和发展类似的系统，同时西方各国军界和科学技术界对这类系统的概念、定义与范畴进行了探讨与讨论，曾先后出现过下列术语：

C^2——Command and Control　指挥与控制(20 世纪 50 年代)；

C^3——C^2＋Communication　指挥、控制和通信(20 世纪 60 年代)；

C^3I——C^3＋Intelligence　指挥、控制、通信和情报(20 世纪 70 年代)；

C^4I——C^3I＋Computer　指挥、控制、通信、计算机和情报(20 世纪 80 年代)；

C^4I-FTW——C^4I　For The Warrior　勇士 C^4I(20 世纪 90 年代)；

C^4ISR——C^4I＋Surveillance Reconnaissance　指挥、控制、通信、计算机、情报、监视和侦察(20 世纪 90 年代)。

从本质上讲,上述术语代表的意思是相似的。指挥控制(C^2)是核心、是目的,但它离不开通信和情报;通信是实现指挥控制的手段,情报是实现指挥控制的基础,而计算机则是系统中的核心技术设备。术语上的差别仅反映在细节上,是时代的印记。

苏联不用 C^3I 和 C^4I 等术语,而称为 Автоматизированная Система Управления Войсками,简称为 АСУв,译为军队指挥自动化系统。

实际上,指挥自动化是现代化军队指挥在当代的一个阶段性特征,属于军队指挥现代化的范畴。而指挥自动化系统或 C^3I,则泛指一切支持各级各类军事指挥机构实时获取信息,处理信息,传输信息,进行态势分析、威胁估计、决策,然后实施有效指挥和控制,以夺取军事优势的复杂而庞大的人—机系统,其主体是信息系统。随着科学技术和武器系统的发展,指挥自动化系统也在不断地发展变化和更新提高。原则上说,现代化军队指挥控制系统的发展建设是没有定势和止境的,是不可能完全重复的,因此,用“指挥控制与信息系统”或“军事信息系统”来代替指挥自动化系统、C^3I 系统等术语更科学、更普遍适用,而且在科学技术不断发展促使系统功能、组织结构、工作模式以及关键技术设备的不断更新和变化的情况下,更能准确地表达这类系统的概念与范畴。

1.1.2 作战指挥

作战指挥自动化是在现代作战理论指导下,根据武器系统性能、作战模式和相关技术状态而采取的一种指挥手段。关于作战指挥的特征、要素、职能和原则的基本观点,是决定指挥自动化和指挥自动化系统的功能、性能、体系结构和工作模式的系统诸元的基本理论依据和指导思想。

作战指挥是军队指挥的重要组成部分。军队指挥是指军队指挥员及其指挥机关对所属部队的作战和其他行动的组织领导活动。军队指挥的根本目的在于统一意志,统一行动,最大限度地提高和发挥部队战斗力,夺取作战胜利。

对军队作战行动的指挥简称作战指挥,即:作战指挥是指挥员及其指挥机关对所属部队的作战准备与实施的组织领导活动。它既包括指挥者的指挥思维活动,又包括指挥者的指挥行为活动,是指挥者一系列指挥思维活动和指挥行为活动的总和。下面简要介绍作战指挥的特征、要素、职能和原则等。

1. 作战指挥的特征

作战指挥是指挥者为达成一定作战目的,对部队作战行动进行的运筹决策、计划组织、协调控制活动,可从三个方面对其进行理解。

其一,作战指挥的主体是指挥员及其指挥机关;作战指挥的客体是下级指挥员及其所属部队。

其二,作战指挥是一种主动的有目的的统御行为,其直接目的是提高部队整体效能,其间接目的是夺取作战胜利。指挥者通过巧妙地调动部队,周密地组织协同,灵活地运用战法,不间断地实施调控,使部队统一思想,统一行动,最大限度地发挥战斗力,将指挥者的意图变为现实。

其三,作战指挥是一个过程,由一系列活动组成。指挥者的活动贯穿在作战活动的各个阶段、各个环节之中。决策的制定、实现和作战行动的有序进行，有赖于指挥者不间断的协调与控制。

作战指挥是在情况紧急、充满危险、敌对双方激烈对抗的条件下进行的。它具有区别于一般组织领导活动的特点，可概括归纳如下：

(1)对抗性。对抗性是由于作战目的的坚决性和指挥活动的针对性决定的。其表现有二：一是在作战指挥中，敌对双方的指挥者都力求最大限度地消灭对方、最有效地保存自己，指挥活动始终在激烈的对抗中进行。二是在作战指挥过程中，双方的指挥都以对方作为自己行动的根据，此方的行动必然引起彼方的反行动，而彼方的反行动又必然引起此方的再行动。每一次较量都具有鲜明的针对性和强烈的对抗性，并使双方的力量发生此消彼长的互逆变化。

(2)强制性。强制性特征表现在两个方面：其一，指挥者对下属的指挥多以强制手段——命令、指示——的形式来完成，指挥者与被指挥者表现为命令与服从的关系。其二，作战命令、指示的内容具有极大的权威性和强制性，受命者必须坚决贯彻、绝对服从，不得讨价还价，更不得违抗命令、擅自行动。

(3)风险性。作战行动的突然性和不确定性决定着作战指挥存在特有的风险性。作战中一切行动追求的都是可能的结果而不是肯定的结局。指挥员作出的每一个决定，都要冒一定的风险。指挥失利甚至失败的风险和责任比其他活动都大。

(4)诡诈性。“兵以诈立”，古今如此。以计制敌、以谋取胜是作战指挥的明显特征。作战不仅是双方人力、物力的较量，同时也是双方智谋的较量。高超的指挥艺术，本身就包含着诡诈。成功的指挥活动，与诡诈密不可分。

(5)时效性。“时间就是军队”。时效性是作战指挥区别于其他组织领导活动的重要特征。在高技术条件下，作战力量的流动性进一步增大，作战节奏明显加快，战场信息量急剧膨胀，作战准备时间缩短，对作战指挥时效性要求更高。

2. 作战指挥的职能

作战指挥的职能是作战指挥所具有的基本职责与功能，主要包括察情、决策、组织和控制四大职能。

(1)察情职能。察情职能是指情报收集与处理职能，它对于其他职能具有基础、前提和启动作用。

(2)决策职能。决策职能是定下作战决心、优选作战方案、确定兵力分配的职能，是作战指挥最基本的核心职能。影响决策职能发挥的主要因素是指挥者的素质、指挥群体的整体效能、科学决策的方法与技术手段。

(3)组织职能。组织职能是作战指挥的组织计划功能和作用。组织与计划工作，既是作战指挥的一项功能，也是作战指挥的存在形式。作战指挥总是通过一系列活动和计划工作来体现的。

(4)控制职能。控制职能是指挥员和指挥机关对贯彻落实作战决策的各种活动实施监督指导，对作战行动实施强制影响，驾驭其向着有利于作战目的方向发展的一种职能。决定作战指挥控制效能高低的基本因素是指挥人员和指挥设备的先进程度。

3. 作战指挥的要素

构成作战指挥必不可少的条件称为作战指挥要素。作战指挥要素的含义是：必须与作战指挥活动直接关联，而不是通过其他因素的传递同指挥活动发生联系；每一要素都必须是不可缺少的，缺少则指挥活动不能进行；全部要素必须能保持指挥活动的最低运行水平。作战指挥要素通常包括：

(1)指挥者。在现代条件下，指挥者是包括指挥员及其指挥机关成员在内的指挥群体。指挥者是作战指挥的主体。指挥者的主要活动包括运筹、决策、计划、组织、协调、控制等。

指挥员是指挥群体的核心。指挥机关是指挥员的智囊和助手，指挥机关的一切活动，都是为了实现指挥员的意图。指挥者在作战指挥系统中起决定作用，其组织结构和素质制约着作战指挥效能的发挥。

(2)指挥对象。指挥对象是接受指挥者指挥的下级指挥员、指挥机关及所属部队。它是作战指挥的客体，是命令、指示、计划的执行者和传递者，是指挥者意图的实践者和最终作用对象。

指挥者与被指挥者是作战指挥的两个基本要素，二者互为作用，缺一不可。

(3)指挥手段。指挥手段是指挥者在作战指挥活动中运用各种指挥器材进行作战指挥的方式和方法。它是指沟通指挥者与指挥对象之间联系的手段，是实施高效、稳定和不间断指挥的基础，是提高作战指挥效能的关键因素。

(4)指挥信息。指挥信息是指保障作战指挥活动正常运作的各种信息。它主要包括三个方面的内容：供指挥者决策用的各种情报信息，体现指挥者决心意图的各种作战指令，反映作战行动状况的各种反馈信息。作战指挥是通过信息的转换和传递来实现的，信息是维持指挥活动进行的必备条件。离开指挥信息，指挥活动便不能启动与运行。

以上诸要素构成了作战指挥的基础。其中，指挥者与指挥对象构成指挥关系的主体与客体，指挥手段是沟通指挥者与指挥对象的中介，指挥信息是指挥活动的基础。

4. 作战指挥的原则

作战指挥原则是指挥者从事作战指挥活动应遵循的基本准则与标准，是保障指挥活动的正确性和有效性对指挥者提出的要求。作战指挥原则是依据作战指挥规律，结合军队作战指导的实际需要而制定的。作战指挥的主要原则包括：

(1)知彼知己，使主观指导符合客观实际。

(2)正确定下决心，周密组织计划。

(3)统筹全局，抓住关键。

(4)集中统一指挥，积极机断行事。

(5)坚定、迅速、不间断指挥。

(6)力争主动，力避被动。

(7)灵活使用兵力，巧妙运用战法。

(8)周密组织协同，全面实施保障。

(9)充分准备，不打无把握之仗。

(10)充分发挥指挥机关特别是司令部的作用，提高指挥效能。

1.1.3 指挥与控制

控制是作战指挥的职能之一，它是指挥员和指挥机构对所属部队的各种活动实施监督指导，对作战行动实施强制性影响，驾驭其向着达成作战目的方向发展的一种功能和作用。一般来说，指挥与控制是基于实际指挥与控制系统而实现的系统行为。按照认识论和行为科学理论,科学、有效指挥的基础是指挥员和指挥机构全面、准确、实时地掌握被控系统的实时态势信息、预测态势演化趋势。指挥的目的是控制和调整受控系统中有关诸元和状态,使之按照指挥员的决策意图往既定目标演化并最终实现确定的目标。

指挥与控制的系统理论模型如图 1.1 所示。其中,"受控系统"泛指该指挥控制系统所管辖和处理的所有事物(人员、设备和过程)的集合体,例如包含敌、我、友三方作战诸元及其状态的战争体系和对抗过程。"决策指挥"是由指挥员和辅助指挥员进行决策的辅助决策系统完成的。指挥控制系统必须应用有效的手段、方法和技术,获取关于受控系统的实时态势。"控制"则是将决策和作战指令下达给受控系统中的行动诸元,对要处理的事件采取相应动作,实现指挥控制系统的既定目标。随着讨论的深入,读者将会愈来愈清晰地认识到,信息、信息处理与变换、信息传输与交换时时处处存在于指挥控制系统各组成单元和系统工作流程的各个环节中。

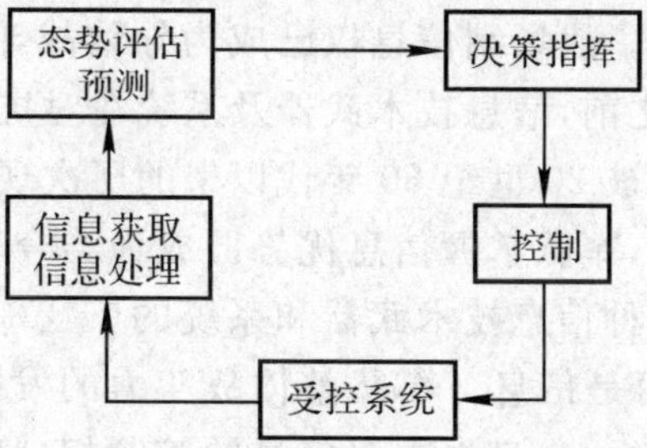

图 1.1 指挥与控制的系统理论模型

指挥自动化作为现代化指挥手段的阶段性特定形式,同样服从图 1.1 所示基本模型。指挥自动化系统的整个执行过程是以闭环的方式进行的。上级进行决策,并下达各种指挥命令(正向传达),下级把命令的执行情况又随时传送回来(反馈)。这样就给上级提供了实时变化的概貌,从而实现决策优化。闭环控制原理保证了更有效地支配各部门的资源,当然,这种闭环系统是由人参与完成的。

指挥自动化系统能使指挥员和参谋人员从大量的烦琐的技术性事务工作中解脱出来,有更多的时间和精力从事创造性的指挥活动,并且能够逾越人体的限制,完成某些人们无法直接完成的任务。它能提高军队指挥的效能,更好地发挥武器装备的作用,提高部队的战备水平,充分地发挥军队的总体力量,保障作战的胜利。需要指出,指挥自动化并不是用先进的设备与系统"自动"地去指挥部队,而是对指挥活动中那些费时费力或重复性的工作,加以自动化处理。它标志着指挥手段由手工作业阶段发展到用现代技术装备起来的自动化阶段。在军队指挥的全过程中,决定的因素是人,自动化系统只是一种指挥工具和手段,只能完成那些可事先编出程序的重复性、事务性和技术性的工作,不能代替人的主观能动性和指挥员的创造性劳动。指挥员和参谋人员是指挥自动化系统的组成部分,并且处于主导和核心地位,整个系统都是为他们服务的。只有充分考虑人—机互补、合理分工、紧密配合,才能建成高水平的指挥自动化系统。

可见,指挥自动化系统不是真正意义上的"自动化",闭环控制也必须通过人的介入才能实现。人是系统的参与者和决策者,人是决定性因素。

1.1.4 指挥自动化系统的地位与作用

从宏观上看，指挥自动化以它突出的情报获取能力、信息传输能力、分析判断能力、决策处置能力、组织协调能力和对抗能力，被认为是继核武器和导弹武器之后军事上的第三次革命，使其在军队现代化建设和高技术战争中的地位和作用日益突出。

1. 指挥自动化系统是国防威慑力量的重要组成部分

传统的国防威慑力量通常是指核威慑和常规威慑。然而自从人类社会进入信息时代以来，人类战争也在继冷兵器时代、热兵器时代之后，进入了一个新的历史时代——信息武器时代。在现代战争的战场上，军事力量各要素之间的紧密协调和各种武器系统威力的发挥，越来越明显地表现出对信息的依赖，信息武器已成为军队武器系统的骨干；信息系统，即指挥自动化系统已成为军队指挥的神经中枢；而围绕着信息的换取、控制和使用权所展开的对抗和争夺已成为现代高技术战争的核心。战场制信息权已成为导致战斗乃至战争胜负的决定因素，并且往往在打响第一枪、第一炮之前，信息技术武器及系统在对抗中确立的优势就已经决定了整个作战行动的胜负。这一点已被20世纪80年代以来的历次现代化战争所证实。

现代化战场是信息化战场，军队掌握信息优势已成为当今军事领域正在强化的一种潜在的威慑力量。这不仅表现在各种信息技术武器和系统的广泛应用，更主要地体现在多数人在多数情况下处理的不是事物而是信息。军队整体战斗力的发挥，完全取决于对信息采集、处理、控制、使用的程度。优势之军，一旦失去对信息的控制权，将陷入困境而被动挨打；劣势之军，如果控制了巨大的信息源，同样可以赢得战争的主动权。因此，信息的控制、使用和对抗已成为现代战争中的一项重要的作战内容，信息技术已成为人和武器之外的另一种重要的战斗力。军队指挥、控制、通信和情报系统本身就是一个军用信息系统，它使各种物质和能量的作战因素在信息这种战斗力的运作下，得到合理的配置和有效的使用，释放出最大的作战效能，是军队争夺现代战场上信息的获取、控制和使用权的有效手段。

当前，世界各国都在总结现代战争经验教训的基础上，充分肯定了指挥自动化系统的地位和作用，并把它提到关系到国家安危和衡量国力重要标志的高度来认识，认为它是军队现代化的基本标志。

2. 指挥自动化系统是军队战斗力的“倍增器”

在现代战场上，单一武器的决胜作用逐渐弱化，系统与系统、体系与体系的对抗已成为高技术战争的重要特点。武器特别是高技术武器系统的发展，为赢得战争提供了坚实的物质基础。但是，如何才能有效地发挥这些物质基础在战争中的作用恰恰是指挥自动化系统所担负的任务。军队指挥自动化系统的一个重要任务即是把这些武器系统构成一个有机整体。指挥自动化系统的这种聚合作用，可以使各类武器系统形成配合密切、运转灵活的整体打击力量，从而充分发挥各种武器系统的最大效能；指挥自动化系统对作战兵力、兵器的快速、合理分配，可以最大限度地减少作战消耗，使作战行动更直接有效，使有限的作战力量得到“倍增”。近期所发生的几场典型的局部战争充分证实了在现代高技术条件下，指挥自动化系统与主战武器系统具有同等重要的地位，任何取得绝对优势的一方，都是具备了与武器系统相配合的、有效的指挥自动化系统，否则就要付出沉重的代价。

3. 指挥自动化系统是高技术战争必备的指挥手段

在高技术战争中，参战军兵种增多，武器装备复杂，作战空间扩大，节奏加快，信息量剧增。

武器装备日趋复杂，战场情况瞬息万变，这就要求指挥手段在保证作战行动时，必须有充分的应付时间和足够的应付余地，并使指挥节奏更快、更及时。面对这样的变化，依靠传统的指挥手段已无能为力。而指挥自动化作为一种先进的指挥手段，既能充分发掘技术潜力，在战争中体现现代科技的巨大优越性；又能有效地发挥指挥员的聪明才智和创造性，使其在战场情况瞬息万变、未知因素大量存在、决策要求精度很高的情况下，摆脱繁杂的非创造性工作，高效利用各类情报和数据资料，提高作战指挥效能。由此可见，在现代战争中，指挥员若离开先进的指挥自动化系统，要取得胜利是不可能的。正如外国军事专家在总结海湾战争的经验教训时所指出的："缺乏 C^3I 手段的军队只是一群乌合之众，再好的人员、设备和计划也都不会发挥很大的作用。"

1.2　指挥自动化系统的功能、组成与结构

1.2.1　指挥自动化系统的组成与功能

指挥自动化系统的主要作用就是提高整个作战指挥过程的效能。具体地说，一是提高指挥质量，二是缩短反应时间。一个战役或战斗的整个指挥过程可以划分为若干指挥周期，周期的多少取决于战役或战斗的规模、交战双方力量对比及指挥水平等因素。每一个指挥周期通常包括如下几个环节：

(1)收集、传递、处理和显示有关敌军、我军、地形与其他方面的情报信息。

(2)辅助决策，定下决心，拟制战斗行动、协同动作和战斗保障等计划。

(3)下达命令与指示，实施指挥与控制。

(4)检查命令执行情况。

上述各环节所用时间之和就是指挥周期，它是衡量指挥效能的重要指标。在现代战争条件下，只有缩短指挥周期，才能提高部队的快速反应和野战生存能力。

指挥周期的缩短要靠提高每个指挥环节的效能来实现。图 1.2 表示一个完整的指挥周期所包含的指挥环节和顺序。在所有指挥环节上，指挥自动化系统都能向指挥员提供帮助。

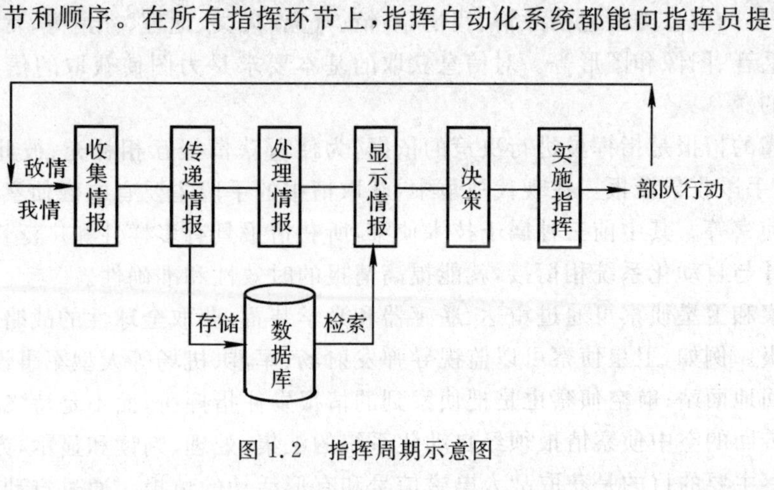

图 1.2　指挥周期示意图

指挥自动化系统是指挥自动化手段的技术实现，其基本功能就是要实现信息采集、数据传递和处理自动化，为相应的指挥机构提供准确、实时、完整的态势信息，辅助指挥员进行科学决

策，保障指挥机构对部队和武器系统实施高效指挥。

为了实现上述基本功能，指挥自动化系统应具有如图 1.3 所示的基本组成，即主要由信息获取分系统、信息处理分系统、指挥决策分系统和武器控制分系统以及各分系统之间的信息传输（即通信）分系统组成。此外，为了保障系统正常运行，还应该有相应的供电、空调设备和技术保障分系统（由系统监控设备与软件系统等构成）。需要特别强调的是，这些分系统都是由相应的硬件、软件和接口形成的有机组织，应用相应的接口、系统软件与应用软件以及一定的工作程序，将各个分系统组织起来，就构成了指挥自动化系统。

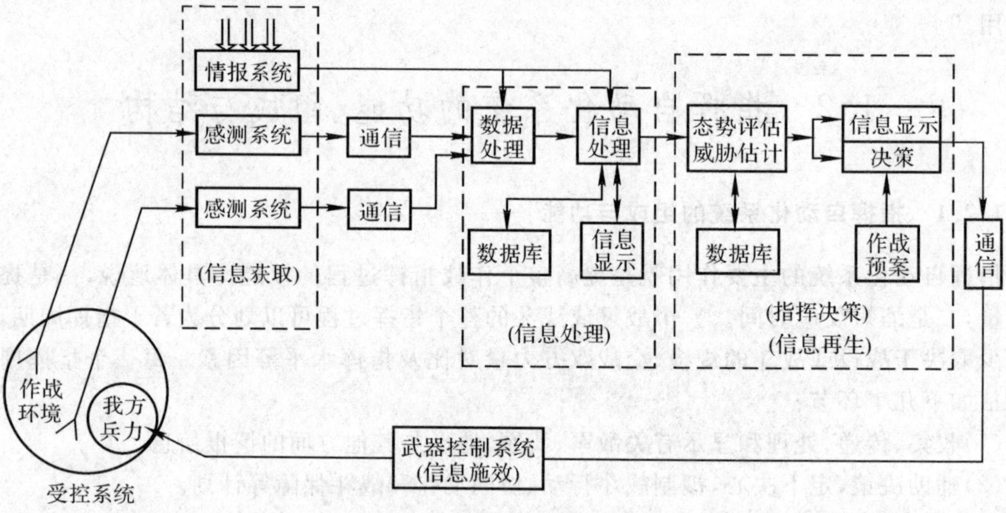

图 1.3 指挥自动化系统基本组成与功能模型

1. 信息获取

信息获取是指系统运用在空间的适当配置和运行的各类传感器和专设情报系统，全面地获取受控系统的实时态势信息，对获取的信息进行单传感器级的信息处理（如识别、分类、状态估计等）。常见的信息类型包括敌情、我情、友情、气象、天文、地理、社情等，常见的信息载体有数据、文件、话音、图像和图形等。对信息获取的基本要求是力图使获取的信息是完备、真实、准确和实时的。

及时可靠的情报是指挥员进行决策的依据，为使所获情报互相补充、彼此印证，须通过各种可能途径、手段收集情报。在现代战争中，获取情报的手段主要有电磁侦察、航空侦察、卫星侦察和人员侦察等。其中前三种属于技术侦察，所获情报具有多样性和广泛性的特点，如采用自动化设备并与自动化系统相衔接，就能提高情报的时效性和准确性。

航空侦察和卫星侦察可通过雷达、遥感器和光学装置，获取全球性的战略情报和大范围的战役战术情报。例如，卫星侦察可以监视导弹发射场、军港、机场等大型军事设施，并能将所获信息立即发回地面站；航空侦察也是把侦察到的情报发往指挥所，而不是待飞机着陆后再提供照片。实时传回的空中侦察情报须经自动化系统的汇集、处理、判读和显示，方可提供使用。

电磁侦察主要的目的是获取敌人电磁信号和有形活动的情报。通过自动化设备对电磁信号的探测和分析，可以了解敌方通信、雷达、导航等设备的技术参数和部署、活动情况，还可以破译其使用的密码等。军队的有形活动总要留下痕迹或造成某些变化，侦察设备测得这些变化后，经过计算和分析，便可获得实时情报。

人员侦察在现代条件下仍占有重要地位，其所获情报也可通过自动化传递、处理和显示，及时提供使用。

指挥自动化系统可以和各种探测、侦察设备连接，组成一个多手段、全方位的情报网，并能自动地收集大量的实时情报，这是人工指挥系统无法与之相比的。

2. 信息传输

运用适当的通信系统和设备，可以实现系统各个分系统、各组成单元之间的信息交换与传输。为了有效传输多种信息，应当采取适当的信息处理技术和设备，在发端将传输信息进行编码、存储、打包、转发等处理，而在收端进行对应的逆处理。信息传输的基本要求是无差错、近零时延、抗干扰、防窃取和连续、稳健。

迅速准确、保密和不间断地传递情报，是保证适时、连续和隐蔽指挥的前提。指挥自动化系统拥有高质量的通信网和各种功能的终端设备，为迅速、准确传递信息创造有利条件。更重要的是，它采用数字通信方式，便于应用计算机等自动化设备，使多种通信业务高速、自动完成。

3. 信息处理

信息处理是指挥自动化系统的一项基本功能和任务，它存在于系统中各分系统和组成单元中，渗透到系统工作过程的每一个环节。信息处理的目的是以最优的形式为各级指挥员提供关于受控对象的态势信息，辅助指挥员科学决策。对信息处理的基本要求是近零时延、最优化和稳健。

为了全面及时地了解战场情况，指挥员及其司令部总是希望增加收集情报的手段和加快情报传递速度，但是大量情报涌向司令部，如不及时处理，势必造成积压，这与情报缺乏同样有害。在传统的指挥系统中，处理情报是最薄弱的一环。据统计，用普通手段只能处理所获得情报的30%，指挥官在做出决策时，由于时间紧迫，只能使用已处理情报的30%来组织指挥战斗，这无疑降低了指挥质量。采用指挥自动化系统可以解决这个矛盾，自动化情报处理系统能够迅速处理情报，满足作战指挥要求。针对不同类型的情况，系统采用的处理方式是不同的。

对于数字情报，如雷达、声纳以及其他数据获取设备传来的数字信号，不需任何变换即可直接输入计算机进行处理或存储。对于已经或较易格式化的情报，如电报、图标、报告等，可事先规范化并予以编码，变成数字信号，便于计算机自动进行处理。对于非规范化的情报（如电话记录、口头或书面情报等），或需要深入分析、判断的情报，则须经参谋人员亲自处理，而后利用计算机终端进行处理。

对于多个传感器获取的信息需要进行综合处理，即信息融合。根据融合的功能层次，可以将指挥自动化系统的信息融合由低到高划分为五个层次。

(1)检测级融合。检测级融合是直接在多传感器分布检测系统中检测判决或信号层上进行的融合。它通常是根据所选择的检测准则，形成最优化门限，以产生最终的检测输出。

(2)位置级融合。位置级融合是直接在传感器的观测报告或测量点迹和传感器的状态估计上进行的融合。它包括时间和空间上的融合，是跟踪级的融合，属于中间层次，也是最重要的融合。它通过综合来自多传感器的位置信息，建立目标的航迹和数据库，主要包括数据校准、互联、跟踪、滤波、预测、航迹关联及航迹融合。

(3)目标识别级融合。目标识别亦称为属性分类或身份估计，它是指对来自多个传感器的目标识别数据进行组合，以得到对目标身份的联合估计。目标识别层的信息融合有三种方法，即决策级融合、特征级融合和数据级融合。

(4)态势评估。态势评估是对战场上战斗力量分配情况的评价过程。

(5)威胁估计。威胁估计是通过将敌方的威胁能力，以及敌人的企图进行量化来实现的。它从我军有效地打击敌人的能力出发，估价敌方的杀伤力和危险性，同时还要估计我方的薄弱环节，并对敌方的意图给出提示和警告，以及进行武器分配和目标瞄准。

上述融合层次中，前三级是基础，融合本身也主要发生在这三个层次上；而后两级融合是决策级的融合，是高级融合，包括对全局态势发展和某些局部形式的估计，是 C^3I 系统指挥和辅助决策过程中的核心内容。

4. 信息显示

情报信息要以适当的形式显示出来，才便于指挥员了解和使用。在这方面，指挥自动化系统具有许多独到的优点：不仅显示速度快、精度高，而且能以多种形式进行显示；除文字、符号外，还能显示图形、图像。图形、图像显示具有直观、形象、真实等特点，这对执行单位透彻地理解上级意图和准确地执行命令非常重要，是其他形式无法相比的。

图形、图像信息主要是用管面显示器、大屏幕显示器和绘图仪等设备显示。这些设备能根据需要显示整幅画面，也可对其中一部分加以放大，还可同时显示不同形式的信息，如图形、符号、文字、表格等，以便决策者分析比较、综合研究。

因为组成图形、图像的信息量很大，所以传递和处理这些信息时的工作量也很大，而且需要占用较多的通道和大量的存储空间。这就需要采用先进的通信手段和扩大计算机的容量。

指挥员在判断情况、做出决策时，仅靠实时情报是不够的，还必须对各方面的情报进行分析比较、综合研究，从而构成准确的判断。这涉及怎样从大量资料中寻找有关情报的问题，即通常所说的情报检索问题。在有限的时间内，从大量资料中找出需要的情报是很费事的，靠手工操作比较困难，只有借助自动化的情报检索系统，才能够完成这一任务。如有的系统存有数十万条情报资料，指挥人员利用身边的键盘、显示器便可向数据库或微缩系统检索情报，从打入查询信息到显示所需要的情报只要很短的时间。当然，建立一个资料齐全、阅读方便的自动化情报检索系统并非易事，因为这不仅需要大量的劳动来整理、存储资料，而且要研究出一套便于存取资料的科学方法，如情报的规范化、分类法及检索方式等，还要有一套等级严格的保密措施。这种系统一旦建成，检索情报将十分方便。

5. 辅助决策

辅助决策是指各级指挥控制中心的指挥机构根据信息处理生成的态势信息和作战意图，运用先进的辅助决策手段，分析受控对象的态势，评估我方和友方受敌方威胁和可能受损程度，预测各种作战方案的效能、得益和代价，排定最优作战方案序列，辅助指挥员实现决策科学化。

辅助决策是指挥自动化系统的核心任务和功能，辅助决策的水平是指挥自动化系统先进性和有效性的主要标志，是现代高技术条件下作战指挥迫切需要解决的关键问题。作战指挥自动化系统是一种复杂的人—机系统，辅助决策是指挥自动化系统的一个难题，必须综合多学科理论，在先进技术与装备的支持下才可能有效地解决。

决策是指挥员的创造性劳动，对那些不能量化而对战斗结局又有重大影响的因素，如敌我作战人员的军政素质、心理状态、敌军的特点等，都要求指挥员充分发挥自己的聪明才智，去实施准确的判断和灵活的指挥，这是任何自动化指挥工具都不能代替的。在有多个决策方案时，指挥员单凭经验不易取舍，这时便可借助自动化指挥工具对各个方案进行推算，对比优劣、权衡利弊，从中选取最佳方案。但是必须指出，战斗决策与其他领域的决策不同的地方是战斗行动前无法在极为相似的条件下对战斗决策的质量进行检验。上述推演结果的准确程度，根据想定的具体条件不同，可能有很大差异，最后仍然需要指挥员靠经验、智慧和责任感来决策。这说明，即使有了指挥自动化系统，决策仍然是指挥员创造性劳动的产物。系统本身只为指挥员制定决策、充分发挥其指挥艺术提供了更有利的条件，决不能代替指挥员的创造性劳动。

6. 作战指挥与兵力控制

作战指挥的任务是根据选定的作战方案或作战方案序列，将有关的指令和信息按照适当方式下达给作战部队或武器控制系统，对战斗行动实施指挥引导、进程监视、趋势预测，必要时调整作战方案或行动计划，实时地指导各战斗诸元协同行动，达到预定的作战目的。

从系统-信息论的观点来看，可以把作战指挥与兵力控制归结为"信息施效"过程，由指令传输、指令解释、信息变换、武器控制和信息反馈等基本环节构成。随着各种先进武器的不断出现和作战打击力不断提高，可以借助于武器控制自动化系统来实现武器指挥控制自动化，例如导弹制导系统、飞机作战指挥引导系统、火炮控制自动化系统等。这些武器控制系统自身也往往是一种指挥自动化系统，也包括信息获取、信息处理、信息传输、作战方案选择、指挥决策和引导控制等环节，构成一个相对独立的指挥自动化系统，嵌套在上级指挥自动化系统之中。

作为指挥周期的最后一个环节，实施指挥就是传递指挥情报，因此传递情报环节的功能和优点在这个环节中均能体现。采用自动化设备实施指挥控制，不仅及时、保密，而且能以多种形式将首长的决策传递到所属部队，便于部属理解任务、适时行动。

由于战场情况复杂多变，部队在实现决策时，势必会遇到一些难以预料的情况和变化，这时指挥员必须针对出现的新情况，及时采取有力措施，实施主动灵活的指挥。而实施这种主动灵活的前提，是通过指挥自动化系统，确保将变化了的新情况及时反馈到指挥所，迅速形成新的指挥周期。

7. 武器控制

武器控制是指挥自动化系统的另一重要功能，其目的是充分发挥己方武器的威力，削弱敌方武器的威胁。现代武器不仅威力强，而且速度快，往往要求在几秒钟内确定或修改指挥方案，因此，必须提高指挥控制的速度和质量。武器控制是军队指挥自动化系统发展较早、较成熟的功能之一，它分为自动化武器控制系统和自动武器控制系统。两者的区别在于，前者需要人参与决策，而后者完全是按照预定程序工作的。因为战场环境纷繁复杂，实战中完全不要人参与的自动武器控制是不现实的，而应当是由人决策或由机器辅助人决策的自动化武器控制。

所以，自动化武器控制是指由人—技术设备—武器所形成的自动化控制。自动化武器控制的主要特点是：人的主导作用体现在决策上，一切技术性的处理工作均由技术设备自动（或在人的部分干预下）完成，武器则在指令控制下发射并摧毁目标。要实现武器控制的自动化，必须有一个自动化武器控制系统与之配合。自动化武器控制系统必须具备下列功能：

(1)目标搜索和敌我识别。远程警戒雷达搜索整个空域、海域，由雷达本身或指挥系统的功能模块处理视频信号，提取目标点迹（即雷达信息一次处理）输入计算机。计算机对雷达信息作二次处理，如相关和滤波，形成航迹，计算目标的航向、航速，并识别目标的敌我属性。识别的方法可以是人工的，也可以是自动的。

(2)威胁估计。原则上说，应该根据目标到达本阵地的时间及目标的性质(即目标是什么类型的武器或拥有什么类型武器)来判断目标的威胁程度。目标的性质主要由自动情报系统的判断及指挥员的主观估计来确定。实际上，情报往往是延迟的、不及时的。有时，由于有关雷达尚未开机，自动情报系统甚至还没有发现此目标，更谈不上把情报送出来；另外，指挥员的主观估计是通过人机对话的方法送入系统的，显然有延迟。因此，常用威胁估计方法是靠探测雷达发现目标，计算目标运动要素(航向、航速、距离、高度等)，通过预测该目标到达本阵地的飞行时间来估计其威胁程度；时间越短，认为威胁越大。若同时有多个目标攻击本阵地，则按威胁等级顺序排队。分配武器时，应优先对付威胁大的目标。

(3)目标分配。根据目标的性质、威胁程度以及我方武器的性能、状态(如发射架的指向等)，拟定作战方案、分配武器，并给指定的武器送出目标指示参数。

(4)目标跟踪。武器系统接到目标参数后，由所属跟踪装置迅速跟踪所指定的目标，并将跟踪所得到的数据连续送给武器系统计算机进行解算。

(5)射击诸元解算并实施攻击。根据跟踪输入的目标数据、武器性能、气象条件等，计算射击诸元，所得的数据不断提供给武器，使武器一直处于准备攻击状态。武器一旦得到指挥员的射击命令，即可对目标进行攻击。

8. 其他功能

(1)数据库管理和文电处理。数据库是现代指挥自动化系统各级指挥控制中心的重要分系统。按既定原则，从各类情报系统获得的各种历史的、实时的和预测的相关信息，从上级、下级、友邻中心获得的各种相关信息和指令、计划与报告等有关资料存入数据库；及时更新和修改数据库；在态势分析与评估、决策、兵力分配与控制时，从数据库检索和提取出与态势状态有关的数据和信息进行相关和融合处理；这些就是数据库管理任务的主要内容。在上、下级指挥机构之间，在友邻部队之间，在与国家某些非军事部门(气象、民航、民防、安全等)之间以及指挥所与所属部队之间，一些实时指令、情报等有关信息是通过文电传送的，指挥自动化系统应以适当的方式实时地接受、处理和转发这些信息，通常由专门设置的各相应处理席位分别完成这些任务。

(2)后勤支援和保障。在信息时代，信息和信息技术在军队后勤上的应用使现代后勤从物力型转变成信息型。各种后勤指挥和管理自动化系统与相应的作战指挥自动化系统互连、互通，构成完整的、一体化的军队指挥自动化系统。作战指挥自动化系统通过后勤指挥和管理自动化系统，实时掌握可支持作战行动的后勤物质基础的储备、配置、流通的有关情况，为指挥决策和作战方案选定提供基础条件，又将实施作战行动对后勤支援与保障的要求传送给后勤指挥和管理自动化系统，使后勤单元和作战单元的行动协调一致，力争以最小的人力和物力代价获得最优作战效能。

(3)系统模拟和训练。运用系统建模和系统仿真的理论与方法，可以在系统中模拟典型作战模式的态势生成、信息获取与处理、指挥决策和作战行动效能评估，直至方案选择和行动实施的全过程，用于战例研究、系统调试和系统维护；也可模拟作战过程的局部环节或系统工作流程的局部环节。

全过程和局部环节的模拟、系统过去的典型工作实例与历史的记录和重放等系统功能还用于人员培训、指挥员和参谋人员的战术技术能力培训、系统管理技术人员培训和系统操作人员培训。

1.2.2　指挥自动化系统的结构

1. 指挥自动化系统的结构特征

指挥自动化系统是服务于军事斗争的一类复杂的人—机系统，系统的组织结构应与军队指挥体系、军队编成、现代作战指挥模式以及系统主要任务类型相适应，还要考虑到信息系统总体性能优化的可实现途径。根据理论分析和系统实践经验，归纳出指挥自动化系统的基本组织形式应是分层与分布式相结合的系统结构，具有很强的互通能力和自适应重组能力，以适应一体化作战的发展趋势，适应“集中决策，分散指挥控制，协调作战行动”的现代作战指挥模式。这一组织特征如图 1.4 所示。

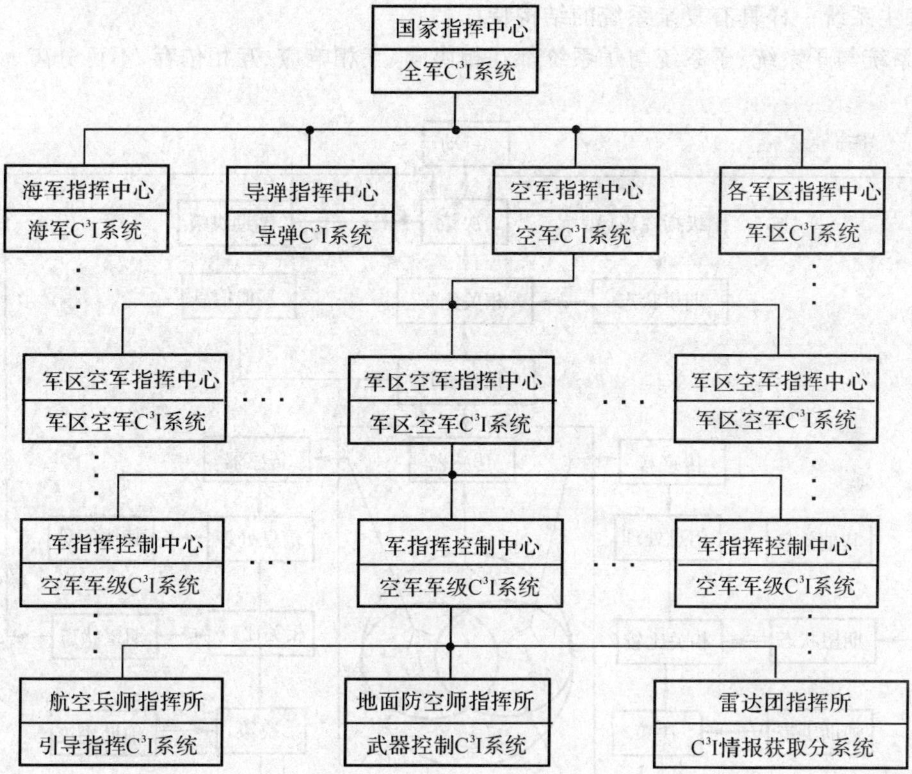

图 1.4　指挥体系和指挥控制系统的层级结构

军队分军兵种的编制体制和军队指挥体系的等级结构，是决定图 1.4 所示结构的基本因素。需要着重说明的是，随着科学技术和武器系统的不断发展，军事冲突事件的空间范围不断扩大，冲突进程的演化速度不断提高，冲突事件包含的复杂程度、维数和不确定性等因素日益增加，而指挥人员能实时、有效处理的事务或进行的活动数量是很有限的，所以，军事指挥的高度集中主要体现在指挥决策要由授权的高级或最高指挥员来完成（制定），而指挥控制只能是以分层次、分散的方式进行。在图 1.4 所示结构中，各级指挥自动化系统相应的指挥机构完成下级上报信息的处理和态势评估，完成上级下达的指令任务，并与同级的友邻指挥自动化系统协同工作。各级、各业务领域的指挥自动化系统不尽相同，但它们的基本组成和功能模型都符合图 1.3 所示模型，即每一级是一相对独立和完整的指挥自动化系统。

指挥自动化系统具有层状、分布式混合结构特征。在系统运行进程中，上级密切关注并指挥下级，下级实时向上级报告有关信息并接受指令，同级系统间互通情报和互相协调，这是系统工作的基本原则。因此，在指挥自动化系统实际用于作战指挥时，每一级的指挥自动化系统原则上都不能孤立地工作，各级系统之间实际上构成了一种嵌套与协同的结构形式和相互关系，如图 1.5 所示。在上下不同层级之间、同级各系统之间互为信源和信宿，互相响应，呈现出下述复杂系统的结构特征：

(1)指挥自动化系统具有嵌套式层状结构，下级指挥自动化系统是上级指挥自动化系统的子系统。

(2)每一层的指挥自动化系统都是由功能不同的多个分系统组成的复杂系统，或者说，子系统也和主系统一样具有复杂系统的结构特征。

(3)系统与子系统、子系统与子系统都互相协同、互相响应、互相依存，不可分离。

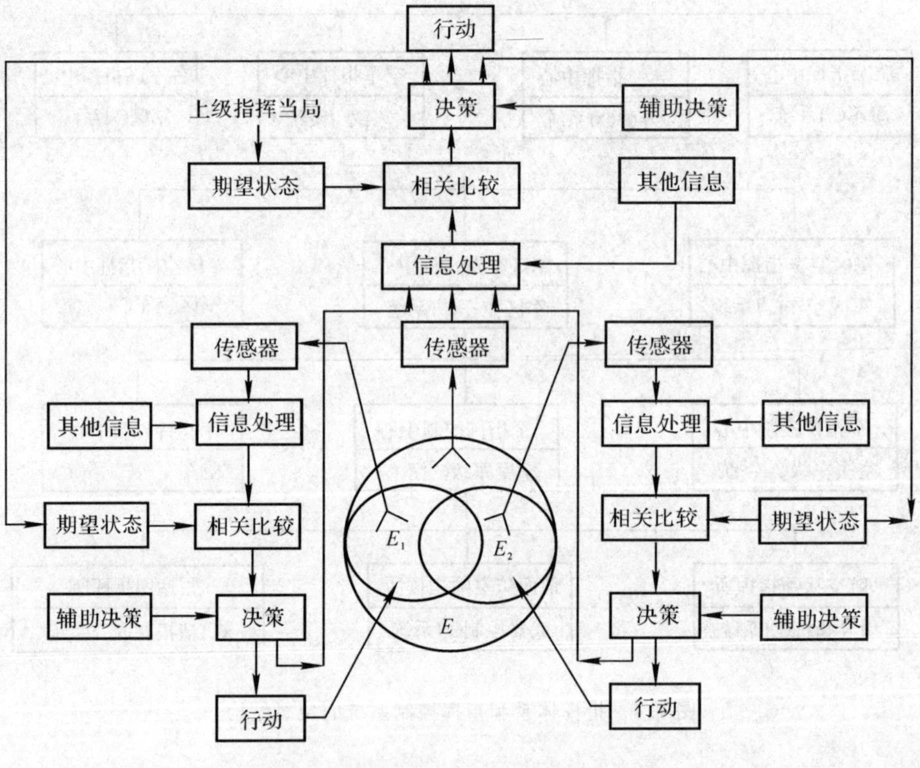

图 1.5 指挥控制系统的嵌套与协同

现代科学技术的不断发展和世界政治、经济形势的变化，导致世界各国军事力量和军事战略也在不断变化。未来战争基本形式是高技术条件下的局部战争，战场发展为空、天、地、海的一体化战场，要求军队必须具备将指挥控制、C^3I、电子对抗、后勤支援融为一体的一体化作战组织和相应的一体化指挥自动化系统(又称一体化 C^3I 系统)。军事界和科学技术界将这类一体化指挥自动化系统归纳为一种从信息源到武器系统完整的综合信息系统，由信息获取、信息处理、信息传输和信息利用等四大部分组成。它不仅能指挥控制己方部队，而且有监视和利用潜在敌人的信息之能力，在冲突升级时对敌实施干扰和破坏，也能监督支援部队所用的系统和程序。有了一体化指挥自动化系统，就可以建立从战略级到战术级的、军种间可互通的高效能的作战体系，更加适应未来联合作战对反应快、自动化程度高、适应性强、稳健性好的作战指挥自动化系统的要求。称之为“一体化指挥、控制与信息系统”是更恰当的。上述嵌套的层级结构正是这种一体化指挥、控制与信息系统的基本结构形式。

2. 军用 C^3I 系统的分类

科学技术的不断发展及其在现代武器系统中的成功应用，使现代军事对抗行动发展到更高的水平，并且出现了许多新特点，例如，大范围内的立体战争，突然性增加，破坏力增强，参战部队多，机动性提高，战斗过程迅速多变，电子对抗与反对抗愈益复杂和激烈，消耗巨大，保障任务艰巨等。尤其引人注目的是，战争与科学技术的依存关系更加密切，军事界充分认识到现代化指挥、控制与信息系统(即 C^3I 系统)已成为一种战斗力，有人则称之为“兵力倍增器”。所以，自 20 世纪 60 年代以来，世界许多国家都高度重视并大力发展 C^3I 系统，其应用领域逐步扩展到各个军事部门，因而出现了各种各样的 C^3I 系统。所有这些系统可以按以下方式分类：

(1)按军种，可分为陆军 C^3I 系统、空军 C^3I 系统、海军 C^3I 系统、国防部(或国家当局)C^3I 系统。

(2)按作战任务级别，可分为战略 C^3I 系统、战役 C^3I 系统、战术 C^3I 系统。

(3)按功能，可分为作战指挥 C^3I 系统、武器控制 C^3I 系统、情报检索 C^3I 系统、后勤保障 C^3I 系统、行政管理 C^3I 系统。

这些分类都是研制或使用部门从各自不同的角度出发而划分和命名的，不具备严密的系统科学性。某些系统之间可能互相包含或互相渗透。例如，情报检索 C^3I 系统一定会被纳入相应一级的作战指挥 C^3I 系统，而作战指挥 C^3I 的某些信息又将送入情报检索 C^3I 系统中存档备用或转作其他系统的信息源。又如，军事指挥体系及其相应的 C^3I 系统是分级、分层次的；战略 C^3I 系统中包括战役 C^3I 系统和战术 C^3I 系统；下级 C^3I 系统向上级 C^3I 系统报告某些信息，又从上级 C^3I 系统接受指令信息，获取某些情报信息。

1.3　防空指挥自动化系统的信息处理

防空指挥自动化系统是军队指挥自动化系统的重要组成部分，具有一般军队指挥自动化系统的共性，但也有其自身的特点。

首先，防空部队装备的是各种截击机、地空导弹、高炮等武器系统，要对付的是各种飞机、巡航导弹等敌空袭兵器。随着高技术的应用，各种空袭兵器的速度越来越快、空袭密度越来越大、低空突防的高度越来越低，导致防空作战突发性大、作战时机短暂。这就要求防空指挥自动化系统的时效性强，要在敌方空中行动对己构成威胁前，即能发出预警信息和作出反应。

其次，对空中目标的探测主要使用的是各种雷达。建立一个完善的雷达情报网，及时获取全面而准确的空中情报，是实现防空指挥自动化的基础。

再次，防空部队的主要武器——地空导弹——是先进的高技术兵器，为最大限度发挥其作用，必须实现武器控制的自动化。

如前所述，指挥自动化系统本质上是一个军事信息处理系统，防空指挥自动化的实现，也是建立在系统内特定信息流的基础之上。根据所含情报信息的特征，可以把防空指挥自动化系统内的信息流分为四类，如图 1.6 所示。

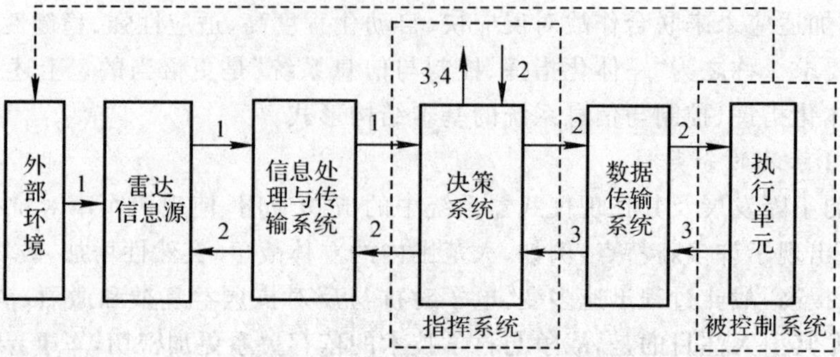

图1.6 防空指挥自动化系统中的基本信息流

(1)侦察(探测)信息流。侦察信息源包括作战范围的空中情况、目标特性等情报。雷达站作为侦察信息源,可以发现目标,确定目标坐标和特性。原始的雷达信息流包括大量多余的、甚至虚假的情报,这是由于信号不稳定所引起的,需要进行预处理。

(2)指挥信息流。指挥信息流是决策信息的总和。指挥信息流由指挥系统指向被控制系统(自上而下),它是系统内部产生的,因而是稳定的。

(3)报告信息。自下而上的报告信息流是各种各样的报告,它们来自系统的执行单元。这些信息包括自己的飞机和导弹的不同准备等级,已经发射和剩余导弹数等情况。这些信息由系统内部产生,不需要进行专门的处理。

(4)静态信息。手册与报表性质的信息是静态信息,由一些综述性信息组成,如气象条件、自己人员和装备的损失、材料和技术设备的储备情况等。这些不需要进行预处理。

所有在指挥自动化系统中传送的信息,只有雷达信息需要经过预处理,因此,本书中将以较大的篇幅讨论这种信息的处理。对雷达信息有以下要求:

(1)获取雷达信息的及时性,以保证在确定的界限内消灭目标。雷达信息应该快速处理,并以最小的延迟时间传送到用户。

(2)雷达信息的充分性。信息应该包括区域内的全部空中目标,此外,每个目标都有所要求的信息组成部分(速度、目标类型等)。

(3)雷达信息的高可靠性。

(4)足够高的雷达信息精度,它在很大程度上决定了指挥系统的功效。

在防空指挥自动化系统中,利用各种雷达组网,构成一个多雷达系统。多雷达系统中各个雷达站获得的信息都要向雷达情报处理中心(或指挥中心)传送。雷达信息的处理分别在雷达站和雷达情报处理中心进行,可将其分为三个阶段:

(1)一次处理。一次处理是单雷达站单个扫描周期内的雷达信息处理。在信息融合的五级模型中,一次处理为检测/判决融合。一次处理的任务是:

在雷达接收机输出信号中,从杂波干扰背景中检测出有用目标的回波,判定目标的存在;

录取目标的坐标(方位、距离、高度);

录取目标的其他参数,如目标大小、架数、国籍、发现时间,并对目标进行编号。

(2)二次处理。二次处理是单个雷达站几个扫描周期内所获得信息的处理,属于位置级融合。它完成单雷达传感器的多目标跟踪与状态估计,也就是完成时间上的信息融合。二次处理的任务是：

按照一次处理提供的数据，对运动目标建立航迹，计算并存储运动参数，必要时对目标进行坐标变换；

对目标进行跟踪，判断每次扫描的回波信号是否是同一目标；

预测并判断运动目标的未来状况，计算目标的运动参数，如目标的航向，运动速度和加速度等。

(3)三次处理。三次处理也称为综合处理，是对来自几个雷达站的信息进行处理。它对来自多个雷达站的目标状态估计进行航迹关联，对来自同一目标的航迹估计进行航迹融合，即实现目标航迹间的空间融合。

在多雷达系统中，包括多部雷达，分布在不同的地点，需要将各雷达站的雷达信息传递汇集到雷达情报处理中心。各雷达站的雷达信息虽然经过两次处理，但汇集到雷达情报中心之后，不能直接使用，需要进行三次处理。三次处理的任务是：

首先，将目标的坐标和运动参数统一于同一坐标系和计时系统。这是因为一次和二次处理都是按各雷达站的坐标系统进行的，各雷达站的工作在时间上是不同步的，所以，将这些雷达站的数据汇集起来以后，首先要统一坐标和时间的标准。

其次，将各雷达站的点迹数据(包括目标的坐标、运动参数以及其他各种特征参数)加以识别，归入相同的目标航迹数据中去。这是因为有的目标同时被几个雷达站探测，它们各自将数据集中到雷达情报处理中心。由于各雷达站的测量精度不同，数据计算和传递过程中所引入的误差也不同，因此，由不同雷达传送来的目标数据在坐标系统和计时系统被统一后，还要解决目标归并问题。因为在多目标情况下，就需要制定一种准则，以区分哪些数据是属于同一目标的，哪些数据是属于另外目标的；辨认出同一目标的各种数据之后，还要规定一种标准，将这个目标的不同数据归并为一个点迹。

在以上两步处理的基础上，计算目标的运动参数，建立统一的航迹，实施统一的跟踪和其他处理。

雷达情报经过三次处理后，获得关于目标的综合航迹信息，这些信息被送到防空指挥自动化系统的指挥决策功能模块。指挥决策模块首先根据综合的航迹信息和敌我双方其他情报以及地理、环境等因素，形成战场综合态势图；然后完成目标识别、威胁估计、诸元计算、目标分配等决策任务。决策结果作为指挥信息流送往下级单位，最终实现对截击机的引导和对地空导弹等武器系统的控制。

(1)目标识别。目标识别的任务是对发现的空中目标的敌我属性和机型等进行判别。目标识别的第一步常在雷达站内进行，即在进行雷达信息处理的同时判明目标的属性，也就是在数据级和特征级进行目标识别；第二步根据综合后的航迹信息对目标进行二次识别，即在决策级进行目标识别，主要是对一次识别中判为不明的目标进行识别。

(2)威胁估计。威胁估计也称为威胁判断，其主要任务是查明或预测敌机可能攻击的目标、到达的时间，以及各批敌机威胁程度的高低，为合理地分配兵力兵器提供基本的依据。

(3)目标分配。目标分配是对多批空中目标分别选择有效的防空兵器和数量进行拦截，形成最佳兵力兵器的使用方案。在进行目标分配之前，还必须计算目标的飞行诸元和火力单元的射击诸元。计算机可根据目标的数量、威胁等级、飞行诸元，己方防空兵器的数量、配置、火力范围、对各种敌机的作战效能，以及指挥人员的预先决心，运用最优数学规划模型或人工智能的专家系统模型,对作战信息进行处理,提供若干种兵力兵器的分配方案,同时给出各种方案的拦截预案、拦截点和拦截时间,供指挥人员选定,或由计算机按规则自动选择最优方案。

通过武器控制系统完成对地空导弹等武器的控制,由引导系统实现对截击机的引导。

1.4 指挥自动化系统的工作模式与主要战术技术指标

1.4.1 工作模式

指挥自动化系统有三种工作模式:战争状态的作战指挥模式、非战争状态的监视工作模式和模拟训练模式。

1. 作战指挥模式

作战指挥模式是指挥自动化系统的基本工作模式。在此工作模式下,系统实施完整的工作流程以有效支持相应的指挥机构完成作战任务,达到预定作战目标和效果。为此,传感器网将实时地获取责任区内敌人行为状态信息,将此信息处理后传送至相应的指挥控制中心。同时,各种情报系统将搜集、侦察相关的敌方政治、军事、社会以及地理、气象等信息,经分析处理后分发或传报给相应的指挥机构或指挥员。在指挥控制中心,情报处理军官按照预定原则运用现代信息处理设备与技术,进一步分析、辨识这些情报,提取有用信息,将其变换成指挥决策机构所要求的信息形式。指挥决策机构是指挥员、作战参谋和辅助决策专家系统的集合体,它根据传感器网获取的实时态势信息、情报处理席位送来的相关情报以及从数据库中检索到的历史信息和背景信息,进行作战责任区态势分析、敌方行动意图和威胁度估计,对于那些基本符合预计的威胁模式和预计可行作战方案逐一进行效果预测,然后按照优选序列进行排队,供指挥员进行决策,确定作战方案。对于不确定度很大的态势和威胁状态,应以指挥员和作战参谋为主进行态势分析、威胁估计,制定相应的作战方案。一旦作出决策和作战计划,指挥自动化系统中的作战指挥席位(由作战指挥参谋、军官和相应的设备组成)将作战计划、作战兵力分配和作战方案行动指令等分发给有关的作战诸元(部队、武器控制系统和友邻部队等),实施作战行动,使责任区内态势状态的微分增量不间断地循环,进行信息获取、信息传输、信息处理、指挥决策和实施作战行动,调整作战方案,形成一个完整的闭环控制系统。

2. 监视工作模式

监视工作模式是指在非战争状态,即对敌方没有显著的对抗、打击和破坏行为期间,系统对责任区态势和敌方政治、军事、社会以及地理、气象等状态保持连续不断的信息获取、信息传输、信息处理和态势分析与预测的工作状态和工作过程。与作战指挥模式相比,此工作过程不包含指挥决策、武器(兵力)控制和环境态势调整等环节,是一个非闭合的系统流程。环境处于正常态势,按正常趋势演化。

3. 模拟训练工作模式

模拟训练工作模式是一般复杂系统,特别是复杂的人—机系统必须具有的辅助工作模式。在这种工作模式下,系统可以完成以下不同领域的工作任务:

(1)作战指挥模拟演练和研究。运用系统建模与仿真理论以及计算机模拟技术,模拟生成态势想定、作战方案想定与作战行动仿真,或者重演记录的战史、战例和实战结果,研究作战理论和战法与战术,为未来可能的战争冲突寻求最优化作战方案。

(2)系统仿真研究。运用系统建模与仿真理论和技术,模拟生成各种极限态势和典型态势,运行系统的各分系统和整个工作流程,研究指挥自动化系统硬件、软件和关键支撑技术对系统功能的影响,为现有系统改进和新系统建设提供可靠的理论与实验论证。

(3)人员培训。设置专门的培训工作模式和程序,对系统技术管理和维修人员、操作人员、作战参谋和指挥员进行综合的或分科的培训,提高他们维护系统正常运行的能力和运行系统实现既定目标的战术技术素养。

1.4.2　主要战术技术指标体系

指挥自动化系统与一般工程系统的核心差异是,前者以不确定性为处理对象,系统实际上是一类复杂的人—机系统,其工作过程不能像一般自动化系统那样全程自动化。所谓指挥自动化系统,不是各分系统的简单组合和集成,而是组织机构(各级指挥员、参谋人员和作战部队)在信息系统(含技术分系统、接口、系统软件和应用软件等)支持下实施工作程序(信息获取、信息处理、信息传输、信息存储与管理、决策和控制)的有机体系。系统对事件不确定性的获取能力、处理能力、识别能力和对不确定性时间的正确实时的响应能力,是决定指挥自动化系统技术性能水平和战术运用能力的关键因素。又因为指挥自动化系统包含的主要技术分系统和设备等分属于不同的技术学科范畴,可共享的性能指标极少,但它们的性能指标又在不同的方面和不同的层次上决定或影响着系统总体战术技术指标,所以,指挥自动化系统的战术技术指标不是各分系统性能指标的简单组合和罗列,各分系统的战术技术指标也不是系统战术技术指标的简单重复和分解。要正确地提出系统与分系统的战术技术指标,必须明确系统的目标与任务,清晰地了解系统工作原理,了解系统工作过程中各个分系统和各个环节的相互作用与相互影响,以及它们对系统工作能力的贡献与影响。这就要求有严密、完整的指挥自动化系统理论与分析方法。遗憾的是,指挥自动化系统经历了近半个世纪的发展过程,仍然没有建立完整的理论和有效的系统分析方法。

指挥自动化系统是一类复杂系统,是开放系统,它与环境之间相互依存、相互作用、相互影响。系统经过环境(战场态势等)而闭合,而环境状态的动态演化、不可观性、不可控性,导致目标状态的时变不确定性。系统在各分系统(包括决策指挥机构)的支持下,依据经科学组织的工作流程,实现对时变不确定性目标状态的调整与控制,实现系统的任务与目标要求。

1. *系统层的战术技术指标*

系统层的战术技术指标,表征系统对环境的感知、识别能力和调整、控制能力,是根据系统任务和目的而提出的。

(1)系统层的主要战术指标。

1)系统任务类型。系统任务是根据部队军、兵种(陆军、海军、空军、导弹部队、技侦)作战指挥和系统层次而提出的,例如,空军防空指挥自动化系统、防空作战指挥自动化系统、攻防作战一体化的作战指挥自动化系统、战区级作战指挥自动化系统、海防指挥自动化系统、反潜作战指挥自动化系统、后勤指挥管理自动化系统等。系统任务类型就是系统要处理的事件类型。

2)系统责任的时间-空间范围。它表征系统能连续性作用的空间范围,即能感知和识别多大空间范围的事件状态,能控制和调整多大空间范围的事件状态,是连续作用还是周期地、间断地作用。对于洲际导弹作战指挥自动化系统,其责任空间范围是一个小扇形区内的立体空间，是上半球形立体空间的一小部分。一些战术作战指挥自动化系统，其责任空间范围往往用高度范围和水平覆盖范围来描述，水平范围是以给定系统中心为圆心的一个圆周域。

3)指挥与控制的对象。对于作战指挥自动化系统，要明确我们自己用什么样的兵力与武器族来对抗敌方什么样的兵力与武器族的威胁和作战。要给出敌我双方所用兵器类型、型号、性能，掌握敌我双方参战部队的作战能力和特征等。例如，在防空作战指挥自动化系统中，敌方运用侦察机、轰炸机、强击机、战术导弹对我防区进行侦察和攻击，我方将采用歼击机、高炮、战术导弹来防卫敌方武器的威胁和攻击。

对于后勤指挥管理自动化系统，则要监视战场实时态势，根据作战要求，指挥与控制仓储管理系统与运输系统，实施后勤支援和行动。

4)系统指挥与控制能力。该指标表征系统能同时指挥与控制的对象的规模。根据系统任务类型不同，对处理能力的具体表达方式不同。例如，对于防空作战指挥自动化系统，系统处理能力可表述为同时监视和跟踪的空中目标数，以及能同时打击(抵抗)的入侵空中目标数。

5)系统响应时间。该指标指系统从感知对象状态到对其实施相应的控制和调整行为之间的时间延迟。要根据系统的具体战术要求和作战指挥要求来确定系统的响应时间。

6)系统的生存能力。该指标包括系统在电子对抗、信息对抗和硬杀伤等系统环境与工作条件下，系统保持既定功能和性能的能力；系统局部失效后的重新组织能力；系统对于武器、科学技术和战略战术发展变化的适应能力；友邻系统，新旧交替系统之间的互通能力；等等。

7)系统的有效度。该指标指系统处于有效完成既定功能的可用状态的程度，常用百分比表述。

(2)系统层的技术指标。系统层的技术指标是为了保证达到要求的战术指标，系统应具有的总体技术性能。系统层技术指标是由各分系统技术性能和系统组织结构的硬件与软件性能综合保障的。不同的指挥自动化系统，其战术指标不同，相应的技术指标项目与要求也不一样。对于作战指挥自动化系统，系统层的主要技术指标有：

1)传感器网的监视空间范围。现代作战指挥自动化系统，要适应海、陆、空诸军兵种协同和空、天、地、海战场立体交叉以及攻防一体化的作战要求，需在空间、空中、地面、海面、水下分别配置相应的传感器系统，构成立体分布的异类传感器网络。要求传感器网能监视空间范围略大于系统的责任空间范围。

2)获取信息的类型。该指标是指传感器网和相关的情报系统获得的受控对象状态和属性的信息类别和信息形式。常见信息类型有目标位置数据、目标属性代码、目标外形图像、行为意图和计划的文件报告等。按信息的物理特征，主要有电学、光学、声学类信息和文字与图表信息等形式。

3)系统处理能力。该指标是系统在单位时间内能获取、传输、处理的数据和事件数，能接收、处理和分发的文件数，以及系统存储容量等性能的综合表述。系统的信息、事件和文件处理能力，要适应系统的指挥控制能力和系统响应时间等战术指标要求。

4)系统处理时延。它是指从责任区对象事件发生起，到系统响应并开始对受控事件实施调整与控制之间的时延。它包括下述主要工作环节的时延：

• 信息获取时延 t_a，从对象时间发生时起，到传感器网终端输出相应的状态信息之间的时延。

• 信息传输时延 t_c，是各指挥控制中心、各分系统之间经过远程通信线路或通信网络传输信息所产生的时延。在同一指挥控制中心的本地局域网内实现的各分系统之间的信息传输时延不包含在传输时延 t_c 之中，而归入信息处理时延。

• 信息处理时延 t_p，是各级指挥控制中心从获得输入信息到输出相应信息之间的时延。它可能包含本地信息处理时延，局域网时延，态势评估、威胁估计、决策和作战方案选择的时延。

• 武器控制时延 t_w，是指从武器系统或作战部队收到作战命令起，经作战准备、系统运行和部队运动过程，开始对受控事件实施作战行动之间的延时。

考虑到各环节之间的接口和某些不可估计因素的影响，系统处理时延为

$$t_d = K(t_a + t_c + t_p + t_w)$$

式中，$K > 1$（例如 $K = 1.2 \sim 1.5$）。

系统处理时延应小于系统响应时间这一战术指标的数值。

5）支持作战指挥和控制能力。该指标表征系统能支持哪一级别和多大规模的自动化作战指挥与控制能力，即系统属于全国级、战区级或军级，是战略作战指挥还是战役或战术作战指挥的自动化系统，能指挥和控制的部队规模和武器类型，能同时指挥与控制各类武器对多少目标事件实施控制或打击行为，能支持进攻或防御作战，等等。

这一系统技术指标是综合性能指标，它决定于前述四项技术性能和各主要分系统的技术性能，又必须适应第 1）至第 5）项系统层战术指标的要求。

6）防护、安全保密与重组能力。这是为适应系统生存能力的战术指标要求，在系统中采用相应的技术手段而实现的系统技术性能。

系统的防护能力是防止外界干扰或非法操作影响系统正常工作的能力，包括抗电磁干扰、防误操作，防计算机病毒或黑客，防敌人侦听、截取、跟踪和监视，等等。

系统的安全保密主要包括防电磁泄漏、信息保密编码与传输、防反辐射导弹的攻击等方面的性能。系统重组能力是系统出现故障、局部失效或受到外来攻击破坏时，系统恢复并维持基本功能的能力以及自适应组织能力和结构重建能力等。

7）系统可靠性和可维修性。系统的可靠性是指系统在规定的条件下和规定的时间内，完成既定功能和任务的能力。常用的可靠性指标是系统平均故障间隔时间（Mean Time Between Failures，MTBF），即指系统相继两次故障之间的时间间隔的统计平均值。MTBF 越大，系统的可靠性越好。

系统的可维修性是指系统发生故障后在规定的条件下应用规定的维修手段，在规定的时间内修复系统的可能性。常用的可维修性指标是系统平均修复时间（Mean Time To Restore，MTTR），它是系统发生故障后使系统返回到正常工作状态而进行规范维修所需时间的统计平均值。MTTR 越小，系统可维修就越好。

系统可靠性和可维修性保证了系统有效度这一战术指标的要求。实际上，系统的有效度 A 定义为

$$A = \mathrm{MTBF}/(\mathrm{MTBF}+\mathrm{MTTR})$$

显然，$0<A<1$。

2. 分系统层的主要性能指标

根据系统层的战术技术指标要求，确定各分系统应具有的功能和应达到的技术性能指标，它们是各分系统设计和工程实现应达到的目标。

（1）信息获取分系统。

1)信息获取设备的种类、数量、任务划分与协同。信息获取分系统主要有各种情报系统和传感器网两大类。传感器网由雷达、红外线跟踪、激光雷达、声呐、卫星侦察与探测等设备组合而成,在责任区内的目标探测、跟踪、成像、识别等任务上适当分工和协调互补,以在给定时间内获得实时、完整和正确的对象事件的态势信息。在满足系统功能要求和战术指标要求的前提下,系统所用传感器类型和数量越少,则信息获取分系统的性能越好。

2)传感器配置和覆盖空间的重叠度。通常,单传感器的探测空间范围远小于系统的责任空间范围,单传感器具有发现概率小于1、虚警概率大于0的特性,用不同类传感器可以获得不同的目标状态或属性信息。因此,系统总是用多个传感器在空间分布配置,使传感器网的覆盖范围合并大于责任空间范围,而且在一些重要空间区域,要求多个传感器的覆盖范围重叠或交叠,以保证对目标事件的状态进行连续的监视和跟踪,不发生丢失现象。在有的系统中,还用多传感器实现信息互补,以提高目标探测概率和目标状态估计精度。

3)信息获取速度,指单位时间内获取和输出的数据量。例如,单位时间内对给定空域的扫描次数和能监视的目标事件数,单位时间内能处理的目标批数、数据点数,单位时间内输出的目标数据点数或字节数等。

4)信息获取的可信度,是表征信息获取系统工作的可靠性和正确性的综合量。对于雷达、声纳、红外线搜索与跟踪等探测系统,常用发现概率和虚警概率来表示信息获取的可信度;对于情报系统,则应用信息的准确性、完备性和实时性来描述信息的可信度。

5)信息获取系统环境适应能力,指系统的机动性,展开和撤收时间,抗干扰能力、抗气象杂波和地物杂波的能力等。

6)信息获取系统的可靠性,也是用MTBF和MTTR以及有效度A等指标表示系统的可靠性性能。

7)信息获取系统的安全防护性能,主要包括防电磁泄露、抗物理攻击(抗轰炸、防反辐射导弹的攻击)等技术措施和能力。

(2)信息传输分系统。

1)信息传输系统类别、组网方式和信道冗余度。

2)通信容量,指信息传输系统单位时间内输入输出的信息量,以b/s(比特每秒)、B/s(字节每秒)度量。

3)信息传输质量,指衡量信息传输过程中可能产生某种差错而导致信息失效的程度,用差错率表征,如误码率、误字符率、误码组率。对于数字传输系统,定义误码率为

$$误码(字符、码组)率=\frac{接收端出现差错的比特(字符、码组)数}{总发送比特(字符、码组)数}\times 100\%$$

4)传输系统畅通率,指系统工作期内,信道有效传输时间与总信息传输时间的比率。

5)系统时延。

6)信息传输的安全与保密。

(3)信息处理的性能度量。

1)信息融合能力,指系统对多种信息源提供的信息进行提取、识别、分析、关联及信息融合处理的能力,主要包括能同时接收和处理的输入信息路数,信息融合处理的级别、精度和复杂度,对不同属性信息的融合能力等。

2)信息处理容量,主要包括系统存储容量和单位时间内处理的数据(信息)量或目标事件

数量。

3)信息处理时延,这里的信息处理时延只包括系统中各级指挥控制中心的时延,不包括信息获取分系统、信息传输分系统和武器控制分系统中相应信息处理的时延。由于各级指挥控制中心的功能、系统复杂度不一样,相应的信息时延也不一样。每一中心的信息处理时延包括输入信息处理、信息融合处理、显示处理、态势评估与威胁估计、决策以及局域网处理等环节所引起的时延。信息处理时延是系统工作流程中所含各指挥控制中心的时延之和。

(4)辅助决策分系统。

1)辅助决策层次与水平,主要指在哪一级别,应用什么样的辅助决策模式和辅助决策手段的技术水平。例如,是战区还是军级实现辅助决策,辅助决策手段是(参谋)人员或图表或计算机程序,还是基于人工智能的专家系统。

2)支持决策的信息质量,指决策所需信息的完备性、时效性和可信度。

3)人—机交互的手段与模式。在指挥决策过程中,人—机交互的手段、人—机交互协同的模式与水平是支持决策有效性和适应性的基本因素。

4)决策科学化水平。用决策模型的准确性、对信息不确定性处理的有效性、决策效能的预测能力和决策响应速度等测度来表征决策的科学化水平。

(5)武器控制分系统。

1)控制方式——代表武器控制系统的水平,例如,人工控制、机械化控制、自动化控制和智能控制。

2)控制能力——能指挥和控制的武器系统的类型、数量和性能水平以及能支持的作战模式。

3)控制准确度——系统能以多高的准确度控制武器系统进入作战位置,以有效地实施作战行动。

4)响应时间——从接收到作战指令和行动方案,到武器系统开始实施作战行动的时间间隔。

以上简要叙述了指挥自动化系统的主要战术技术指标体系。对于一个具体的指挥自动化系统,应在上述指标体系框架内,根据系统的任务与功能,给出具体而明确的战术指标和技术指标要求,然后在系统的设计和工程实现过程中,运用适当的技术设备、系统组织结构和算法、接口与软件系统等手段,保证系统能达到要求的战术技术性能。

1.5 军队指挥自动化系统的现状与发展

科学技术的发展,特别是现代国防科学技术的发展,使得第二次世界大战以后,不仅出现了一些先进的武器,作战的时间和空间概念、战争的规模和进程以及作战方式都发生了很大变化,对军队的组织指挥提出了新的要求。以微电子技术为基础的信息技术、航空技术的发展和广泛应用,为信息获取系统、通信系统、信息处理、信息显示、辅助决策以及武器控制手段的发展和更新提供了牢固的技术基础;以系统论、信息论和控制论为支柱的现代系统科学的发展,则为新一代指挥控制与信息系统的产生和发展准备了强有力的科学理论基础。所有这些,促进了现代化 C^3I 系统的产生和发展。

1.5.1　第二次世界大战以来作战武器的发展简况

第二次世界大战以后，随着科学技术的发展，国防科技在核技术、航空技术、信息技术、精确制导技术、推进技术、隐身技术、定向能技术和无人平台技术等重要领域的迅猛发展，使军队武器装备发生了巨大变化。第二次世界大战中，飞机、大炮、坦克等尖端武器地位被以导弹、核武器和智能武器以及定向能武器为代表的新一代尖端武器所取代。这些新的尖端武器对取得现代高技术条件下的局部战争的胜利具有重要的影响甚至决定性作用。

1. 战略核武器

核武器是指利用核裂变或核聚变瞬间释放出的巨大能量造成大规模杀伤或破坏效果的武器，是迄今人类制造的杀伤破坏力最大的武器。它的杀伤力可以是瞬时的，如光辐射、冲击波、核辐射、核电磁脉冲等；也可以是连续的，持续几天甚至更久，如爆炸产物的放射性沾染。

按运载方式，战略核武器分为陆基战略导弹、潜艇发射弹道导弹以及战略轰炸机携带的核弹和巡航导弹，它们构成立体战略进攻力量。

陆基战略导弹是战略武器体系中的主力。其主要特点是射程远、威力大，运用分导式多弹头可同时攻击多个目标，命中误差可以小到几十米，目标命中率可高达 90%以上。

潜射弹道导弹是从潜艇上向大陆纵深战略目标或海面航空母舰实施核打击的战略武器。美国的“北极星”导弹于 20 世纪 60 年代初研制成功，其圆概率误差为 3 200 m，第二代“海神”导弹的圆概率误差为 540 m，第三代“三叉戟Ⅰ”导弹的射程达 7 400 km，命中精度为 230 m，每枚导弹可带 8 个分导式子弹头；“三叉戟Ⅱ”型潜艇导弹射程可达 11 000 km，圆概率误差为 150～180 m。

在 20 世纪 70 年代，新型巡航导弹采用了以微型计算机为主体的惯性制导、地形匹配制导和景象相关识别末制导等新技术，其命中精度大大提高。在射程达 2 500～3 000 km 时，圆概率误差不大于 60 m，好的可达 10～30 m。由于巡航导弹体积小、重量轻、单机载弹数量大(如 B—52G 型战略轰炸机每架可携带 20 枚巡航导弹)，因而有很强的突防能力和战斗威力。

2. 精确制导战术武器

精确制导战术武器是指直接命中概率超过 50%的制导武器，它采用导引、控制系统或装置，调整受控对象，使之到达规定的目标，命中精度高，总体效能高。

精确制导战术武器包括非核装药的各类战术武器、制导炸弹、制导鱼雷。

将激光制导技术用于炸弹上就做成了激光制导炸弹，使炸弹的命中精度大大提高。普通炸弹的命中圆概率误差在 100 m 以上，而美军使用的激光制导炸弹的圆概率误差不大于 10 m，而且可昼夜进行轰炸，使作战效率提高了几个数量级。

精确制导战术导弹是精确制导战术武器的大家族，它的主要类别有地对地导弹、空对地导弹、地对空导弹、空对空导弹、反坦克导弹、反舰导弹和反潜导弹，是现代高技术条件下局部战争中的主流武器。特别是 1982 年的马岛战争、1991 年的海湾战争和 1995 年的北约对波黑的空袭中，这些战术导弹在局部战争中的主力地位和作战威力得到了充分的显示。例如，海湾战争中，这类精确制导武器量仅占了航空武器的 7%，而成功击毁目标的贡献却达到了总量的 90%。制导鱼雷是海湾战争中攻击各类舰船的主导武器，它基于声纳设备和鱼雷载计算机控制来实现对目标的精确攻击。

3. 人工智能武器

人工智能武器是正在研制中的新武器，有的人称这类武器为信息化武器。它应用现代最先进的探测技术、计算机和人工智能技术与信息处理算法，能主动地搜索、识别和打击预定目标。美国正在研制的人工智能导弹和人工智能坦克就是这类武器的典型例子。智能型"黄蜂"反坦克导弹从距目标区很远的飞机上发射，上升到几千英尺高度，然后自动俯视战场，寻找坦克，运用图像识别技术可以区分坦克或步兵战车属于什么型号。人工智能坦克是一种无人驾驶的，能在行驶过程中自动识别道路，区分人造物与天然物，绕过障碍物，绘制地形图，识别目标并向司令部报告探测信息的坦克。

4. 定向能武器

定向能武器是将能量发生器的能量聚集在一定的角度范围内对准目标发射，以光电效应和辐射效应摧毁目标的一类武器。主要有三大类：激光武器、粒子束武器和微波武器。

激光武器是由激光器发出激光射向目标，击中目标后，通过热烧蚀破坏、热爆炸破坏和层裂破坏的方式来破坏目标中的电子器材与光学器材。例如，苏联为了对付低飞的巡航导弹，研制出一种作用距离为10 km的高能激光武器，可击毁来袭的精制制导导弹。美国研制的激光武器有激光枪、激光致盲武器、激光炮、能摧毁敌方拦截卫星的空间激光武器等。

粒子束武器又称射束武器，它是利用高能强粒子流攻击和摧毁目标，用于对付飞航导弹、军用卫星、洲际导弹和轰炸机等。

微波武器是用聚焦技术将大功率电磁波(微波)能量持续地射向目标，破坏其内部电子设备，使其功能失效的一种武器。它可用于攻击飞机、洲际导弹、巡航导弹、卫星、通信装备、雷达、计算机和光电设备。

5. 隐形武器

隐形技术是指降低或抑制武器本身辐射、散射或反射的特征信号，使敌方设备对其难以发现、识别、跟踪和攻击的综合性技术。将隐形技术用于武器系统，研制了隐形轰炸机、隐形战斗机和隐形巡航导弹，并已在海湾战争中运用。

6. 生物武器

一些科学家预言，21世纪将是生物技术的世纪。国外已有人将生物技术领域的研究成果用来研制生物武器，其主要特征是对人体实施机能摧毁，而不是实体毁伤。例如，生物武器可使参战人员丧失或短期丧失思维能力、识别能力和体能，或丧失知觉、感觉和视觉，从而完全丧失战斗能力。

1.5.2　现代C^3I系统的科学技术基础

现代C^3I系统的发展是以科学技术，特别是信息技术的发展为基础的。信息技术是实现信息获取、信息传输、信息处理、信息施效和信息对抗等主要信息系统环节的技术领域的总称。

1. 信息获取

信息获取技术的发展主要体现在各种先进传感器系统和技术的研制与运用上，包括先进的雷达系统、光电探测器、声探测器和多功能一体化探测器。使用先进的信息获取技术，可以使军用传感器系统具有愈来愈强的战场态势感知能力。

2. 信息传输

信息传输技术发展的主要领域为数字通信、计算机通信网络、抗干扰通信和保密通信技术。它有力地支持了现代 C^3I 系统的组织结构实现和形成有机整体，使 C^3I 系统能按照要求的各种工作流程运行，实现系统功能。

3. 信息处理

信息处理是 C^3I 系统的关键环节，支持各种高效信息处理方法成功实现的基础是计算机技术和随后的人工智能技术。近几年来人工智能武器的发展和初步运用，迫使 C^3I 系统必须尽快应用人工智能技术进行信息融合处理和辅助指挥员决策（或实现辅助决策智能化），才能适应作战指挥的要求。

4. 信息施效

信息的有效利用称为信息施效，它以信息获取、传输和处理为基础，又决定于有效的人—机结合以及武器控制系统的自动化和智能化水平。

5. 信息对抗

对抗，是军事对立或冲突双方的基本立场、态势和手段，在事件的时间-空间范围内无处不在。信息对抗是对抗的一个方面，是当代军事对抗中的一个制高点，是争夺并保持对抗优势的前提，也是保证 C^3I 系统能有效实现和成功运行的前提和基础。信息对抗在现阶段的模式，就是国内外都十分关注的信息战。

显然，一切支持信息获取、信息处理、信息传输、信息施效和对抗的发展与提高的相关科学技术的发展，都是现代 C^3I 系统产生和发展的科学技术基础。主要的技术学科是雷达、通信、计算机、自动控制、系统工程和电子对抗等。

此外，航空技术的发展、航空技术与信息技术和遥感遥测技术的结合，使军用侦察卫星、通信卫星、预警卫星和导航定位卫星等航天探测与信息传输系统已成为当代 C^3I 系统的重要组成部分，有效地支持了空、天、地、海一体化战场和相应的一体化 C^3I 系统的形成与发展。

1.5.3 外军 C^3I 系统发展过程

外军 C^3I 系统的建设工作，首先是从防空 C^3I 系统开始的。美国空军于 1949 年成立了防空系统工程委员会，20 世纪 50 年代末建成美国本土的半自动化防空指挥控制系统——赛其(SAGE)系统。几乎在同一时期，苏联也建成了用于国土防空的“天空 1 号”半自动化防空指挥控制系统。经过近 50 年的历程，目前俄、美等国都建立起了比较完整的现代化 C^3I 系统，基本上可以满足国家军事指挥当局的需要。外军 C^3I 系统的发展大体上可划分为以下几个阶段：

第一阶段是 20 世纪 50 年代的初建阶段。这个阶段由于技术条件的限制和经验不足，所发展的一些系统自动化程度不高，各部门各自为政，局限于本机构系统的建设，系统间的协同问题考虑不够。这一阶段的建设除构成了半自动化 C^3I 系统外，主要为 C^3I 系统的进一步发展摸索经验，奠定了理论基础和技术基础。

第二阶段是 20 世纪 60 年代至 70 年代中期的全面发展阶段。这一时期是外国军用 C^3I 系统建设取得重大成果的时期，美军和苏军研制了一系列现代化 C^3I 系统，如空中预警系统、空中指挥所系统、地下指挥所系统、战略空军及机动型战术空军的 C^3I 系统以及三军的联合战术信息分发系统、全球军事指挥控制系统等。一些北约国家和日本也相继研制部署了与 SAGE 系统类似的防空 C^3I 系统。经过这一发展阶段，美国和苏联的各类、各级 C^3I 系统已基本上配成了较完整而统一的体系，具有较先进的技术水平，各类各级系统之间的互通性已基本实现，能满足不同环境中执行不同任务的需要。相应的领导机构和管理体制也日趋完善。

第三阶段是20世纪70年代末至90年代前后的更新发展阶段。在这一时期内，外国对20世纪70年代以前研制、装备的军事C^3I系统不断改进、完善和逐步更新换代，并为2000年以后发展新系统打基础，作准备。例如，美国提出战略C^3I现代化计划并组织实施，对全球军事指挥控制系统进行多方面改进；发展战术C^3I系统，特别是美国陆军战术指挥控制系统，不断更新、改进空军预警机，更新并改进各种分布式C^3I系统、空基监视系统、新的战场信息管理系统以及空间对抗的C^3I系统等更高层次的C^3I系统计划。在这一时期内，对发展C^3I系统的指导思想与管理方式也在演化，新形成的信息系统将雷达、计算机、通信、显示等系统综合为一体，并且视信息系统为特种武器系统，与飞机、导弹等武器一样具有战斗力。

20世纪90年代以后，进入第四个阶段，旨在建立一体化C^3I系统。

下面简要介绍美国空军C^3I系统的发展状况。

由于空军在现代化战争和军事对抗行动中的突出地位和作用，美国国家和军事当局一直高度重视发展空军的C^3I系统，美国第一个现代化C^3I系统就是国土防空系统，每年在空军C^3I系统上的投资也较多。

1. 赛其系统(Semi Automatic Ground Environment System，SAGE)

赛其系统是半自动化地面防空系统，它是世界上第一个C^3I系统，它的建成和使用是指挥控制系统的里程碑。

第二次世界大战以前，美国对防空并不重视。第二次世界大战以后，美国和苏联的对立状态加剧，特别是1949年苏联爆炸了第一个核试验装置，打破了美国的核垄断。几乎在同一时期，酝酿和爆发了朝鲜战争，苏联的轰炸机已对美国本土构成直接威胁，迫使美国认真考虑本土防空体系的建设问题。1949年美国着手加强北美大陆的防空体系，相继筹建了防御战略轰炸机的预警网"松树线""中加拿大线"和"远程预警线"，海上部署了雷达哨舰巡逻，空中有空中预警机监视，并于1958年建成了第一个地面控制/引导中心，与上述信息获取系统(预警网)一起实现了现代化防空系统。以后美国又陆续扩大系统规模，到20世纪60年代中期建成了具有5个控制中心和14个引导中心的赛其系统，其中的每两个引导中心负责一个防区的引导截击任务，由上级或最高指挥当局协调各防区的工作，实现目标的交接。在各个引导中心都配置了电子计算机，来自预警网的雷达信息送入计算机，由计算机进行目标航迹处理和显示数据处理。指挥员根据态势显示，选择拦截方案和所用的武器(歼击机、导弹或火炮)，并自动引导拦截武器进入攻击目标的有效范围。在赛其系统中，有些分系统的工作仍然是人工的，例如雷达站对目标的搜集、发现、识别和跟踪是由操作员手工实现的，因此整个系统是半自动化的。赛其系统能同时处理300～400批目标数据，能同时引导武器对100个目标进行截击。

2. 贝克系统(Back-Up Interception Control System，BUIC)

在洲际导弹问世以前，美国的防空依靠赛其系统，但是赛其系统的严重缺点是生存能力差，工作维护费用大。为了解决该系统存在的问题，经分析研究，于1961年后提出了部署一个分散、坚固、成本低廉的系统——备用截击控制系统，即贝克(BUIC)系统——作为赛其系统的后备支持系统。一旦赛其系统某引导中心失效，则用BUIC系统的相应控制中心代替它的工作，以保持整个系统的防空能力仍能满足要求。

3. 联合监视系统(Joint Surveillance System，JSS)

为了解除(减轻)赛其系统造成的沉重经济负担，1974年美国提出计划，用13个空军/联邦航空局的联合控制中心代替原赛其系统的控制中心，使军民用雷达尽可能兼用，减少雷达运行费用。计划完成后，预计可减少工作人员 6 200 人，每年节省费用 1 亿美元。该计划由两部分组成：

(1)空军当时的对空监视雷达系统和联邦航空局的空中交通管制系统中航路雷达系统合并，组成联合监视系统 JSS，变成主要由航空管理局管理的共用数据系统。

(2)兴建一批区域作战控制中心，由这些中心执行整个系统的指挥控制功能。

联合监视系统于 1977 年 8 月开始论证，1979 年由休斯公司承建，1983 年建成了美国本土的四个分区作战中心，1984 年整个系统投入使用，全面取代了赛其-贝克系统。

4. 预警和控制系统(Airborne Warning and Control System，AWACS)

鉴于地面雷达网的低空探测能力差，高空(高仰角)探测范围也有限，而且地面固定式雷达容易受敌方导弹攻击，美国于 20 世纪 70 年代初开始研制机载预警和控制系统，1977 年初开始装备部队正式使用。该系统是由在 E—3A 飞机上装备的预警雷达分系统、数据处理分系统、显示和控制分系统、通信分系统以及敌我识别器等组成的。其主要任务是：

(1)探测、识别和跟踪高速低空和中空飞行的轰炸机，把处理后的数据传送给防天司令部和战术空军司令部。

(2)可用做逐级指挥、引导截击机执行截击任务的空中指挥所。多部 AWACS 组成空中警戒网，在低空探测能力、高空(高仰角)探测能力、探测范围以及抗毁能力等方面都比地面雷达网优越。特别是将超视距离雷达与 AWACS 相结合，可以极大地提高空中预警能力。到 20 世纪 80 年代中期，美国已装备了近 40 部 E—3A 机载预警和控制系统。空中警戒网与地面雷达网共存，相互协调和补充，是适应未来空中对抗行动的合理方案。

除以上用于本土防空的 C^3I 系统外，美国空军还发展了一些用于进攻作战的战术 C^3I 系统，与全球军事指挥控制系统相适应。

5. 联合监视与目标攻击雷达系统(Joint Surveillance and Target Attacking Radar System，JSTARS)

JSTARS 是 20 世纪 80 年代中期开始研制的战术 C^3I 系统，其主要任务是实施空—地一体作战，对敌方阵地上的固定目标进行探测、跟踪，并引导战术武器从远程发射，对选定的地面目标实行攻击。

JSTARS 由安装在 E—8A 飞机上的机载合成孔径地面目标成像雷达、高速数字信号和数据处理设备、显示设备和作战控制分系统以及相应的武器控制(地面和机载)接口设备和地面站设备等组成。目标成像雷达输出的目标诸元经保密数字式数据传输线路送至地面指挥中心站，支持其进行作战指挥。该系统还可以将这些数据直接发送给正在实施进攻作战的飞机，在飞机驾驶员图形工作站显示画面上标出欲攻击目标和有利的攻击路线，保证驾驶员的安全并成功地打击敌方阵地上的目标。

6. 精确定位攻击系统(Precision Location and Strike System，PLSS)

PLSS 是用来对敌方阵地上的防空雷达体系进行定位，提供精确的位置信息，引导强击机对敌防空雷达实施打击，或将位置数据传送给导弹控制系统，由导弹实施精确攻击的定位攻击系统。系统组成主要包括：

(1)三架装载无线测距设备的 TR—1 战术高空侦察机组成的精确定位网络；

(2)地面的中央处理设备；

(3)地面的小型处理设备。

三架侦察机在空中按邻接环行航线飞行，飞机头部安装的天线接收到敌防空雷达辐射信号后，精确测定信号到达的时间和方向，然后传给地面中央处理设备。地面定点安装的小型测距设备应答器供侦察机精确测定自己的位置，各侦察机的位置数据也发送给地面中央处理器。根据以上数据，就能准确计算出敌防空雷达的位置。

7. 战区空运指挥中心

美空军的军事空运司令部中用一个基于 VAX 机的全球决策支持系统 GDSS(Global Decision Supporting System)来跟踪和协调全球飞机的运动。战区空运指挥中心和空运控制分队将战区中各军种对作战部队、作战保障物资和武器装备的需要上报后勤管理系统，后勤管理系统将运输需求送到 GDSS，组织空运。后勤管理系统主要由库存管理及分配系统和武器管理信息系统组成，它们能在几分钟内提供精确的供需信息，然后由战区空运指挥中心来指挥和协调空中运输计划的实施。

1.5.4　美国 21 世纪 C^3I 系统发展趋势

1. 21 世纪战场特点和美国的战略方针

美国在经济实力、军事科学技术和军事力量上是当今世界唯一的超级大国，其军事目标是“对付全球安全的挑战”。美国在获得新的军事技术革命的成果方面，远远走在世界各国的前面。美国军事家和军事理论家断言，这种优势必须而且能够继续保持，至少可持续到 21 世纪中叶。

美国军事部门根据政府的政治主张和政策，确定美国的利益范畴包括国土防卫、经济利益和世界经济中的支配地位、促进国外民主进程、与“行为准则”实施相关的多国干涉和维和行动、维护其声望和形象。对美国来讲，21 世纪的战场可能以正规战场环境和非正规环境的形式出现在世界上任何一个地方的海、陆、空域直至空间。以信息技术为核心和推动力，包括航天技术、推进技术、精确制导技术、隐身技术、定向能武器技术和无人平台技术等重要领域的国防科学技术的发展及其在军事上的应用，导致作战能力的极大提高和作战方式的巨大变化。国家政治、军队战略思想和军事技术的发展和变革，使 21 世纪战场将呈现的基本特征是非线式战场和脱离接触的战斗、综合武器平台、不对称、信息化、网络化、一体化、全维对抗和精确打击。

为了确保在世界上的军事优势地位，维护政府确定的美国利益范畴，美国国防部和各军种开展了迎接 21 世纪的有关军事技术革命和军事革命理论与实现的研究，为军队建设确定适应未来发展的思想、战略、技术装备和体制改制的方针等。1995 年，美国国防部发布了《联合展望 2010 年》的报告，确立了美军 21 世纪“对付全球安全挑战”的战略思想和三军联合作战原则，提出了机动作战、精确攻击、全维防御、集中后勤和信息优势等五大作战构想。

2. 21 世纪的 C^4I 计划

为了适应 21 世纪美国全球战略思想与联合作战(三军联合、合成兵联合、美军与盟军联合)原则，美国将面向 21 世纪的军事信息系统建设构想归纳为一体化 C^4I 计划，旨在建立覆盖全球直至空间的美国三军及盟军共用的综合一体化战场信息系统，有力地支持美军和盟军的各种军事活动和作战行动。

一体化 C^4I 计划的基础和核心是 1992 年 6 月在美参联会上提出的国防部“战士 C^4I”设

想。其早期目标是把各军种现有的主要 C^4I 系统综合起来，在它们之间实现最大程度的互通；未来的目标是建立一个覆盖全球、多级、多功能、保密而安全的 C^4I 网络。它将为所有参战人员（上至总统、下至单兵）提供实时获取信息、发送信息、存储信息、决策与控制的可靠媒体、工具和手段。它既为战略部队服务，也为各地、各类战术部队提供相应的“即插即用”系统。

在国防部“战士 C^4I”设想的原则指导下，美国陆军、海军和空军都分别制定了相应的未来 C^4I 计划。以 C^4I 系统为核心的未来战场信息系统发展的基本环节有：①基础研究；②系统原型研制；③利用建模、仿真与虚拟现实技术进行系统性能的演示论证；④系统实现；⑤战场实用测试和演示论证。

未来 C^4I 系统发展模式和发展原则的要点是：重视军民结合，坚持三军协同，充分利用先进科学技术成果来研究和开发关键信息技术与系统，遵循精干、高效、安全、通用的原则，走分阶段和可持续发展的道路，以尽可能低的代价，继续保持美国在世界范围内的信息优势和时间与空间优势。

3. 发展未来综合一体化 C^4I 系统的主要措施

综合一体化 C^4I 系统是一个有多重含义的概念。它包括各军兵种 C^4I 系统的综合一体化，陆、海、空、天 C^4I 系统的综合一体化，探测预警、作战指挥、武器控制、电子对抗、后勤支援及部队管理 C^4I 系统的综合一体化，美军及其盟军 C^4I 系统一体化。显然，要全面实现 C^4I 系统的一体化，需要投入大量资金、人力，需要解决许多关键技术，要经过相当长的时间。美国为此目标所采取的和计划要采取的主要措施有：机构设置、调整和管理措施，三军系统综合集成与互联的措施，确立技术发展政策，迎接信息战来临的措施，切实解决一些重点信息系统技术等。

4. 三军系统的综合集成与互联

21 世纪美军三军及盟军的战场信息系统的一体化，是通过将各军种的各类 C^4I 系统转移到全球信息基础设施（Global Information Infrastructure，GII）的环境中而实现的。GII 的主体和基础是美军的国防信息基础设施（Defense Information Infrastructure，DII），DII 和 GII 既是三军共享的，其某些部分又是各军种各类 C^4I 系统必不可少的组成环节，各军种的 C^4I 系统只有通过 DII 和 GII 才能集成和联网。

5. 应对信息战的措施

美军在进行大信息战的准备与实施中显示了极大的优势，在迎接 21 世纪信息时代的信息战方面也主动制定了计划，并努力开展一些具体工作。其主要内容有：

(1)理论研究。一些军事学家和高级指挥员从 20 世纪 70 年代末至 80 年代初就开始思考和研究信息战问题；空军高级指挥员和研究人员于 20 世纪 80 年代中期就提出信息战概念与初步思想，并深入研究信息战理论、战略战术及其实施的有关技术问题。

(2)组织机构和实验研究机构。美军在 1994 年 8 月到 1995 年 1 月之间先后成立了组织领导信息战研究、准备、实施和管理的机构，如联合参谋部信息战局、联合参谋部指挥控制中心、国防信息系统局信息战处、国防大学信息战与战略学院等重要机构。各军兵种的 C^4I 管理机构也相继组建了信息战组织机构和实验研究机构（如陆军的数字化办公室和指挥战斗实验室、海军信息战中心、空军的信息战中心和信息战中队），开展信息战中的防御与进攻的战术和技术的研究。

(3)加强投资力度。信息战的主要目标是夺取信息优势，实施信息攻击，使敌方在给定时空范围内不能发挥甚至失去战斗力。信息战的实施直接依赖于：①信息系统与技术；②信息战武器系统和信息化武器系统。美国国防部1996年发布的《1996—2010年国防技术领域计划》清晰地显示出，为了支持21世纪美军信息战战略，美国在与信息战相关计划上的投资增长速度最快，而且其绝对数量之大也是空前的。

(4)突破关键技术。对一些直接影响信息战战略和战术、信息战实施和效果的关键技术进行重点研究。其中主要的内容有：①提高各类作战平台，特别是航空平台的隐身性能，降低其被各种传感器的可探测度，例如，美军计划到2010年将战斗机类固定翼飞行器的红外辐射信号可探测度比现有的降低55%，电磁散射信号强度降低60%；②发展低成本、高效能，集侦察、识别、火力攻击于一体的智能武器平台和无人机系列武器系统；③发展网络与信息的防护技术和攻击技术；④大力发展天基信息战综合一体化平台。

6. 开发研究重点信息系统技术

军事组织体系是一类复杂系统，任何未来的军事对抗、军事行动和战争都是复杂系统行为。物质、能量和信息是构成复杂系统和系统行为的基本要素。系统信息存在并作用于系统组织体系的每一个部件和元件上，在系统行为和状态演化的全过程和所有环节中起着核心作用。系统信息和信息技术与许多相关学科理论和技术的发展互相影响、互相促进。进入21世纪后，综合一体化 C^4I 系统的信息系统技术会更加丰富和广泛。在这之中，可以预见的相关技术重点归纳如下：

(1)信息获取技术发展重点。

1)传感器技术。包括天基红外探测技术，能探测隐身目标的雷达探测技术、光电传感器技术及多频谱合成探测系统技术，机动目标实时探测与成像技术，生化武器与环境的侦测技术，机载全球地图等。

2)信息与信号处理技术。包括高速、高机动目标跟踪的实时非线性滤波技术，分布式检测、多传感器、多目标跟踪的数据融合技术，合成探测的异类信息融合技术，图像信号处理技术，高带宽光学处理技术以及非线性信号处理技术。

3)自动目标识别技术。包括处理目标信号特征的稳健识别算法、多分辨处理技术、信息融合技术、非线性信号处理技术、人工智能和基于知识的系统技术、成像及反演技术。

(2)信息基础设施技术发展重点。这是在国防部统一规划管理下三军联合发展的计划领域。信息基础设施技术发展的目标是实现“全球信息化”设想的全球信息基础设施GII，其技术发展重点涉及五个主要子领域。

1)辅助决策系统与技术。辅助决策重点满足三个方面的任务要求：一致的作战空间理解，预报、计划和资源分配，兵力综合管理。连续而协调地实现这三方面的任务就是 C^4I 过程中“态势评估、作战计划制定和实施作战行动”这一核心环节。在这些方面，正在开发一些系统能力和系统计划，包括：①连续获取多传感器、多源、多媒体数据，并进行融合处理而形成相关战术画面。②一种计划制定系统，它将是综合计划工具的核心，用以支持跨越梯队、军种和任务范围的联合计划的生成，使计划系统中三军公用成分达到75%，同时又适应于各军种的特殊应用；各军种能为共同任务目的而联合制定资源分配与调度计划；要求在1 h周期内在分散的部队和地区任务之间实现协同计划，在3 h周期内对综合计划进行推敲、消除矛盾、审查、预测、评价、定案与修正等处理。③对联合部队实施的战术行动之间进行协同和管理的能力，目的是使友军部队达到完全同步的态势感知和协调，包括在分散的传感器、决策人员与战士之间实时地重新分配任务和重新确定目标。④“自适应协同防御”发展计划将把跨军种的进攻系统和防御系统集成为一种协同实战能力，要使资源利用和覆盖范围达到最佳，并实时重新分配任务，充分发挥分散授权的优越性。

为了实现这些任务与计划目标，重点开发的具体技术有：①基于智能技术的信息检索、信息融合和信息显示；②计划信息与实时获取信息的融合方法与技术；③为预测评估作战方案和计划实施效果，在战术平台上进行实时仿真和演练技术；④在信息不完备、不确定的情况下，提供决策支持的理论与技术；⑤在互相独立的任务之间，对资源进行动态调度与协调的应用模式。

2)建模与仿真技术。开发这一技术领域的目的是为国防部和三军有关部门提供各种正确工作、便于利用的仿真环境，以便进行有关战术技术研究。如联合训练，制定作战原则和战术，制定作战计划，评估作战态势，支持技术评估、系统改进和系统开发，部队结构分析与评估等。重点开发的技术有：①确定体系结构设计、协议和标准、多级安全性，利用动态广播网达到仿真的互操作性；②以不同分辨力等级提供仿真之间最强的互操作能力；③建立网间连接、时间管理服务、服务器和翻译等应用程序，为各种仿真提供公共服务；④应用新兴的商业网络和产品满足关键的建模与仿真的技术和能力；⑤自动代码生成、分布式实时数据库、自动知识获取、动态数据探测、计划表述技术及智能软件工具等基础研究。

3)信息管理与分配的相关技术。未来信息管理与分配的能力将以三方面的相关技术发展为基础，它们是分布式环境基础设施、支持分布式环境中的信息管理和安全信息服务。

4)实现无缝通信的系统与技术。要实现无缝通信，必须着力解决的重要问题包括多种环境中通信设备的互操作，战术 ATM 链路的成帧协议与前向纠错，采用传统无线电台构成与 Internet 完全协调的包交换网络，低速率链路上数据与语音一体化传输的安全性，以及抗干扰攻击的网络管理与控制协议。

(3)抗隐身系统与技术的发展重点。随着隐身、精确攻击技术在武器系统中的综合运用，抗隐身系统与技术的发展成为极其重要的问题。重点发展的抗隐身技术有：①电光传感器系统与技术；②多频谱合成探测系统与技术；③空基、天基多站探测合成方法与技术；④异类信息融合技术，包括在不同融合层级对事件同属性或同参量的异型信息融合和对事件不同属性或参量的异类信息融合。

(4)一体化信息平台。为了支持“战士 C^4I”计划和各军种的相应 C^3I 计划，要求把传感器、辅助决策和武器系统的实体与功能集成于航天平台、航空平台、舰船、地面车辆直到单兵平台上。

思考题

1. 简述指挥自动化的基本概念。
2. 简述指挥自动化系统的基本组成与功能。
3. 如何理解指挥自动化系统的结构特征？
4. 简述防空指挥自动化系统的信息处理过程。
5. 测试某指挥自动化系统的可靠性，总共统计了 1 800 h，期间出现 3 次故障，花费的修复时间总计为 6 h，试计算该系统的 MTBF，MTTR 和有效度 A。

第 2 章　雷达信息的一次处理

利用各种传感器获取全面、准确的实时情报信息，是实现指挥自动化的前提和条件。在防空指挥自动化系统中，雷达是获取空中情报的主要手段，是系统的信息源。本章在介绍统计检测原理的基础上，讨论了雷达信号检测和目标坐标测定的方法，最后介绍了雷达数据的录取方法。

2.1　雷达信息一次处理的任务

1. 雷达测量的基本原理

雷达是使用最广泛的探测器之一，能探测目标的距离、方位和速度，并且探测距离远、精度高，可以昼夜全天候探测飞机、舰船、车辆、导弹等各种目标，已经成为现代战争中不可缺少的探测、侦察、监视和预警设备。为了满足多种用途不同的要求，雷达的种类很多。例如，按照雷达信号的形式分类，有脉冲雷达、连续波雷达、脉冲压缩雷达、脉冲多普勒雷达等。

下面以典型的脉冲雷达为例来说明雷达测量的基本工作原理。图 2.1 示出这种雷达的简化示意图，它由一个发射天线（用来发射电磁波）、一个接收天线和一个能量检测装置（接收机）所组成。发射的电磁波中一部分能量被雷达目标所接收，并且在各个方向上产生二次散射。雷达接收机天线收集散射的能量并送至接收机对回波信号进行处理，从而发现目标的存在，并提取目标位置和目标速度等信息。实际的脉冲雷达发射和接收共用一个天线，以使结构简化，体积重量减少。

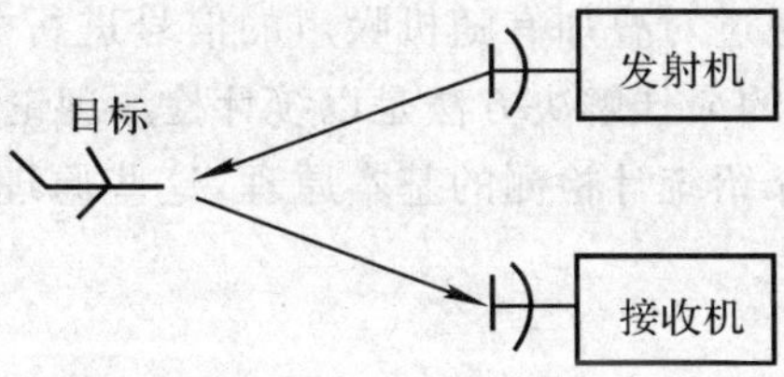

图 2.1　雷达基本组成示意图

脉冲雷达采用的波形通常是高频脉冲串，其重复周期是一定的。它是由窄脉冲调制正弦波产生的，调制脉冲的形状一般为矩形，也可以采用其他形状。目标离开雷达站的斜距由雷达信号往返于目标与雷达之间的时间来确定；目标的角位置决定了二次散射波前到达的方向；当目标对雷达站有相对运动时，雷达所接收的二次反射波的载波频率会发生偏移，即一般称为多谱勒频移，测量载频偏移就可以由此求出目标的相对速度，并且可以从固定目标中区别出运动目标来。这就是雷达测距、测角、测速的物理基础。

雷达接收机多为超外差式，由高频放大、混频、中频放大、检波、视频放大等电路所组成。接收机的首要任务是把微弱的回波信号放大到足以进行信号处理的电平。同时接收机内部的噪声应尽量小，以保证接收机的高灵敏度。一般在接收机中也进行部分信号处理。

通常情况下，接收机中放输出后经检波器取出脉冲调制波形，由视频放大器放大后送到终端设备。雷达站终端设备可能是显示器或数据自动录取设备，其中显示器是最简单的终端设备。

2. 一次处理的任务

在雷达接收机的输出端，除了有用的目标回波信号以外，还伴有噪声（接收机内部噪声和各种外部干扰）。在某些情况下，噪声尖头信号与有用回波信号的幅度差不多（见图 2.2），噪声是时间的随机函数，它使有用的目标回波信号产生失真；此外，回波信号本身也是起伏的（由媒质的非一致性、目标振动而引起的信号衰落）。因此，首先应从噪声背景中检测回波信号，然后从中提取关于探测目标的有用信息（确定目标坐标和特性）。

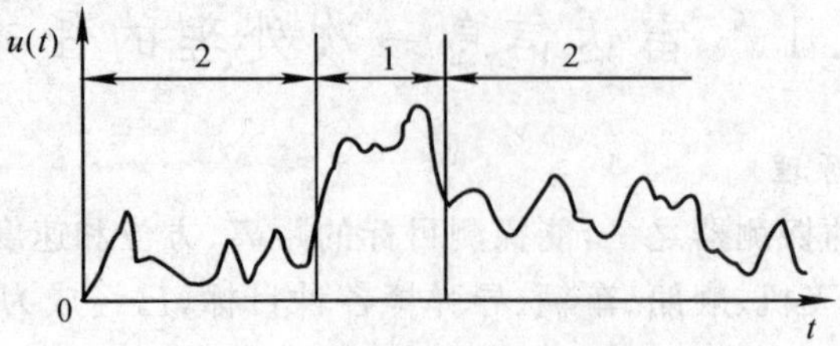

图 2.2 接收机输出端的电压

1— 目标反射信号区；2— 干预区

对雷达信息进行一次处理时，应完成的基本任务是检测空中目标的回波信号，测定探测到的目标坐标。其辅助任务是进行目标的坐标编码、目标的初次编号和目标坐标的存储。

2.2 统计检测基本原理

有用回波信号的检测是通过对叠加有随机噪声的信号进行分析来实现的。雷达信息的处理是统计学意义上的，该任务的最佳解决方法是以统计检测理论为基础，根据观测结果寻找最优解。下面以发现目标为例，介绍统计检测的基本原理，这些原理也广泛用于后面将要讨论的其他问题。

信号检测时作两种假设：

H_1—— 被观测信号对应于存在目标的情况；

H_0—— 被观测信号对应于不存在目标的情况。

探测目标的任务可表述成：寻找一种选择某一假设的准则，使所选的假设最适合于实际情况。

对所观察的实际事件所做的假设，有时会出现错误的判决。下面介绍两种常见的错误判决。

(1) 当 H_0 为真时，拒绝接受假设 H_0。这个判决用条件概率表示为

$$P(H_1^* \mid H_0)$$

式中，星号（$*$）表示接受该假设的事件。该错误判决在统计检测原理中称为第一类错误或虚警，即

$$P(H_1^* \mid H_0) = P_f$$

为了确定第一类错误的无条件概率，需要知道真实假设 H_0 的先验概率 $P(H_0)$。

根据概率相乘的定理，无条件概率可表示为

$$P(H_1, H_0) = P(H_0)P(H_1^* \mid H_0)$$

(2) 当 H_1 为真时，拒绝接受假设 H_1；即存在目标，而作出无目标判决。这种错误判决称为第二类错误或漏报，漏报的条件概率表示为

$$P(H_0^* \mid H_1) = P_l$$

第二类错误的无条件概率表达式为

$$P(H_0^*, H_1) = P(H_1)P(H_0^* \mid H_1)$$

此外，还有两种正确判决的情况：

(1) 正确发现目标（称为检测概率），其对应的条件概率和无条件概率表达式分别为

$$P(H_1^* \mid H_1) = P_d$$

$$P(H_1^*, H_1) = P(H_1)P(H_1^* \mid H_1)$$

(2) 正确的不发现目标，其对应的条件概率和无条件概率表达式分别为

$$P(H_0^* \mid H_0) = P_{an}$$

$$P(H_0^*, H_0) = P(H_0)P(H_0^* \mid H_0)$$

所有关于发现目标的可能判决情况和判决的特征列于表 2.1。

表 2.1　发现目标的可能判决情况和判决的特征

实际事件	作出的判断	判决的特征	
		条件概率	无条件概率
H_1	H_1^*	$P_d = P(H_1^* \mid H_1)$	$P(H_1)P_d$
H_1	H_0^*	$P_l = P(H_0^* \mid H_1)$	$P(H_1)P_l$
H_0	H_0^*	$P_{an} = P(H_0^* \mid H_0)$	$P(H_0)P_{an}$
H_0	H_1^*	$P_f = P(H_1^* \mid H_0)$	$P(H_0)P_f$

对统计数据的分析显示，当有目标回波信号时，接收机的输出电压峰值比无回波信号时大。这样就可合理地假设，当出现高电平信号时，证明有目标。那么最简单的假设选择规则就是，把接收信号与一定的电平（门限）进行比较。当信号高于 u_0 时，选择假设 H_1；当信号低于 u_0 时，选择假设 H_0。现在的问题是电平 u_0 的选取。

由图 2.3 可知，随门限 u_0 的升高（比如 u_0'），P_l，P_{an} 也增大，而 P_f 和 P_d 会减少。同样，当门限 u_0 降低时（比如 u_0''），P_f 和 P_d 会增大，而 P_l，P_{an} 会减少。因此，门限 u_0 的选择就是寻找合适的折中值。此时求出的解在某种规则下是最佳的，比如最大正确发现概率规则或最小虚警规则。根据使用条件和要求不同，可以有各种不同的最佳准则及其对应的判决规则。

目前最常用的最佳准则有 5 种：最小平均代价（风险）准则，即贝叶斯准则；最小错误概率准则（理想观察者准则）；给定虚警条件下的最小漏报准则（奈曼-皮尔逊准则）；最大似然准则；序列假设检验。

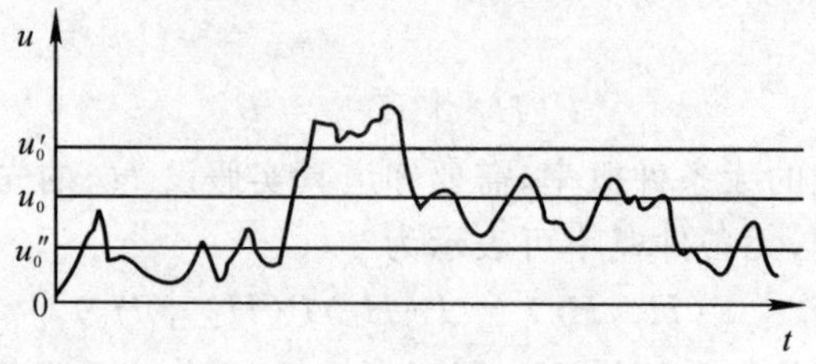

图 2.3 门限 u_0 的选择

下面分别介绍上述准则的实质。

1. 最小平均风险准则(贝叶斯准则)

正如前所述,探测目标的过程中会有以下情况出现:

(1) 虚警。不存在目标时,判定为有目标,其无条件概率为 $P_f P(H_0)$。

(2) 漏报。存在目标时,判定为无目标,其无条件概率为 $P_l P(H_1)$。

(3) 正确发现目标。存在目标时,判定为有目标,其无条件概率为 $P_d P(H_1)$。

(4) 正确的不发现目标。不存在目标时,判定为无目标,其无条件概率为 $P_{an} P(H_0)$。

很明显,它们之间存在着关系式

$$\begin{cases} P_f + P_{an} = 1 \\ P_d + P_l = 1 \end{cases}$$

对以上每一种情况都引入代价的概念。代价的大小根据错误的严重性和出现频率决定。漏报是比虚警更严重的错误,所以漏报的代价就更大。正确发现和正确不发现是真实的判决,所以它们的代价为 0。

第 i 种情况的代价标记为 r_i,所有情况的加权平均代价(平均风险)用数学期望 $\bar{r}$ 确定,即

$$\bar{r} = \sum_{i=1}^{n} r_i P_i$$

式中,n 为不同情况的个数;P_i 为第 i 种情况的出现概率。

平均风险准则是选择一种判决,保证 $\bar{r}$ 值为最小。我们在此要寻找的平均风险值为

$$\bar{r} = r_f P_f P(H_0) + r_l P_l P(H_1) \tag{2.1}$$

式中,r_f 为虚警的代价;r_l 为漏报的代价。

已知 P_f,P_l 取决于选择的门限电平值及信号与噪声的统计特性。通常使用幅度或相位的概率密度来表述纯噪声和信号加噪声的统计特性。下面只使用幅度的概率密度分布来表示它们的统计特性。

用 $W_N(u)$ 表示噪声幅度的概率密度分布,用 $W_{SN}(u)$ 表示信号加噪声的概率密度分布,其分布如图 2.4 所示。

知道 $W_N(u)$ 和 $W_{SN}(u)$ 的分布规律,可以求出 P_f 和 P_l。现在给出门限电平值 u_0,则

$$\left.\begin{aligned} P_f &= \int_{u_0}^{\infty} W_N(u)\,du \\ P_l &= \int_{0}^{u_0} W_{SN}(u)\,du = 1 - \int_{u_0}^{\infty} W_{SN}(u)\,du \end{aligned}\right\} \tag{2.2}$$

同理可以确定

$$\left.\begin{aligned} P_{\mathrm{d}} &= \int_{u_0}^{\infty} W_{\mathrm{SN}}(u)\mathrm{d}u \\ P_{\mathrm{an}} &= \int_{0}^{u_0} W_{\mathrm{N}}(u)\mathrm{d}u \end{aligned}\right\}$$

把式(2.2)代入式(2.1),得

$$\bar{r} = r_{\mathrm{f}}P(H_0)\int_{u_0}^{\infty} W_{\mathrm{N}}(u)\mathrm{d}u + r_1P(H_1) - r_1P(H_1)\int_{u_0}^{\infty} W_{\mathrm{SN}}(u)\mathrm{d}u =$$
$$r_1P(H_1) + \int_{u_0}^{\infty}[r_{\mathrm{f}}P(H_0)W_{\mathrm{N}}(u) - r_1P(H_1)W_{\mathrm{SN}}(u)]\mathrm{d}u \tag{2.3}$$

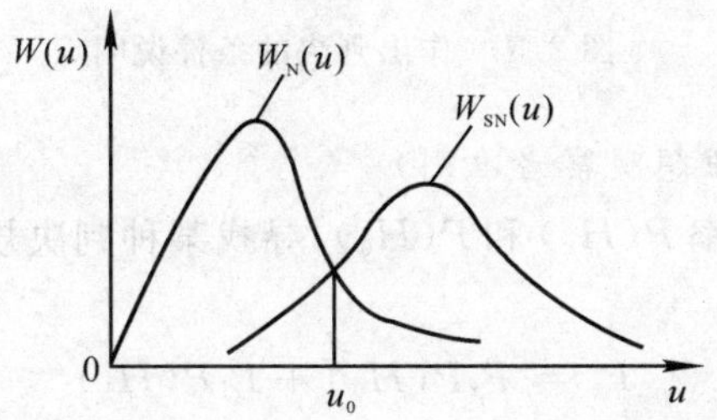

图 2.4　概率密度 $W_{\mathrm{N}}(u)$ 和 $W_{\mathrm{SN}}(u)$ 的分布

为了找到一个门限值 u_0,使平均风险有极小值,可求式(2.3)的极值。对 u_0 求导,并令导数为零,并考虑到对积分下限求导的导数等于被积函数,而符号相反,得

$$\frac{\mathrm{d}\bar{r}}{\mathrm{d}u_0} = [-r_{\mathrm{f}}P(H_0)W_{\mathrm{N}}(u_0) + r_1P(H_1)W_{\mathrm{SN}}(u_0)]|_{u_0=u_{\mathrm{opt}}} = 0$$

由此得

$$\frac{W_{\mathrm{SN}}(u_{\mathrm{opt}})}{W_{\mathrm{N}}(u_{\mathrm{opt}})} = \frac{r_{\mathrm{f}}P(H_0)}{r_1P(H_1)}$$

$W_{\mathrm{SN}}(u)/W_{\mathrm{N}}(u)$ 称为似然比,它表征了出现信号这一假设的可能性,用 λ 表示。当 $u = u_{\mathrm{opt}}$ 时,似然比为

$$\lambda = \frac{W_{\mathrm{SN}}(u_{\mathrm{opt}})}{W_{\mathrm{N}}(u_{\mathrm{opt}})}$$

它等于门限值,即

$$l = \frac{P(H_0)r_{\mathrm{f}}}{P(H_1)r_1}$$

从图 2.5 可知,当 $u_1 > u_{\mathrm{opt}}$(检测到信号的情况)时,有

$$\frac{W_{\mathrm{SN}}(u_1)}{W_{\mathrm{N}}(u_1)} > \frac{W_{\mathrm{SN}}(u_{\mathrm{opt}})}{W_{\mathrm{N}}(u_{\mathrm{opt}})}$$

因此,当获得取样值 u_i,要根据它作出有信号或只有噪声的判决时,必须求出似然比

$$\lambda(u_i) = \frac{W_{\mathrm{SN}}(u_i)}{W_{\mathrm{N}}(u_i)}$$

用此似然比与门限 l 进行比较。若满足条件

$$\lambda(u_i) \geqslant l \tag{2.4}$$

则作出有信号的判决,否则作出无信号的判决。

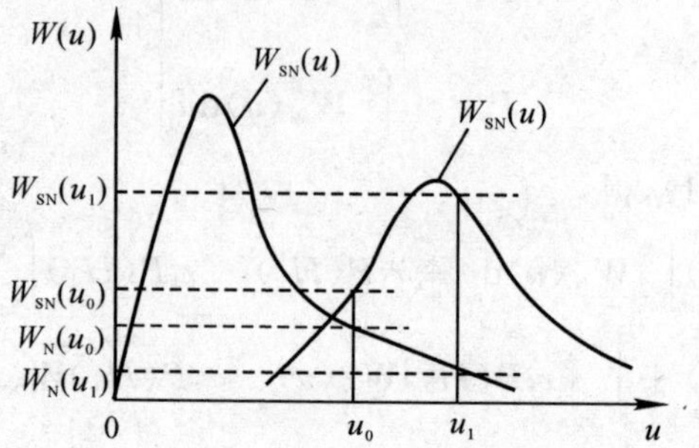

图 2.5 作出判决的条件说明

2. 最小错误概率准则(理想观察者准则)

认为已知假设的先验概率 $P(H_1)$ 和 $P(H_0)$，寻找某种判决规则，保证无条件概率的和(总的错误概率) P_e 为最小，即

$$P_e = P_f P(H_0) + P_1 P(H_1) \tag{2.5}$$

为最小。该准则是当 $r_f = r_1 = 1$ 时，最小平均风险准则的特例，因此作出判决的条件同式(2.4)一样。但此时

$$l = \frac{P(H_0)}{P(H_1)}$$

最小平均风险准则和最小错误概率准则的主要不足之处是：

(1) 先验概率 $P(H_1)$ 和 $P(H_0)$ 是未知的，实际上很难确定在雷达扫描扇区内是否出现目标。通常取 $P(H_0) = P(H_1) = 0.5$。

(2) 错误代价的选择是很主观的。实际上，怎样评价漏报的代价，它会带来什么样的破坏呢?再说怎样去评价人们的惊慌失措和牺牲等代价呢?

3. 奈曼-皮尔逊准则

奈曼-皮尔逊准则的实质是，当给定虚警概率 P_f 不大于某一值 ε 时，使漏报概率 P_1 最小(即发现概率最大)，表示为

$$\begin{cases} P_1 = \min \\ P_f \leqslant \varepsilon = \text{const} \end{cases}$$

此时不需要知道先验概率。

P_f 已给出，门限值 u_0 从表达式

$$P_f = \varepsilon = \int_{u_0}^{\infty} W_N(u)\,\mathrm{d}u$$

推出。对 u_0 求解得

$$u_0 = u_0(\varepsilon)$$

判决条件有式(2.4)的形式。

门限 l 将与给定值 $P_f = \varepsilon$ 有关，即

$$l(\varepsilon) = \frac{W_{SN}[u_0(\varepsilon)]}{W_N[u_0(\varepsilon)]}$$

当 $\lambda(u) \geqslant l(\varepsilon)$ 时，接受有信号的判决；而当 $\lambda(u) < l(\varepsilon)$ 时，则判决无信号。

4. 最大似然准则

有实际应用价值的方法是不需知道先验分布的。最大似然准则的基础是似然函数。该方法的实质是寻找一种假设，使似然函数有最大值。例如，若 $W_{SN}(u_i) \geqslant W_N(u_i)$，即

$$\frac{W_{SN}(u_i)}{W_N(u_i)} \geqslant 1$$

则认为有目标；反之，认为无目标。

上面所有关于信号检测的准则可以写成下面的通用表达式：

$$\left.\begin{array}{ll}\lambda(u_i) \geqslant l & \text{有信号(目标)} \\ \lambda(u_i) < l & \text{无信号}\end{array}\right\} \tag{2.6}$$

如果存在多个假设，进行判决前应确定所有的似然函数 $L(H_1), L(H_2), \cdots, L(H_j), \cdots, L(H_m)$，然后用它们相互比较，选似然函数值最大的假设作为判决。

最大似然函数准则更广泛地用于各种参数的确定（参数估计）。用该方法既可进行单个参数的估计，也可进行多个参数的估计。设取抽样值（测量结果）为 $X=(x_1, x_2, \cdots, x_n)$，要由它确定一个或几个参数 $a_1, a_2, \cdots, a_m$。该方法的实质是，获得的参数估计值要保证似然函数 $L(X \mid a_1, a_2, \cdots, a_m)$ 取最大值。

对一个未知的参数 a，为求出其估计值 $\bar{a}$，需要解关于估计值的似然方程式

$$\left.\frac{\partial L(X \mid a)}{\partial a}\right|_{a=\bar{a}} = 0$$

对多个未知的参数的情况，需要解方程组

$$\begin{cases}\left.\dfrac{\partial L}{\partial a_1}\right|_{a_1=\bar{a}_1} = 0 \\ \left.\dfrac{\partial L}{\partial a_2}\right|_{a_2=\bar{a}_2} = 0 \\ \cdots\cdots \\ \left.\dfrac{\partial L}{\partial a_m}\right|_{a_m=\bar{a}_m} = 0\end{cases}$$

5. 序列假设检验

前面讨论的所有信号检测准则有一个共同的缺点，即当似然比等于门限值时，判决是不确定的。

如果是由操作员来发现目标，他就用下面的方法：当出现不确定的情况，时间来得及时，他就等待下一个信号的到来；只有当他能肯定时，他才作出“有目标”或“无目标”的判定。

显然，自动检测系统也可引入同样的方法：根据某一参数 u 的值来判断是否发现目标，但这里用于比较的电平不是一个，而是两个（见图 2.6）。此时，如果信号大于 u_0'，则取假设 H_1；如果信号小于 u_0''，则取假设 H_0；如果信号大于 u_0''，而小于 u_0'，则继续进行分析。这种连续分析的方法称为序列假设检验。

在最佳检测的过程中，用似然比 $\lambda(u)$ 与门限 l 比较。连续分析时，相应的门限也应选另外两个值：A，B。其中，A 对应于 u_0' 的门限值；B 对应于 u_0'' 的门限值。

检测方法分以下三种情况：

(1) 若 $\dfrac{W_{SN}(u)}{W_N(u)} \geqslant A$，则接受假设 H_1 的条件；

(2) 若$\dfrac{W_{SN}(u)}{W_N(u)} \leqslant B$,则接受假设 H_0 的条件;

(3) 若 $B < \dfrac{W_{SN}(u)}{W_N(u)} < A$,则接受继续分析的条件。

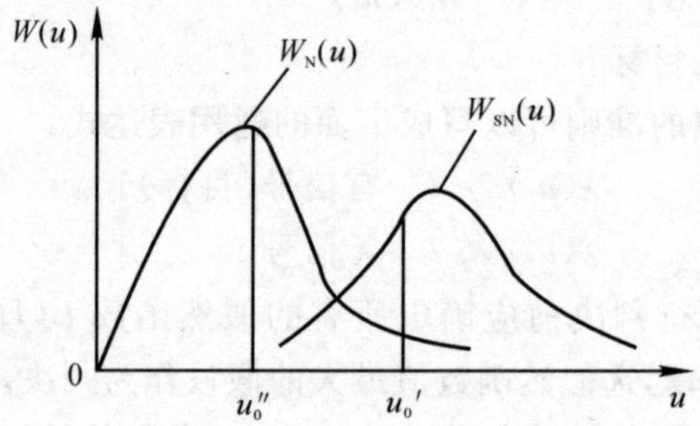

图 2.6 序列假设检验实质的图解说明

值 A 与 B 用下面的方法求取:

对第(1) 种情况,在 $u_0' \sim \infty$ 范围内积分;对第(2) 种情况,在 $0 \sim u_0''$ 范围内积分。可得

$$\int_{u_0'}^{\infty} W_{SN}(u)\mathrm{d}u \geqslant A\int_{u_0'}^{\infty} W_N(u)\mathrm{d}u$$

$$\int_{0}^{u_0''} W_{SN}(u)\mathrm{d}u \leqslant B\int_{0}^{u_0''} W_N(u)\mathrm{d}u$$

显然,上面两式可写成

$$1 - P_1(u_0') \geqslant AP_f(u_0')$$

$$P_1(u_0'') \leqslant B[1 - P_f(u_0'')]$$

求出系数为

$$A \leqslant \frac{1 - P_1(u_0')}{P_f(u_0')}, \qquad B \geqslant \frac{P_1(u_0'')}{1 - P_f(u_0'')}$$

选择 A,B 时,取上两式为等号时的边界值。

因此,用连续分析法时,必须给出 $P_f(u_0')$ 和 $P_1(u_0'')$ 的表达式。$P_1(u_0'')$ 越小,界值 $B(u_0'')$ 越低;相反,$P_f(u_0')$ 减小,界值 $A(u_0')$ 增加。但是随着这些概率的减小,会增加作出判决的平均时间,甚至大到不能容忍的地步,因而,在对 $P_f(u_0')$ 和 $P_1(u_0'')$ 选择时,必须考虑这个时间。通常给定一个概率后,另一个概率根据允许时间确定。

如果对 n 个信号进行固定抽样,并保证相同的错误判决概率,则用连续分析法检测的平均判决时间比最佳检测法短。

有时采用截短的连续分析法,其分析时间受到限制。如果分析时间超过了允许值,则用前面所述准则之一进行判决,即用一个固定门限。

2.3 雷达信号的检测

通常,在雷达的目标回波信号中总是混杂着各类噪声和干扰,要在噪声和杂波干扰背景中发现目标,就需要对雷达信号进行检测。这一过程称为雷达信号的检测。

2.3.1　一次处理系统中信号与噪声的统计特性

雷达信号的详细特性请参阅统计雷达学。下面只介绍在一次处理中直接用到的信号和噪声的特性。

下面所讨论的一次处理是指非相干处理(检波以后的处理)。一次处理系统的输入信号是取自雷达接收机输出端的,检波器去掉所获得振荡的高频部分,获得包络信号。判断有无目标的反射信号是以接收机的输出电压值为基础的,该电压正比于幅度包络在检波器负载上的分量。这个电压的统计特性是设计雷达信息一次处理最佳接收机的基础。

1. 噪声的统计特性

在雷达信号最佳检测方法中,考虑实际噪声过程中广泛存在的起伏噪声(高斯白噪声)。产生上述噪声的主要噪声源有 4 种:雷达接收设备的内部噪声,消极干扰,积极噪声干扰,以及由大气层和宇宙空间等产生的、进入天线接收机的电磁振荡。

由于起伏噪声的影响,在雷达接收机包络检波器负载上获得一个电压,其概率密度的瞬时值服从瑞利分布,即

$$W_{\mathrm{N}}(u)=\frac{u}{\sigma^2}\mathrm{e}^{-\frac{u^2}{2\sigma^2}} \tag{2.7}$$

式中,u 为包络检波器输出电压的瞬时值;σ^2 为起伏噪声的方差。

以下在讨论雷达信号检测问题时,噪声模型都用式(2.7)表示。

2. 信号的统计特性

这里所说的信号是指目标回波与噪声的混合包络,它是包络检波器负载上获得的。通常认为目标回波有恒定或者快速起伏的幅度。

当回波信号的幅度是恒定的时,包络检波器输出端电压瞬时值的概率密度服从广义瑞利分布,即

$$W_{\mathrm{SN}}(u)=\frac{u}{\sigma^2}\mathrm{e}^{-\frac{u^2+u_{\mathrm{s}}^2}{2\sigma^2}}\mathrm{I}_0\left(\frac{uu_{\mathrm{s}}}{\sigma^2}\right) \tag{2.8}$$

式中,u 为目标回波与噪声在混合包络检波器输出端的电压;u_{s} 为目标回波信号的幅度;$\mathrm{I}_0(z)$ 为第一类零阶贝塞尔函数($z=\frac{uu_{\mathrm{s}}}{\sigma^2}$)。

贝塞尔函数 $\mathrm{I}_0(z)$ 如图 2.7 所示。图 2.8 给出了对应于式(2.8)的概率密度分布曲线。对 $\frac{u_{\mathrm{s}}}{\sigma}=0$,即无目标回波的情况,$\mathrm{I}_0\left(\frac{uu_{\mathrm{s}}}{\sigma^2}\right)=1$,式(2.8)成为式(2.7)所示的瑞利分布。$\frac{u_{\mathrm{s}}}{\sigma}$ 值越大,曲线越向右偏,并趋向正态分布。

当目标回波快速起伏时,回波信号与噪声在混合包络检波器输出端的电压服从瑞利分布,即

$$W_{\mathrm{SN}}(u)=\frac{u}{\sigma^2+\sigma_{\mathrm{s}}^2}\mathrm{e}^{-\frac{u^2}{2(\sigma^2+\sigma_{\mathrm{s}}^2)}} \tag{2.9}$$

式中,σ_{s}^2 为信号幅度平方的均值。

因此,对所选包络值的一维概率密度分别用式(2.7)和式(2.9)表示。

常有必要写出 n 个被选值的联合概率密度(例如由 n 个脉冲组成的串)。对互不相关的一组值,其联合密度可以写成

$$W(u_1,u_2,\cdots,u_n)=W(u_1)W(u_2)\cdots W(u_n)=\prod_{i=1}^{n}W(u_i)$$

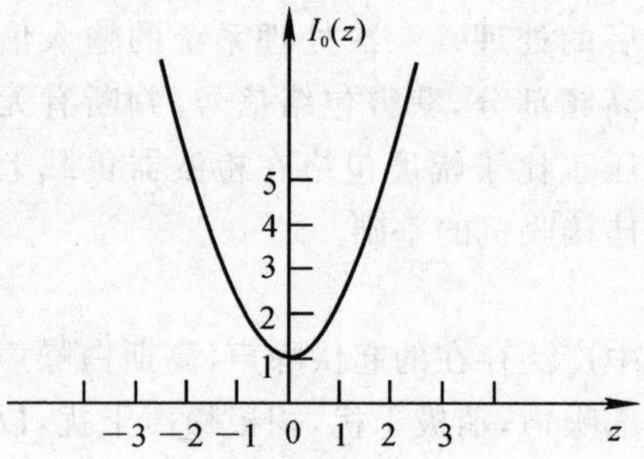

图 2.7　函数 $I_0(z)$ 的图形

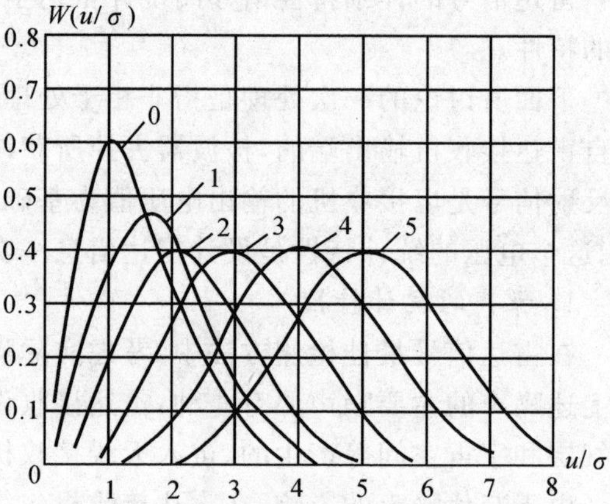

图 2.8　不同 u_s/σ 值的概率密度分布

2.3.2　单脉冲的最佳检测

在对单个信号进行最佳检测时，须确定似然比，同时根据式(2.6)，与门限值进行比较。为完成该任务，须知道一次处理系统输入端信号与噪声的概率密度。把噪声概率密度表达式式(2.7)转换成无量纲的形式(进行归一化)，即

$$x=\frac{u}{\sigma}$$

$$\mathrm{d}u=\sigma\mathrm{d}x$$

转换成变量 x 时，需使每个概率单元都相等，即

$$W(u)\mathrm{d}u=W(x)\mathrm{d}x \tag{2.10}$$

由此可得

$$W(x)=W(u)\frac{\mathrm{d}u}{\mathrm{d}x}$$

把相应的值代入式(2.10)，最终得到

$$W_{\mathrm{N}}(x)=x\mathrm{e}^{-\frac{x^2}{2}} \tag{2.11}$$

同样把广义瑞利分布转换成无量纲(归一化)的形式，得到

$$W_{\mathrm{SN}}(x)=x\mathrm{e}^{-\frac{x^2+a^2}{2}}\mathrm{I}_0(ax) \tag{2.12}$$

式中

$$a=\frac{u_s}{\sigma}$$

为寻找噪声中单个脉冲信号的最佳检测算法，需根据所选的准则，计算似然比并与门限 l 进行比较：

$$\lambda(x_i)=\frac{W_{\mathrm{SN}}(x_i)}{W_{\mathrm{N}}(x_i)}=\frac{x_i\mathrm{e}^{-\frac{x_i^2+a_i^2}{2}}\mathrm{I}_0(a_ix_i)}{x_i\mathrm{e}^{-\frac{x_i^2}{2}}}\geqslant l$$

即
$$\lambda(x_i) = e^{-\frac{a_i^2}{2}} I_0(a_i x_i) \geqslant l \tag{2.13}$$

为简化计算装置，我们对式(2.13) 取对数。因为对数函数的单值性，所以上面的不等关系并没有被破坏，只是改变了左右两边的数值。对式(2.13) 取对数，有

$$-\frac{a_i^2}{2} + \ln I_0(a_i x_i) \geqslant \ln l$$

最终得到的单脉冲信号检测算法的表达式为

$$\ln I_0(a_i x_i) \geqslant l'$$

式中

$$l' = \ln l + \frac{a_i^2}{2}$$

因此，接收信号必须进行非线性变换，并把结果与门限值 l' 进行比较。单脉冲信号检测装置的结构图如图 2.9 所示。

函数 z 可以用下式近似得到：

$$z = \begin{cases} \dfrac{(a_i x_i)^2}{4}, & a_i x_i \ll 1 \\ a_i x_i, & a_i x_i > 1 \end{cases}$$

当 $a_i x_i \ll 1$ 时，对应于弱信号；当 $a_i x_i > 1$ 时，对应于强信号。

检波器的最佳特性相对于弱信号时应该是平方关系；而相对于强信号时则为线性关系，如图 2.10 所示。

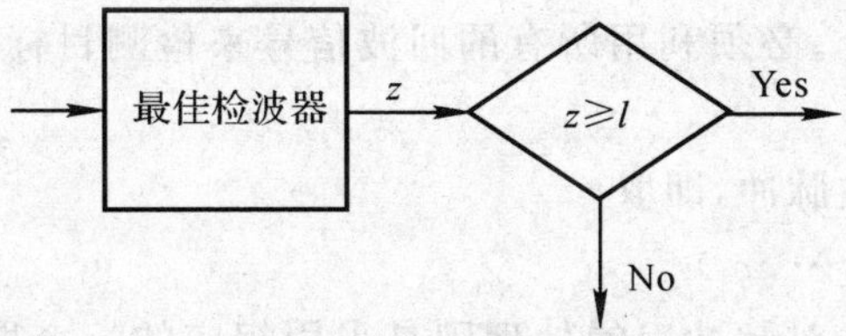

图 2.9　单脉冲信号检测结构图

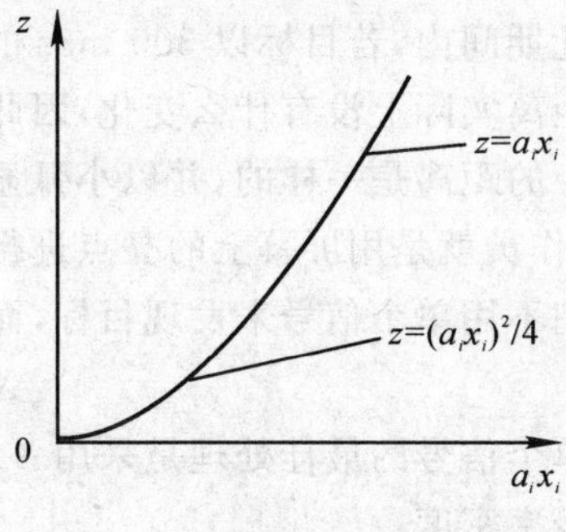

图 2.10　检波器的最佳特性

2.3.3　脉冲串的最佳检测

实际的目标回波信号不是单个脉冲，而是同一距离处的一串脉冲。串中的脉冲数取决于天线方向图主瓣的宽度、转动速度及探测信号的重复频率。

设雷达天线以角速度 Ω_a 作圆周扫描，其水平方向的宽度为 θ(见图 2.11)。探测信号的重复周期为 T_n(见图 2.12)。当目标出现在天线方向图范围内时，将会反射雷达辐射信号。反射信号相对于探测信号延迟时间 t_r 后，进入接收机。目标处在方向图范围内的时间 $t = \dfrac{k\theta}{\Omega_a}$，在此期间雷达发射多个探测脉冲，因而接收机也接收到多个目标回波信号。脉冲数由下式确定：

$$n = \frac{k\theta}{\Omega_a T_n}$$

式中，k为系数。考虑到天线方向图半功率点范围外可能出现的回波脉冲，通常取$k=1\sim1.5$。

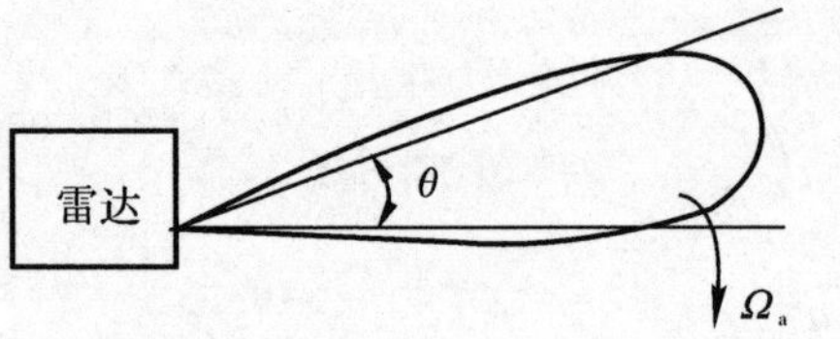

图 2.11 水平面内的方向图

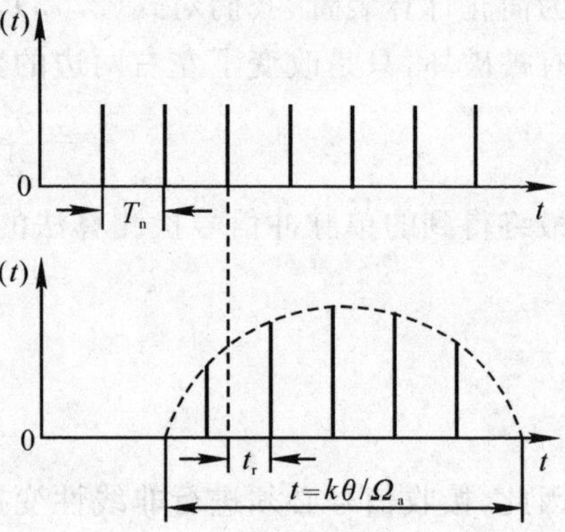

图 2.12 脉冲串的形成

当$\theta=2°,\Omega_a=36°/s,k=1,T_n=3$ ms时，脉冲数为

$$n=\frac{1\times2}{36\times0.003}\approx19$$

目标位于方向图内的时间为

$$t=\frac{2°}{36°/s}\approx0.06\ s$$

在此期间内，若目标以 300 m/s 的速度飞行，则飞过距离$S=300\ m/s\times0.06\ s=18\ m$。目标的距离实际上没有什么变化，因此在环形显示器上，表示不同径向扫描的单个回波脉冲到屏幕中心的距离是一样的，并以小弧显示在屏幕上。必须利用所有的回波信号来检测目标。实践中，操作员就是用屏幕上的亮点进行分析的。

我们不用单个信号来发现目标，而用多个回波脉冲，即取

$$X=(x_1,x_2,\cdots,x_n)$$

对单个信号的最佳处理是采用一维概率密度，对脉冲串的处理则是采用相应的n个取样的多维概率密度：

$$W_{nN}(x_1,x_2,\cdots,x_n)$$
$$W_{nSN}(x_1,x_2,\cdots,x_n)$$

这n个值在离散时间点$t_1,t_2,\cdots,t_n$时确定。因为所接收的信号（反射脉冲）之间的时间足够长，它们的随机起伏是不相关的，所以它们的瞬时概率密度可以化成一维的，即

$$W_{nN}(x_1,x_2,\cdots,x_n)=\prod_{i=1}^{n}W_N(x_i)$$

$$W_{nSN}(x_1,x_2,\cdots,x_n)=\prod_{i=1}^{n}W_{SN}(x_i)$$

求出最佳检测的似然比并与门限比较

$$\lambda(x_1,x_2,\cdots,x_n)=\frac{W_{nSN}(x_1,x_2,\cdots,x_n)}{W_{nN}(x_1,x_2,\cdots,x_n)}\geqslant l$$

假如单个脉冲的信号加噪声包络电压和纯噪声包络电压的条件概率分布分别服从广义瑞

利分布和瑞利分布，则有

$$\frac{\prod_{i=1}^{n} x_i \mathrm{e}^{-\frac{x_i^2+a_i^2}{2}} \mathrm{I}_0(a_i x_i)}{\prod_{i=1}^{n} x_i \mathrm{e}^{-\frac{x_i^2}{2}}} = \prod_{i=1}^{n} \mathrm{e}^{-\frac{a_i^2}{2}} \mathrm{I}_0(a_i x_i) \geqslant l$$

取对数后，得

$$\sum_{i=1}^{n}\left[-\frac{a_i^2}{2}+\ln \mathrm{I}_0(a_i x_i)\right] \geqslant \ln l$$

经处理，脉冲串的最佳检测算法可写为

$$z' = \sum_{i=1}^{n} \ln \mathrm{I}_0(a_i x_i) \geqslant l' \tag{2.15}$$

式中
$$l' = \sum_{i=1}^{n} \frac{a_i^2}{2} + \ln l$$

由式(2.15)可知，每个信号都必须用函数 $\ln \mathrm{I}_0(a_i x_i)$ 进行处理，然后对得到的值求和。当和超过门限电平时，就认为发现目标。脉冲串检测结构如图 2.13 所示。求和运算，即积累可以是模拟的或数字的。在模拟加法器里只用延迟线或存储管。因为需要延迟数百或数千微秒，所以延迟线很长，是很笨重的。存储管更紧凑，但它工作不稳定。此外，存储管内的信号积累是非线性的，所以会丢失信息。

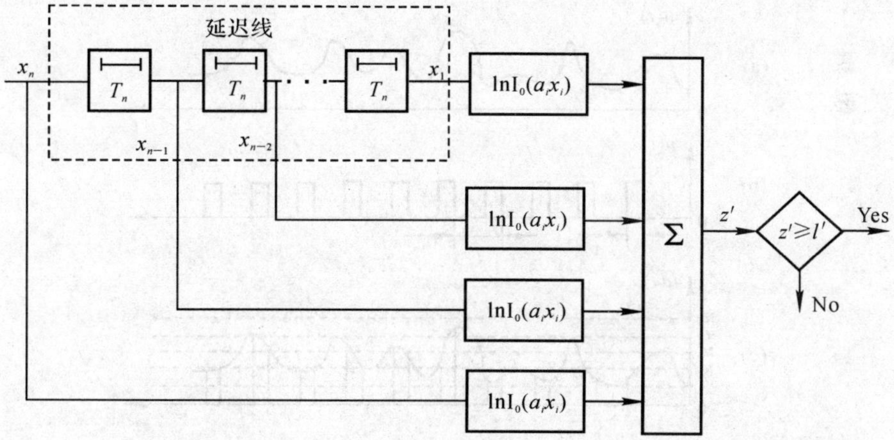

图 2.13　用脉冲串探测目标的结构图

正因为模拟积累存在上述缺点，所以现在更多采用数字积累。这样要简单、经济和可靠得多。但用数字积累必须把信号转换成数字形式。信号在数字化过程中会带来误差，但可用某种方法对其进行补偿，以获得质量更好的数字处理。

数字处理时，须完成以下任务：

(1) 把信号转换成数字形式；

(2) 形成最佳处理算法；

(3) 算法的电路实现。

下面讨论前两项任务。

2.3.4　二进制最佳检测

1. 信号的模数转换

用数字设备处理雷达信号时，必须先把雷达接收机输出的连续电压进行时间取样和幅度量化。

用数字设备进行信号数字化的第一个阶段是在时间上对信号进行量化，即进行取样，把时间上连续的观测信号，根据时间先后顺序，以一定的时间间隔离散地取其幅度值。通常在时间离散点上，不但可以确定幅度，也可确定信号的其他参数。第二阶段是对幅度进行量化（分层）。

图 2.14 为雷达信号量化的结构图，图 2.15 为工作时序图。

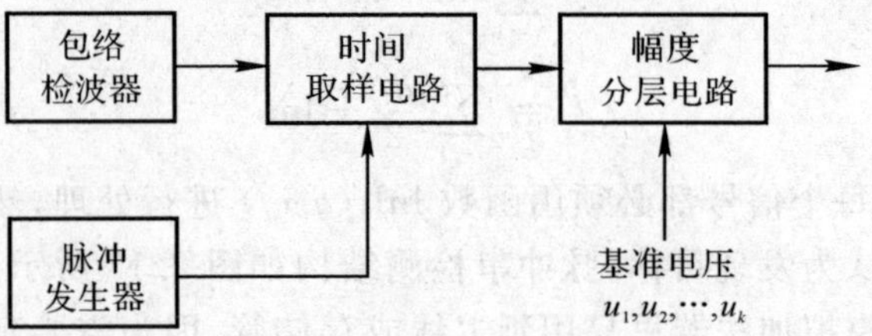

图 2.14　雷达信号量化结构图

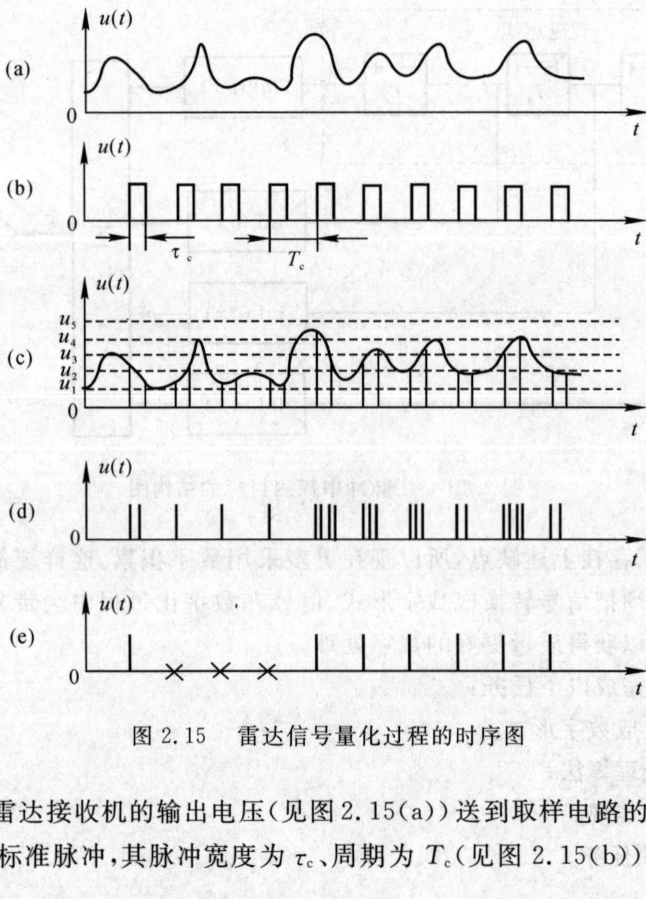

图 2.15　雷达信号量化过程的时序图

在图 2.15 中，雷达接收机的输出电压（见图 2.15(a)）送到取样电路的输入端。取样电路的另一输入端接取样标准脉冲，其脉冲宽度为 τ_c、周期为 T_c（见图 2.15(b)）。该电路输出端在每个取样脉冲期间得到一个包络的取样，取样值送到幅度量化电路的输入端。幅度量化电路通常有 m 个门限值和 $(m+1)$ 个等级，在每个取样间隔内输出信号所超过的门限等级号。等级号可能是二进制编码的，或者用等于所超等级数的标准幅度脉冲表示（见图 2.15(d)）。

实践中常用二分层进行量化，称为二进制量化。用二进制量化电路，当脉冲幅度高出门限（见图2.15(c) 中的 u_2）时，输出标准脉冲（为 1）；而比门限低时，无脉冲输出（为 0）（见图 2.15(e)）。

在时间上取样后，把雷达的作用距离分成若干段，每段距离为

$$\Delta r = \frac{cT_c}{2}$$

式中，c 表示光速。段数由下式确定：

$$k = \frac{r_{\max}}{\Delta r}$$

式中，$r_{\max}$ 为雷达的最大发现距离，如图 2.16 所示。

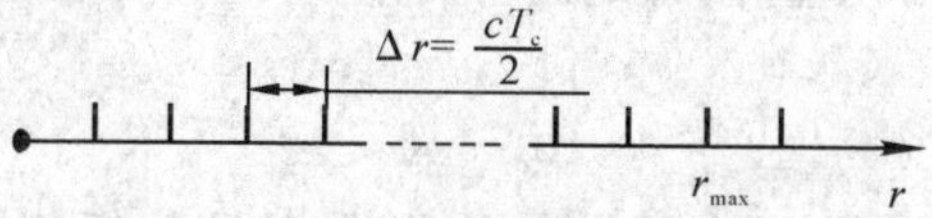

图 2.16　距离量化原理

每次距离扫描由发射探测信号开始。天线从发射一个探测脉冲到发射下一个探测脉冲，将转过方位角 $\Delta\beta$。因此，雷达扫描区域的方位角将以下面的间隔分成段：

$$\Delta\beta = 2\pi\,\frac{T_n}{T}$$

式中，T_n 表示探测脉冲重复周期；T 表示天线旋转周期。

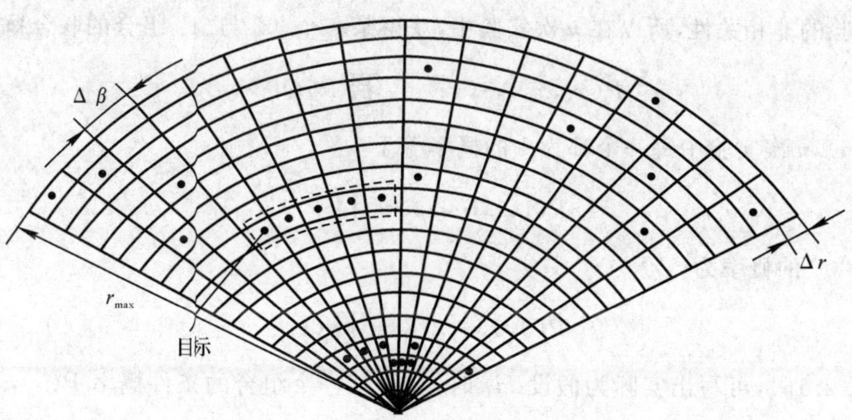

图 2.17　取样和分层后雷达扫描区模型

因此，时间量化的结果是使雷达扫描区分成小块（见图 2.17），大小为

$$s = \Delta r\,\Delta\beta$$

雷达扫描区内总的分块数为

$$N = \frac{2\pi r_{\max}}{\Delta\beta\ \Delta r}$$

幅度量化使屏幕上每一个单元块的发光照亮离散化。二进制量化将使确定的存储单元(屏幕上的发光点)有或者没有“1”。

2. 二进制检测的最佳算法

从理论上讲,没有一种数字化信号的处理算法在质量上能优于或达到非数字化信号的最佳处理算法,这是因为数字化过程不可避免丢失信息。当获得“1”时,我们只知道信号高于门限,而无法说出它高出多少(以二分层为例)。从另一方面讲,用数字计算机进行量化信息的处理,不会出现模拟方法所特有的饱和。尽管量化会损失信息,但信号的数字化处理的效果在多数情况下不会比模拟处理差。

现在讨论二进制最佳检测算法。采用此算法时,必须分析相同距离单元(一个距离环)内的信息。

假定在同一个距离环上,出现 n 个方位上相邻的离散取样值 $x_1, x_2, \cdots, x_n$(见图 2.17)。对每一个取样值的幅度进行二分层量化,即通过与门限 x_0 进行比较,可得

$$x_i = \begin{cases} 1, & x_i \geqslant x_0 \\ 0, & x_i < x_0 \end{cases}$$

量化的最终结果是获得一个“0”与“1”的串。此时,检测的任务是分析获得的“0”“1”串,作出最佳判决:得到的取样串是来自目标回波脉冲,还是干扰引起的。这种最佳检测算法与模拟信号相似,都是检验关于没有信号的假设 H_0 和有信号的假设 H_1。为此,需要根据所选准则,计算似然比,并与门限进行比较。这里先要找出“1”“0”序列的统计特性。

在 i 位置获得“1”的概率记为 P_i,而在该位置获得“0”的概率为 Q_i。很明显,有

$$Q_i = 1 - P_i$$

第 i 次实验结果中,获得两种结果中任何一种的概率可写成

$$P(x_i) = P^{x_i} Q^{1-x_i}$$

由于实验的非相关性,所以在 n 次实验中,获得某一个“0”与“1”组合的联合概率等于

$$P(x_1, x_2, \cdots, x_n) = \prod_{i=1}^{n} P_i^{x_i} Q_i^{1-x_i} \tag{2.16}$$

根据式(2.16),n 次实验中每一个都为 1 的概率等于

$$P(1,1,\cdots,1) = \prod_{i=1}^{n} P_i$$

而全部获得“0”的概率为

$$P(0,0,\cdots,0) = \prod_{i=1}^{n} Q_i$$

根据式(2.16),可写出实际为假设 H_1 时,获得某一个组合的条件概率 $P(x_1, x_2, \cdots, x_n \mid H_1)$ 的表达式为

$$P(x_1, x_2, \cdots, x_n \mid H_1) = \prod_{i=1}^{n} P_{S_i}^{x_i} Q_{S_i}^{1-x_i} \tag{2.17}$$

对于假设 H_0,有

$$P(x_1, x_2, \cdots, x_n \mid H_0) = \prod_{i=1}^{n} P_{N_i}^{x_i} Q_{N_i}^{1-x_i} \tag{2.18}$$

式中，P_{S_i}，P_{N_i} 分别为在信号加噪声区域和纯噪声区域获得“1”的概率。

下面我们计算似然比，并与所选最佳判决准则相对应的常数 l 进行比较。

$$\frac{P(x_1,x_2,\cdots,x_n \mid H_1)}{P(x_1,x_2,\cdots,x_n \mid H_0)} \geqslant l$$

把值代入上式，得

$$\frac{\prod_{i=1}^{n} P_{S_i}^{x_i} Q_{S_i}^{1-x_i}}{\prod_{i=1}^{n} P_{N_i}^{x_i} Q_{N_i}^{1-x_i}} \geqslant l$$

或者

$$\prod_{i=1}^{n}\left(\frac{P_{S_i}}{P_{N_i}}\right)^{x_i}\left(\frac{Q_{S_i}}{Q_{N_i}}\right)^{1-x_i} \geqslant l$$

取对数后，得到

$$\sum_{i=1}^{n}\left[x_i \ln\frac{P_{S_i}}{P_{N_i}} + (1-x_i)\ln\frac{Q_{S_i}}{Q_{N_i}}\right] \geqslant \ln l$$

经过处理，得

$$\sum_{i=1}^{n} x_i \ln\frac{P_{S_i}}{P_{N_i}}\frac{Q_{N_i}}{Q_{S_i}} \geqslant \ln l - \sum_{i=1}^{n}\ln\frac{Q_{S_i}}{Q_{N_i}} \tag{2.19}$$

引入表达式

$$\ln\frac{P_{S_i}}{P_{N_i}}\frac{Q_{N_i}}{Q_{S_i}} = \eta_i, \qquad \ln l - \sum_{i=1}^{n}\ln\frac{Q_{S_i}}{Q_{N_i}} = z_0$$

最终得到

$$\sum_{i=1}^{n} x_i \eta_i \geqslant z_0 \tag{2.20}$$

式中，函数 η_i 是在信号和噪声区内获得“1”和“0”的概率期望值，称为二进制检测的权函数。权函数的包络在形式上与天线方向图包络相一致，如图 2.18 所示。

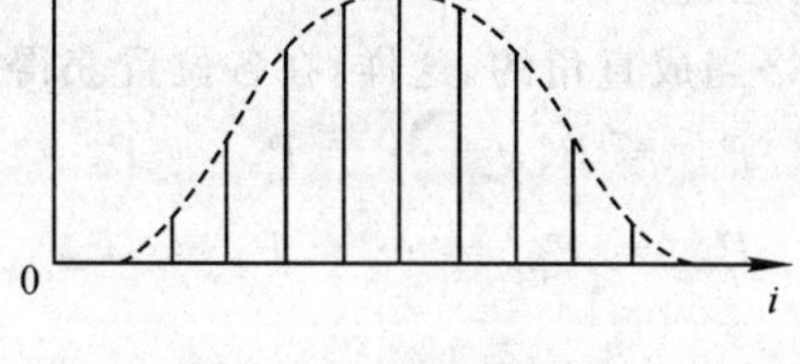

图 2.18　权函数包络

根据式(2.20)的算法，二进制最佳检测过程所完成的操作如下：

(1) 在脉冲宽度内，在量化器输出端记忆信号(1 与 0)；

(2) 把量化器输出为 1 所对应位置的权函数值相加，这些值是事先编进去的；

(3) 把得到的和与门限进行比较，并给出发现(或未发现)脉冲串的判决。

图 2.19 为实现上述检测算法的结构图(也称为滑窗检测器)。图中，输入信号存储器采用移位寄存器的形式。此外，还有权系数寄存器，用来存储权系数 η_i，利用与门实现乘法 $\eta_i \times x_i$。

图 2.19 中所列单元可以用数字电路实现。

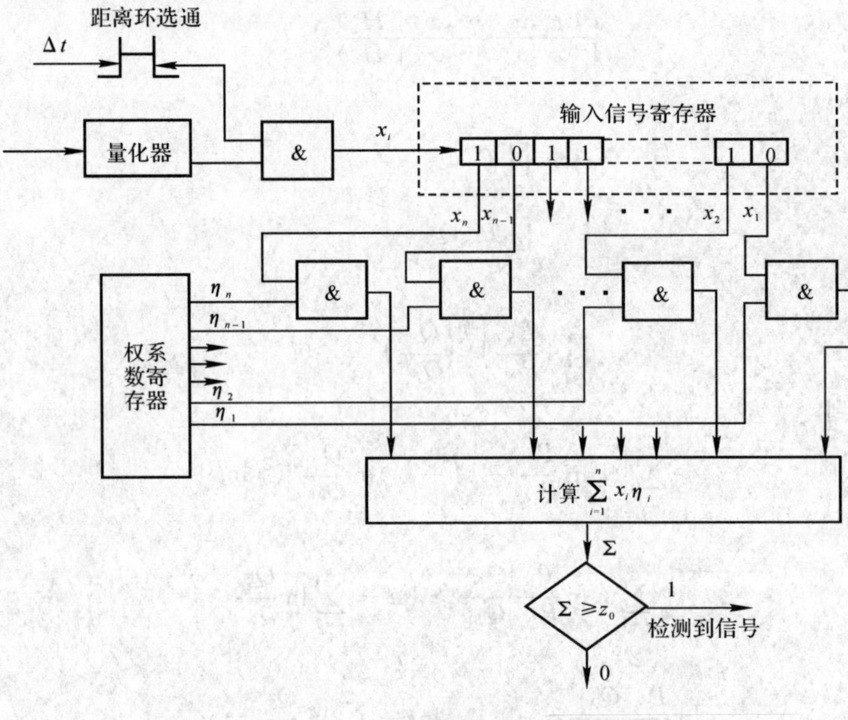

图 2.19 二进制滑窗检测器结构图

数字检测设备的特点是有两个门限：一个在量化器内，是检测单个脉冲的门限；另一个在和电路输出端，是检测脉冲串的门限。

2.3.5 非加权二进制检测

前面讨论的量化雷达信号的处理方法比较复杂，因为在检测过程中需要事先编好的权函数并确定它们所对应的方位角位置。

为简化设备，可把信号包络当成直角的。这样，在各位置获得“1”的概率为

$$P_{S_1} = P_{S_2} = \cdots = P_{S_n} = P_S$$

$$P_{N_1} = P_{N_2} = \cdots = P_{N_n} = P_N$$

式(2.19) 可以写成

$$\sum_{i=1}^{n} x_i \geqslant \frac{\ln l - n\ln \dfrac{Q_S}{Q_N}}{\ln \dfrac{P_S Q_N}{P_N Q_S}} \tag{2.21}$$

此时检测程序是，计算量化器在脉冲串宽度范围内输出“1”的个数，并将其与式(2.21) 等号右边所确定的门限进行比较。

检测电路用常见的二进制计数器实现。但是用这种设备作的判决不是最佳的，因为处理过程中没有考虑雷达天线方向图的形状。

用这种非加权检测方法确定目标方位，需要对脉冲串的中心（目标中心）或者起始、终了进行定位，因此除检测准则外，还要确定信号起始（目标起始）定位准则、信号中心（目标中心）定位准则和信号结束（目标终了）定位准则。所有这些准则决定了非加权处理的算法。它们可用数学和逻辑式表示。

目标起始定位准则（或检测准则）是在一定的相邻位置内出现某种“0”和“1”脉冲的组合（见图 2.20）。

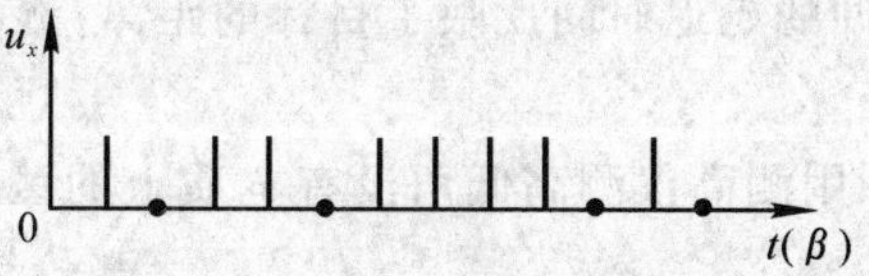

图 2.20　二分层量化脉冲串

该准则记为 m/n，这里 n 为讨论的相邻位置个数；m 为在这 n 个位置中 1 的个数。用它可以确定目标起始。

最常用的目标终了准则是连续出现 k 个“0”：k 的选取应当考虑到，k 选得过小，则目标分裂概率高，漏报概率高；k 值选得过大，则方位精度和方位分辨力变差。对 k 值的选择，必须依据实际跟踪目标的统计数据，通常选 $k = 2 \sim 3$。

在检测中，计算一定间隔内 1 的个数，并与门限进行比较。如果能确定起始和终了位置，则可以计算两者之间的间隔宽度。脉冲积累原理判决结束后，电路要清“0”。脉冲积累过程可用时序图（见图 2.21）表示。

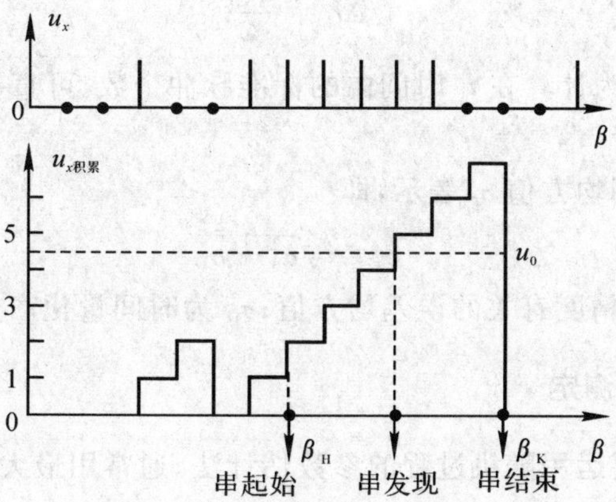

图 2.21　脉冲积累时序图

假设 $k = 2$，当只有一个脉冲通过时，就会还原到“0”位置。当量化器有输出时，脉冲累加器的输出电压在每一个时间间隔会跃升一次。对于同一次回波，积累会继续。如果下面出现两次“0”，则累加器输出 $u_{x积累}$ 会跳变到“0”。当积累 5 次，电压跳过（$u_x = u_0$）时，检测到信号（见图 2.21）。该累积器给出起始定位信号 β_H、终了定位信号 β_K 和检测信号，并可给出脉冲积累数。这种检测器称为逻辑检测器，用 $m/n-k$ 表示。式中，m/n 为检测准则；k 为终了定位准则。

2.4 确定目标坐标的方法

目标在空间的位置可用极坐标或直角坐标表示。有必要时，可实现极坐标到直角坐标的转换，或相反的转换。

在极坐标中确定目标坐标的方法：测距仪测得目标时，方向图所对应的方位即为目标方位；回波信号相对于探测脉冲的延迟时间反映了目标的距离；测高仪在垂直面上的方向图位置反映了目标高低角。

用测距仪确定方位角和用测高仪测高低角没有本质上的区别，因此下面只讨论距离和方位角的测量方法。

2.4.1 目标距离的测定

如前所述，目标距离可直接用反射信号与探测脉冲之间的延迟时间 t_r 表示，即

$$r = \frac{ct_r}{2}$$

如进行时间量化，则

$$t_r = kT_c, \qquad r = \frac{ckT_c}{2} = k\Delta r$$

式中，k 为延迟时间 t_r 内的量化间隔数；T_c 为取样脉冲重复周期；Δr 为量化的距离间隔（距离环之间的宽度），

$$\Delta r = \frac{cT_c}{2}$$

因此，距离的确定变为计算在 t_r 时间内的标准脉冲个数。可直接用 Δr 作为计数器最低位的刻度值。

该方法的测距误差用均方值 σ_r 表示，即

$$\sigma_r = \sqrt{\sigma_u^2 + \sigma_D^2}$$

式中，σ_u 为与雷达站测量精度有关的误差均方值；σ_D 为时间量化产生的误差均方值。

2.4.2 目标方位的测定

角坐标的最佳测定要运用随机过程的参数估计法。通常用最大似然比法，即接受作为最佳值的参数 β（此时为天线方位角 β_a），能保证在信号区内似然函数最大，即

$$W(x_1, x_2, \cdots, x_n, \beta \mid H_1)_{\max}$$

下面讨论二分层量化时，角坐标的测定方法。

用二分层量化测定目标方位的方法如下：

设有一组量化信号（“0”与“1”），它们对应的距离是相同的，但是天线是处于不同方位时获得的，因此必须以最大的精度来确定目标的真实方位。

接下来是寻找式(2.17)的极值：

$$P(x_1, x_2, \cdots, x_n \mid H_1) = \prod_{i=1}^{n} P_{S_i}^{x_i} Q_{S_i}^{1-x_i}$$

确实，出现“1”的概率 P_{S_i} 和出现“0”的概率 Q_{S_i} 取决于天线方向图与目标在空间的相对位置(见图 2.22)。

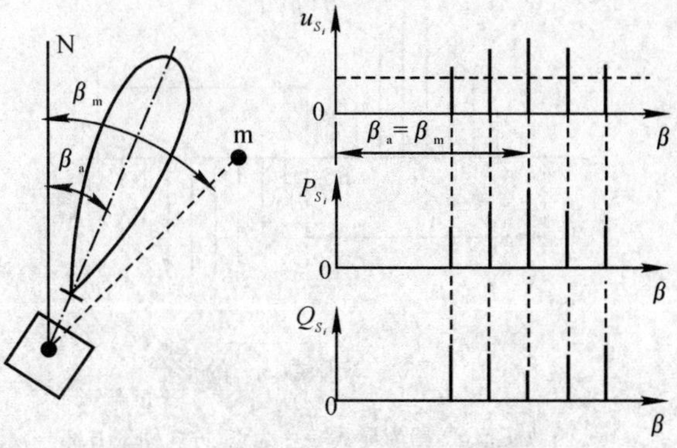

图 2.22　方位角测定原理

设 β_a 表示天线方向图的角位置，β_m 表示目标角位置。若天线方向图是对称的，则当 $\beta_a=\beta_m$ 时，信号有最大值。

当给定比较门限 u_0，P_{S_i} 值有与回波信号包络相同的形状时，值 Q_{S_i} 在 $\beta_a=\beta_m$ 时最小，即 P_{S_i} 与 Q_{S_i} 取决于 β_a。

可见，式(2.17)是 β_a 的函数，当 $\beta_a=\beta_m$ 时最佳。

为求极值，先对表达式两边取对数，有

$$\ln P(x_1,x_2,\cdots,x_n \mid H_1)=\ln\prod_{i=1}^{n}P_{S_i}^{x_i}Q_{S_i}^{1-x_i}=\sum_{i=1}^{n}x_i(\ln P_{S_i}-\ln Q_{S_i})+\sum_{i=1}^{n}\ln Q_{S_i} \tag{2.22}$$

对 β_a 求导，并令其等于 0，即

$$\sum_{i=1}^{n}x_i\left(\frac{1}{P_{S_i}}\frac{\partial P_{S_i}}{\partial\beta_a}-\frac{1}{Q_{S_i}}\frac{\partial Q_{S_i}}{\partial\beta_a}\right)+\sum_{i=1}^{n}\frac{1}{Q_{S_i}}\frac{\partial Q_{S_i}}{\partial\beta_a}\bigg|_{\beta_a=\bar{\beta}_m}=0 \tag{2.23}$$

式中，$\bar{\beta}_m$ 为目标方位角的估计值。

不难看出，若方向图对称，则天线正对准目标时，表达式中第二个求和项等于 0。考虑到 $(1-Q_{S_i})=P_{S_i}$，得到

$$\frac{\partial Q_{S_i}}{\partial\beta_a}=-\frac{\partial P_{S_i}}{\partial\beta_a}$$

则估计目标角度的表达式为

$$\sum_{i=1}^{n}x_i\frac{1}{P_{S_i}}\frac{1}{Q_{S_i}}\frac{\partial P_{S_i}}{\partial\beta_a}\bigg|_{\beta_a=\bar{\beta}_m}=0 \tag{2.24}$$

记为

$$\frac{1}{P_{S_i}}\frac{1}{Q_{S_i}}\frac{\partial P_{S_i}}{\partial\beta_a}=\eta_{\beta_i} \tag{2.25}$$

最终得到

$$\sum_{i=1}^{n}x_i\eta_{\beta_i}=0 \tag{2.26}$$

式中，η_{β_i} 为权函数，有非对称性(见图 2.23)。

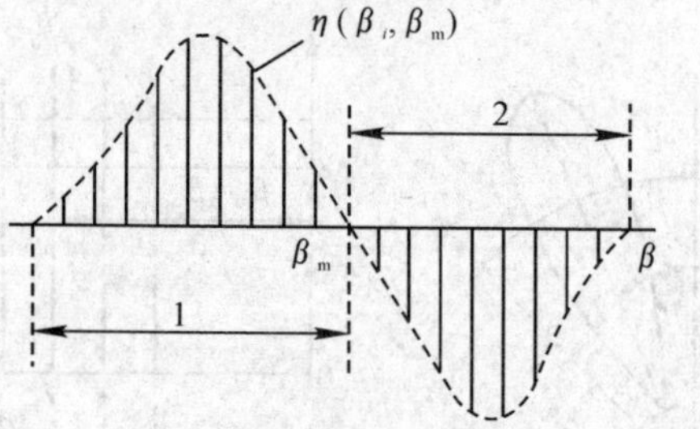

图 2.23 权函数 η_{β_i} 的形状

1— 函数正值区，因为导数$\frac{\partial P_S}{\partial \beta_n}$为正(方向图上升部分)

2— 函数负值区，因为导数$\frac{\partial P_S}{\partial \beta_n}<0$(方向图下降区)

实现式(2.26)算法的设备结构如图 2.24 所示。与门保证选择相同距离环的脉冲。图中包括由移位寄存器组成的量化信号存储器、权系数存储器、实现乘法的与电路，以及两个加法器和比较电路。

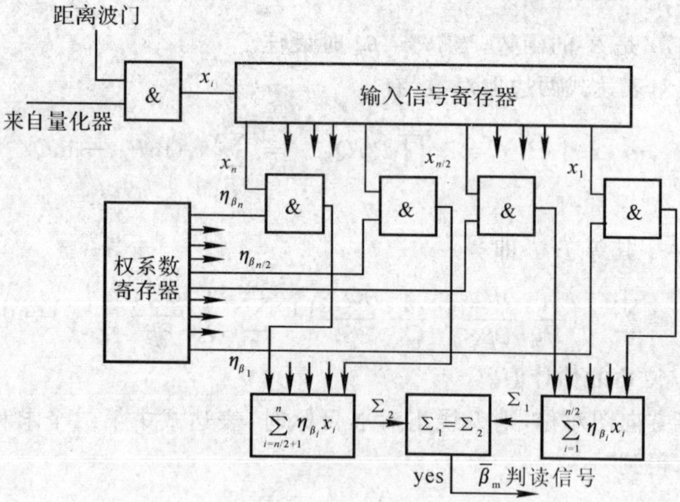

图 2.24 测定方位角的设备结构图

因此，发现目标后，当$\sum_1$ 和 $\sum_2$ 相等时，就可确定目标的角度。通过表示“正北”的基准脉冲和从比较电路来的信号两者之间的移位脉冲数，可确定角度的大小。

当用逻辑检测器处理信号时，中心位置的确定有以下方法：

(1) 根据已确定的目标起始和终了方位角来确定中心位置，即由式

$$\bar{\beta}_m=\frac{\bar{\beta}_H+\bar{\beta}_K}{2} \tag{2.27}$$

确定。式中，$\bar{\beta}_m$ 为目标方位估计值；$\bar{\beta}_H$ 为目标起始信号方位；$\bar{\beta}_K$ 为目标终了信号方位。

(2) 根据信号起始、终了方位和宽度来确定中心位置，即由以下两式

$$\bar{\beta}_m = \beta_K - \frac{\Delta\beta \cdot n}{2}, \quad \bar{\beta}_m = \beta_H + \frac{\Delta\beta \cdot n}{2} \tag{2.28}$$

确定。式中，$\Delta\beta$ 为脉冲的角度间隔；n 为检测脉冲串内的脉冲数。

上述方法很容易用数字技术实现。

下面讨论逻辑检测器测定目标方位的精度。

用逻辑检测器处理信号时，目标方位中心的确定是用起始和终了信号的坐标实现的。设脉冲串由 n 个脉冲组成，判读坐标从脉冲组的第一个开始，如图 2.25 所示。图中，n_1 为建立目标起始信号的位置；n_2 为产生目标终了信号的位置；$\Delta\beta$ 为脉冲的角间隔。

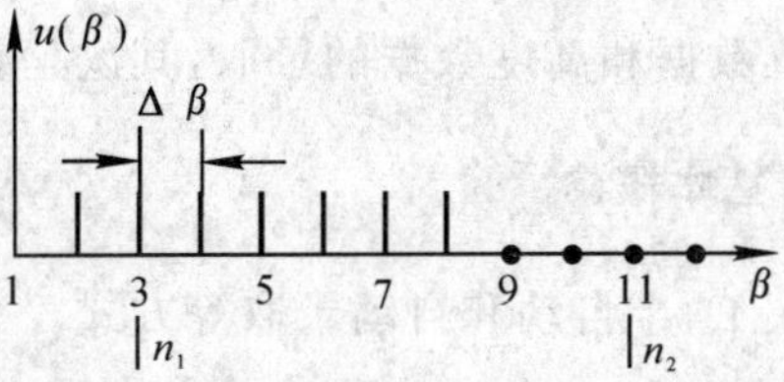

图 2.25　方位角的逻辑测定原理

目标方位的测量值为

$$\bar{\beta}_m = \frac{n_1 + n_2}{2}\Delta\beta \tag{2.29}$$

方位的真实值为

$$\beta_m = \frac{n-1}{2}\Delta\beta \tag{2.30}$$

测角时相应的系统误差和随机误差之和为

$$\Delta\beta_a = \pm(\bar{\beta}_m - \beta_m) = \pm\left(\frac{n_1+n_2}{2} - \frac{n-1}{2}\right)\Delta\beta$$

系统误差由所选准则确定。如果选用 $n/n\text{-}k$ 准则，则目标起始向右偏移了 $n-1$ 个位置，而目标终了向右偏移 k 个位置，则

$$\Delta\beta_s = \left(\frac{n-1+k}{2}\right)\Delta\beta$$

如果选用 $m/n\text{-}k$ 准则，则目标起始的偏移量是个随机值，分布在$(m-1)$到$(n-1)$之间。通常对移位值补偿到$(n-1)$位置。误差的随机组成部分是由脉冲组边缘信号丢失的非对称性产生的，因为边缘处信噪比小。

为确定该误差的方差，要求出数学期望 m_{β_m} 和初始时间测量的方位角值 $\alpha^2_{\beta_m}$。

$$\sigma^2_\beta = \alpha^2_{\beta_m} - m^2_{\beta_m}$$

为求出 $m^2_{\beta_m}$，须把所有的 n_1，n_2 值对式(2.29)求加权和。很明显，这些权值是在 n_2 位置检测目标终了和在 n_1 位置检测目标起始的联合概率。

设概率为 P_{n_2/n_1}，得到

$$m_{\beta_m} = \sum_{n_1=1}^{n}\sum_{n_2=n_1+k}^{n+k}\frac{n_1+n_2}{2}\Delta\beta P_{n_2/n_1}$$

相应地确定 $\alpha^2_{\beta_m}$

$$\alpha_{\beta_m}^2 = \sum_{n_1=1}^{n} \sum_{n_2=n_1+k}^{n+k} \left(\frac{n_1+n_2}{2}\right)^2 \Delta\beta^2 P_{n_2/n_1}$$

分析这些表达式得知，信噪比大时，误差的方差值与所选准则（3/4－2，2/3－2，3/3－2，4/4－2）的关系小。当信噪比小时，准则 $n/n-k$ 的误差比准则 $m/n-k$ 的小些。

2.5 雷达数据的录取

在雷达信息的一次处理过程中，雷达数据录取是在杂波处理和信号检测之后的第二个处理环节。它的主要任务是目标坐标数据的录取，其次是目标特征数据的录取。对于情报雷达来说，主要指目标距离数据、方位数据和高度数据的录取，其次是目标特征数据的录取。

2.5.1 雷达数据录取的基本概念

雷达数据录取一般分为人工、半自动和自动录取等方式。

1. 人工录取

在早期的雷达中，数据录取由人工完成。观测人员在环视显示器荧光屏（PPI）上发现目标之后，利用测距测角设备，在指示盘上读取目标方位和距离，完成坐标数据的录取任务。目标类型及大小等特征数据也是由人工判别。人工录取的优点是可以发挥人的主观能力。经验丰富、操作熟练的观测员可以在杂波背景中发现目标，并能比较准确地测定目标数据，而且可根据目标回波亮点的大小、亮度及起伏规律等判定目标的类型、群目标的个数等等。此外，人工录取所用的设备比较简单，成本较低。但是，随着生产与科学技术的发展，人工录取已不能满足要求。在现代战争中，飞机的航速、密度在不断增长，只靠人工录取来对整个运动态势作出判断，显然在速度、精度、容量等各方面都不能满足要求，因此，目前雷达数据录取必须采用自动或半自动的录取方法。

2. 半自动录取

在半自动录取系统中，仍然是由人工通过显示器发现目标之后，利用一套录取装置，由人工操纵，录取荧光屏上目标位置的初始坐标数据。这种装置的组成如图 2.26 所示。图中的综合显示器是一种附有录取装置，能显示原始视频，又能显示处理视频的环视显示器。在荧光屏上可显示录取标志，例如小圆圈或“十字”形录取标志。操纵员通过操纵面板上的录取设备（操纵杆或滚球）控制这个录取标志，使它对准目标，再按下录取控钮，目标的坐标数据便被录取下来。通常由录取设备录取的坐标数据是对应于目标位置的相应于扫描电压的模拟量，须经编码器进行电压 — 数据变换，将变换后的二进制码经缓冲存储器送入计算机。此后就进入对该目标的自动录取跟踪过程，这就是以初始录取的目标坐标为中心，设置适当的录取波门，待下一次天线扫掠，目标信号又落入此波门时，能自动地录取第二次或第三次目标坐标数据，从而由两个以上点迹建立航迹，进入以后的自动录取与跟踪过程。由上述可知，半自动录取就是由人工完成初始录取，随后进入自动录取。在半自动录取过程中，有时为了将目标的某些特征数据一起编码，可由人工或自动地将这些数据送入编码器，与坐标数据码一同送入缓冲存储器，如图 2.26 所示。

半自动录取的优点是：可按目标重要程度作出优先录取方案；可避免录取杂波形成假目

标，易于在干扰背景中识别和录取目标。缺点是：录取速度慢，在多目标的复杂情势中措手不及；观测人员如果疏忽，可能漏掉目标；目标运动情势及重要程度随时变化，人工删除及录取操作繁杂，且需连续观测，负担过重。

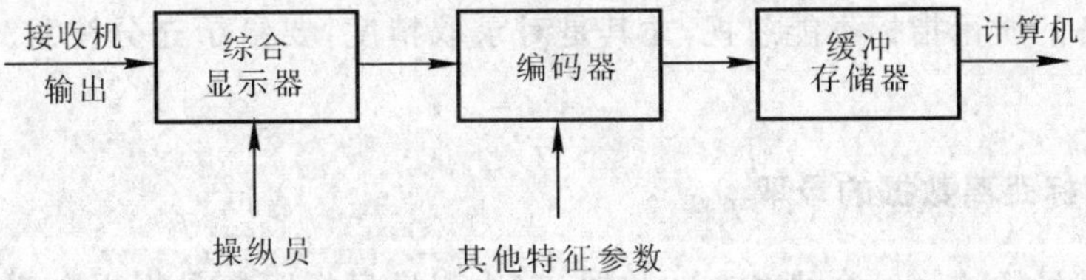

图 2.26　半自动录取装置

3. 自动录取

全自动录取和半自动录取的区别在于，前者的初始录取也是自动的，即从发现目标到坐标数据读出，全部过程由设备自动完成，只有某些特征参数，如目标分类，需要人工置入。全自动录取装置的组成如图 2.27 所示。由自动检测设备发现目标之后，发出“目标发现”信号，利用此信号录取目标的坐标数据。距离编码是在雷达同步信号和“目标发现”信号控制下，对距离时钟脉冲计数并编码，输出目标距离数据。方位编码是在“0”方位信号和“目标发现”信号控制下，对方位计数脉冲计数并编码，输出目标方位数据。为了实现多目标录取，按照目标发现先后，进行时间编码，经排队控制，使之有秩序地经缓冲存储器送入计算机，以便随着方位与距离的扫描，依次对各个目标进行连续的自动检测与跟踪。

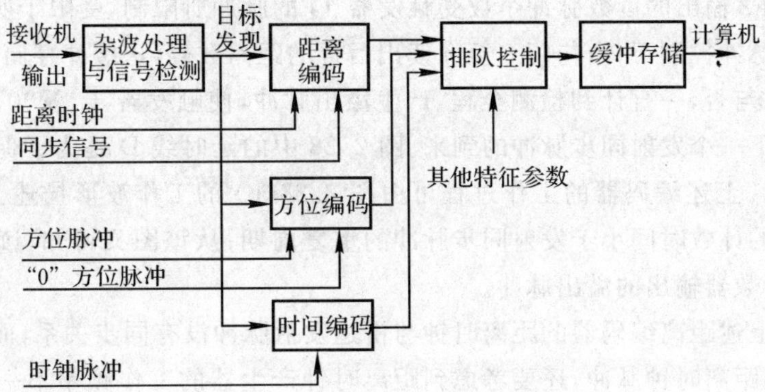

图 2.27　全自动录取装置

全自动录取的优点是：录取速度快，能应付多目标情势；能自动作出优先录取方案；无须连续观测，可减轻观测员负担。缺点是：会造成虚假录取，把干扰、陆地和岛屿也作为目标录取，可能漏掉杂波干扰区内甚至干扰区外的弱小目标；目前优先录取的准则比较简单，难于适应目标多且态势复杂多变的场合。

目前，雷达的数据处理系统都同时设有半自动录取和全自动录取装置。如果目标数量多，超过录取和处理设备的限额，或者杂波干扰过于严重，可采用半自动录取；反之，可采用全自动录取。如果在全自动录取时，录取的目标数达到限额，又出现新的更重要的目标时，则可进行人工干预，去掉不重要的目标，由人工（半自动）录取新的更重要目标。

数据录取是雷达数据处理系统的首要环节。录取设备在技术实现上虽然并不困难，但录取精度、速度、分辨能力和容量决定着整个数据处理系统的指标。也就是说，如果目标数据录取的质量低劣，那么，在后面的由计算机完成的二次处理环节中，有再好的设备也无济于事。因此，对数据录取设备的质量指标不能忽视，尤其是对录取精度，要给予充分注意。下面主要介绍数据录取方法。

2.5.2　目标距离数据的录取

目标距离是目标的第一个最基本的数据。雷达测量目标距离是根据电磁波在雷达与目标之间往返传输所需要的时间来确定的，即

$$r=\frac{1}{2}ct_{\mathrm{r}}$$

因此，测量出 t_{r}，就可知道目标的距离 r。为了把测量得到的时间 t_{r} 变换成二进制数码，在录取设备中，需采用时间 — 数码变换设备。这就是下面讨论的距离编码器。

能够录取多个目标的距离编码器可按图 2.28(a) 的方式构成。图中，距离时钟脉冲产生器是晶振稳频脉冲产生器，其脉冲重复周期即为距离取样间隔，作为时间量化单元。当雷达发射时，发射同步脉冲，使触发器 T_1 置“1”。来自距离时钟脉冲得以通过与门 1，送入距离计数器，计数开始。当目标回波进入自动检测器时，产生“目标发现”信号，送至读数脉冲产生器，产生读数脉冲。目标个数计数器和触发器 T_2 是用于防止目标过多，使计算机和跟踪系统进入饱和，因后面各个环节的容量和速度是有限的。目标个数计数器的位数是按允许录取的目标数限定的，因此，从与门 2 输出的读数脉冲个数受触发器 T_2 的脉冲所限制，受限于所设计的允许录取目标数。在读数脉冲控制下，由与门 3 至 n 读出目标的距离数码，送缓冲存储器。距离计数器不论目标回波到来与否，一直计到检测全程，产生溢出脉冲，使触发器 T_1 置“0”，计数停止，同时计数器清零，待下一个发射同步脉冲的到来。图 2.28 中的延时线 D 是为了保证读数时刻是在计数器稳定之后。上述编码器的工作过程可由图 2.28(b) 的工作波形描述。由图 2.28(b) 可见，距离计数器的计数时间小于发射同步脉冲的重复周期；从该图又可知，读数脉冲的个数受控于目标个数计数器输出的溢出脉冲。

必须指出，上述距离编码器的距离时钟与雷达发射脉冲没有同步关系，而且目标发现信号也不能恰恰对准距离时钟脉冲，还要考虑到距离时钟产生器的工作频率不一定很稳定，因此，距离编码器输出的距离数码与目标真实距离相比，会存在误差。

2.5.3　目标方位数据的录取

目标方位是目标的第二个基本数据。在人工录取中，是由观测人员借助方位盘、方位照准线或电子方位标尺、方位数码指示器等方位录取设备，在荧光屏上按照目标出现位置，直接由人工读取数据而实现的。在自动录取设备中，是在自动检测设备判定目标发现的时刻发出录取信号，借助方位编码器自动读出目标方位数据，并将方位数码送数据处理系统的 CPU 中。方位录取的关键是方位编码器，它把机械的或电气的方位模拟角数据变换为数字化角数据。下面讨论方位编码器及方位录取方法。

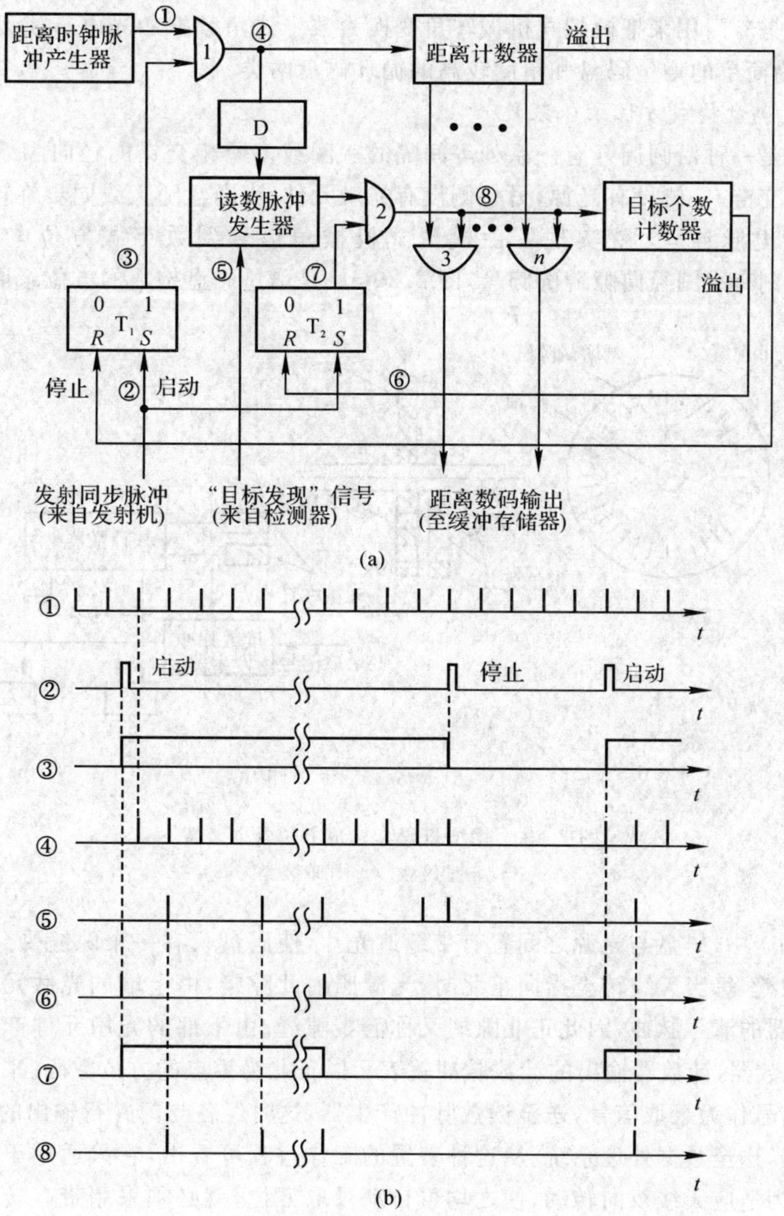

图 2.28　距离编码器

(a) 构成框图；(b) 工作波形

目前雷达数据处理系统通用的方位编码器及录取方法有三类：第一类是将模拟式的机械转角，借助于光电码盘及附属的电子设备，直接转换成方位数码，再由录取控制信号录取目标方位数据；第二类是由雷达方位传递系统给出的两相或三相(再经正余弦分解)的模拟方位同步信号，经相关检波、A/D 变换，形成方位正余弦数据，由软件求算出目标方位数据，再由录取控制信号录取目标方位数据；第三类是通过雷达同步发送机或分解器的模拟方位同步信号，借助于硬件和固件，直接给出方位数码，由录取控制信号直接录取目标方位数据。下面以方位码盘构成的方位录取装置为例进行讨论。

方位码盘是专门用来把模拟式机械转角变换为数字式角数据的光电转换设备，通称光电码盘。其可分为简单的增量码盘和精度较高的循环码盘两类。

1. 用增量码盘构成方位录取装置

增量码盘是一种沿圆周开有一系列等间隔的一圈或多圈相交错的径向隙缝的圆盘，其中心轴与天线轴交链。一侧设有光源，另一侧设有光敏元件。当圆盘随天线同步旋转时，把隙缝透过的光转换为电脉冲。这就实现了由模拟式机械角信号到数字式方位电信号的变换。图 2.29(a) 是刻有一圈径向隙缝的圆盘，图 2.29(b) 是增量码盘构成的方位录取装置。

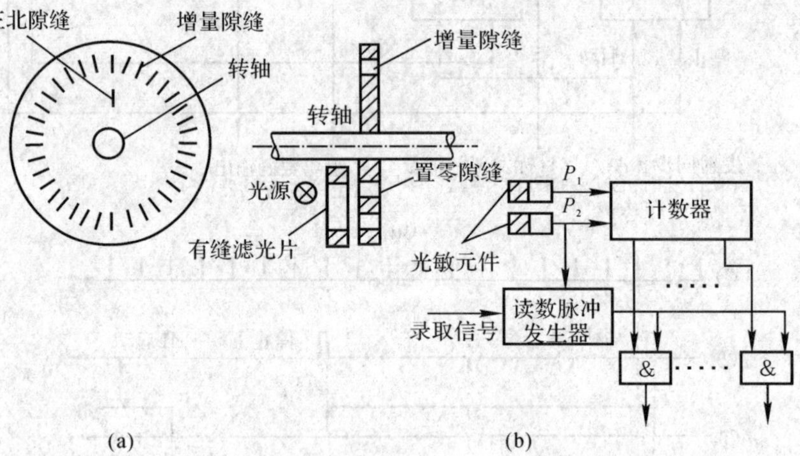

图 2.29 用增量码盘构成方位录取装置

(a) 增量码盘；(b) 录取装置

图 2.29(b) 中，码盘与光源之间置有带缝遮光片，使码盘只有一个隙缝受到光照。码盘上有一个正北隙缝，每当天线转至指向正北时，光源照射此隙缝，由上端的光敏元件产生正北脉冲，作为计数器的清零脉冲，因此正北隙缝又称清零隙缝。由下部的光敏元件产生增量计数脉冲 P_2，送至计数器，计数器输出的计数脉冲就表示以正北为零点的方位数码。来自自动检测器的目标发现信号作为录取信号，送至读数脉冲产生器，这时经各与门并行输出的数码即为该目标的方位数码，送至数据处理系统。从这种装置的工作过程可看出，它只适用于天线作单方向转动的情况。为适应天线双向转动，使之均可自动录取方位，就必须采用带有转向隙缝的增量码盘及可逆计数器、转向鉴别器等电路与器件。

上述增量码盘的优点是易于制造，成本低，构成录取装置的设备也不复杂。其缺点是当丢失脉冲或受到脉冲干扰时，要产生计数误差，直至清零之前，此误差始终存在，而且多次误差还会积累，形成更大的误差。因此，整个设备必须妥善屏蔽，防止干扰脉冲进入。

2. 二进制码盘和循环码构成的方位录取装置

为了克服增量码盘误差持续与积累的缺点，可采用数码与角度位置直接对应的二进制或循环码码盘，这样可以直接取得各角度位置的相应数码。图 2.30(a)，(b) 是五位二进制和循环码码盘的示意图。盘的最外层是最低位，最里层是最高位。同样，盘一侧由光源照射，另一侧设置光敏元件。图中涂黑处表示该位为“1”，白色为“0”。目前这类码盘可做到 16 位以上，对空情报雷达多采用 12 位，将 360° 分为 $2^{12}=4\ 096$ 个量化单元，每个量化单元相当于 0.088°。

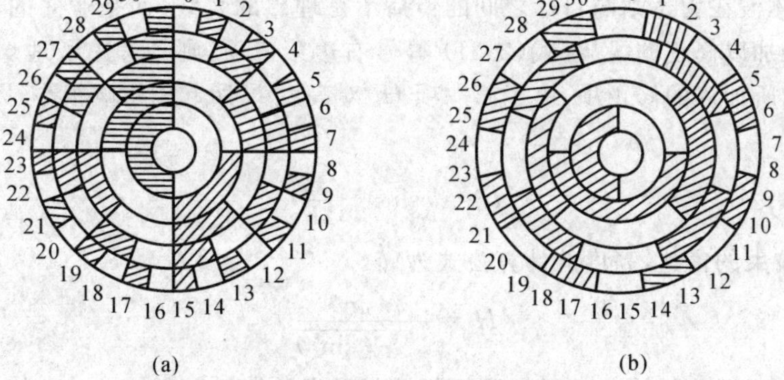

图 2.30　五位码盘的示意图

(a) 二进制码盘；(b) 循环码盘

采用二进制码盘可直接读出并行二进制数码，简单方便，但存在一个严重缺点，即读数可能出现粗大误差。如图 2.30(a) 所示，当角位置由 15(即为 01111) 变为 16(即为 10000) 时，五位数字全变了。由于制造码盘时总有一定公差，并且光电读出设备也存在误差，在数码变换交界处，往往不能像图上画的那样截然分明，这样从 15 变为 16 的时候，有可能在变换过程中读出从 0 到 31 的任何数值，引起粗大误差。在其他一些角位置上，如 7 变成 8，23 变成 24，31 变成 0，等等，都有可能发生类似的错误。为了克服这一缺点，现在普遍采用循环码盘。循环码的特点是两个相邻的十进制数所对应的循环码只有一位码不相同，这样，就可以大大降低产生误差的概率，而且即使出现误差，也仅仅是相邻位相混，而不会产生粗大误差。

2.5.4　高度数据的录取

当探测发现目标是否存在时，只须测定目标的距离和方位角。在需要对目标进行引导的时候，除了距离和方位外，还需要知道高度数据。有的场合，高度数据成为一个关键性的坐标数据。例如，我机与敌机作战时，抢占一定高度，是非常重要的，这时引导雷达必须测出目标的高度以实施正确的引导。又如机场的航行管制，为防止飞机的碰撞，在一定范围内的飞机，必须调配在不同的高度上飞行，这也需要测量目标的高度。

现在，测量目标高度使用的方法主要有以下几种：

(1) 一部平面雷达，配以一部或几部测高雷达，完成三个坐标的测量。

(2) 利用 V 形波束测量高度。

(3) 三坐标雷达在仰角上产生多波束，通过波束之间的比幅以测定高度。

(4) 在航行管制系统中，利用飞机上的高度计测高，在地面要求报告高度时，向飞机发出询问信号，飞机收到以后，能自动发回高度数据。这种测高方法，与前述的三种方法在原理上有所不同。

专用的测高雷达，它的波束是扁平的，在方位上较宽，在仰角上较窄，测高时波束上下摆，高度 H 的计算公式为

$$H=H_a+r\sin\varepsilon+\frac{r^2}{2R_e} \tag{2.31}$$

式中，H_a 是天线的高度；r 是目标的斜距；ε 是目标的仰角；R_e 是地球的等效半径，其数值是 8 500 km，比实际的地球半径大(6 368 km)，这是因为考虑了大气密度随着高度而变化并不是均匀的，使得电磁波在雷达站与目标之间的传播不是理想的直线，而是弯曲的，在计算目标高度时对地球半径加以修正的缘故。式(2.31) 等号右边第三项，则是考虑了地球表面的弯曲对计算高度的影响所加入的修正项。由于第一项 H_a 对高度 H 所起的影响很小，因此实际计算高度的公式是

$$H = r\sin\varepsilon + \frac{r^2}{2R_e} \tag{2.32}$$

应用 V 形波束的雷达，高度的计算公式为

$$H = \frac{r\sin\theta}{\sqrt{1+\sin^2\theta}} \tag{2.33}$$

式中，r 是斜距；θ 是垂直波束发现目标到倾斜波束发现目标天线所转过的方位角。

有了以上的公式以后，只要测得目标的距离 r 和仰角 ε，或方位角 θ，就可以利用计算机来计算目标的高度，这是当前常用的一种方法。目前，单独应用 V 形波束来测高的雷达很少，而以平面雷达配上测高雷达完成三个坐标的测量应用较为普遍。对于这种体制，工作的过程是这样的：对需要测量高度的目标，由计算机送出目标的距离数据(往往要求是提前量)和方位数据，测高雷达按照这些数据，将天线转到给定的方位上，并在给定的距离上测量该目标的仰角和距离，然后向计算机送回仰角数据 ε(或 $\sin\varepsilon$) 和距离数据 r，就可以进行高度的计算。

对于三坐标雷达，测高的方法有所不同。这类雷达在垂直方向上有多个波束，相邻两个波束有一定的重叠，每个波束有一路接收机，各路接收机的增益是一致的。比较接收机输出电压的幅度，可以确定目标是处在哪一个波束之内，从而测定它的仰角，计算出高度。

三坐标雷达实现比幅测高，可以用模拟电路，也可以用数字电路来完成，它们在原理上是一样的。下面我们举例说明数字比幅测高的方法。

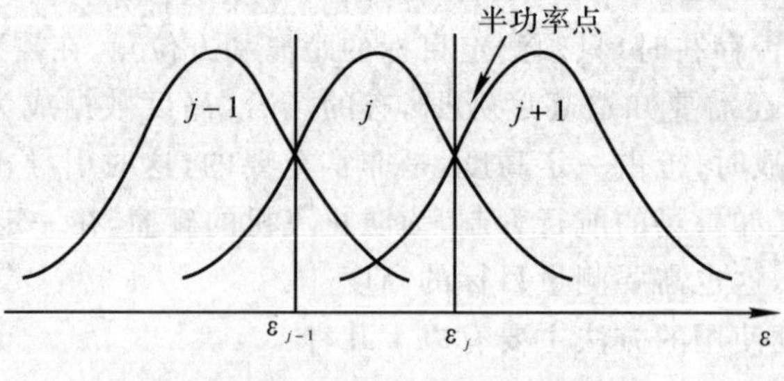

图 2.31 三个相邻波束在平面上展开

设三坐标雷达在垂直平面上总共有 n 个波束，每个波束在半功率点互相重叠，共有$(n-1)$个这种重叠的点，它们所对应的仰角叫做基准角。图 2.31 画了三个相邻波束的方向图，波束自低仰角开始编号，基准角的编号也从低仰角开始，如图中的 ε_{j-1}，ε_j 等。对于同一个目标，一般情况下最多只有三个相邻波束的接收机有输出，所以，测量目标仰角的第一步就是确定 n 个波束中有回波输出的三个相邻波束，然后在这三个波束中确定目标的仰角，即对三个波束的接收机输出电压进行比幅。如果其中两个相等，例如 $u_{j-1} = u_j$(u 表示输出电压)，那么此时的目标仰角等于基准角 ε_{j-1}；如果 $u_j > u_{j-1}$，同时 $u_j > u_{j+1}$，那么目标处在波束 j 所对应的仰角之内，这

时我们同样送出基准角 ε_{j-1}，同时根据 $u_j - u_{j-1}$ 的大小，加上一个修正量 $\Delta\varepsilon$；如果 $u_{j+1} > u_j > u_{j-1}$，这表明目标处在波束 $j+1$ 所对应的仰角之内，送出的基准角应当是 ε_j，并根据 $u_{j+1} - u_j$ 的大小加上仰角修正量 $\Delta\varepsilon$。

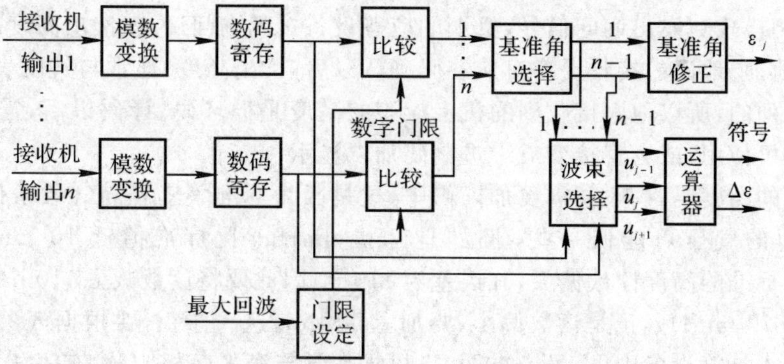

图 2.32　三坐标雷达数字比幅测高原理

按照上述的基本原则，我们可以组成一个数字式的比幅测高的方案。如图 2.32 所示，把 n 个波束所对应的 n 路接收机输出电压，经过取样、保持和模数变换以后，得到每一路输出电压的数字量，存放在数码寄存器之中。这些数码，逐个地和一设定数字门限进行比较，当寄存器中的数码大于门限值时，这一路在输出。门限的数值必须按照回波信号的大小加以调整，所以用最大的回波信号经过模数变换以后的数值作为确定门限的一种依据；与此同时，必须保证所设定的门限要大于波束的副瓣电平，这样才能保持比幅测角的正确性。n 路接收机的输出，经过门限比较以后，最多只有三路有输出，有时候只有两路有输出，还有的时候则只有一路有输出，目标就处在这些有输出的各路所对应的仰角之中，可以据此确定仰角。通常先粗略地确定基准角，对三路输出的幅度进行比较后，对基准角加以必要的修正，并得出仰角的精细量 $\Delta\varepsilon$。确定基准角的过程如下：

(1) 三路相邻接收机的输出 u_{j-1}，u_j 和 u_{j+1} 都超过门限时，基准角选为 ε_{j-1}（见图 2.31），同时进行比幅。

1) $u_{j-1} > u_j > u_{j+1}$，ε_{j-1} 选择正确，不必修正。目标处在波束 $j-1$ 之中。按 $u_{j-1} - u_j$ 的大小计算精细量 $\Delta\varepsilon$，以 ε_{j-1} 减去精细量 $\Delta\varepsilon$ 作为目标的仰角。

2) $u_j > u_{j-1}$ 同时 $u_j > u_{j+1}$，ε_{j-1} 选择正确，按 $u_j - u_{j-1}$ 的大小，算出 $\Delta\varepsilon$，并和 ε_{j-1} 相加作为目标的仰角。

3) $u_{j+1} > u_j > u_{j-1}$，ε_{j-1} 的选择不正确，因为此时目标处在波束 $j+1$ 之中，将基准角修正为 ε_j，并按 $u_{j+1} - u_j$ 的大小，加上 $\Delta\varepsilon$。

(2) 只有两路相邻接收机的输出 u_j 和 u_{j+1} 超过门限时，基准角仍然选为 ε_{j-1}，同时对 u_j 和 u_{j+1} 进行比幅。

1) $u_j > u_{j+1}$，ε_{j-1} 选择正确，并按 $u_j - u_{j+1}$ 的大小加上 $\Delta\varepsilon$。

2) $u_{j+1} > u_j$，ε_{j-1} 要改为 ε_j，按 $u_{j+1} - u_j$ 的大小加上 $\Delta\varepsilon$。

(3) 只有接收机 j 的输出超过门限时，基准角仍然为 ε_{j-1}，按 u_j 的大小加上 $\Delta\varepsilon$。

二次雷达的高度测量，在原理上和一次雷达测量高度是不同的，它是利用飞机上的气压表测高。大家知道，在海平面，标准的气压是 760 mmHg①，离开海平面越高，气压越低。大约每升高 11 m，气压降低 1 mmHg。飞机上的气压表读数的变化可转化为机械轴的转动，从而可以使安装在轴上的码盘随之旋转，读出高度数据。在实际的航管系统中，专门规定了一种模式，叫做模式 C，用以询问高度。这一模式的询问脉冲有两个，相隔 21 μs，当地面指挥所需要某个目标回答高度时，用模式 C 发出询问信号，机上的应答设备接到询问后，就读出高度码盘的数，去调制高频，发回地面。地面的接收设备对应答码确认以后，读出高度。通常与气压表耦合的码盘是按照循环码排列的，所以地面接收到的机上应答的高度是循环码。译码以后，需要把它变成二进制码供计算机使用，或者直接变成十进制码加以显示。

地面收到的高度码，一般还需要加以修正，这是因为标准大气压随气象条件而有所变化。有时候海平面的气压可能低一些，例如是 750 mmHg，比标准值低 10 mmHg，这样，按 760 mmHg 为标准的高度读数偏大，其误差为 110 m，因此要将读数减去 110 m；还有的时候可能偏高，例如 770 mmHg，于是读数偏小，要加上 110 m。这一修正，要根据气象台站的报告将修正的数字置入计算设备中去。另一方面，飞机场本身与海平面相比较，有一相对高度，而气压表提供的高度数据则是以海平面为标准的，所以要减去机场的海拔高度，才是飞机离地面的高度。

二次雷达所测量的高度数据，比一次雷达的测高数据准确，分辨率也高，而且应用二次雷达测高，数据容量大，数据率高。因此，在能够使用二次雷达测高的场合，均以二次雷达的高度数据为准，一次雷达的高度数据可以作为参考。

2.5.5 目标特征参数的录取

在录取了目标的坐标以后，指挥机关还需要了解目标的某些特性，例如识别敌我、机型、架数。此外，还要求录取发现目标的时间，以及对已经发现的目标编号。所有这些任务，统称为目标特征参数的录取。特征参数的录取是比坐标录取更加复杂的问题，这中间的某些任务，在目前的技术条件下，机器能够做到，而另外一些任务，机器是做不到的，例如识别机型，现在主要依据观察员的判断。

下面分别说明特征参数的录取。

1. 敌我识别

识别目标是属于敌方还是我方，在作战的过程中，是非常重要的一项任务。在航行管制系统中，存在着类似的问题，这就是需要识别已经发现的目标是属于航行计划中已经编批的，还是在计划以外的其他目标。

早在第二次世界大战期间，就已经有了敌我识别(IFF) 系统。当时的系统比较简单，由地面询问站向空中目标发出询问信号，飞机上应答器接收到询问信号以后，如果认出是己方的询问，就发回一个脉冲给地面站，否则就不给回答。以后，这种识别系统的应答信号发展成为在两个相隔 20.3 μs 的框架脉冲之间，加上若干个脉冲，二次雷达就是在这个基准之上形成的。框架脉冲之间的脉冲个数开始时为 6 个，以后发展成为 12 个。下面我们就来介绍这种二次雷达是怎样识别敌我的。

现代的二次雷达，地面询问站的标准频率是 1 030 MHz(兆赫)，应答机的标准频率是

---

① 1 mmHg = 133.322 4 Pa。

1 090 MHz，所以地面接收站的工作频率也是 1 090 MHz。由于发射和接收使用两个不同的载波频率，因此不存在杂波的干扰，这是二次雷达和一次雷达相比一个突出的优点。

询问信号由一个对脉冲（P_1,P_3）组成，工作的模式不同，P_1 和 P_3 的时间间隔不同，如表 2.2 所示。其中，模式 D 是供民用的备用询问信号；模式 C 是高度询问信号；其他的都是识别模式。通常二次雷达交替地用识别模式和测高模式进行询问，所以地面上得到的目标批号数据和高度数据的比例是 1∶1。

表 2.2 询问模式

模　式	脉冲间隔 /μs	应　用
1	3.0±0.1	军用识别
2	5.0±0.2	军用识别
3/A	8.0±0.2	军民合用识别
B	17.0±0.2	民用识别
C	21.0±0.2	测高（军民合用）
D	25.0±0.2	民用识别（备用）

飞机上的应答信号由两个框架脉冲 F_1 和 F_2 以及 12 个码元脉冲组成，另外还有一个脉冲 X，通常情况下是不用的。每个应答脉冲之间的间隔是 1.45 μs。12 个码元脉冲分成 A,B,C,D 四组，每组有三个脉冲。应答脉冲的时序关系如图 2.33 所示。实际使用时，除了框架脉冲 F_1 和 F_2 一定要有以外，其他位置上有没有脉冲，要按应答码来决定。A,B,C,D 这四组码都以二进制加权，例如 $A_1=1,A_2=2,A_4=4$；其他依此类推。如果某一飞机的批号是1357，则码元脉冲的分配情况如下：

$$A=1,(A_1=1,A_2=0,A_4=0)$$
$$B=3,(B_1=1,B_2=1,B_4=0)$$
$$C=5,(C_1=1,C_2=0,C_4=1)$$
$$D=7,(D_1=1,D_2=1,D_4=1)$$

1 表示有脉冲，0 表示没有脉冲。由于码元总共有 12 个，每个码元有 1 和 0 两种可能的取法，所以总共有 $2^{12}=4096$ 种不同的码子可供使用。如图 2.33 所示，在 F_2 以后 4.35 μs 处的 SPI 脉冲，叫做特殊识别码，一般情况下是不用的。如果有两架飞机回答的码相同，调度人员分不清楚，这时候，他可以选择其中一架飞机，除要求原来回答的识别码之外，还要加上特殊的识别码 SPI，以示区别。码元 X 通常取 0 值，是备用的，必要时用它传递特殊的信息。此外，还有三种特殊的码：

(1) 7700，表示飞机出现故障，危急求救；

(2) 7600，表示无线电通信出现故障；

(3) 3100，表示飞机被劫持。

二次雷达的终端设备可以分成两类。一类是人工和机器相结合的，叫做半自动录取设备；另一类则是应用计算机，构成全自动录取。一般的中小机场，用半自动录取完全胜任；大型机场，如果业务并不繁忙，也可以使用半自动录取设备。

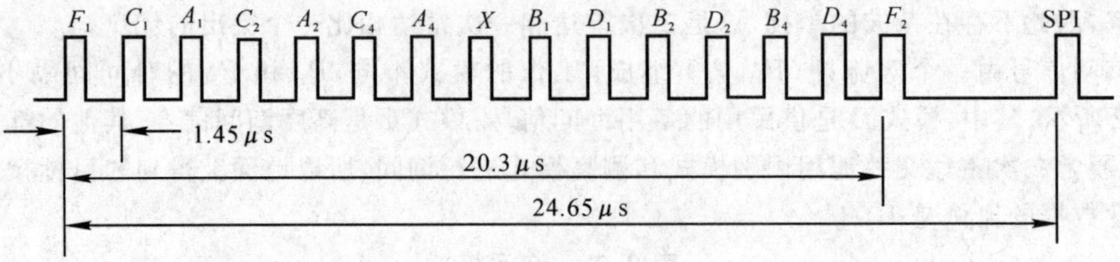

图 2.33 应答脉冲的时序关系

半自动录取设备的基本组成部分如图 2.34 所示，从地面站接收机来的视频信号加到公共译码器，它分析应答码的真假，去掉干扰，解出框架脉冲 F_1，F_2 和识别码，以及高度码、特殊识别码和危急信号。

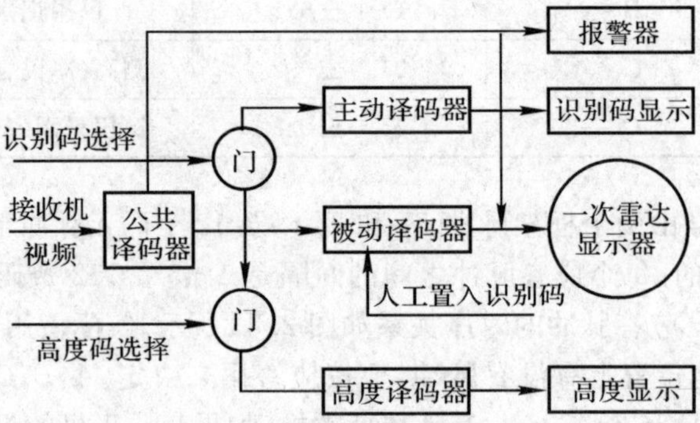

图 2.34 二次雷达半自动录取设备的组成

公共译码器的输出首先送给被动译码器。在计划飞行的情况下，飞机的批号是事先编好的，航行线路和时间也是有规定的，所以调度员可以按照计划置入识别码，在被动译码器中与公共译码器送来的电码进行比较。当两者完全符合时，被动译码器送出符合信号到一次雷达的环视显示器上；雷达发现符合信号，就可以知道哪架飞机按计划到达指定的空域，并在显示器上可以读出飞机的方位和距离。通常调度员可以设置几组识别码，分几路同时与几架飞机的应答信号相比较，凡是识别码相符合的飞机，都在一次雷达的环视显示器上出现标志。

有时候，可能出现飞机上的应答码事先并不知道，这样，被动译码器就没有符合信号输出，对这个飞机的批号也就不能了解，因此，除了被动译码器之外，设置了一个主动译码器。公共译码器的输出，在识别码选择信号的控制下，选出未知的识别码，送往主动译码器，它能够把输入的未知识别码，分成 A，B，C，D 四组，并翻译成十进制数码，用数码管显示出来，于是调度员便知道了这架飞机的批号。

当需要知道某一已知批号飞机的高度时，可以使用高度选择信号打开与门，将公共译码器的输出送入高度译码器，它能够自动把飞机所回答的高度码译成十进制数字，在数码管上显示出来。

二次雷达的输出信号加到一次雷达的环视显示器上显示时，有一些特殊规定的符号。不同的指挥系统和航管系统，可能使用不同形式的符号。

2. 机型识别

在防空系统中,识别机型可以判断来袭目标的性能、威胁程度等,便于采取对策。航管系统也往往需要了解机型,以确切地掌握空情,实施正确的管制。识别机型目前还没有成熟的电子设备可以直接解决问题,往往主要依靠观测员来判断。因为机型不同,回波的宽度、强度、波形的起伏等情况都不相同,在显示器上的图像变化会有所不同,有经验的观测人员通过显示器上的图像变化情况,常常能够比较准确地判断机型。

用机器来识别机型目前常用的是间接的办法,这就是通过录取和计算目标的高度、速度、机动方式等运动参数来进行判断。机型不同,上述的这些变化范围常常是很大的,用机器比较的结果有时候就可能与实际情况有较大的出入,因此,指挥员对机型的判断,要根据多方面的情报,而机器的识别结果仅作为其中的一种根据。

3. 批号的录取

在航管系统中,按计划飞行的目标,批号是事先编排的,录取设备通过识别码的比较,可以确定目标的批号。

在防空系统中,每录取一批目标的参数后,就要编上批号。编批的方法有好多种,有的按发现的先后顺序编,有的按坐标(如方位的顺序)编,也有的按目标的重要程度(如对我方的威胁程度)来编。

编批的工作可以由人工打码输入,也可以由计算机按一定的规律自动编批。

在统一的雷达情报网中,目标的编批通常是由上级指挥机关确定,并向下通报。下级指挥机关的批号与上级不一致时,应服从上级指挥机关的批号。空中的情况有变化时(如有的敌方目标被我击落),批号也将随之有变化,这就需要录取设备改变批号。

4. 发现时间的录取

目标发现的时间是一个重要的特征参数,它对运动参数的计算,目标未来位置的预测,指挥方案的组织实施等,关系都很密切。

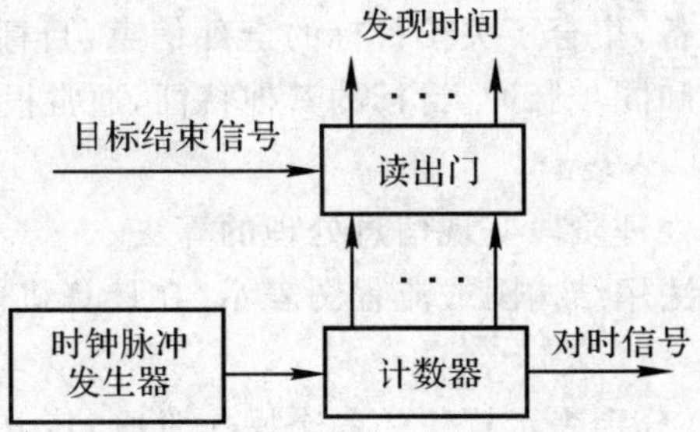

图 2.35　发现时间的录取

整个雷达网,要有统一的计时系统,上、下指挥机关要进行对时,以上级的时间为标准。计时的单位决定于计算运动参数所要求的精度,通常取 1/16 s 或 1/32 s。图 2.35 所示是录取发现时间的一种方案。图中的计数器按照所选取的计时单位进行计数。由于检测器积累的时间比计时单位小得多,检测器发现目标被认为是实时的,因此可以选取检测过程中的一种标志信号作为发现时间的录取信号。在这个方案中,选用了目标结束信号去录取时间,用它去打开读出门,读出计数器中所计的时间。对时信号是利用计数器计满时的溢出脉冲。前面提到,下级指挥机关的计时标准决定于上级指挥机关,要做到这样,最好是上级指挥机关定期地报时,这就需要设置一个专用的通信信道，需要花较大的代价。现在的方案中，由录取设备向上级指挥机关定期地发送对时信号，上级指挥机关接到对时信号时，记下当时的时间 t_0。这个时间是以上级指挥机关为准的。以后送来目标的发现时间，它实际上是计数器的数码，这个数码乘以计时单元，就是上一次对时信号发出以后所过去的时间，把它加在 t_0 之上，就得到以上级指挥机关为准的目标发现时间。传送对时信号可以利用传送发现时间的信道，这样就避免了另用一条计时信道所付的代价。

2.6 雷达信息一次处理的算法流程

常用的雷达信息一次处理设备是专用数字计算机，它完成以下功能：

(1) 接收来自环形扫描雷达和敌我识别装置的信息；

(2) 从接收到的信息中分出目标信号；

(3) 确定目标的距离和方位，并对它们进行编码；

(4) 把来自目标识别装置的识别信号和目标坐标相关；

(5) 暂时保存雷达信息；

(6) 接收来自控制台的询问命令(目标指示)，根据该命令测量目标高度和确定目标的附加特征；

(7) 产生控制信号，以保证测高雷达天线转到一定的方位；

(8) 保证操作员观察特定目标的特征信息；

(9) 为操作员准备数据，以便作出决策，往控制台发送信息。

当空情较复杂时，关于多个目标的空情信息在送往通信线路之前，可能会在计算机中保存几秒钟，因此，在计算机中要测量接收到脉冲包的最后一个脉冲与往输出设备发送信息之间的时间间隔。如果信息的延迟时间超过了规定值，则认为信息已过时并要擦去。

在计算机的信息输出设备，集合了关于目标的全部信息：目标批号、方位、距离、脉冲包宽度、保存时间、敌我识别特征和同步脉冲。目标的其他特征，通常根据控制台专门的询问信号进行确定与传递。

现在讨论计算机在一次处理阶段实现信息处理的算法。

通常完成不同任务的算法用结构图或流程图表示。在计算机中进行一次处理的算法结构图如图 2.36 所示。

图 2.36 中，序号 1 ～ 10 分别表示算法的各个操作阶段，其中：

第一阶段(1)—— 雷达脉冲的量化。

第二阶段(2)—— 与规定的准则进行比较，确定在该信号有无足够的有用信息。如果信号包含所要求的最少信息，则取出检测到的信号并允许进入下面的操作；如果没有所需的最少信息，则抛弃该信号。

第三阶段(3)—— 计算目标坐标，并发出询问信号以确定目标高度。

第四阶段(4)—— 进行目标识别。如果和目标信号一起，识别设备收到敌方特征信号，则算法转入第六阶段；如果接到我方特征信号，则转入第五阶段。

第五阶段(5)—— 把目标信号加入我方特征信号并编号，然后转入第七阶段，同样有敌方特征信号的目标完成第六阶段的操作。

第七阶段(7)—— 根据时间上的信息撤消准则，检查是否应撤消该信息。如果算出的老化时间超过允许极限，则抛弃该信息；如果老化时间少于允许极限，则算法转入下面三个并行的操作：

信息送到显示设备(8)；

信息送到打印设备(9)；

信息送到二次处理设备的输入端或信道(10)。

到此为止，一次信息处理结束。

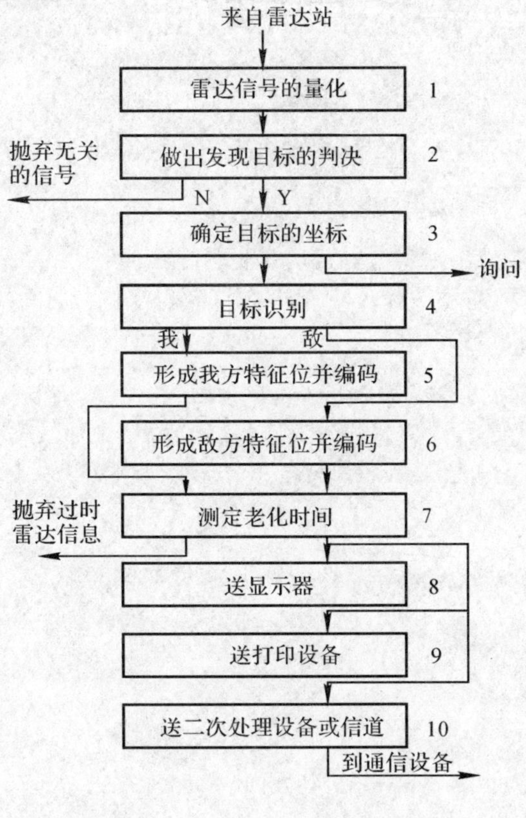

图 2.36　一次处理的算法结构图

思　考　题

1. 简述一次处理的任务。
2. 常用的最佳检测准则有哪些，各自有什么特点？
3. 简述单脉冲最佳检测的基本原理与方法。
4. 简述脉冲串最佳检测的基本原理与方法。
5. 简述二进制最佳检测的过程与方法。
6. 简述非加权二进制检测的实质，$m/n-k$ 准则的含义。
7. 简述目标距离和方位的测定方法。

8. 设用二分层量化法测定目标的方位角，得到的0与1信号串为001101111111000，选用的逻辑检测准则为2/2-2。已知雷达扫描周期为10 r/min，探测脉冲重复频率为$F_n = 400$ Hz，并测得起始方位角$\beta_H = 11.25°$。试计算目标方位角$\bar{\beta}_m$和系统误差$\Delta\beta_s$。

9. 简述目标距离数据录取的方法与过程。

10. 简述方位码盘构成的方位录取装置的工作原理。

11. 目标斜距$R = 100$ km，测高雷达测得的目标仰角为$\varepsilon = 15°$，计算目标的高度。

12. 简述三坐标雷达和二次雷达的测高原理。

13. 海平面气压为760 mmHg，飞机上气压表读数为660 mmHg。问：飞机的高度是多少？

第 3 章　雷达信息的二次处理

雷达信息的一次处理和二次处理在雷达站内进行。二次处理利用一次处理所获得的数据，对雷达站多个扫描周期的信息进行处理，对运动目标建立航迹并进行跟踪。本章首先介绍目标航迹的外推与滤波原理，然后着重介绍递推式滤波、航迹建立与航迹相关的各种方法。

3.1　雷达信息二次处理的任务

雷达信息一次处理只是目标信息提取过程的初级阶段。目标点近似地反映了探测时刻目标的真实位置。但根据一个目标点还不能可靠地作出发现目标的判定，更不可能根据它来确定目标飞行的航迹参数(航向、航速)，而这些参数是雷达信息用户所必需的。

为了作出有目标的判决和确定目标的航迹参数，必须分析几个扫描周期内获得的信息。自然，根据三个或三个以上相邻扫描周期的目标点迹，所得到的正确发现概率更大。同时，根据多个点迹的位置可以确定目标飞行方向(航向)，测量点迹之间的距离可算出飞行速度(航速)。

前述所有工作的最终目的是确定目标运动轨迹(航迹)。从原理上讲，这些工作可以公式化，并可交给计算机完成。为说明二次处理任务的实质，下面分析在几个扫描周期内雷达操作员的工作(或者自动处理时，计算机的工作)。当显示屏上在某个扫描周期内出现亮点时，操作员把它当成可能的目标点进行记录，并起始可能的航迹。因为缺少目标的运动参数，所以不可能预测它在下一个扫描周期内所处的位置。但可以利用有关目标类型和可能的目标速度范围等先验信息。

例如，在现代空气动力学中，最小目标速度 $v_{\min}$ 和最大目标速度 $v_{\max}$ 所对应的马赫数 Ma 分别为 0.1 和 2.5($c = 340$ m/s)。这样，在屏幕上出现下一个目标点的可能区域，是以第一当前点为中心的环，如图 3.1 所示。环的内、外边界圆周半径分别为 $R_{\max}$ 和 $R_{\min}$，它们由目标速度范围确定，即

$$R_{\max} = v_{\max} T$$
$$R_{\min} = v_{\min} T$$

式中，T 为雷达扫描周期。

由此方法获得的区域称为零外推区域(E_0)或第一截获波门。当下一次扫描出现当前点 P_2 和 P_2'，并进入目标可能出现区域(E_0) 时，操作员(或自动化设备) 就可确定目标速度 v 和方向 θ，即

$$\begin{cases} v = \dfrac{1}{T}\sqrt{\Delta x^2 + \Delta y^2} \\ \theta = \arctan \dfrac{\Delta y}{\Delta x} \end{cases}$$

二次处理中第一项工作的实质是确定目标的运动参数。通过计算目标运动参数，不难估计目标在下一扫描周期所处位置的坐标。计算目标在下一扫描周期的坐标称为外推（预测），而算出的坐标所对应的点称为外推点 $P_{e1}(P_{e1}')$。

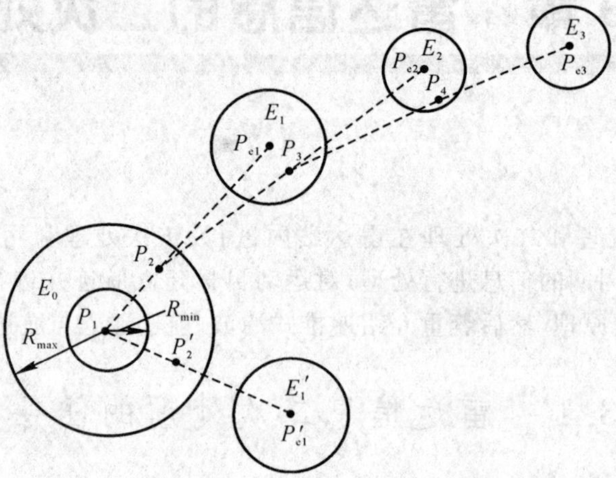

图 3.1　二次处理的原理

很明显，下一个当前点 P_3 与外推点 P_{e1} 是不重合的，因为外推点的计算是有误差的，这些误差是由目标运动参数的计算误差和目标可能的机动所引起的。因此，为了选择目标，可在外推点 P_{e1} 周围划出一个足够小的区域 $E_1(E_1')$，这个区域就叫外推波门。划出该区域的过程称为目标波门选通。

当然，外推区 E_1 的尺寸可以取得比 E_0 小，因为产生 E_1 时，利用了前两个扫描周期获得的关于目标运动参数的后验信息。随着关于目标运动参数的信息增加和可靠性的提高，每一个新的扫描周期的外推波门都有可能减小。但是最小的波门尺寸受外推误差、测量误差和目标机动可能性的限制。

通常，在同一波门内会出现多个点，这些点可能是虚假的目标或其他真实目标，因此，为了航迹延续，必须从波门的多个点中选择一个。把波门内的所有点迹进行比较，并按某种准则选择其中一个点。比较的准则常选点到波门中心的距离。对进入波门的点迹进行比较的过程叫做核对，它实现点迹与航迹配对。

很明显，几个周期之后随机航迹因在相应扫描周期内缺少目标点而不再继续（见图 3.1 所示的 E_1' 内）。

因此，利用几个周期的回波点可以提高目标正确发现概率，同时也降低了虚警概率。此外，还可以确定目标运动参数（速度、加速度等），通过航迹平滑可更精确地测定目标坐标。

雷达信息二次处理过程可分为两个阶段：

（1）建立目标航迹（发现航迹）；

（2）目标航迹的跟踪。

二次处理中的目标航迹的建立可以是目测的（由操作员完成）或自动的（由计算机完成）。航迹自动建立叫做自动截获。

航迹跟踪是连续地进行点迹与航迹相关，坐标平滑和计算目标运动参数。自动航迹跟踪常简称为自动跟踪。

二次处理在航迹建立与航迹跟踪阶段的基本操作是：

(1) 确定目标运动参数(航向、航速、加速度)；

(2) 目标坐标的外推与平滑(滤波)；

(3) 波门选通，即划出一个目标在下一扫描周期可能出现的位置区域；

(4) 核对，即比较位于波门内的目标坐标，选择一个与航迹配对并使航迹继续。

上述操作完成的质量，根据一系列准则来判定。评价指挥自动化系统中二次处理的质量用下述指标：

(1) 目标外推与跟踪的误差；

(2) 目标连续跟踪的时间；

(3) 同时跟踪的航迹数；

(4) 同时跟踪的假航迹数；

(5) 假航迹存续的时间；

(6) 系统跟踪的分辨能力，即系统可以区分的跟踪目标之间的最小距离。

下面将讨论二次处理过程中的主要操作。

3.2 目标航迹的外推与滤波原理

3.2.1 二次处理系统输入信号的统计特性

送到二次处理系统输入端的信号为目标点和虚假点的坐标测量值。一次处理系统测量的坐标是存在一定误差的，因此，表示目标位置的信号是以有用信号加噪声的形式出现的。在直角坐标系中可以写为

$$\begin{cases} x(t) = x(a,t) + \Delta x(t) \\ y(t) = y(b,t) + \Delta y(t) \\ H(t) = H(c,t) + \Delta H(t) \end{cases}$$

式中，$x(a,t)$，$y(b,t)$，$H(c,t)$ 为时间的函数，表示坐标真实值(目标的航迹)；$\Delta x(t)$，$\Delta y(t)$，$\Delta H(t)$ 为使航迹产生偏差的干扰信号。

目标运动的轨迹与很多因素和条件有关，如飞行高度、速度、机动可能性等等。此外，目标航迹受一系列随机因素的影响，如敌人的对抗手段、媒质的非一致性、控制的不精确。通常目标航迹可用随机函数表示。要精确地表示该函数，必须知道其分布规律或确定其参数的变化规律。但确定这些规律并非总是可行的，因此只能作出关于目标运动特性的几种假设，根据目标类型来选择其运动模型。下面讨论空气动力目标的运动模型。

1. 目标航迹模型

如前所述，空气动力目标的运动轨迹是时间上的随机函数。但目标是有足够惰性的实体，并作某些近似，以使其航迹接近于平滑的时间函数。通常目标航迹可分成匀速直线段和机动段，它们随机地轮流出现。最简单的航迹近似模型是用 m 阶多项式表示的，记为

$$\begin{cases} x(a,t) = \sum_{k=0}^{m} a_k t^k \\ y(b,t) = \sum_{k=0}^{m} b_k t^k \end{cases}$$

系数 a_k，b_k 反映相应坐标的运动参数(初始位置、速度、加速度等)。

很明显，多项式阶数越高，近似表达越精确，同时处理系统也越复杂。多项式阶数的选择取决于对目标运动方式的假设。对匀速直线运动，只选一阶多项式即可；对机动目标，常选两阶多项式。

多项式模型的不足之处，是没有考虑不可预见的目标机动能力。更新的模型，是在对参数的统计特性作某种假设之后的随机过程模型。

2. 干扰的统计特性

二次处理时的干扰为坐标测量误差和虚假目标点迹。

引起坐标测量误差的原因有内部和外部噪声，雷达测量系统的不完善，测量系统内信号的快速起伏，手动或自动测量时操作员的主观错误，等等。

这些误差产生偏离真实航迹的随机坐标偏移。

对这些误差，常采用下面的先决条件加以限制：

(1) 对独立的被观测坐标的测量误差是互不相关的。这样可以对每个坐标进行单独处理，本节将只讨论 X 坐标。

(2) 第 i 时刻的单次测量误差服从正态分布。

(3) 在时刻 $t_1,t_2,\cdots,t_n$ 的测量误差 $\Delta x_1,\Delta x_2,\cdots,\Delta x_n$ 的集合通常服从 n 维正态分布，随机值的相关性用误差相关矩阵表示，即

$$\boldsymbol{R}=\begin{bmatrix} R_{11} & R_{12} & \cdots & R_{1n} \\ R_{21} & R_{22} & \cdots & R_{2n} \\ \vdots & \vdots & & \vdots \\ R_{n1} & R_{n2} & \cdots & R_{nn} \end{bmatrix} \tag{3.1}$$

矩阵的对角线元素是相应测量的方差。当测量间隔的周期长时，常把它们之间相关性忽略，相关矩阵将成为对角矩阵。如果所有测量的精度一样，则对角线上的元素都相等。

虚假点迹可能随机地和不相关地出现在雷达的整个扫描区域内。按统计学的观点，它们可用时间上平均密度 f 或扫描区单位面积上的平均密度 γ 表示。

圆周扫描(扇形扫描)时，单位面积上的虚假点迹密度用以下方法确定。

在距离上把扫描区分成宽为 Δr 的距离环，Δr 等于距离分辨率。很明显，这样的距离环个数为$\dfrac{r_{\max}}{\Delta r}$，一个扫描周期内，在空间可能出现的假点迹数为 fT。

如果时间继续，则在每个环上出现平均假点迹数是相同的，进入一个环的假点迹有

$$\gamma'=\frac{fT}{r_{\max}}\Delta r$$

距离为 r 的环的面积为

$$s_r=\pi\left(r+\frac{\Delta r}{2}\right)^2-\pi\left(r-\frac{\Delta r}{2}\right)^2$$

得

$$s_r=2\pi r\Delta r$$

则单位面积的假点迹数为

$$\gamma=\frac{\gamma'}{s_r}=\frac{fT}{2\pi r r_{\max}}$$

通常假点迹是互不相关的。在面积上分布规律取等概率的，即

$$W_\gamma(\Delta x, \Delta y) = \gamma$$

在完成二次处理基本操作的过程中，虚假点的出现会影响波门选择点迹的质量。

3.2.2　目标坐标和运动参数的外推与滤波原理

外推的任务是预告下一个时刻目标的位置，外推的根据是前一时刻测得的坐标数据。很明显，目标的未来位置与前面的位置有关；而且预测的时间越短，这种联系越紧密。

滤波（平滑）理解为，确定在已观察时间内的目标坐标和参数的近似值。

为完成上述任务，通常作下述假设：

(1) 系统只跟踪一个目标；

(2) 输入数据是用直角坐标表示的，此处只考虑 x 坐标。

(3) 事先知道目标运动规律。例如，常用多项式模型表示其运动规律：

$$x(a,t) = \sum_{k=0}^{m} a_k t^k$$

(4) 在时刻 $t_1, t_2, \cdots, t_n$ 得到的坐标测量值为 $x_1, x_2, \cdots, x_n$。

(5) 测量误差服从正态分布。

解决上述任务，需要以下阶段：

(1) 以测量数据为基础，寻找目标运动参数的估计值 $\bar{a}_0, \bar{a}_1, \cdots, \bar{a}_m$，这些值在某种准则下最符合真实值 $a_0, a_1, \cdots, a_m$。

(2) 假定目标的运动规律不变，寻找目标坐标的外推值。

根据所选准则，采用的滤波方法有最大似然法和最小二乘法两种。后一种方法是当测量误差为正态分布且坐标测量值之间互不相关时，最大似然法的一种特例。下面详细讨论这两种方法。

1. 最大似然法滤波

设在 $t_1, t_2, \cdots, t_n$ 时刻得到目标坐标测量值 $x_1, x_2, \cdots, x_n$，如图 3.2 所示。

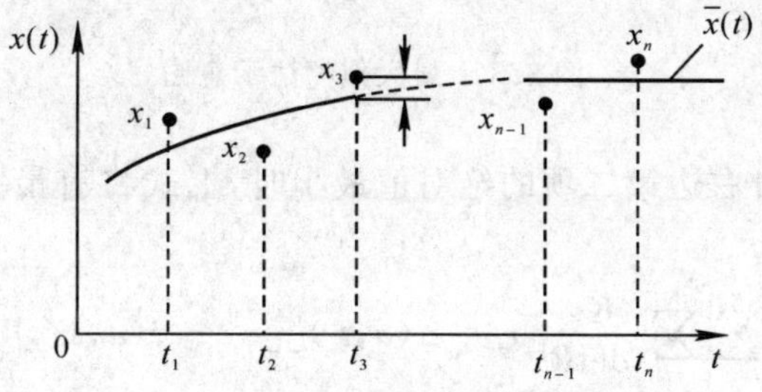

图 3.2　坐标滤波原理

在任一时刻的坐标真实值由下式确定：

$$x(a,t_i) = \sum_{k=0}^{m} a_k t_i^k$$

最大似然法的实质是：选择系数 $a_0, a_1, \cdots, a_m$，使测量值 $x_1, x_2, \cdots, x_n$ 相对于坐标真实值的概率最大。选择的系数是最大似然意义下对真实值的估计。

为了确定上述概率，必须知道航迹参数为真实值的条件下，随机值 $x_1, x_2, \cdots, x_n$ 的条件分布规律。

考虑到采用的假设条件，这里的分布规律是正态的。似然函数可写成

$$L(x \mid a) = W(x_1, x_2, \cdots, x_n \mid a) =$$

$$\frac{1}{(2\pi)^{n/2}(\det \boldsymbol{R})^{1/2}} \exp\left\{-\frac{1}{2}\sum_{i=1}^{n}\sum_{j=1}^{n}\frac{K_{ij}}{\det \boldsymbol{R}}[x_i - x(a,t_i)][x_j - x(a,t_j)]\right\}$$

式中，$\det\boldsymbol{R}$① 为测量误差相关矩阵行列式；K_{ij} 为行列式元素的代数余子式，去掉行列式 $\det\boldsymbol{R}$ 的第 i 行第 j 列并乘以 $(-1)^{i+j}$ 后，便可得到它。

$x_1, x_2, \cdots, x_n$ 分布概率的最大值与最大似然函数的极大值相对应。确实，从图 3.3 可得到，对一次测量，随机值 x 取从 x_1 到 $x_1 + \mathrm{d}x$ 的概率为 $W(x_1 \mid a)\mathrm{d}x$。相应地，随机值 x 取从 x_2 到 $x_2 + \mathrm{d}x$ 的概率等于 $W(x_2 \mid a)\mathrm{d}x$。非常明显，总有不等式

$$W(x_1 \mid a)\mathrm{d}x > W(x_2 \mid a)\mathrm{d}x$$

同样的结论可用于随机值的集合，这样，参数估计值应该对应于似然函数的最大值。通常对似然函数取对数，即

$$\ln L(x \mid a) = \ln W(x_1, x_2, \cdots, x_n \mid a) =$$

$$\ln C - \frac{1}{2}\sum_{i=1}^{n}\sum_{j=1}^{n}\frac{K_{ij}}{\det \boldsymbol{R}}[x_i - x(a,t_i)][x_j - x(a,t_j)] =$$

$$\ln C - \frac{1}{2}\theta$$

式中，C 为常数值。

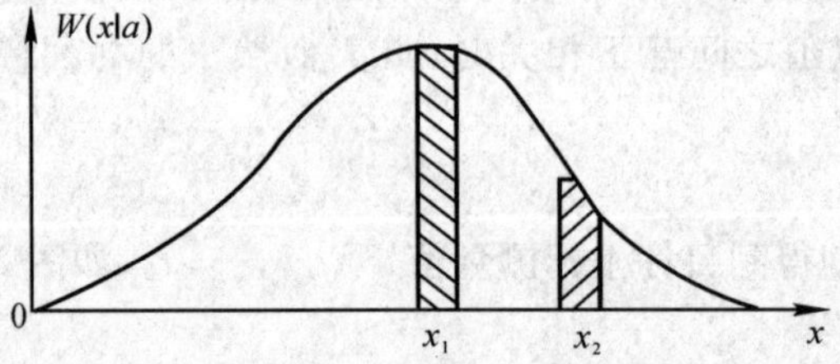

图 3.3　最大似然法示意图

当上式最后一个等号右边第二项的绝对值最小时，上式将有最大值。去掉常数，即得到寻找航迹参数估值的条件为

$$\theta = \sum_{i=1}^{n}\sum_{j=1}^{n}\frac{K_{ij}}{\det \boldsymbol{R}}[x_i - x(a,t_i)][x_j - x(a,t_j)] = \theta_{\min} \tag{3.2}$$

取得绝对值最小值，而参数估计值从以下方程组的解获得：

$$\left.\frac{\partial\theta}{\partial a_0}\right|_{a_0=\bar{a}_0} = 0, \left.\frac{\partial\theta}{\partial a_1}\right|_{a_1=\bar{a}_1} = 0, \cdots, \left.\frac{\partial\theta}{\partial a_m}\right|_{a_m=\bar{a}_m} = 0$$

因此，为寻找航迹参数的估计值，必须对式(3.2) 求导，令导数为 0，再求解获得的方程组。

① $\det\boldsymbol{R}$ 表示矩阵 $\boldsymbol{R}$ 的行列式。

2. 最小二乘法滤波与外推

最小二乘法滤波与外推的实质是，航迹参数的估计值应保证在时刻 $t_1, t_2, \cdots, t_n$ 的测量值与真实值之间的偏差平方和最小。用数学表达式，即

$$\theta = \sum_{i=1}^{n}[x_i - x(a,t)]^2 \tag{3.3}$$

取最小值。显然，寻找估计值的过程也是解方程组

$$\left.\frac{\partial\theta}{\partial a_0}\right|_{a_0=\bar{a}_0} = 0,\ \left.\frac{\partial\theta}{\partial a_1}\right|_{a_1=\bar{a}_1} = 0,\ \cdots,\ \left.\frac{\partial\theta}{\partial a_m}\right|_{a_m=\bar{a}_m} = 0$$

的过程。该方法是最大似然法的特例。

确实，当所有的测量互不相关时，式(3.2)中的相关矩阵为

$$\begin{bmatrix} \sigma_{11}^2 & 0 & \cdots & 0 \\ 0 & \sigma_{22}^2 & \cdots & 0 \\ \vdots & \vdots & & \vdots \\ 0 & 0 & \cdots & \sigma_{nn}^2 \end{bmatrix} = \begin{bmatrix} \sigma_1^2 & 0 & \cdots & 0 \\ 0 & \sigma_2^2 & \cdots & 0 \\ \vdots & \vdots & & \vdots \\ 0 & 0 & \cdots & \sigma_n^2 \end{bmatrix}$$

式中，σ_i^2 为第 i 次测量的方差。

该矩阵对应的行列式的值为

$$|R| = \sigma_1^2\sigma_2^2\cdots\sigma_n^2$$

除 $i = j$ 以外，对所有的 i, j 值，代数余子式 K_{ij} 都等于0。当 $i = j$ 时，代数余子式的值为

$$K_{ij} = \sigma_1^2\sigma_2^2\cdots\sigma_{i-1}^2\sigma_{i+1}^2\cdots\sigma_n^2$$

比值

$$\frac{K_{ij}}{|R|} = \frac{1}{\sigma_i^2}$$

这样式(3.2)变为

$$\theta = \sum_{i=1}^{n}\frac{1}{\sigma_i^2}[x_i - x(a,t_i)]^2 \tag{3.4}$$

如果所有测量的精度都相等，即 $\sigma_1^2 = \sigma_2^2 = \cdots = \sigma_n^2 = \sigma^2$，约去常数 $\frac{1}{\sigma^2}$，得到最小二乘法的表达式。对非等精度测量，必须利用式(3.4)，即求偏差的平方和时必须加权，权值等于 $\frac{1}{\sigma_i^2}$。有时把该方法称为加权平均法。

现在来完成多项式运动模型的滤波与外推任务。考虑所采用运动模型，式(3.3)可写成

$$\theta = \sum_{i=1}^{n}(x_i - a_0 - a_1 t_i - a_2 t_i^2 - \cdots - a_m t_i^m)^2$$

进行微分，并令其等于0，得 $m+1$ 元方程组

$$\begin{cases} -2\sum_{i=1}^{n}(x_i - \bar{a}_0 - \bar{a}_1 t_i - \cdots - \bar{a}_m t_i^m) = 0 \\ -2\sum_{i=1}^{n}(x_i - \bar{a}_0 - \bar{a}_1 t_i - \cdots - \bar{a}_m t_i^m)t_i = 0 \\ \cdots\cdots\cdots\cdots \\ -2\sum_{i=1}^{n}(x_i - \bar{a}_0 - \bar{a}_1 t_i - \cdots - \bar{a}_m t_i^m)t_i^m = 0 \end{cases}$$

约去常系数，并逐项求和，得

$$\begin{cases}\bar{a}_0 n+\bar{a}_1\sum_{i=1}^{n}t_i+\cdots+\bar{a}_m\sum_{i=1}^{n}t_i^m=\sum_{i=1}^{n}x_i\\ \bar{a}_0\sum_{i=1}^{n}t_i+\bar{a}_1\sum_{i=1}^{n}t_i^2+\cdots+\bar{a}_m\sum_{i=1}^{n}t_i^{m+1}=\sum_{i=1}^{n}x_it_i\\ \cdots\cdots\cdots\cdots\\ \bar{a}_0\sum_{i=1}^{n}t_i^m+\bar{a}_1\sum_{i=1}^{n}t_i^{m+1}+\cdots+\bar{a}_m\sum_{i=1}^{n}t_i^{2m}=\sum_{i=1}^{n}x_it_i^m\end{cases}$$

如果测量次数 $n\geqslant m+1$，则方程可求解。例如用一阶多项式作近似，即目标作匀速直线运动，为估计 a_0 和 a_1，需要不少于两次的测量。对二阶多项式，必须有三次测量，并依此类推。

根据线性方程组求解规则，方程组的解为

$$\bar{a}_i=\frac{\Delta_i}{\Delta}$$

式中，Δ 为由未知量 $\bar{a}_0,\bar{a}_1,\cdots,\bar{a}_m$ 的系数组成的行列式；Δ_i 为除了 $\bar{a}_i$ 的系数用方程等号右边代替以外，其他取与上面相同的行列式。

解方程组后，可以得到 $0\leqslant t\leqslant t_n$ 内任何时刻的坐标平滑值

$$x(\bar{a},t)=\bar{a}_0+\bar{a}_1t+\cdots+\bar{a}_mt^m$$

可见，为求取式中的所有系数，必须保存 $n\geqslant m+1$ 个周期的测量值，所以这种方法称为有限记忆滤波。

假设目标运动规律在未来一段时间内不变，则可得出时间间隔 τ 后的坐标外推值：

$$x_e(t_n+\tau)=\bar{a}_0+\bar{a}_1(t_n+\tau)+\cdots+\bar{a}_m(t_n+\tau)^m$$

必须注意到，多项式的阶数越高，近似航迹就越接近真实值。但空气动力目标的特点是匀速直线运动和在个别时间段内作匀加速机动或匀角速转弯机动。

因此，通常讨论两种目标运动假设：

(1) 目标作匀速直线运动；

(2) 目标以固定转弯半径作圆周运动。

下面将详细讨论这些假设条件下的滤波与外推问题。

3.3 一阶和二阶多项式近似的航迹外推与滤波

3.3.1 匀速直线运动目标航迹外推与滤波

1. 外推与滤波公式的推导

匀速直线运动时，真实航迹用一阶多项式

$$x(a,t)=a_0+a_1t$$

表示。用最小二乘法求解系数的方程为

$$\left.\begin{aligned}\bar{a}_0n+\bar{a}_1\sum_{i=1}^{n}t_i&=\sum_{i=1}^{n}x_i\\ \bar{a}_0\sum_{i=1}^{n}t_i+\bar{a}_1\sum_{i=1}^{n}t_i^2&=\sum_{i=1}^{n}t_ix_i\end{aligned}\right\}\tag{3.5}$$

系数值为

$$\bar{a}_0=\frac{\Delta_0}{\Delta}=\frac{\begin{vmatrix}\sum_{i=1}^{n}x_i & \sum_{i=1}^{n}t_i\\ \sum_{i=1}^{n}x_it_i & \sum_{i=1}^{n}t_i^2\end{vmatrix}}{\begin{vmatrix}n & \sum_{i=1}^{n}t_i\\ \sum_{i=1}^{n}t_i & \sum_{i=1}^{n}t_i^2\end{vmatrix}}=\frac{\sum_{i=1}^{n}x_i\sum_{i=1}^{n}t_i^2-\sum_{i=1}^{n}x_it_i\sum_{i=1}^{n}t_i}{n\sum_{i=1}^{n}t_i^2-\left(\sum_{i=1}^{n}t_i\right)^2} \tag{3.6}$$

$$\bar{a}_1=\frac{\Delta_1}{\Delta}=\frac{\begin{vmatrix}n & \sum_{i=1}^{n}x_i\\ \sum_{i=1}^{n}t_i & \sum_{i=1}^{n}t_ix_i\end{vmatrix}}{\begin{vmatrix}n & \sum_{i=1}^{n}t_i\\ \sum_{i=1}^{n}t_i & \sum_{i=1}^{n}t_i^2\end{vmatrix}}=\frac{n\sum_{i=1}^{n}t_ix_i-\sum_{i=1}^{n}x_i\sum_{i=1}^{n}t_i}{n\sum_{i=1}^{n}t_i^2-\left(\sum_{i=1}^{n}t_i\right)^2} \tag{3.7}$$

通常在探测目标的过程中，信息获取有相同的时间间隔 T。举例说，出现第一次信息的时间为 0，即 $t_1=0$，那么 $t_2=T,t_3=2T,t_i=(i-1)T,t_n=(n-1)T$，把 $t_i=(i-1)T$ 代入系数 $\bar{a}_0$ 和 $\bar{a}_1$ 的表达式，并参考已知关系式

$$\sum_{i=1}^{n}(i-1)=\frac{n(n-1)}{2},\quad \sum_{i=1}^{n}(i-1)^2=\frac{n(n-1)(2n-1)}{6}$$

最后得到

$$\bar{a}_0=\frac{\sum_{i=1}^{n}x_i\frac{n(n-1)(2n-1)}{6}T^2-\sum_{i=1}^{n}(i-1)x_iT^2\frac{n(n-1)}{2}}{nT^2\frac{n(n-1)(2n-1)}{6}-\left[\frac{n(n-1)}{2}\right]^2T^2}=$$

$$\sum_{i=1}^{n}\frac{4(n-1)-6i}{n(n+1)}x_i$$

$$\bar{a}_0=\sum_{i=1}^{n}\eta_0(i)x_i \tag{3.8}$$

$$\bar{a}_1=\frac{n\sum_{i=1}^{n}(i-1)x_iT-\frac{n(n-1)}{2}T\sum_{i=1}^{n}x_i}{nT^2\frac{n(n-1)(2n-1)}{6}-\left[\frac{n(n-1)}{2}\right]^2T^2}=\sum_{i=1}^{n}\frac{6(2i-n-1)}{T(n^2-1)n}x_i \tag{3.9}$$

$$\bar{a}_1=\sum_{i=1}^{n}\eta_{a_1}(i)x_i$$

式中

$$\left.\begin{aligned}\eta_0(i) &= \frac{4(n-1)-6i}{n(n+1)} \\ \eta_{a_1}(i) &= \frac{6(2i-n-1)}{T(n^2-1)n}\end{aligned}\right\} \tag{3.10}$$

为加权系数。

假设 $n = 2$,则有

$$\bar{a}_0 = x_1, \quad \bar{a}_1 = \frac{x_2 - x_1}{T} = v_x$$

求最近一次测量时的坐标平滑值:

$$\begin{aligned}\bar{x}_n &= \bar{a}_0 + (n-1)T\bar{a}_1 = \sum_{i=1}^{n}\left[\frac{4(n+1)-6i}{n(n+1)} + \frac{T(n-1)\times 6(2i-n-1)}{Tn(n^2-1)}\right]x_i \\ \bar{x}_n &= \sum_{i=1}^{n}\frac{6i-2n-2}{n(n+1)}x_i = \sum_{i=1}^{n}\eta_n(i)x_i\end{aligned} \tag{3.11}$$

式中

$$\eta_n(i) = \frac{6i-2n-2}{n(n+1)} \tag{3.12}$$

为加权系数。

m 个扫描周期后的外推值表达式为

$$\bar{x}_{n+m} = x_n + \bar{a}_1 mT = \sum_{i=1}^{n}\left[\frac{6i-2n-2}{n(n+1)} + \frac{6mT(2i-n-1)}{Tn(n^2-1)}\right]x_i = \sum_{i=1}^{n}\eta_{n+m}(i)x_i \tag{3.13}$$

式中

$$\eta_{n+m}(i) = \frac{(6i-2n-2)(n-1)+6m(2i-n-1)}{n(n^2-1)} \tag{3.14}$$

一个扫描周期后的外推值($m = 1$)为

$$\bar{x}_{n+1} = \sum_{i=1}^{n}\frac{6i-2n-4}{n(n-1)}x_i = \sum_{i=1}^{n}\eta_{n+1}(i)x_i \tag{3.15}$$

式中

$$\eta_{n+1}(i) = \frac{6i-2n-4}{n(n-1)} \tag{3.16}$$

例如,当用两次测量($n = 2$)时,平滑和外推值为

$$\begin{cases}\bar{x}_n = x_2 \\ \bar{x}_{n+1} = 2x_2 - x_1 = x_2 + v_x T\end{cases}$$

上式还可用两点进行简单外推获得。同样可得到用三次测量($n = 3$)的表达式

$$\begin{cases}\bar{x}_n = \dfrac{5}{6}x_3 + \dfrac{2}{6}x_2 - \dfrac{1}{6}x_1 \\ \bar{x}_{n+1} = \dfrac{4}{3}x_3 + \dfrac{1}{3}x_2 - \dfrac{2}{3}x_1\end{cases}$$

2. 目标坐标与运动参数的测定精度

在二次处理过程中,用最佳方法获得的平滑和外推参数的精度与很多因素有关,主要有以下几方面:

(1) 在时刻 t_i 测量的坐标精度，由式(3.1) 的相关矩阵确定；

(2) 统计的充分性，即用于计算的测量次数(雷达扫描次数)；

(3) 动态误差，由采用与目标实际运动轨迹不一致的假设所引起。

现在详细讨论采用匀速直线运动假设时，上述因素的影响。

(1) 测量误差和统计充分性的影响。通常测量误差包括系统分量和随机分量。但分析时假设系统误差不存在，它可以通过调整设备得到补偿。随机误差服从正态分布，对 n 次测量组成的集合，误差相关矩阵由式(3.1) 确定。

对测量间隔周期达数秒的情况，可认为测量值之间是互不相关的。那么相关矩阵变成对角线矩阵，其元素等于相应测量的方差。

我们感兴趣的误差有 3 种：最近时刻的坐标平滑误差、下一个扫描周期的坐标外推误差和运动参数的误差(此时为速度)。这些参数的表达式分别为

$$\bar{v}_x = \bar{a}_1 = \sum_{i=1}^{n} \eta_{a_1}(i)$$

$$\bar{x}_n = \sum_{i=1}^{n} \eta_n(i) x_i$$

$$\bar{x}_{n+1} = \sum_{i=1}^{n} \eta_{n+1}(i) x_i$$

根据非相关随机变量的方差求取规则，有

$$\sigma_{\bar{v}}^2 = \sum_{i=1}^{n} \eta_v^2(i) \sigma_{x_i}^2$$

$$\sigma_{\bar{x}_n}^2 = \sum_{i=1}^{n} \eta_n^2(i) \sigma_{x_i}^2$$

$$\sigma_{\bar{x}_{n+1}}^2 = \sum_{i=1}^{n} \eta_{n+1}^2(i) \sigma_{x_i}^2$$

如果所有测量的精度相等，即 $\sigma_{x_1}^2 = \sigma_{x_2}^2 = \cdots = \sigma_{x_n}^2 = \sigma^2$，并考虑权系数 $\eta(i)$，则得到

$$\sigma_{\bar{v}}^2 = \sigma_x^2 \sum_{i=1}^{n} \left[\frac{6(2i-n-1)}{Tn(n^2-1)} \right]^2 \tag{3.17}$$

$$\sigma_{\bar{x}_n}^2 = \sigma_x^2 \sum_{i=1}^{n} \left[\frac{6i-2n-2}{n(n+1)} \right]^2 \tag{3.18}$$

$$\sigma_{\bar{x}_{n+1}}^2 = \sigma_x^2 \sum_{i=1}^{n} \left[\frac{6i-2n-4}{n(n-1)} \right]^2 \tag{3.19}$$

对式(3.17) 进行变换，即

$$\sigma_{\bar{v}}^2 = \frac{36\sigma_x^2}{T^2 n^2 (n^2-1)^2} \sum_{i=1}^{n} (2i-n-1)^2 =$$

$$\frac{36\sigma_x^2}{T^2 n^2 (n^2-1)^2} \sum_{i=1}^{n} (4i^2 + n^2 + 1 - 4in - 4i + 2n)$$

分项求和，并考虑到

$$\sum_{i=1}^{n} i - \frac{n(n+1)}{2}, \quad \sum_{i=1}^{n} i^2 - \frac{n(n+1)(2n+1)}{6}$$

得到

$$\sigma_{\bar{v}}^2 = \frac{12}{n(n^2-1)T^2}\sigma_x^2 \tag{3.20}$$

同样，可得坐标平滑与外推误差的最终表达式为

$$\sigma_{\bar{x}_n}^2 = \frac{2(2n-1)}{n(n+1)}\sigma_x^2 \tag{3.21}$$

$$\sigma_{\bar{x}_{n+1}}^2 = \frac{2(2n+1)}{n(n-1)}\sigma_x^2 \tag{3.22}$$

$\bar{x}_n, \bar{x}_{n+1}, \bar{v}_x$ 的值用同一坐标的测量值的线性组合表示，而且相互之间有联系。求出它们之间的相关系数，下面将要用到。

一个周期后的坐标外推值为

$$\bar{x}_{n+1} = \bar{x}_n + T\bar{v}_x$$

$\bar{x}_{n+1}$ 的方差为

$$\sigma_{\bar{x}_{n+1}}^2 = \sigma_{\bar{x}_n}^2 + T^2\sigma_{\bar{v}_x}^2 + 2TR_{\bar{x}_n,\bar{v}_n}$$

式中，$R_{\bar{x}_n,\bar{v}_x}$ 为 $\bar{x}_n$ 与 $\bar{v}_x$ 值的相关度。

从该表达式求出 $R_{\bar{x}_n,\bar{v}_x}$，即

$$R_{\bar{x}_n,\bar{v}_x} = \frac{\sigma_{\bar{x}_{n+1}}^2 - \sigma_{\bar{x}_n}^2 - T^2\sigma_{\bar{v}_x}^2}{2T}$$

把从式(3.20)～式(3.22)得到的 $\sigma_{\bar{x}_{n+1}}^2$，$\sigma_{\bar{x}_n}^2$，$\sigma_{\bar{v}_x}^2$ 值代入上式，并进行必要的变换得到

$$R_{\bar{x}_n,\bar{v}_x} = \frac{6}{Tn(n+1)}\sigma_x^2 \tag{3.23}$$

相对于 $\bar{x}_n$，有

$$\bar{x}_n = \bar{x}_{n+1} - T\bar{v}_x$$
$$\sigma_{\bar{x}_n}^2 = \sigma_{\bar{x}_{n+1}}^2 + T^2\sigma_{\bar{v}_x}^2 - 2TR_{\bar{x}_{n+1},\bar{v}_x}$$

经过处理，并代入方差值，可以得 $\bar{x}_{n+1}$ 和 $\bar{v}_x$ 之间相关度的表达式为

$$R_{\bar{x}_{n+1},\bar{v}_x} = \frac{6}{Tn(n-1)}\sigma_x^2 \tag{3.24}$$

同样，可以得到 $\bar{x}_n$ 和 $\bar{x}_{n+1}$ 之间相关度的表达式为

$$R_{\bar{x}_n,\bar{x}_{n+1}} = \frac{6}{n(n-1)}\sigma_x^2 \tag{3.25}$$

图 3.4 中给出了有关参数的误差和它们之间相关度随测量次数变化的曲线。由图可知，所有参数的计算精度均与坐标测量精度 σ_x 成正比，且与测量次数 n 有关。为使计算的外推坐标的精度不低于测量的均方差，必须取 5～6 次测量。

参数之间的相关系数也一样随着 n 增加而减小。必须注意到，增加用于滤波与外推的次数 n，会大大增加计算机的存储容量。实际中常放弃上述的最优方法，而是采用更简单的办法，只要计算精度能被接受就可以。

(2) 动态误差的估计。动态误差是由采用的目标运动规律与实际不符合而引起的。如果采用匀速直线运动模型，则任何机动都会导致外推误差。机动可能是速度上的，也可能是方向上的。特别危险的机动是水平面上的方向机动。

下面讨论机动对外推误差的影响。采用匀速直线运动假设，经过一个扫描周期后的坐标外推值为

$$\bar{x}_{n+1} = \bar{x}_n + T\bar{v}_x$$

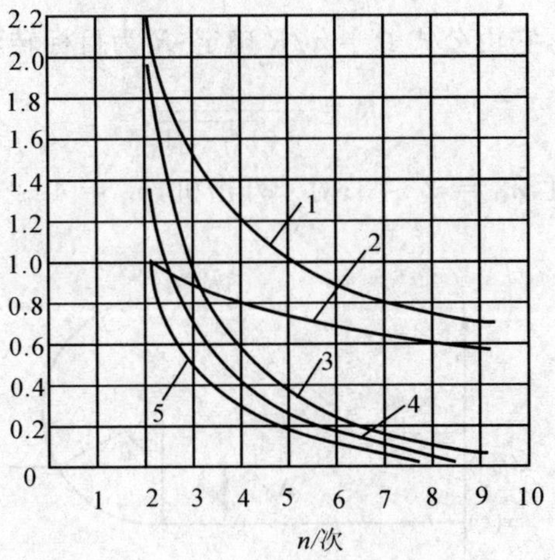

图 3.4　归一化值的关系曲线

1— 外推误差 $\sigma_{\bar{x}_{n+1}}/\sigma_x$；2— 平滑误差 $\sigma_{\bar{x}_n}/\sigma_x$；3— 相关度 $TR_{\bar{x}_{n+1},\bar{v}_x}/\sigma_x^2$；

4— 速度平滑误差 $\sigma_{\bar{v}_x}/\sigma_x$；5— 相关度 $TR_{\bar{x}_n,\bar{v}_x}/\sigma_x^2$

设目标沿 x 轴作匀加速运动，则其实际位置可表示为

$$\bar{x}_{n+1} = \bar{x}_n + T\bar{v}_x + \frac{a_x T^2}{2}$$

计算外推坐标时的最大动态误差为

$$\Delta x_{\max} = \frac{a_{x\max} T^2}{2}$$

式中，$a_{x\max} = n_n g$，n_n 为纵向过载，g 为重力加速度。

对现代飞机，有 $n_n \leqslant 1$，则

$$\Delta x_{\max} = \frac{n_n g T^2}{2}$$

如果取 $n_n = 1, T = 10$ s，则

$$\Delta x_{\max} = \frac{1 \times 9.8 \times 100}{2} = 490 \text{ m}$$

设过载服从正态分布，由机动引起的误差 σ_m 为

$$\sigma_m \approx \frac{\Delta x_{\max}}{3} = \frac{n_n g T^2}{6} = 163 \text{ m}$$

即误差在允许范围以内。

现在讨论在方向上的机动。设目标在水平方向上以最小半径作圆弧机动。当目标机动时，其运动方向垂直于所讨论的坐标轴时，动态误差最大。

那么外推的动态误差为

$$\Delta x_{\max} = x(t_{n+1}) - x(t_n)$$

从图 3.5 可知

$$\Delta x_{\max} = R(1 - \cos\theta)$$
$$\theta = \Omega T$$

式中，Ω 为目标运动角速度，它由公式 $\Omega = v/R$ 确定；R 为目标转弯半径，由下式确定：

$$R = \frac{v^2}{g\sqrt{n_{\mathrm{H}}^2 - 1}}$$

n_{H} 为横向过载。对于轰炸机，$n_{\mathrm{H}} = 2 \sim 3$；对于歼击机，$n_{\mathrm{H}} = 4 \sim 6$；对于人，$n_{\mathrm{H}} = 4$(有特殊服装时达 6)。

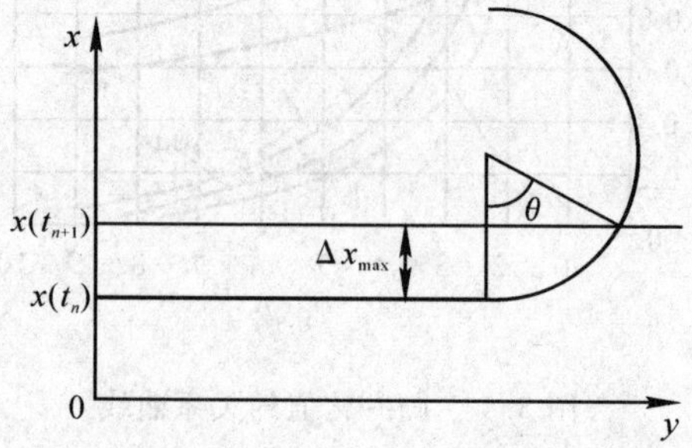

图 3.5　出现动态误差的说明

同样，如果取 $\sigma_{\mathrm{m}} = \dfrac{\Delta x_{\max}}{3}$，则当 $n_{\mathrm{H}} = 6, v = 300 \sim 500$ m/s 时，$\sigma_{\mathrm{m}} = 700 \sim 800$ m。

由此可见，作方向机动引起的误差大大超过作加速机动所引起的误差。当目标作 $n_{\mathrm{H}} < 2$ 的弱机动时，动态误差比测量误差还小，可以略去不考虑。当强机动时，动态外推误差占主体，这种情况下，为提高外推精度，必须采用机动目标假设。

3.3.2　用二阶多项式近似的航迹外推与滤波

在个别情况下，特别是目标机动时，宜选用二阶或二阶以上的多项式表示目标运动规律。但阶数的增加，将使系数计算复杂化，因此多项式常限选两阶，即

$$x(a,t) = a_0 + a_1 t + a_2 t^2$$

式中，a_2 表示目标加速度。用最小二乘法求解系数的方程为

$$\begin{cases} \bar{a}_0 n + \bar{a}_1 \sum\limits_{i=1}^{n} t_i + \bar{a}_2 \sum\limits_{i=1}^{n} t_i^2 = \sum\limits_{i=1}^{n} x_i \\ \bar{a}_0 \sum\limits_{i=1}^{n} t_i + \bar{a}_1 \sum\limits_{i=1}^{n} t_i^2 + \bar{a}_2 \sum\limits_{i=1}^{n} t_i^3 = \sum\limits_{i=1}^{n} x_i t_i \\ \bar{a}_0 \sum\limits_{i=1}^{n} t_i^2 + \bar{a}_1 \sum\limits_{i=1}^{n} t_i^3 + \bar{a}_2 \sum\limits_{i=1}^{n} t_i^4 = \sum\limits_{i=1}^{n} x_i t_i^2 \end{cases}$$

按线性方程组求解规则解方程组，得

$$\bar{a}_0 = \frac{\Delta_0}{\Delta}, \quad \bar{a}_1 = \frac{\Delta_1}{\Delta}, \quad \bar{a}_2 = \frac{\Delta_2}{\Delta}$$

如果测量间隔是相等的，用 3.3.1 节的方法，求得的解也是测量值与相应加权系数的线性组合，即

$$\begin{cases}\bar{a}_0 = \sum_{i=1}^{n} \eta_{a_0}(i) x_i \\ \bar{a}_1 = \sum_{i=1}^{n} \eta_{a_1}(i) x_i \\ \bar{a}_2 = \sum_{i=1}^{n} \eta_{a_2}(i) x_i\end{cases}$$

同样，可以求出最近一个测量点 t_n 时刻的坐标与速度的平滑值，即

$$\bar{x}_n = \sum_{i=1}^{n} \eta_n(i) x_i$$

$$\bar{v}_n = \bar{a}_1 + 2\bar{a}_2(n-1)T = \sum_{i=1}^{n} \eta_{v_n}(i) x_i$$

m 个扫描周期后，坐标的外推值表达式为

$$\bar{x}_{n+m} = \bar{a}_0 + \bar{a}_1(t_n + mT) + \bar{a}_2(t_n + mT)^2$$

或者

$$\bar{x}_{n+m} = \bar{x}_n + \bar{a}_1 mT + \bar{a}_2 (mT)^2$$

代入相应的系数后，得到测量值的线性方程所表示的外推值为

$$\bar{x}_{n+m} = \sum_{i=1}^{n} \eta_{n+m}(i) x_i$$

外推一个扫描周期的表达式为

$$\bar{x}_{n+1} = \sum_{i=1}^{n} \eta_{n+1}(i) x_i$$

也可求出外推 m 个周期的速度值为

$$\bar{v}_{n+m} = \bar{v}_n + 2\bar{a}_2 mT$$

或者

$$\bar{v}_{n+m} = \sum_{i=1}^{n} \eta_{v_{n+m}}(i) x_i$$

直接给出几个系数值：

$$\eta_{a_2}(i) = \frac{30}{T^2 n(n^2-1)(n^2-4)}[(n+1)(n+2) - 6i(n+1) + 6i^2]$$

$$\eta_n(i) = \frac{3}{n(n+1)(n+2)}[(n+1)(n+2) - 2i(4n+3) + 10i^2]$$

$$\eta_{n+1}(i) = \frac{3}{n(n-1)(n-2)}[(n+2)(n+3) - 2i(4n+7) + 10i^2]$$

$$\eta_{v_n}(i) = \frac{6}{Tn(n^2-1)(n^2-4)} \times$$
$$[(n+1)(n+2)(6n-7) - 2i(16n^2-19) + 30i^2(n-1)]$$

$$\eta_{a_0}(i) = \frac{3}{n(n+1)(n+2)}[3(n+1)(n+2) - 2i(6n+7) + 10i^2]$$

例如，当取最小的测量次数 $n = 3$ 时，得到

$$\bar{a}_0 = x_1$$

$$\bar{v}_n = \frac{1}{T}\left(\frac{3}{2}x_1 - 2x_2 + \frac{1}{2}x_3\right)$$

$$\bar{a}_2 = \frac{1}{T^2}\left(\frac{1}{2}x_1 - x_2 + \frac{1}{2}x_3\right)$$

$$\bar{x}_n = x_3$$

$$\bar{x}_{n+1} = x_1 - 3x_2 + 3x_3$$

上式可用三点简单加速外推获得。坐标与运动参数的估计精度，同样与测量精度和统计充分性有关。

任何参数的方差都可从式

$$\sigma^2 = \sum_{i=1}^{n} \eta^2(i)\sigma_{x_i}^2$$

获得。这里所说的参数可能是 $\bar{a}_0,\bar{a}_1,\bar{a}_2,\bar{x}_n,\bar{x}_{n+1}$ 等。等精度测量时，部分参数的方差为

$$\sigma_{\bar{x}_n}^2 = \frac{3(3n^2-3n+2)}{n(n+1)(n+2)}\sigma_x^2$$

$$\sigma_{\bar{v}_n}^2 = \frac{12(2n-1)(8n-11)}{T^2(n^2-n)(n^2-1)}\sigma_x^2$$

$$\sigma_{\bar{a}_x}^2 = \frac{720}{T^4(n^2-4)(n^2-1)n}\sigma_x^2$$

式中，$\bar{a}_x = 2\bar{a}_2$，是目标加速度。

图 3.6 显示了二阶多项式近似航迹的估值误差随测量次数 n 变化的曲线。图中也给出了一阶多项式近似航迹的误差（图中虚线）。比较同种坐标的误差可知，当 n 不大时，一阶航迹的参数估计精度比二阶航迹的高。这表明，在不长的探测段内，一阶航迹比二阶航迹更合适。此时，随机误差的滤波增益可以补偿动态误差的增长，而这样得到的处理系统更简单。

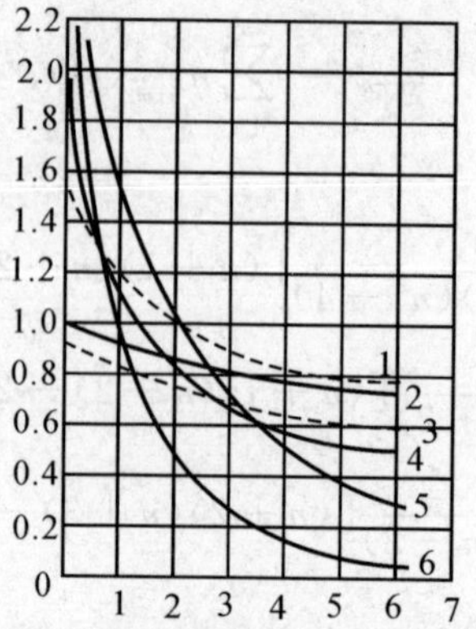

图 3.6 平滑、外推误差与 n 的关系（起始坐标 $n = 3$）

曲线 1,3 为一阶航迹：1—$\sigma_{x_{n+1}}/\sigma_x$；3—$\sigma_{x_n}/\sigma_x$

曲线 2,4,5,6 为二阶航迹：2—σ_{x_n}/σ_x；4—$\sigma_{x_{n+1}}/\sigma_x$；5—$\sigma_{a_1}T/\sigma_x$；6—$\sigma_{a_2}T^2/\sigma_x$

3.4　航迹参数的递推式滤波(平滑)

上一节讨论的最小二乘法滤波作为航迹参数估计的最优化方法，是以选取固定数量的测量值为基础的，有以下不足。

(1) 为了获得可以接受的估值精度，需要较多的(正常应有 5 ～ 6 个) 历史测量值。如果同时处理大量的目标，则大大增加对存储器容量的需求。

(2) 估值精度受所用的历史数据个数限制。

(3) 在航迹起始阶段(n 次测量期间)，输出数据有不希望的延时。

为克服这些不足，广泛采用递推滤波法。本节介绍 $\alpha-\beta$ 滤波和指数平滑法。

3.4.1　$\alpha-\beta$ 滤波

1. 坐标的递推式平滑

此方法的实质如下：

设在 t_{n-1} 时刻得到坐标和航迹参数的平滑值，如图 3.7 中的 $\bar{x}_{n-1}$。知道当前目标的运动规律，就可外推它在下一个测量时刻的值。

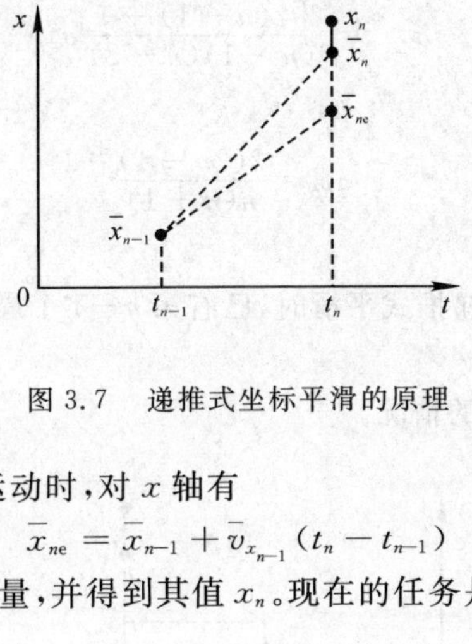

图 3.7　递推式坐标平滑的原理

例如，当目标作匀速直线运动时，对 x 轴有

$$\bar{x}_{ne}=\bar{x}_{n-1}+\bar{v}_{x_{n-1}}(t_n-t_{n-1})$$

在时刻 t_n 进行新的一次测量，并得到其值 x_n。现在的任务是，根据在 t_n 时刻的外推值和测量值，求出其平滑值。

很明显，平滑值最可能是位于 $\bar{x}_{ne}$ 与 x_n 之间的线段上。通常可用表达式写为

$$\bar{x}_n=\bar{x}_{ne}+f(\bar{x}_{ne},x_n)$$

特别简单的情况是，当 $\bar{x}_{ne}$ 与 x_n 之间没有统计相关性时，有

$$f(\bar{x}_{ne},x_n)=\alpha_n(x_n-\bar{x}_{ne})$$

式中，α_n 为平滑系数。

因此，递推式平滑的任务是用多步实现的。每一步都利用前面周期的处理结果和本周期的测量结果来获得更精确的参数值。很明显，这种方法的信息输出延时是最小的。

例如用一阶多项式，在第二个扫描周期就可获得信息。输出信息的精度将一个周期一个周期地提高。

现在来求取匀速直线运动时的系数值 α_n。

在 t_n 时刻已有外推值 $\bar{x}_{ne}$ 和测量值 x_n。因为我们已假设所有的测量之间没有相关性，所以 $\bar{x}_{ne}$ 和 x_n 之间也不相关。

但外推误差和测量误差是不一样的，因此我们利用加权平均的方法进行滤波。根据式(3.4)得到

$$\theta=\frac{1}{\sigma_{x_n}^2}[x_n-x(a,t_n)]^2+\frac{1}{\sigma_{\bar{x}_{ne}}^2}[\bar{x}_{ne}-x(a,t_n)]^2$$

式中，$x(a,t_n)$ 为 t_n 时刻的坐标真实值。

进行偏微分并令其等于0，即

$$\left.\frac{\partial\theta}{\partial x(a,t_n)}\right|_{x(a,t_n)=\bar{x}_n}=0$$

得到

$$-\frac{2}{\sigma_{x_n}^2}(x_n-\bar{x}_n)-\frac{2}{\sigma_{\bar{x}_{ne}}^2}(\bar{x}_{ne}-\bar{x}_n)=0$$

对该方程求 $\bar{x}_n$ 的解，得

$$\bar{x}_n=\bar{x}_{ne}+\frac{\sigma_{\bar{x}_{ne}}^2}{\sigma_{x_n}^2+\sigma_{\bar{x}_{ne}}^2}(x_n-\bar{x}_{ne})$$

当目标匀速直线运动时，把式(3.22)中的 n 用 $n-1$ 代替，得

$$\sigma_{\bar{x}_{ne}}^2=\frac{2[2(n-1)+1]}{(n-1)(n-2)}\sigma_{x_n}^2$$

那么求得系数 α_n 为

$$\alpha_n=\frac{2(2n-1)}{n(n+1)}\tag{3.26}$$

2. 目标速度的递推式平滑

对第 n 个周期的速度进行递推式平滑时，已有第 $n-1$ 个周期的平滑值 $\bar{v}_{n-1}$，第 n 个周期的外推值 $\bar{v}_{ne}$ 和测量值 v_n。

现在讨论匀速直线运动时的情况。

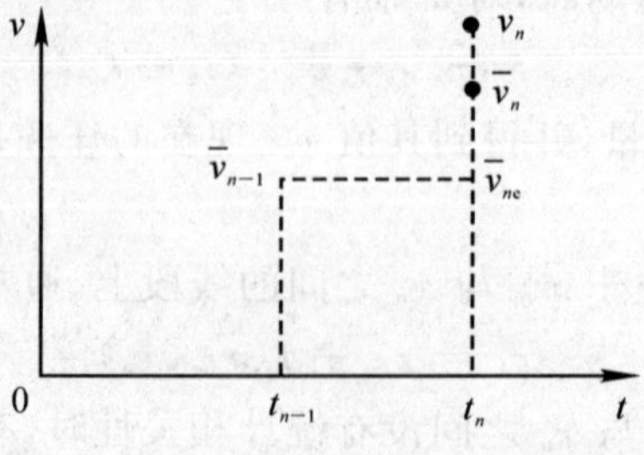

图 3.8　速度递推平滑原理

由图3.8可知，速度的平滑值应该位于 v_n 与 $\bar{v}_{ne}$ 之间。假设是对应于 x 轴的速度，则 v_n 与 $\bar{v}_{ne}$ 可用目标坐标表示，即

$$v_n=\frac{x_n-\bar{x}_{n-1}}{T}$$

$$v_{ne} = \bar{v}_{n-1} = \frac{\bar{x}_{ne} - \bar{x}_{n-1}}{T}$$

由这两个表达式得知，即使坐标测量值之间互不相关，v_n 与 $\bar{v}_{n-1}$ 之间也是相关的。这样，在估计速度的平滑值时，必须使用最大似然法的一般公式式(3.2)，即

$$\theta = \sum_{i=1}^{n}\sum_{j=1}^{n}\frac{K_{ij}}{\det\boldsymbol{R}}[x_i - x(a,t_i)][x_j - x(a,t_j)]$$

这里代表 x_i 和 x_j 的总共只有两个值 v_n 和 $\bar{v}_{n-1}$。

误差相关矩阵行列式和代数余子式分别为

$$\det\boldsymbol{R} = \begin{vmatrix} \sigma_{v_n}^2 & R_{v_n,\bar{v}_{n-1}} \\ R_{v_n,\bar{v}_{n-1}} & \sigma_{\bar{v}_{n-1}}^2 \end{vmatrix} = \sigma_{v_n}^2\sigma_{\bar{v}_{n-1}}^2 - R_{v_n,\bar{v}_{n-1}}^2$$

$$K_{11} = \sigma_{\bar{v}_{n-1}}^2,\quad K_{12} = K_{21} = -R_{v_n,\bar{v}_{n-1}},\quad K_{22} = \sigma_{v_n}^2$$

用 v_u 表示速度在 t_n 时刻的真实值，则式(3.2)有如下形式：

$$\theta(v_u) = \frac{\sigma_{\bar{v}_{n-1}}^2}{\sigma_{\bar{v}_{n-1}}^2\sigma_{v_n}^2 - R_{v_n,\bar{v}_{n-1}}^2}(v_n - v_u)^2 + \frac{\sigma_{v_n}^2}{\sigma_{\bar{v}_{n-1}}^2\sigma_{v_n}^2 - R_{v_n,\bar{v}_{n-1}}^2}(v_{n-1} - v_u)^2 - \frac{2R_{v_n,\bar{v}_{n-1}}}{\sigma_{\bar{v}_{n-1}}^2\sigma_{v_n}^2 - R_{v_n,\bar{v}_{n-1}}^2}(v_n - v_u)(\bar{v}_{n-1} - v_u)$$

如果取出并约去公共因子

$$\frac{1}{1 - \dfrac{R_{v_n,\bar{v}_{n-1}}}{\sigma_{\bar{v}_{n-1}}^2\sigma_{v_n}^2}}$$

将得到考虑 v_n 与 $\bar{v}_{n-1}$ 相关性的，并与加权平均法相似的表达式

$$\theta(v_u) = \frac{1}{\sigma_{v_n}^2}(v_n - v_u)^2 + \frac{1}{\sigma_{\bar{v}_{n-1}}^2}(v_{n-1} - v_u)^2 - \frac{2R_{v_n,\bar{v}_{n-1}}}{\sigma_{\bar{v}_{n-1}}^2\sigma_{v_n}^2}(v_n - v_u)(\bar{v}_{n-1} - v_u)$$

通过解方程

$$\left.\frac{\partial\theta(v_u)}{\partial v_u}\right|_{v_u=\bar{v}_n} = 0$$

得到估计值 $\bar{v}_n$。微分并代入 $\bar{v}_n$ 值，得到

$$-\frac{2}{\sigma_{v_n}^2}(v_n - \bar{v}_n)^2 - \frac{2}{\sigma_{\bar{v}_{n-1}}^2}(\bar{v}_{n-1} - \bar{v}_n)^2 + \frac{2R_{v_n,\bar{v}_{n-1}}}{\sigma_{\bar{v}_{n-1}}^2\sigma_{v_n}^2}(\bar{v}_{n-1} - \bar{v}_n) + \frac{2R_{v_n,\bar{v}_{n-1}}}{\sigma_{\bar{v}_{n-1}}^2\sigma_{v_n}^2}(v_n - \bar{v}_n) = 0$$

对方程求 $\bar{v}_n$ 的解：

$$\bar{v}_n = \frac{\dfrac{1}{\sigma_{\bar{v}_{n-1}}^2} - \dfrac{R_{v_n,\bar{v}_{n-1}}}{\sigma_{v_n}^2\sigma_{\bar{v}_{n-1}}^2}}{\dfrac{1}{\sigma_{v_n}^2} + \dfrac{1}{\sigma_{\bar{v}_{n-1}}^2} - \dfrac{2R_{v_n,\bar{v}_{n-1}}}{\sigma_{v_n}^2\sigma_{\bar{v}_{n-1}}^2}}\bar{v}_{n-1} + \frac{\dfrac{1}{\sigma_{v_n}^2} - \dfrac{R_{v_n,\bar{v}_{n-1}}}{\sigma_{v_n}^2\sigma_{\bar{v}_{n-1}}^2}}{\dfrac{1}{\sigma_{v_n}^2} + \dfrac{1}{\sigma_{\bar{v}_{n-1}}^2} - \dfrac{2R_{v_n,\bar{v}_{n-1}}}{\sigma_{v_n}^2\sigma_{\bar{v}_{n-1}}^2}}v_n \tag{3.27}$$

写成更紧凑的形式

$$\bar{v}_n = \eta_{\bar{v}_{n-1}}\bar{v}_{n-1} + \eta_{v_n}v_n$$

式中，$\eta_{\bar{v}_{n-1}}$，η_{v_n} 为加权系数。

对式(3.27)进行变换，得

$$\bar{v}_n = \bar{v}_{n-1} + \frac{\sigma_{\bar{v}_{n-1}}^2 - R_{v_n,\bar{v}_{n-1}}}{\sigma_{v_n}^2 + \sigma_{\bar{v}_{n-1}}^2 - 2R_{v_n,\bar{v}_{n-1}}}(v_n - \bar{v}_{n-1}) \tag{3.28}$$

但在第 n 个周期，坐标测量值通常是知道的，比如 x_n。需要进行附加计算来算出速度值。这样就可求出我们想得到的速度平滑值表达式，它是 $\bar{v}_{n-1}$ 和 $x_n - \bar{x}_{ne}$ 差值的线性组合。

已知

$$v_n - \bar{v}_{n-1} = \frac{x_n - \bar{x}_{n-1}}{T} - \frac{\bar{x}_{ne} - \bar{x}_{n-1}}{T} = \frac{x_n - \bar{x}_{ne}}{T} \tag{3.29}$$

按规则计算方差：

$$\sigma_{v_n}^2 + \sigma_{\bar{v}_{n-1}}^2 - 2R_{v_n,\bar{v}_{n-1}} = \frac{1}{T^2}(\sigma_{x_n}^2 + \sigma_{\bar{x}_{ne}}^2) \tag{3.30}$$

由此求出 $R_{v_n,\bar{v}_{n-1}}$ 值为

$$R_{v_n,\bar{v}_{n-1}} = \frac{T^2\sigma_{v_n}^2 + T^2\sigma_{\bar{v}_{n-1}}^2 - \sigma_{x_n}^2 - \sigma_{\bar{x}_{ne}}^2}{2T^2} \tag{3.31}$$

把式(3.29)、式(3.31)代入式(3.28)，得

$$v_n = \bar{v}_{n-1} + \frac{T^2\sigma_{\bar{v}_{n-1}}^2 - T^2\sigma_{v_n}^2 + \sigma_{x_n}^2 + \sigma_{\bar{x}_{ne}}^2}{2(\sigma_{x_n}^2 + \sigma_{\bar{x}_{ne}}^2)T}(x_n - \bar{x}_{ne}) \tag{3.32}$$

用坐标的方差表示 $\sigma_{\bar{v}_{n-1}}^2$，$\sigma_{v_n}^2$，即

$$\sigma_{v_n}^2 = \frac{1}{T^2}(\sigma_{x_n}^2 + \sigma_{\bar{x}_{n-1}}^2) \tag{3.33}$$

$$\sigma_{\bar{v}_{n-1}}^2 = \frac{1}{T^2}(\sigma_{\bar{x}_{ne}}^2 + \sigma_{\bar{x}_{n-1}}^2 - 2R_{\bar{x}_{ne},\bar{x}_{n-1}}) \tag{3.34}$$

把式(3.33)、式(3.34)代入式(3.32)，经变换得

$$v_n = \bar{v}_{n-1} + \frac{\sigma_{\bar{x}_{ne}}^2 - R_{\bar{x}_{ne},\bar{x}_{n-1}}}{T(\sigma_{x_n}^2 + \sigma_{\bar{x}_{ne}}^2)}(x_n - \bar{x}_{ne}) \tag{3.35}$$

还可得到速度平滑值的另一种表达式。t_{n-1} 时刻的坐标平滑值可记为

$$\bar{x}_{n-1} = \bar{x}_{ne} - \bar{v}_{n-1}T$$

其方差为

$$\sigma_{\bar{x}_{n-1}}^2 = \sigma_{\bar{x}_{ne}}^2 + \sigma_{\bar{v}_{n-1}}^2 T^2 - 2TR_{\bar{v}_{n-1},\bar{x}_{ne}}$$

由此得

$$\sigma_{\bar{v}_{n-1}}^2 = \frac{\sigma_{\bar{x}_{n-1}}^2 - \sigma_{\bar{x}_{ne}}^2 + 2TR_{\bar{v}_{n-1},\bar{x}_{ne}}}{T^2} \tag{3.36}$$

把式(3.36)和式(3.33)代入式(3.32)，并经处理，得到

$$\bar{v}_n = \bar{v}_{n-1} + \frac{R_{\bar{v}_{n-1},\bar{x}_{ne}}}{\sigma_{x_n}^2 + \sigma_{\bar{x}_{ne}}^2}(x_n - \bar{x}_{ne}) \tag{3.37}$$

$\sigma_{\bar{x}_{ne}}^2$ 和 $R_{\bar{v}_{n-1},\bar{x}_{ne}}$ 可从式(3.22)和式(3.24)得到，即用 $n-1$ 代替 n，得

$$\sigma_{\bar{x}_{ne}}^2 = \frac{2[2(n-1)+1]}{(n-1)(n-2)}\sigma_x^2$$

$$R_{\bar{v}_{n-1},\bar{x}_{ne}} = \frac{6}{T(n-1)(n-2)}\sigma_x^2$$

当等精度测量时，$\sigma_x^2 = \sigma_{x_n}^2$。把上面的值代入式(3.37)，得

$$\bar{v}_n = \bar{v}_{n-1} + \frac{\beta_n}{T}(x_n - \bar{x}_{ne})$$

式中

$$\beta_n = \frac{6}{n(n+1)}$$

图 3.9 显示了系数 α_n,β_n 和测量周期数 n 的关系。

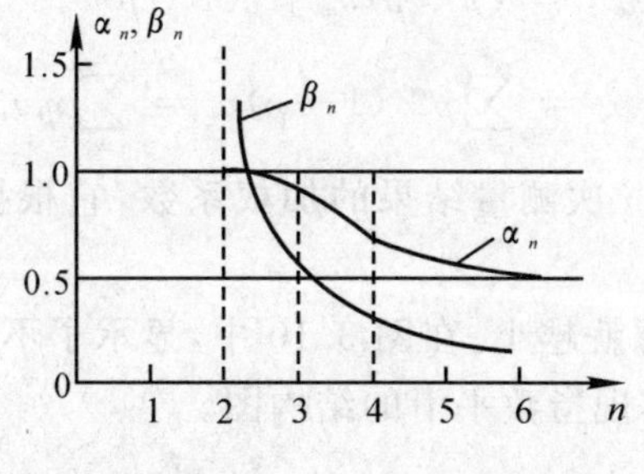

图 3.9　α_n,β_n 与 n 的关系曲线

从图中的曲线可知,随着 n 的增加,系数减小,即最新测量的权重减小。但在实际系统中,系数的减小是有限制的,一般在滤波启动初期系数按上述规律变化,当系数减小到一定值(如 $\alpha = 0.5$,$\beta = 0.15$)时,就固定下来。这种方法不适合于在平滑机动目标航迹时采用。对于机动目标,需要采用自适应 $\alpha - \beta$ 滤波,即根据目标机动情况适时调整系数。

根据上面所得的结果,给出实现 $\alpha - \beta$ 递推滤波法的方程组:

$$\left.\begin{aligned} \bar{x}_n &= \bar{x}_{ne} + \alpha_n(x_n - \bar{x}_{ne}) \\ \bar{x}_{ne} &= \bar{x}_{n-1} + \bar{v}_{n-1}T \\ \bar{v}_n &= \bar{v}_{ne} + \frac{\beta_n}{T}(x_n - \bar{x}_{ne}) \\ \bar{v}_{ne} &= \bar{v}_{n-1} \end{aligned}\right\} \tag{3.38}$$

式中,$\alpha_n = \dfrac{2(2n-1)}{n(n+1)}$,$\beta_n = \dfrac{6}{n(n+1)}$。

3.4.2　指数平滑法

该方法用于计算参数随时间改变的情况。通过分析目标运动的实际航迹可知,参数之间的相关性随着时间的流失而大概以指数规律减小。因此,为了提高参数估计精度,应对过去的测量值进行适当的加权,并随着时间的增加而按指数规律减少加权系数,即越早的数据给的权系数值越小。待估参数的平滑值是第 n 次测量得到的测量值和以前测量的平均值进行加权求和的结果,即

$$\bar{v}_n = (1-\rho)v_n + \rho\bar{v}_{n-1} \tag{3.39}$$

式中,ρ 为平滑系数,其值根据目标机动强度在 0 到 1 范围内选取。

现在介绍指数平滑的详细过程。设对速度进行平滑,这样,第一次测量只能从第二个扫描周期开始。

根据式(3.39),第二个扫描周期的平滑值为

$$\bar{v}_2 = (1-\rho)v_2 + 0\rho = (1-\rho)v_2$$

在第 3 个周期,

$$\bar{v}_3 = (1-\rho)v_3 + \rho\bar{v}_2 = (1-\rho)v_3 + \rho(1-\rho)v_2$$

在第 4 个周期，

$$\bar{v}_4 = (1-\rho)v_4 + \rho\bar{v}_3 = (1-\rho)v_4 + \rho(1-\rho)v_3 + \rho^2(1-\rho)v_2$$

在第 n 个周期，

$$\bar{v}_n = (1-\rho)v_n + \rho\bar{v}_{n-1} = (1-\rho)v_n + \rho(1-\rho)v_{n-1} + \cdots + \rho^{n-2}(1-\rho)v_2$$

或

$$\bar{v}_n = \sum_{i=2}^{n}\rho^{n-i}(1-\rho)v_i = \sum_{i=2}^{n}\eta_i v_i$$

式中，$\eta_i = \rho^{n-i}(1-\rho)$，表示第 i 次测量结果的加权系数，它根据信息老化程度而按指数规律减小。

ρ 越小，对过去信息的考虑就越小。在图 3.10 中，显示了不同平滑系数所对应的加权系数 $\eta(i)$ 的曲线。图 3.11 给出了实现指数平滑的结构图。

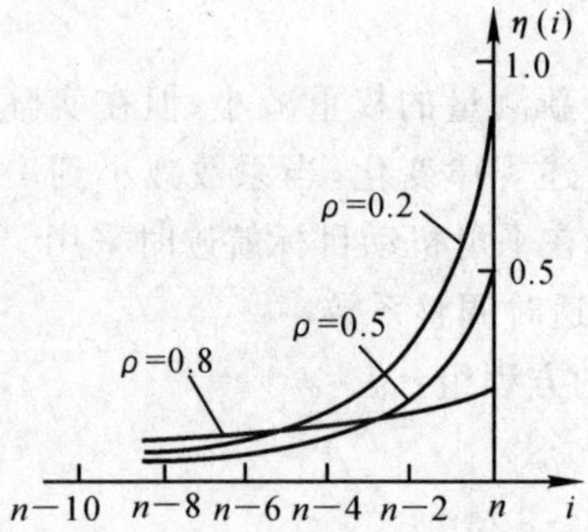

图 3.10 指数平滑时的权函数曲线

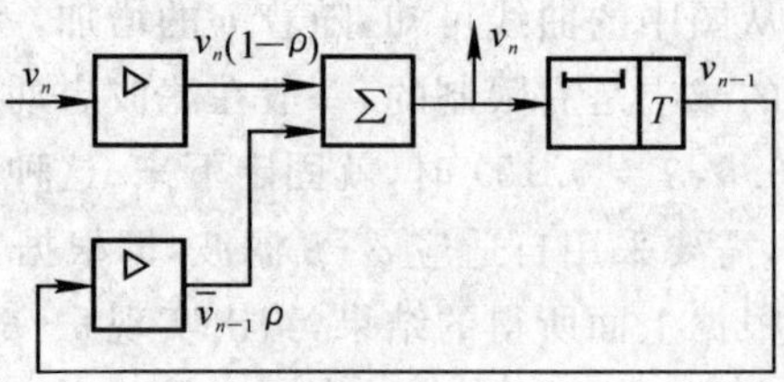

图 3.11 指数平滑的实现结构图

指数平滑法的参数计算精度取决于目标运动特征和平滑系数 ρ。实际中，系数 ρ 值的选择是通过对实际目标自动跟踪过程进行模拟实验获得的，其值通常为 0.35 ～ 0.65。

在某些自动跟踪系统中，选两个固定的平滑系数：

$\rho = 0.1$—— 当目标机动时；

$\rho = 0.5$—— 当目标不机动时。

这样，重要的是知道机动开始和结束的时机。

3.4.3 目标机动的识别

先讨论根据参数进行坐标外推的算法。

这种算法比较简单。先计算出速度 v 和航向角 θ，然后以它们为基础计算外推值 x_e 和 y_e，如图 3.12 所示。

设 t_{n-1} 时刻的测量值为(x_{n-1}, y_{n-1})，而 t_n 时刻为(x_n, y_n)，则有

$$\Delta x_n = x_n - x_{n-1}$$

$$\Delta y_n = y_n - y_{n-1}$$

$$v = \frac{1}{T}\sqrt{\Delta x_n^2 + \Delta y_n^2}$$

$$\theta = \arctan\frac{\Delta y_n}{\Delta x_n}$$

式中，T 为扫描周期。

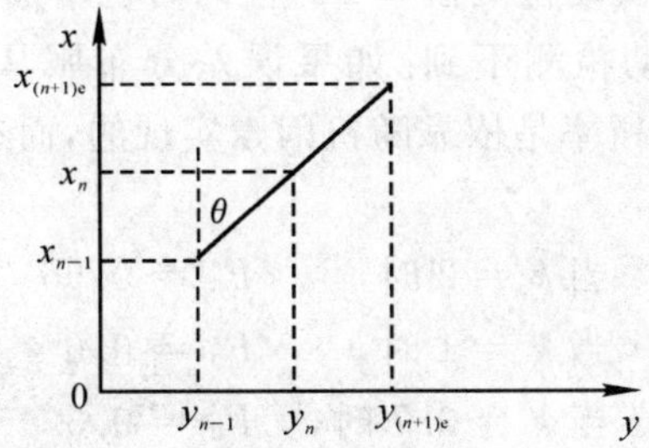

图 3.12　根据参数进行坐标外推的图解

如果目标作匀速直线运动，则下一个扫描周期的外推值为

$$\begin{cases}\bar{x}_{(n+1)e} = x_n + vT\cos\theta \\ \bar{y}_{(n+1)e} = y_n + vT\sin\theta\end{cases}$$

如果目标机动，则外推公式为

$$\begin{cases}\bar{x}_{(n+1)e} = x_n + \left(vT + \dfrac{aT^2}{2}\right)\cos(\theta + \Delta\theta) \\ \bar{y}_{(n+1)e} = y_n + \left(vT + \dfrac{aT^2}{2}\right)\sin(\theta + \Delta\theta)\end{cases}$$

式中，a 为加速度；$\Delta\theta$ 为运动方向变化角。

下面介绍目标机动的识别方法。

为更好地进行平滑与外推，重要的是评估目标的运动特征。自动跟踪系统应该有检测目标运动特征改变的设备，并能在以后的跟踪算法中相应地换用新的目标运动假设。有各种不同的机动判断准则，它和所用的二次处理方法有关。

当用最佳平滑与外推算法时，机动的判断方法是把测量坐标与外推坐标之间的差值与某一门限进行比较，即满足式

$$x_n - x_{ne} = \Delta x \geqslant \Delta x_0$$

时，判定为机动存在。

对于按参数的平滑与外推算法，最简单的目标机动判断准则是用目标在相邻扫描周期的参数增量来判断（速度和方向），即满足条件

$$\Delta v_n = v_n - v_{n-1} \geqslant \Delta v_0$$

或

$$\Delta\theta_n = \theta_n - \theta_{n-1} \geqslant \Delta\theta_0$$

时，机动存在。

这样，现在的任务变成门限值的选取，门限值取决于相应坐标和参数的测定误差，即写为

$$\left.\begin{aligned}\Delta x &\geqslant k\sigma_{\Delta x} \\ \Delta y &\geqslant k\sigma_{\Delta y} \\ \Delta v_n &\geqslant k\sigma_{\Delta v} \\ \Delta\theta &\geqslant k\sigma_{\Delta\theta}\end{aligned}\right\} \tag{3.40}$$

式中，$\sigma_{\Delta x}$，$\sigma_{\Delta y}$，$\sigma_{\Delta v}$，$\sigma_{\Delta\theta}$ 分别表示测量误差 Δx，Δy，Δv，$\Delta\theta$ 所对应的均方偏差；k 为系数，根据所要

求的机动检测可靠性选取。

很明显,减少 k 值,将增加机动检测概率 P_0,但同时也增加了机动检测的虚警概率。

增大 k 值,可能导致弱机动检测不到。如果误差分布服从正态规律,当 $k = 3$ 时,不等式(3.40)的满足只有0.003的概率是依靠随机因素实现的,而有 $P_0 = 0.997$ 的概率是由机动实现的。相应地,有

$$\text{当 } k = 2 \text{ 时}, \quad P_0 = 0.96$$
$$\text{当 } k = 1 \text{ 时}, \quad P_0 = 0.6$$
$$\text{当 } k = 0.7 \text{ 时}, \quad P_0 = 0.5$$

即当 $k = 0.7$ 时,式(3.40)成立,由随机因素和机动实现的概率是相同的。

为了提高判定机动的可靠性,可以用参数平均值的增量。那么目标机动的条件为

$$\left.\begin{aligned} |\Delta\bar{v}_n| &\geqslant k\sigma_{\bar{v}} \\ |\Delta\bar{\theta}_n| &\geqslant k\sigma_{\bar{\theta}_n} \end{aligned}\right\} \tag{3.41}$$

但用后面这个表达式会增加信息的延时,机动的判定也延时了。目标剧烈机动时,延时是有害的。因此,识别强机动时,用非平滑值;而对慢机动,用平滑值,即用式(3.41)。

3.5 航迹建立与航迹相关

3.5.1 航迹的建立

在雷达扫描过程中,从一次处理设备中可以得到多个目标的点迹。此外,还会不时出现假点迹。因此,送到二次处理设备的点迹有来自真实目标的,也有假的。部分真实点迹可能没有送到二次处理设备。

在跟踪目标之前,必须建立其航迹。为此,要选择可以得出发现航迹结论的点迹,并确定航迹参数(航向、速度等),该过程称为点迹截获(发现航迹)。截获可以是自动的(自动截获)和半自动的(有操作员参与)。

通常,自动航迹截获是检验统计假设:

H_0—— 获得的与取样值,$x_1,x_2,\cdots,x_n$ 相关的点迹是属于假航迹的假设;

H_1—— 取样值属于真实航迹的假设。

假设 H_0 与 H_1 的似然函数分别为

$$W(x_1,x_2,\cdots,x_n \mid H_0)$$

和

$$W(x_1,x_2,\cdots,x_n \mid H_1)$$

那么,根据最小平均代价准则的最佳截获方法为

$$\frac{W(x_1,x_2,\cdots,x_n \mid H_1)}{W(x_1,x_2,\cdots,x_n \mid H_0)} \geqslant \frac{P(H_0)r_f}{P(H_1)r_l}$$

即形成似然比并与门限比较,门限与第一、二类错误引起的代价 r_f 和 r_l 有关,还和有无真实航迹的先验概率 $P(H_1)$ 和 $P(H_0)$ 有关。上式中,$x_1,x_2,\cdots,x_n$ 表示在 n 个扫描周期获得的点迹坐标。

上述算法实现起来很复杂,因此,常适当地使用更简单的算法,如利用第2章介绍过的 m/n 或 n/n 准则进行设计。这样的话,如果在 n 个相邻扫描中获得 m 个相关点迹(属于一条航

迹的)，则认为发现了航迹。

正如前面提到过的，新航迹的发现过程是从出现单个点迹没进入任何已有的波门，而在点迹周围产生第一截获波门开始的。

如果在下个扫描周期，有一个或几个点迹进入第一截获区域，则它们中的每一个都用来延续可能的新航迹。下面根据两个相应点的坐标进行外推，产生新的相关区域(波门)，而接下来的第三个扫描周期出现的点迹若进入这个区域，则与相应航迹相关。对新点的相关配对工作继续进行，直到完成发现航迹的准则(转入跟踪)或满足撤消航迹的准则。截获过程所完成的操作包括外推坐标和点迹选通。

m 和 n 值的选择取决于真实航迹的发现概率和进入跟踪的假航迹数。随着 m 的减小，将增加发现真实航迹的概率。实际中选取 m 值为 $2\sim3$，而 n 为 $3\sim4$。完成航迹起始准则后，将转入跟踪。

撤消已跟踪航迹的准则，常采用在连续 k 个扫描周期中未出现被跟踪目标的点迹。对假航迹的跟踪，必然会增加对存储器的容量和跟踪设备的运行速度的要求。

3.5.2　目标航迹的相关

通常，目标坐标的测量与外推都存在误差，所以外推点 P_e 与当前点并不重合。此外，在外推点附近可能存在多个当前点。

因此，二次处理中航迹相关的任务是分析外推点与最新扫描周期获得的当前点之间的位置关系，并选取一个最有可能属于目标航迹的当前点。目标航迹相关的过程也叫航迹选择。选择目标航迹的过程包括两个阶段：波门选通，核对(信息比较)—— 选择点迹与航迹配对。

下面详细讨论每个阶段。

1. 目标点的波门选通

波门选通理解为分出一目标可能出现的区域。波门选通采用不同的物理和数学方法。

物理波门选通法是指通过雷达接收机来分出目标可能出现的区域(在确定时机打开接收机)。

数学波门选通法则是对目标坐标与波门的边界坐标进行比较。波门的形状通常选得比较简单，以便在计算机中实现，因此，在直角坐标系中处理信息时，最适合用矩形波门(见图3.13)。矩形波门可由两种数对确定，第一种是波门的边界点(x_L, y_L)和(x_H, y_H)，第二种是坐标中心(x_e, y_e)和波门半长$(\Delta x_0, \Delta y_0)$。

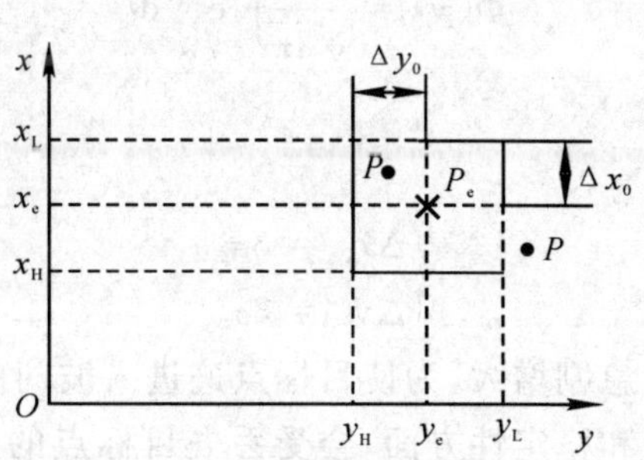

图 3.13　直角坐标系中的波门形状

分析当前点是否处于波门内的条件可用不等式表示，即

$$\begin{cases} x_n - x_e = \Delta x \leqslant \Delta x_0 \\ y_n - y_e = \Delta y \leqslant \Delta y_0 \end{cases}$$

式中，x_n，y_n 表示在第 n 个扫描周期第 i 个目标点的坐标；x_e，y_e 表示到第 n 个扫描周期的外推坐标。

波门尺寸的选择条件是，保证真实目标以给定的概率进入波门。波门尺寸越大，真实目标进入波门的概率越高，但这也增加了假点迹进入波门的概率。

当波门尺寸一定时，点迹进入波门的概率取决于当前点与外推坐标的可能偏差值。偏差值通常是个随机量，它由测量误差和外推误差确定：

$$\begin{cases} \Delta x = \Delta x_n + \Delta x_e \\ \Delta y = \Delta y_n + \Delta y_e \end{cases}$$

上面的值服从正态分布，方差为

$$\left.\begin{aligned} \sigma_{\Delta x}^2 &= \sigma_{x_n}^2 + \sigma_{x_e}^2 + 2k_x\sigma_{x_n}\sigma_{x_e} \\ \sigma_{\Delta y}^2 &= \sigma_{y_n}^2 + \sigma_{y_e}^2 + 2k_y\sigma_{y_n}\sigma_{y_e} \end{aligned}\right\} \tag{3.42}$$

式中，k_x，k_y 分别表示测量误差和外推误差的相关系数；σ_{x_n}，σ_{y_n}，σ_{x_e}，σ_{y_e} 分别表示测量和外推的均方误差。

相关系数 k_x，k_y 与所选外推方法有关。如果在匀速直线运动的假设下进行，而且该假设符合实际，则 k_x 和 k_y 近似等于1，即外推误差完全取决于测量误差。如假设与实际不相符，即目标作机动，那么外推误差在更大程度上取决于机动所引起的误差，这时相应系数趋于0。

随机值 Δx，Δy（真实点与波门中心的偏差）的联合概率密度写为

$$W(\Delta x, \Delta y) = \frac{1}{2\pi\sigma_{\Delta x}\sigma_{\Delta y}}\exp\left\{-\frac{1}{2}\left(\frac{\Delta x^2}{\sigma_{\Delta x}^2} + \frac{\Delta y^2}{\sigma_{\Delta y}^2}\right)\right\} \tag{3.43}$$

那么点迹进入边长为 $2\Delta x_0$ 和 $2\Delta y_0$ 的波门的概率为

$$P = \int_{-\Delta x_0}^{\Delta x_0}\int_{-\Delta y_0}^{\Delta y_0} f(\Delta x, \Delta y)\,\mathrm{d}\Delta x\,\mathrm{d}\Delta y$$

该表达式可变换成

$$P = 4\Phi\left(\frac{\Delta x_0}{\sigma_{\Delta x}}\right)\Phi\left(\frac{\Delta y_0}{\sigma_{\Delta y}}\right) \tag{3.44}$$

式中

$$\Phi(y) = \frac{1}{\sqrt{2\pi}}\int_0^y \mathrm{e}^{-\frac{t^2}{2}}\,\mathrm{d}t$$

为拉普拉斯积分，可由表查得。

为保证概率 P 接近 1，选

$$\begin{cases} \Delta x_0 = 3\sigma_{\Delta x} \\ \Delta y_0 = 3\sigma_{\Delta y} \end{cases}$$

当目标机动时，外推误差急剧增大，为使目标点迹进入波门的概率高，必须增大波门尺寸。另外，在航迹自动跟踪的质量和稳定性方面，会受丢失目标点的影响。在某些扫描周期丢失目标点时，必须对目标坐标外推两个或两个以上的周期。这样也使外推误差大增，因此必须增大波门。由上述情况可知，为达到航迹选择任务的最佳解决，可以在跟踪过程中改变波门的尺寸。

当跟踪非机动目标时，波门完全可以选小一点；当发现目标机动或丢失时，应增大波门。

上述思想同样可以扩展到在极坐标系内处理信息的过程。此时，简单而且合适的波门形状如图 3.14 所示。在极坐标(r,β)中，分析目标点进入波门的条件，可以用不等式

$$\begin{cases} |r_n - r_{ne}| \leqslant \Delta r_0 \\ |\beta_n - \beta_{ne}| \leqslant \Delta\beta_0 \end{cases}$$

表示。

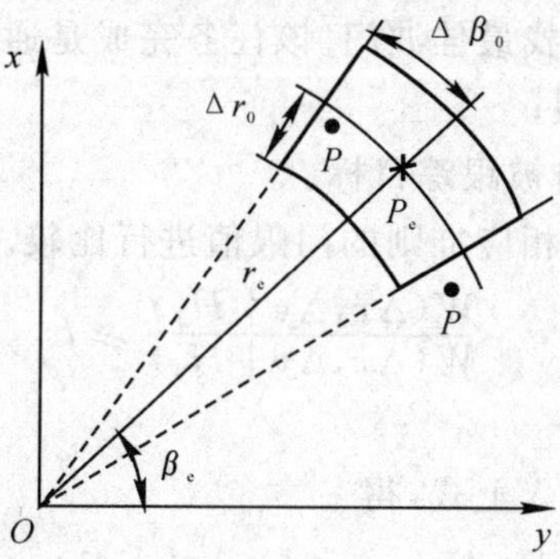

图 3.14　极坐标系内波门的形状

2. 点迹核对

在波门产生的过程中可能有这样的情况存在，即在一个波门内出现多个点迹，这些点迹中有的是由噪声或其他目标产生的。这时，需要对进入波门内的点作进一步的选择(即核对)。点迹核对，即对新出现的点与外推点进行位置比较，比较的结果是判定哪一个点更接近给定的目标。点迹核对也叫点迹与航迹相关。

核对是个统计学的任务，即利用统计学方法区分跟踪目标点迹与假点迹。当前点相对于目标航迹(外推点)的散布服从两维正态分布，如图 3.15 所示。

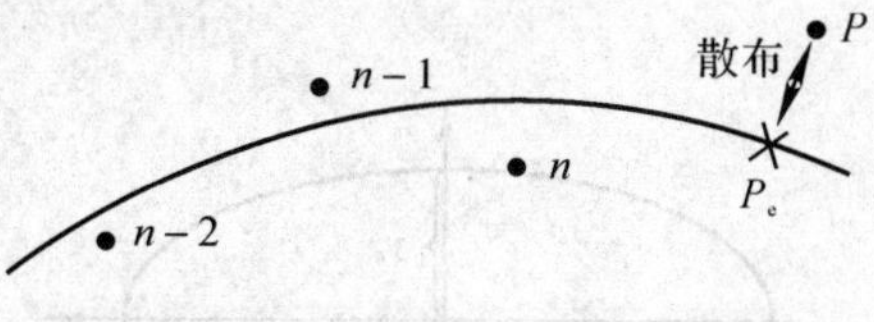

图 3.15　点迹相对于航迹的散布

假点的概率分布密度是均匀的，即

$$W(\Delta x, \Delta y) = \gamma \tag{3.45}$$

γ可以通过实验确定，$\gamma = \dfrac{N_f}{nS}$。式中，N_f为n个扫描周期内，在扫描区(面积S)内的假点总数。假点的重要特点是它们互不相关。

下面讨论最常用的一些点迹选择方法。

(1) 单个波门法。单个波门法的实质是，在外推点周围划出一个区域(波门)。进行选择的判决逻辑规则如下：

1）如果点迹进入波门，则认为它属于该航迹。

2）没进入波门的点认为是假的。

3）如果波门内没有一个点，则把外推点当成目标点。

4）波门内进入多个点，产生的不确定性由专门的规则解决。这些规则可以是：① 把进入波门的点都当成真实目标，并对每个点都连航迹。这样，假航迹将在接下来的几个扫描的周期中消失。② 把第一个进入波门的点当成真实点，但这种方法不是最佳的。

选择波门尺寸会存在矛盾：目标点迹进入波门的概率增加的同时，也使假点迹进入波门的概率增加。矛盾的解决办法是寻找最佳波门。该任务完成是通过对假设进行检验。

假设 H_0—— 确定点迹为假；

假设 H_1—— 确定点迹来自被跟踪目标。

要进行判决，需对似然比和相应准则的门限值进行比较。如果满足不等式

$$\frac{W(\Delta x,\Delta y \mid H_1)}{W(\Delta x,\Delta y \mid H_0)} \geqslant l$$

则接受点迹属于目标的判决。

把式(3.43) 和式(3.45) 代入上式，得

$$\frac{1}{\gamma 2\pi\sigma_{\Delta x}\sigma_{\Delta y}}\exp\left\{-\frac{1}{2}\left(\frac{\Delta x^2}{\sigma_{\Delta x}^2}+\frac{\Delta y^2}{\sigma_{\Delta y}^2}\right)\right\} \geqslant l \tag{3.46}$$

取对数后，得到

$$\frac{\Delta x^2}{\sigma_{\Delta x}^2}+\frac{\Delta y^2}{\sigma_{\Delta y}^2} \leqslant -2\ln(2\pi\sigma_{\Delta x}\sigma_{\Delta y}\gamma l)$$

或者

$$\frac{\Delta x^2}{\sigma_{\Delta x}^2}+\frac{\Delta y^2}{\sigma_{\Delta y}^2} \leqslant r^2 \tag{3.47}$$

由式(3.47) 可见，最佳波门为椭圆形，其半轴长（见图 3.16）为

$$\begin{cases} x_0 = r\sigma_{\Delta x} \\ y_0 = r\sigma_{\Delta y} \end{cases}$$

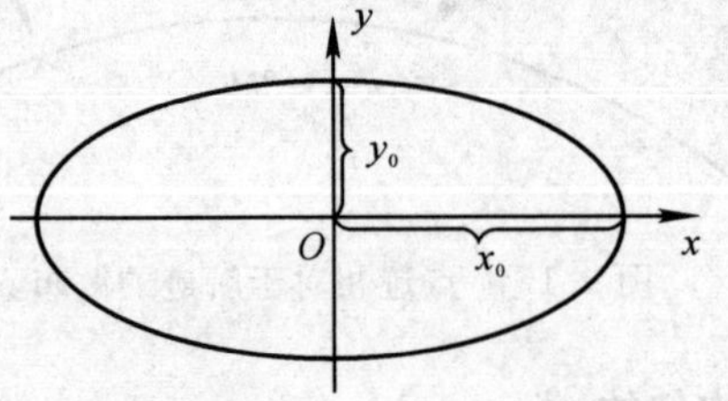

图 3.16　最佳波门椭圆

因此，选择算法过程（见图 3.17）如下：

1）计算当前点与外推点之间的坐标偏差 $\Delta x,\Delta y$；

2）计算$\frac{\Delta x^2}{\sigma_{\Delta x}^2}+\frac{\Delta y^2}{\sigma_{\Delta y}^2}=\lambda^2$（椭圆偏差）；

3）比较 λ^2 和 r^2，并作出判决。

为简化计算，可选边长为 $2\Delta x_0$ 和 $2\Delta y_0$ 的矩形波门。点迹进入波门的条件为

$$\begin{cases}\Delta x \leqslant \Delta x_0 \\ \Delta y \leqslant \Delta y_0\end{cases}$$

为保证接近最佳，选取的波门尺寸为

$$\begin{cases}\Delta x_0 = 0.9x_0 \\ \Delta y_0 = 0.9y_0\end{cases}$$

该关系式符合椭圆波门和矩形波门面积相等的条件。

这种波门法的优点是：① 技术实现简单；② 当只有一个点进入波门时，有足够好的效率。这种方法的不足是，当波门多于一个点时，不能得到最好的判决。

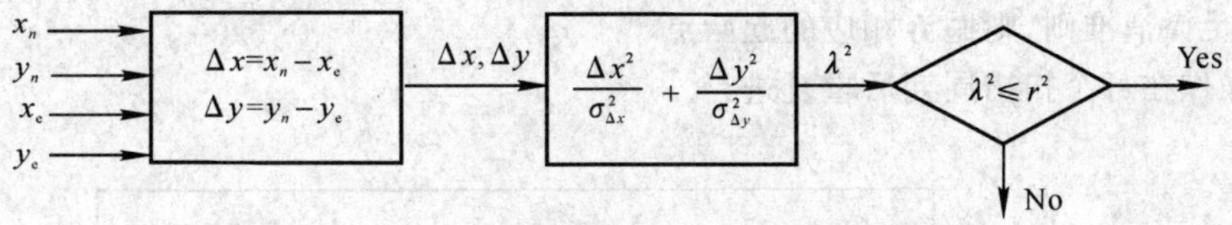

图 3.17　核对算法结构图

(2) 最小椭圆偏差法。如前所述，椭圆偏差值为

$$\lambda = \sqrt{\frac{\Delta x^2}{\sigma_{\Delta x}^2} + \frac{\Delta y^2}{\sigma_{\Delta y}^2}}$$

很明显，该值越小，点迹属于被跟踪航迹的概率越大。因此，现在的任务是确定每个进入波门的点的椭圆偏差 $\lambda_1, \lambda_2, \cdots, \lambda_n$，而后比较这些值并选择最小的。

该方法的优点是，当波门内的点迹超过一个时，可以找到更好的判决。其缺点是，实现复杂化，还必须知道点迹的散布特征。

(3) 最小距离法。该方法用于沿 x 轴和 y 轴有相同点迹散布规律的情况，即 $\sigma_{\Delta x} = \sigma_{\Delta y} = \sigma$。这样，椭圆变成了圆，即

$$\Delta x^2 + \Delta y^2 = R^2$$

式中，R 表示外推点与新来点之间的距离。

R 越小，该点的概率密度越大。点越接近外推点，它属于该目标的概率越大。

最小距离法的优点是：① 技术实现简单；② 不需要知道点迹的散布特性。

其不足之处是，只能用于各坐标测量方差相同的情况。

3.6　雷达信息二次处理的算法流程

下面讨论二次信息处理算法结构图（见图 3.18）上的整个操作过程。信息处理过程按下列顺序完成：

(1) 从一次处理设备来的目标信息送到当前点坐标存储器，在此进行积累。在 n 个扫描周期内获得这些信息，用于确定目标运动参数和进行坐标外推。

(2) 目标当前坐标送波门选通组合。在该组合也输入波门尺寸 $\Delta x_0, \Delta y_0$。在组合 2 中产生的波门尺寸取决于当前点与外推点之间的偏差均方值 $\sigma_{\Delta x}, \sigma_{\Delta y}$，以及有无目标机动特性及目标

丢点特性。

(3) 通过波门选通的当前点送入当前点计数组合。从这里算法开始分支。

如果 $k=0$,则选外推点为当前点的组合 3 工作。外推点作为当前点输出。当前点丢点的特征送入跟踪波门计算组合。

如果 $k=1$,接受当前点为真实点并输出。

如果 $k>1$,则计算 λ_i^2 值,λ_i^2 送到当前点选择组合(组合 8)。

(4) v_n 和 θ_n 用于机动的判断。机动特征送入波门宽度形成组合。

(5) 若点迹未进入任何航迹跟踪波门,则与保存在存储器(组合 10) 的新航迹起始点进行比较(组合 11)。如果所说的点迹进入相应的第一截获波门,航迹被发现,它被转入自动跟踪(写入组合 9)。点迹既没有进入跟踪波门,也没有进入第一截获波门,则作为起始点写入组合 10。如果满足撤消准则,则抛弃相应的起始点。

上述操作在每个扫描周期后重复进行。

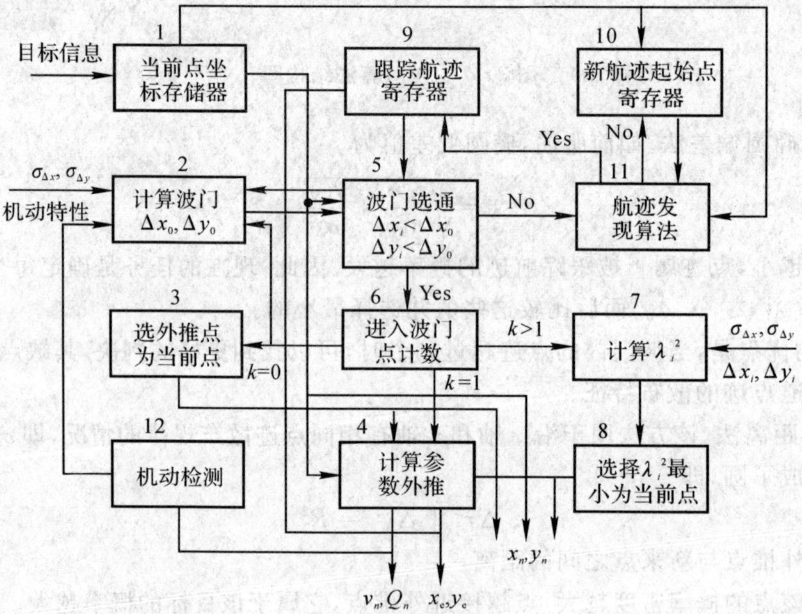

图 3.18 二次处理典型算法结构图

思 考 题

1. 简述二次处理的原理。
2. 评价二次处理的质量指标有哪些?
3. 简述最大似然法和最小二乘法滤波与外推的原理,以及这两种方法的差别。
4. 影响平滑与外推精度的因素有哪几方面?它们各自所起的作用是什么?
5. 引起动态误差的原因,速度和方向上的机动哪个危险更大?为什么?
6. 设雷达的扫描周期 $T=10$ s,前 5 个周期的测量值为 $x_1=110$ km,$x_2=112.2$ km,

$x_3=114$ km，$x_4=116$ km，$x_5=118$ km。用 $\alpha-\beta$ 滤波，试计算：

(1) $n=2,3,4,5$ 时的 $\bar{x}_n$，$\bar{v}_n$，$\bar{x}_{(n+1)e}$；

(2) 写出 $\alpha=f_1(n)$，$\beta=f_2(n)$ 的前 5 个函数值。

7. 设雷达的扫描周期 $T=10$ s，前 5 个周期的测量值为 $x_1=101$ km，$x_2=106$ km，$x_3=110$ km，$x_4=117$ km，$x_5=126$ km。用指数平滑法对速度进行平滑，试计算 $\rho=0.2$ 和 0.8 时的 $\bar{v}_5$ 值，并对结果进行简要的分析。

8. 简述根据参数进行坐标外推的算法。

9. 简述目标机动的识别方法。

10. 简述航迹的建立过程。

11. 简述直角坐标系中航迹相关的原理与方法。

12. 点迹核对过程中，常用的选择方法有哪几种？各自的特点是什么？

13. 试对二次处理算法流程进行分析。

第 4 章　坐标变换

在防空指挥自动化系统中，利用多个传感器获取空中目标的情报，并对这些情报进行综合处理，处理后的情报根据需要送显示器或武器系统。在整个过程中，要用到各种各样的坐标系，并在这些坐标系之间进行坐标变换。单个传感器进行测量时，使用测量坐标系。例如，雷达一般使用极（球）坐标系；在进行情报综合处理时，使用计算坐标系，一般为直角坐标系；对地球上的点进行表示时，使用大地坐标系；对大范围的情报进行显示时，还需要将地球面上的点投影到平面上。

4.1　坐 标 系

根据坐标系原点的不同，可把坐标系分成地心坐标系和站心坐标系等。地心坐标系以地球质心为原点，全球统一的坐标系，常用的地心坐标系有地心大地坐标系和地心直角坐标系；另外，还有以地心坐标系为基础表示一定区域的方格坐标系。站心坐标系是以地面上基点（观测站）为原点的一种坐标系，常用的站心坐标系有站心地平极坐标系和站心地平直角坐标系。

4.1.1　地心坐标系

1. 地心直角坐标系

地心直角坐标系的定义是：坐标原点为地球质心；坐标系 z 轴由原点指向地球地极（即 z 轴与地球自转轴一致，指向地球北极），x 轴与 z 轴正交，指向格林尼治子午线与赤道交点 E，y 轴与 x，z 轴正交，构成右手坐标系；计量单位采用米（m），如图 4.1 所示。

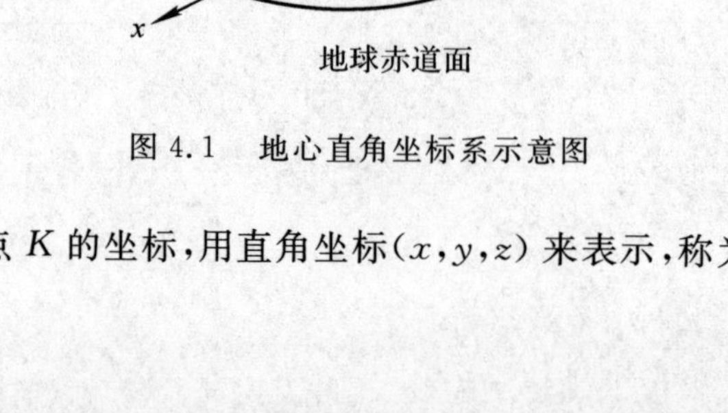

图 4.1　地心直角坐标系示意图

空间或地面上任一点 K 的坐标，用直角坐标 (x,y,z) 来表示，称为该点的地心直角坐标。

2. 地心大地坐标系

用地心直角坐标表征地面点和空间点的位置，简单、具有直观的几何意义，且在将来的坐标变换中，具有简单方便的优点。但直角坐标实际使用起来很不方便，通常人们都习惯用经度、纬度、高程来表征点位的地理位置，即所称的大地坐标（也称地理坐标）。

为建立地心大地坐标，首先需要寻求一个形状和大小与地球非常接近，且与地球有着固定联系的数学体来表征地球，作为建立地心大地坐标系和计算点位大地坐标的基准，这样的数学体就是地球椭球。

地球椭球的几何特征（形状和大小）通常采用椭球长半径 a 和扁率 f 两个参数来描述。扁率 f 与长半径 a 和短半径 b 的关系为

$$f=\frac{a-b}{a}$$

另外，还有两个物理参数，即引力参数与地球质量的乘积 GM，地球自转角速度 ω_e。

地球椭球通过大地测量获得，100 多年来其参数在不断精化，目前比较精确的是美国全球定位系统 GPS 采用的 WGS—84 坐标系。表 4.1 列出了新、旧 WGS—84 的椭球参数，其中新 WGS—84 坐标系的点位地心坐标精度可达 0.1 m。

表 4.1　新、旧 WGS—84 椭球参数

参　数	旧 WGS—84	新 WGS—84
a	6 378 137.0 m	6 378 137.0 m
$1/f$	298.257 223 563	298.257 223 563
GM	$3.986\ 005\times10^{14}$ m^3/s^2	$3.986\ 004\ 418\times10^{14}$ m^3/s^2
$C_{2.0}$	$-484.166\ 85\times10^{-6}$	$-484.166\ 85\times10^{-6}$
ω	$7.292\ 115\times10^{-5}$ rad/s	$7.292\ 115\times10^{-5}$ rad/s

地球椭球与实际地球的固定关系要求是：地球椭球中心与地球质心重合；地球椭球的短轴与地球旋转轴重合，椭球赤道面与地球赤道面重合；地球椭球面与地球大地水准面最佳密合。

地心大地坐标系的定义是：坐标原点为地球椭球中心（即地球质心）；坐标系 z 轴为地球椭球短轴，指向地极；地球椭球起始子午面与格林尼治子午面重合，x 轴由坐标系原点指向起始子午面与地球椭球赤道的交点 E，y 轴与 x，z 轴构成右手坐标系；计量单位采用米(m)，如图 4.2 所示。

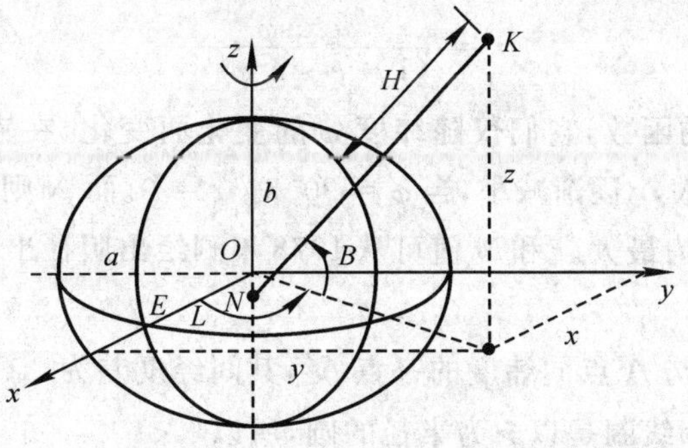

图 4.2　地心大地坐标系示意图

地面上或空间的点位坐标用大地坐标表征，即大地经度 L、大地纬度 B 和大地高 H。其定义是：地面或空间任意一点 K，自该点作过该点的椭球大地子午面，则该子午面与起始大地子午面间的夹角，即称为该点的大地经度 L；大地纬度 B 是过该点的椭球面法线 KN 与椭球赤道面的夹角；大地高 H 是该点沿椭球面法线至椭球面的距离，如图 4.2 所示。

由以上讨论和图 4.2 可知，地心直角坐标系和地心大地坐标系实质上是同一坐标系的两种表示方式。

3. 经纬线及其弧长

(1) 经纬线。对前面定义的大地坐标系，现用垂直于地轴的平面截地球椭球面，其交线均为圆，称之为纬线圈(或叫平行圈)。通过地球中心并垂直于地轴的平面与椭球面相交的圆为最大纬线圈，这就是赤道，赤道的半经等于地球椭球的长半径 a。再用一组通过地轴的平面截地球椭球面，其交线都是大小相同的椭圆，叫做经线圈(或叫子午圈)。椭圆的短半径即地球椭球的短半径 b。

经线和纬线代表地球表面两组虽然看不见而实际存在的正交曲线。在同一条纬线上各点的纬度是相同的，不同纬线的纬度不同。在赤道上纬度为 0°，纬线圈离开赤道愈远，纬度愈大，至极点纬度为 90°，赤道以北的纬度叫北纬，赤道以南的纬度叫南纬，纬度有时也用字母 φ 表示。经度的计算是从格林尼治首经线(或叫首子午线) 开始，该线的经度为零度，向东 0° ～ 180° 叫东经，向西 0° ～ 180° 叫西经，经度有时也用字母 λ 表示。在同一条经线上经度是相同的，不同经线的经度不同。

(2) 纬线圈半径和纬线弧长。如图 4.3 所示，ASC 是纬度为 φ 的纬线圈，纬线圈为一个圆，设其半径为 r，则从图中可以看出 $r = AQ\cos\varphi$。而 AQ 是从 A 点所作法线交地轴于 Q 点之长。这个长度实际上是 A 点的卯酉圈在 A 点的曲率半径，常以符号 N 表示。所谓 A 点的卯酉圈即是通过 A 点且垂直于该点子午圈的法截面与椭球面的交线，如图 4.3 的 FAW 曲线。经证明，它的曲率半径计算公式为

$$N = \frac{a}{(1 - e^2 \sin^2 \varphi)^{1/2}} \tag{4.1}$$

式中，$e^2 = \dfrac{a^2 - b^2}{a^2}$，称为第一偏心率。

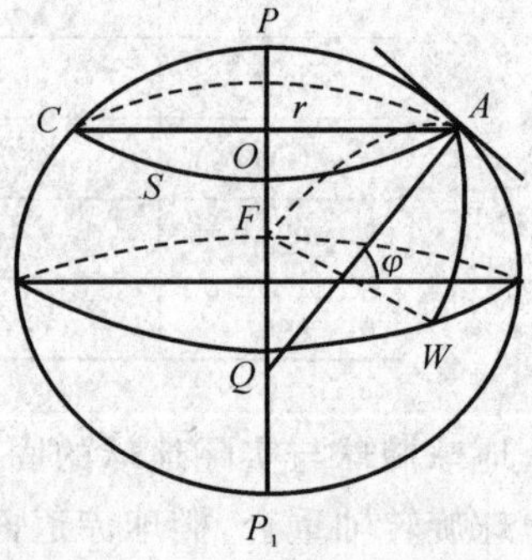

图 4.3 纬线圈和卯酉圈

故
$$r = N\cos\varphi \tag{4.2}$$

或
$$r = \frac{a\cos\varphi}{(1 - e^2 \sin^2 \varphi)^{1/2}} \tag{4.3}$$

r 和 N 都是纬度 φ 的函数，它们仅随纬度 φ 的变化而变化。在赤道上，因 $\varphi = 0°$，故 $r = N = a$。随着纬度 φ 的增大，r 逐渐减小，当 $\varphi = 90°$ 时，$r = 0$。而 N 则随着纬度 φ 的增大而逐渐增大，到了 $\varphi = 90°$ 时，N 为最大。r 和 N 值可从 1978 年测绘出版社出版的《小比例地图投影集》一书的附表 3 中查取。

如图 4.4 所示，设有与 A 点同纬度的一点 A'，其间经度差为 $\Delta\lambda$(即 $\lambda_{A'} - \lambda_A$)，求纬线的弧长 $\widehat{AA'}$。设其为 S_n，由于纬线圈是以 r 为半径的圆，所以

$$\widehat{AA'} = S_n = r\,\Delta\lambda = N\cos\varphi\,\Delta\lambda \tag{4.4}$$

式中，$\Delta\lambda$ 为弧度值，若以角度为单位，可以写成

$$S_n = r\frac{\Delta\lambda}{\rho} = \frac{\Delta\lambda}{\rho}N\cos\varphi$$

式中

$$\rho = \frac{180}{\pi} = 57.295\,779\,5$$

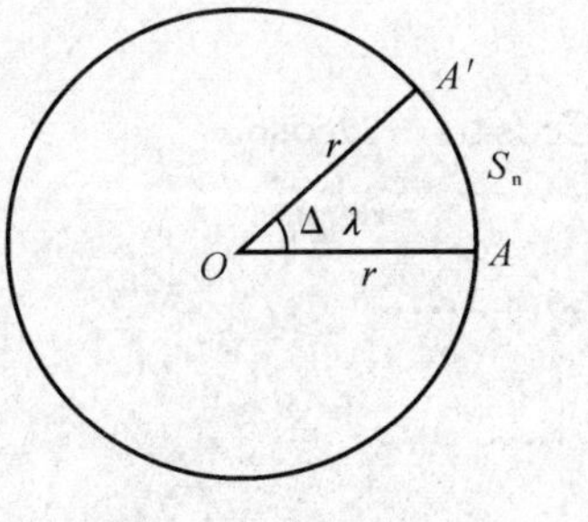

图 4.4　纬线弧长 S_n 计算示意图

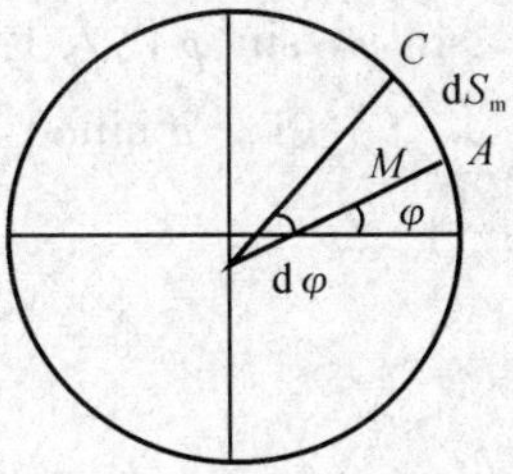

图 4.5　经纬线弧长 S_m 计算示意图

分析式(4.4)，可知同经差的纬线弧长由赤道线向两极缩短。例如在赤道上经差 1° 的纬线弧长为 111 321 m，在纬度 45° 处其长度为 78 848 m，在两极则为 0。纬线弧长 S_n 值可从 1978 年测绘出版社出版的《小比例地图投影集》一书的附表 1 中查取。

(3) 经线曲率半径和经线弧长。经线圈也就是子午圈，它是一个平面椭圆。在平面椭圆上各点的弯曲程度是不一样的，不像圆那样有一个固定的半径。这种半径随各点而异，在数学中称这种半径为曲线的曲率半径。设经线的曲率半径为 M，经证明，其计算公式为

$$M = \frac{a(1-e^2)}{(1-e^2\sin^2\varphi)^{3/2}} \tag{4.5}$$

M 也是随着纬度 φ 的变化而变化。在赤道上 $\varphi = 0°$，$M = a(1-e^2)$。在极点上 $\varphi = 90°$，$M = \dfrac{a}{\sqrt{1-e^2}}$。可见，$M$ 值在赤道上为最小，随着纬度的增大而逐渐增大，在极点处为最大。

如图 4.5 所示，设在经线上有一点 A，其纬度为 φ，取与 A 点无限接近的一点 C，其纬度为 $\varphi + \mathrm{d}\varphi$，$AC$ 的弧长等于 $\mathrm{d}S_m$。若 A 点的曲率半径为 M，则经线微分弧长为

$$\overset{\frown}{AC} = \mathrm{d}S_m = M\mathrm{d}\varphi \tag{4.6}$$

从式(4.6)中可以看出，由于弧 AC 甚小，所以把它看做以 M 为半径的圆周。应用弧长等于半径乘圆心角的公式，将式(4.5)代入式(4.6)，得

$$\mathrm{d}S_m = \frac{a(1-e^2)}{(1-e^2\sin^2\varphi)^{3/2}}\mathrm{d}\varphi$$

在同一经线上，欲求由纬度 φ_1 到纬度 φ_2 的一段经线弧长时，须求以 φ_1 和 φ_2 为区间的积分，得

$$S_m = \int_{\varphi_1}^{\varphi_2} M\mathrm{d}\varphi = \int_{\varphi_1}^{\varphi_2}\frac{a(1-e^2)}{(1-e^2\sin^2\varphi)^{3/2}}\mathrm{d}\varphi = a(1-e^2)\int_{\varphi_1}^{\varphi_2}(1-e^2\sin^2\varphi)^{-3/2}\mathrm{d}\varphi \tag{4.7}$$

为了便于积分，可将 $(1-e^2\sin^2\varphi)^{-3/2}$ 展开成级数，即

$$(1-e^2\sin^2\varphi)^{-3/2} = 1 + \frac{3}{2}e^2\sin^2\varphi + \frac{15}{8}e^4\sin^4\varphi + \frac{36}{16}e^6\sin^6\varphi + \cdots\cdots$$

又因

$$\sin^2\varphi = \frac{1}{2} - \frac{1}{2}\cos 2\varphi$$

$$\sin^4\varphi = \frac{3}{8} - \frac{1}{2}\cos 2\varphi + \frac{1}{8}\cos 4\varphi$$

$$\sin^6\varphi = \frac{5}{16} - \frac{15}{32}\cos 2\varphi + \frac{3}{16}\cos 4\varphi - \frac{1}{32}\cos 6\varphi$$

将 $\sin^2\varphi$, $\sin^4\varphi$, $\sin^6\varphi$ 代入上式，经简化后，得

$$(1 - e^2\sin\varphi)^{-3/2} = A - B\cos 2\varphi + C\cos 4\varphi - D\cos 6\varphi$$

式中

$$A = 1 + \frac{3}{4}e^2 + \frac{45}{64}e^4 + \frac{175}{256}e^6 + \cdots\cdots$$

$$B = \frac{3}{4}e^2 + \frac{15}{16}e^4 + \frac{525}{512}e^6 + \cdots\cdots$$

$$C = \frac{15}{64}e^4 + \frac{105}{256}e^6 + \cdots\cdots$$

$$D = \frac{35}{512}e^6 + \cdots\cdots$$

经过积分后，得

$$S_m = a(1-e^2)\left\{\frac{A}{\rho}(\varphi_2 - \varphi_1) - \frac{B}{2}(\sin 2\varphi_2 - \sin 2\varphi_1) + \frac{C}{4}(\sin 4\varphi_2 - \sin 4\varphi_1) - \frac{D}{6}(\sin 6\varphi_2 - \sin 6\varphi_1) + \cdots\cdots\right\} \tag{4.8}$$

若令 $\varphi_1 = 0, \varphi_2 = \varphi$，则可得由赤道至纬度为 φ 的纬线间经线弧长 S_m，为

$$S_m = a(1-e^2)\left\{\frac{A}{\rho}\varphi - \frac{B}{2}\sin 2\varphi + \frac{C}{4}\sin 4\varphi - \frac{D}{6}\sin 6\varphi + \cdots\cdots\right\} \tag{4.9}$$

分析式(4.8)，可知同经线弧长由赤道向两极逐渐增长。例如纬差 1° 的经线弧长在赤道为 110 576 m，在纬度为 45° 为 111 143 m，在两极为 111 695 m。

4.1.2　方格坐标系

方格坐标系是一种按地球椭球面经纬度分区的坐标系，随着地球椭球面经纬度分区的方法不同，方格坐标又分为九九九方格和五五四方格等。下面分别介绍九九九方格和五五四方格。

1. 九九九方格坐标系

(1) 方格的划分。九九九方格坐标系由大方格、中方格、小方格和小小方格组成，如图 4.6 所示。一个大方格的范围是东西为经度差 1°($\Delta\lambda = 1°$)，南北为纬度差 0.5°($\Delta\varphi = 0.5°$)。每个大方格按“#”字等分为九个中方格，每个中方格按“#”字等分为九个小方格，每个小方格再按“#”字等分为九个小小方格。一个大方格仅划分为中方格和小方格时，称为九九方格；一个大方格划分为中方格、小方格和小小方格时，称为九九九方格。

(2) 方格的编码。球面方格坐标系考虑九九九方格情形，它以七位十进制数表示，符号取为 $FEmnp$。其中大方格 FE 是按经纬度划分的(经度差 1°，纬度差 0.5°) 一个地理范围，F，E 分别为纬格、经格的编号。F 称为纵码，E 称为横码，分别用两位十进制数表示。F 和 E 的编号，在

00 ～ 99 之间循环变化；并且 F 增长方向与纬度减少方向相同，E 的增长方向则与经度增加方向相同。FE 的起始编号可以根据需要人为选取。如对某一经纬差各为 10° 的地理范围可划分为 200 个大方格，若起始编号纬格（F）取 85，经格（E）取 88，则这一范围大方格的编号如图 4.7 所示。

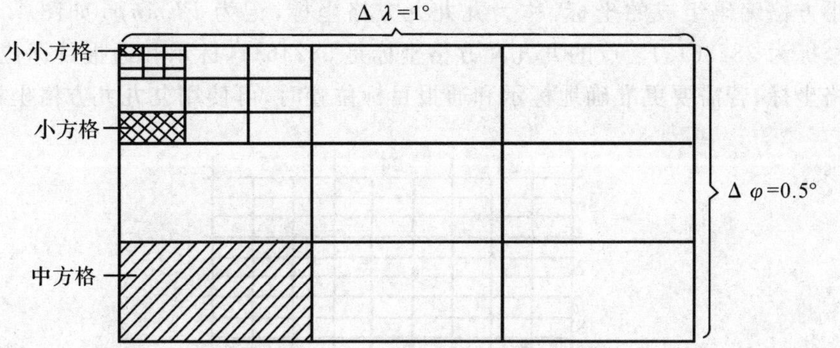

图 4.6　九九方格的划分示意图

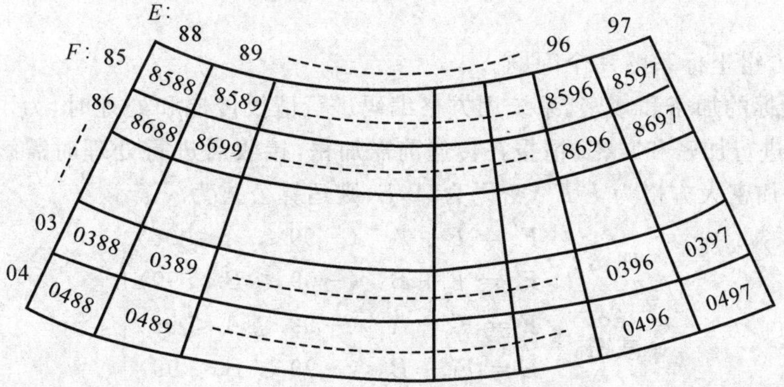

图 4.7　经、纬度差各为 10° 的大方格编码

中、小、小小方格的编号都是一位十进制数，分别记为 m,n,p。中方格 m 是对大方格的进一步划分，编号方法是从左上角的中方格起，按顺时针旋转方向递增，从 1 顺序编号到 9，如图 4.8 所示。

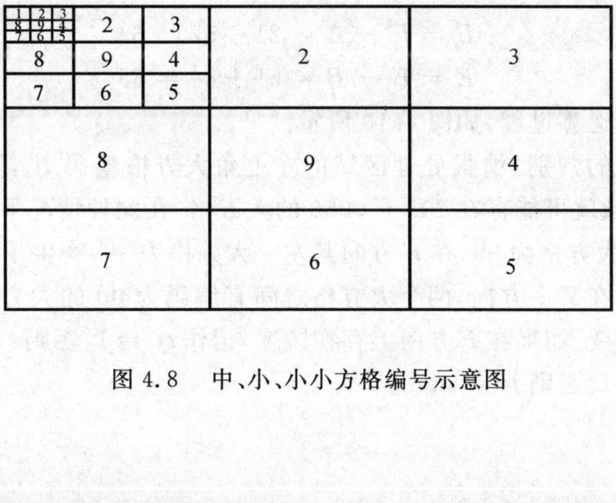

图 4.8　中、小、小小方格编号示意图

小方格 n(小小方格 p) 是对中(小) 方格的进一步划分,其编号方法与中方格相同。

从上可知,方格坐标是以一个区域代表目标点的位置,在九九九方格坐标系中,这个区域的单位是一个小小方格的大小。通常方格坐标的位置代表是其左下角。

(3) 方格坐标。由大、中、小方格的编码组成的坐标,称为九九方格坐标,记为 $FEmn$;由大、中、小、小小方格编码组成的坐标,称为九九九方格坐标,记为 $FEmnp$。如图 4.9 中,P_1 点的九九方格坐标为 382361,P_2 点的九九九方格坐标是 3824611。标示和通报目标位置时,通常使用九九方格坐标。若需要更准确地标示和通报目标位置时,可使用九九九方格坐标。

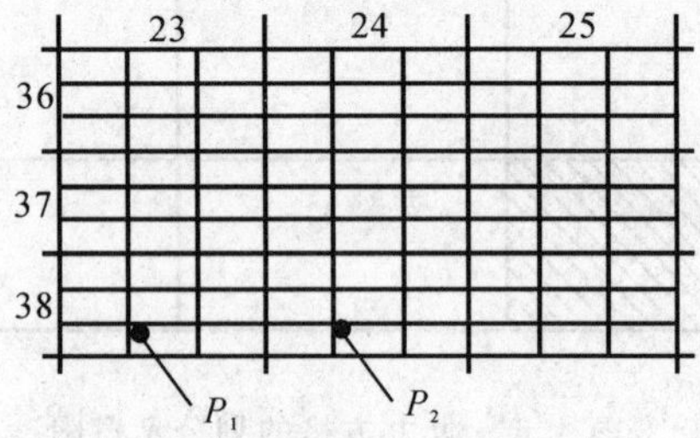

图 4.9　点的方格坐标

(4) 九九方格坐标系的几个问题。

1) 方格坐标的加密和减密。系统用方格编码进行情报传递和处理时,为了保密,常常需要对大方格编码进行加密和减密。情报在传递前需加密,接收后进行处理时需解密。如果记标准大方格为 FE,加密大方格为 $F'E'$,密码为 A,B,则运算公式为

$$\text{加密:}\left.\begin{aligned} F' &= F + A \quad (-99 \leqslant A \leqslant 99) \\ E' &= E + B \quad (-99 \leqslant B \leqslant 99) \end{aligned}\right\} \tag{4.10}$$

$$\text{减密:}\left.\begin{aligned} F &= F' - A \quad (-99 \leqslant A \leqslant 99) \\ E &= E' - B \quad (-99 \leqslant B \leqslant 99) \end{aligned}\right\} \tag{4.11}$$

由于 $00 \leqslant F \leqslant 99, 00 \leqslant E \leqslant 99$,所以当 P 和 E 在加密、解密运算中其高位需进位或借位时,均为虚进和虚借。

例:已知 A 点所在位置 $FE = 6435$,上级指示,本月密码为 $A = 57, B = -84$,则

$$F' = F + A = 64 + 57 - 100 = 21$$
$$E' = E + B = 35 + (-84) + 100 = 51$$

其减密过程则为

$$F = F' - A = 21 - 57 = 64$$
$$E = E' - B = 51 + 84 = 35$$

下面给出一般的运算过程,如图 4.10 所示。

2) FE 编码跳变的判别。情报处理区域的左上角大方格编码 F_z, E_z 是任意的,但一旦确定,则在情报处理区域就可能存在 $FE = 0000$ 的大方格。在此种情况下,对于 $FE = 0000$ 大方格,在 F 方向其上一大方格为 99,在 E 方向其左一大方格为 99,产生了一次从 99 到 00 的循环跳变。我们定义:如果在某一方向,两个大方格之间有编码为 00 的大方格存在,则称该方向上两大方格之间存在跳变。如果在 F 方向上存在跳变,记作 $tf = 1$,否则 $tf = 0$;如果在 E 方向上存在跳变,记作 $te = 1$,否则 $te = 0$。

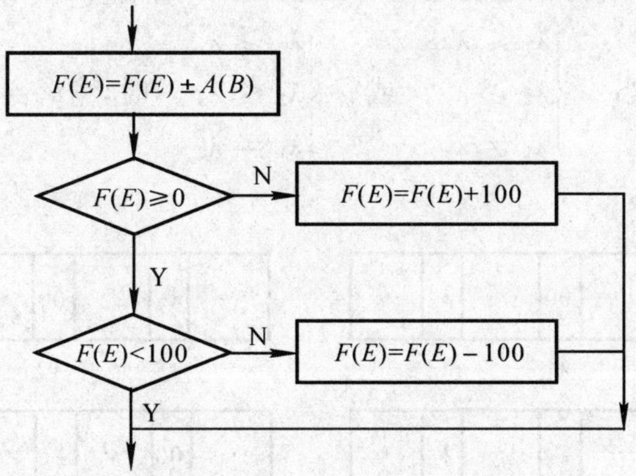

图 4.10　加密、解密的运算关系

那么，如何根据给定的数据来判别跳变呢？

（ⅰ）情报处理区域确定之后，F_z，E_z 是已知的，对于任意两个大方格 F_1E_1，F_2E_2 和编码为 0000 的大方格，它们的可能位置关系如图 4.11 所示。图中仅列出了 F 方向位置关系。根据编码规则和图 4.11，不难得出结论：

$$当 \begin{cases} F_1 \geqslant F_z \\ F_2 \leqslant F_z \\ F_1 \neq F_2 \end{cases} 或 \begin{cases} F_1 \leqslant F_z \\ F_2 \geqslant F_z \\ F_1 \neq F_2 \end{cases} 时，\quad tf = 1 \tag{4.12}$$

否则，$tf = 0$。

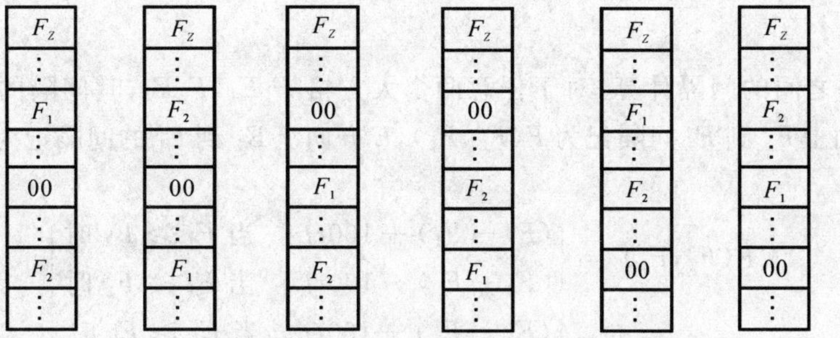

图 4.11　F 方向上的位置关系

同理，列出 E 方向上 E_z，E_1，E_2 和编码为 00 的大方格之间的可能关系（读者自行完成），可以得到

$$当 \begin{cases} E_1 \geqslant E_z \\ E_2 \leqslant E_z \\ E_1 \neq E_2 \end{cases} 或 \begin{cases} E_1 \leqslant E_z \\ E_2 \geqslant E_z \\ E_1 \neq E_2 \end{cases} 时，\quad te = 1 \tag{4.13}$$

否则，$te = 0$。

（ⅱ）对一个情报处理区域，其大方格编码确立后，$FE = 0000$ 大方格的左下角的地理坐标 (λ_s, φ_s) 也是确定的。如果给定两个目标的 (λ_1, φ_1)，(λ_2, φ_2)，则这两个目标所处的大方格之间是否存在跳变，可通过 (λ_s, φ_s)，(λ_1, φ_1)，(λ_2, φ_2) 三者之间的位置关系求得。

我们列出 E 方向上，即考察经度之间的位置关系如图 4.12 所示。由图 4.12 可以得到

$$\text{当}\ \begin{cases}\lambda_1 \leqslant \lambda_s \\ \lambda_2 \geqslant \lambda_s \\ \lambda_1 \neq \lambda_2\end{cases}\ \text{或}\ \begin{cases}\lambda_1 \geqslant \lambda_s \\ \lambda_2 \leqslant \lambda_s \\ \lambda_1 \neq \lambda_2\end{cases}\ \text{时},\quad te = 1 \tag{4.14}$$

否则，$te = 0$。

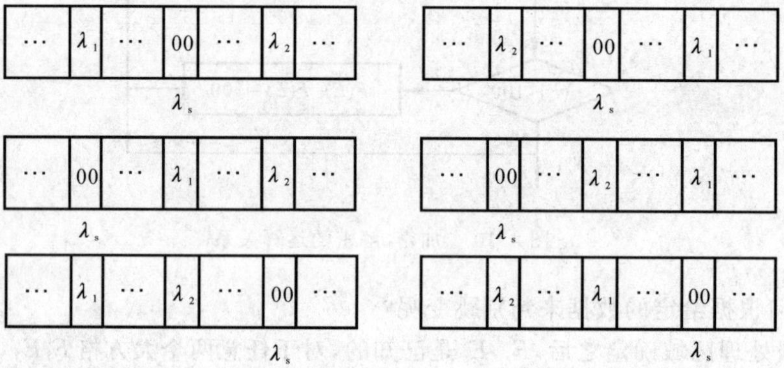

图 4.12 E 方向上的位置关系

同理，列出 F 方向上 $\varphi_s,\varphi_1,\varphi_2$ 之间的可能位置关系（读者自行完成），可得

$$\text{当}\ \begin{cases}\varphi_1 \geqslant \varphi_s \\ \varphi_2 \leqslant \varphi_s \\ \varphi_1 \neq \varphi_2\end{cases}\ \text{或}\ \begin{cases}\varphi_1 \leqslant \varphi_s \\ \varphi_2 \geqslant \varphi_s \\ \varphi_1 \neq \varphi_2\end{cases}\ \text{时},\quad tf = 1 \tag{4.15}$$

否则，$tf = 0$。

3) 大方格之间的间隔计算。对于任意两个大方格 F_1E_1，F_2E_2，其间隔的单位为一个大方格大小。F 方向上 F_2 到 F_1 间隔记为 $F(F_2,F_1)$，E 方向上 E_2 到 E_1 的间隔记为 $E(E_2,E_1)$。其公式为

$$\left.\begin{aligned}F(F_2,F_1) &= \begin{cases}(F_2 - F_1) + 100tf & \text{当 } F_1 \geqslant F_2 \text{ 时} \\ (F_2 - F_1) - 100tf & \text{当 } F_1 < F_2 \text{ 时}\end{cases} \\ E(E_2,E_1) &= \begin{cases}(E_2 - E_1) + 100te & \text{当 } E_1 \geqslant E_2 \text{ 时} \\ (E_2 - E_1) - 100te & \text{当 } E_1 < E_2 \text{ 时}\end{cases}\end{aligned}\right\} \tag{4.16}$$

2. 五五方格坐标系

(1) 方格的划分。五五方格由大、中、小方格组成。以纵横 200 km，划分成 20 km×20 km 的 100 个大方格，将每个大方格划成 5×5 个中方格，再将中方格划成 2×2 个小方格（小方格线在图上不显示），即构成了五五方格，如图 4.13 所示。

(2) 方格坐标编码。五五方格的坐标编码由 5 位数组成。前两位是大方格坐标，第三、四位是中方格坐标，最后一位是小方格坐标。

大方格坐标是两位数，左上角第一个大方格坐标编码为“00”。编码规律是从左向右个位加“1”，从上向下十位加“1”，则右下角为“99”。如图 4.14 所示。

中方格坐标也是两位数，左上角第一个中方格坐标编号为“11”，从左向右个位加“1”，从上向下十位加“1”，则右下角为“55”，如图 4.15 所示。

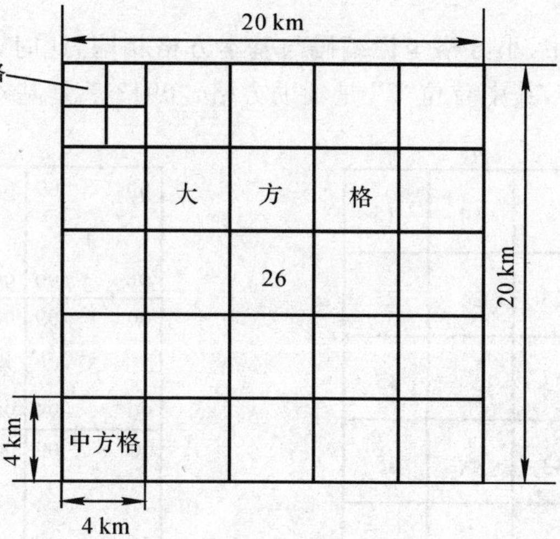

图 4.13　五五方格

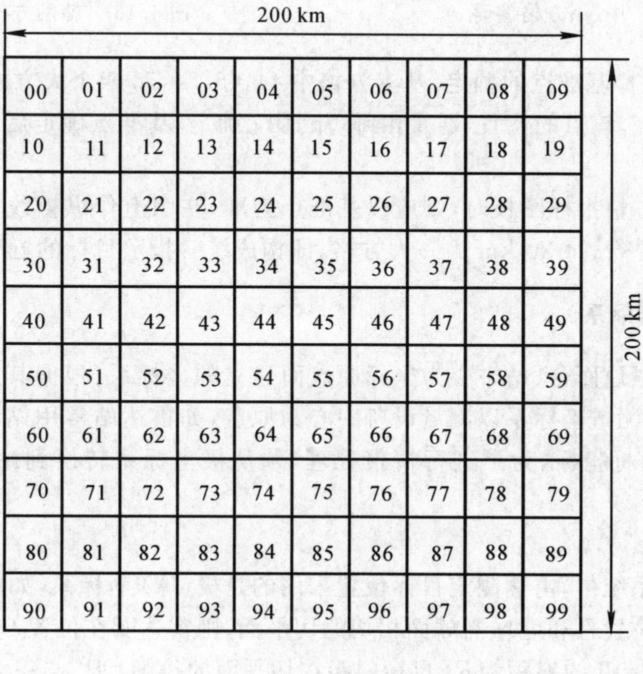

图 4.14　大方格的编码

小方格坐标是一位数，从左上角第一个方格起，顺时针方向编为 1 ～ 4。中、小方格坐标编码在图上不注记。如图 4.15 中 A 点的坐标“83431”，其中“83”是大方格坐标，“43”是中方格坐标，“1”是小方格坐标。

(3) 辅助方格的编码。由大方格 00 ～ 99 组成的方格网为基本方格网。根据需要，还可扩大范围用辅助方格网来弥补基本方格网的不足，标示 200 km 外的空中情况。

将基本方格四周的边缘线向外延长，组成 8 个与基本方格网相同的辅助方格网，辅助方格网坐标编码是一位数。从基本方格下方的第一个辅助方格算起，顺时针方向编为 1 ～ 8，如

图 4.16 所示。

辅助方格网的大、中、小方格坐标编码与基本方格相同。此时，目标坐标由 6 位数组成。如某点的坐标是“209131”，其中首位“2”是辅助方格，“09131”是基本方格编码。

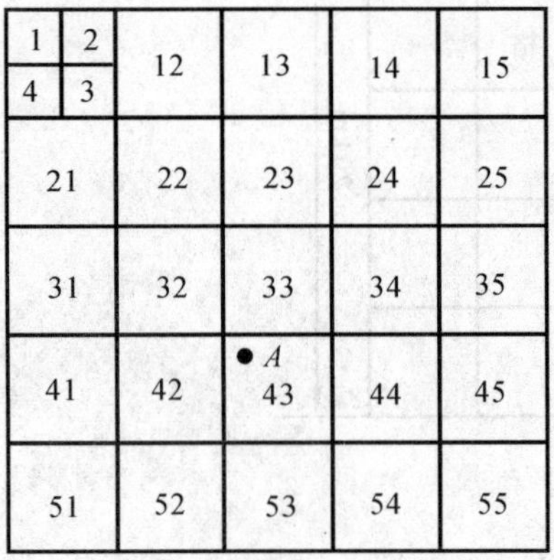

图 4.15　中、小方格编码

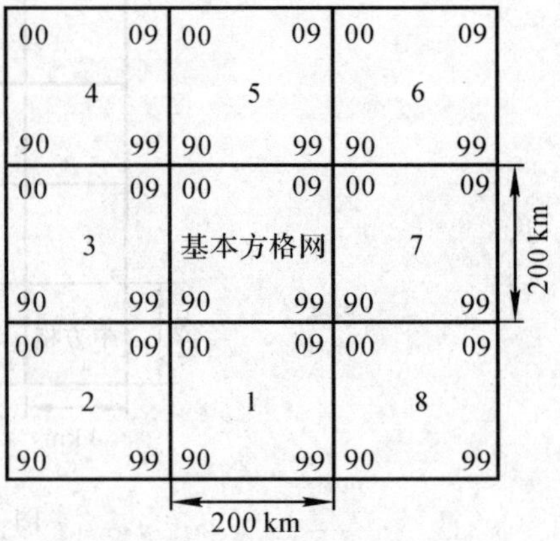

图 4.16　辅助方格网的编码

(4) 五五方格坐标基准点的确定。基本方格中 44,45,54,55 四个大方格的十字交点为五五方格网的坐标基准点。该点的位置，通常由师（旅、团）确定。基准点确定后，应将其精确坐标通知所属单位。

各单位制作近方情报标图板时，则应以基准点为准，在图上作纵横线，使其与直角坐标公里方格网的纵横线平行，每 20 km 为一大方格，即构成统一指示目标的五五方格网。

4.1.3　站心坐标系

站心坐标系是以地面台、站中心为坐标原点而建立的坐标系。根据其用途，可分为发射坐标系和测量坐标系。测量坐标系以测量设备中心为原点，如雷达站常用站心地平极坐标系（简称极坐标系）测量目标坐标，为了进行情报处理，须从极坐标系转换到站心地平直角坐标系（简称直角坐标系）。

1. 极坐标系

在指挥自动化系统中，雷达测定目标位置采用的是极（球）坐标系，如图 4.17 所示。设想有一个通过雷达所在位置且和地球椭球面相切的切平面，则雷达所在位置 O（严格说是雷达天线的中心）为原点；目标 P 的斜距为 R；目标斜距在切平面的投影 OP' 与正北方向的夹角为方位角 β，一般规定顺时钟方向为正；目标斜距与其在切平面上投影 OP' 的夹角，即为高低角 ε。这样 R,β,ε 三个坐标就可以确定目标 P 在空中的位置。

如果需要知道目标的高度和水平距离，那么利用圆柱坐标系就比较方便。在这种坐标系中，目标由水平距离 D、方位角 β、高度 H 三个坐标表示目标位置。它与极坐标的关系为

$$D = R\cos\beta \qquad H = R\sin\beta \qquad \beta = \beta$$

上述这些关系式仅在目标距离较近时是正确的，当距离较远时，由于地面的弯曲，必须作适当的修正。有些雷达不能测量目标的高低角 ε 或高度 H，而只能测量斜距 R 和方位角 β 这两维坐标，这时常把斜距 R 当成水平距离 D，这样就会存在误差。

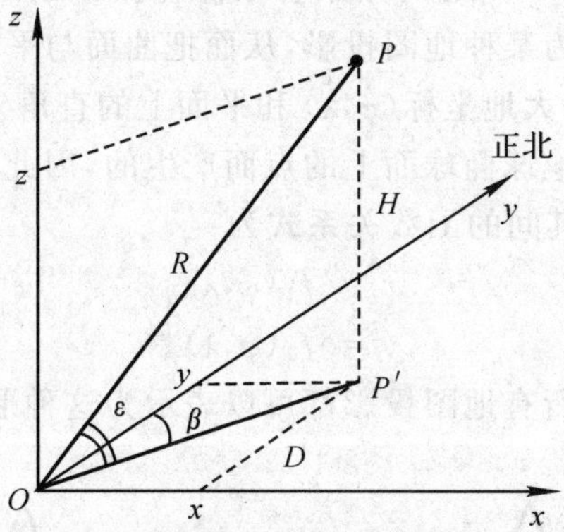

图 4.17　极坐标系与直角坐标系

2. 直角坐标系

直角坐标系是指挥自动化系统中对雷达情报信息进行加工时常用的坐标系。

与极坐标系相似，直角坐标系的原点为雷达所在位置点 O，y 轴位于切平面指向正北，z 轴垂直于切平面指向地球外，x 轴与 y 轴、z 轴构成右手坐标系，如图 4.17 所示。目标 P 的直角坐标为(x_m，y_m，z_m)，其中下标“m”是为了便于与地心直角坐标区别。

当对情报进行综合处理时，可指定某一雷达站的直角坐标为统一坐标系，也可建立以指挥中心为坐标原点的统一直角坐标系，此时除坐标原点不同外，其坐标轴的定义与雷达直角坐标系的相同。

4.2　地图投影方法

在上节所述几种坐标系中，大地坐标系和方格坐标系是球面坐标系。那么，当需要将球面坐标系的坐标转换成平面坐标系的坐标时，必然会遇到怎样把地球椭圆面上的点表示在平面坐标系内的问题，亦即如何将地面上的经纬度表示在平面上这个问题，这就是本节要叙述的内容。研究这个问题的专门学问叫做地图投影学。我们研究地图投影，是根据防空指挥自动化系统中数据运算精度和运算量的要求，以数学为工具，根据实际需要，选取或导出适宜的地图投影方法。

4.2.1　地图投影

1. 地图投影的目的和方法

地图投影的目的是将地球椭球面上的点表示在平面坐标系内，并在平面坐标系内能计算这些点的坐标。由于地球椭球面上的点是用大地坐标系表示的，因此地图投影的目的实际上是将地球椭球面上的经纬线的交点表示在平面坐标系内，并在平面坐标系内能计算这些点的坐标。点的移动轨迹为线，线的移动轨迹为面，这样将许许多多地球椭球面上经纬线的交点表示在平面上，就可以将整个或部分地球椭球面表示在平面上了。

那么，如何将地球椭球面上的经纬线的交点表示在平面坐标系内呢?其方法是：假定有一个投影面，这个面可以是平面、圆锥面或圆柱面，将该投影面与投影原面——地球投影面——

相切、相割或多面相切(见图 4.18),这时用某种条件将投影原面(地球表面)上的大地坐标点一一投影到圆锥曲面内,就成为某种地图投影,从而把曲面与平面连接起来了。由此可见,地球投影就是研究地球椭球面上的大地坐标(φ,λ)和平面上的直角坐标(x,y)或极坐标(ρ,θ)之间的关系,由于平面上的点是由地球椭球面上的点而产生的,因此,大地坐标(φ,λ)是自变量,平面直角坐标(x,y)是因变量,其间的函数关系式为

$$\left.\begin{aligned} x &= f_1(\varphi,\lambda) \\ y &= f_2(\varphi,\lambda) \end{aligned}\right\} \tag{4.17}$$

这是地图投影的一般方程式,所有地图投影都可以表示为这种形式。

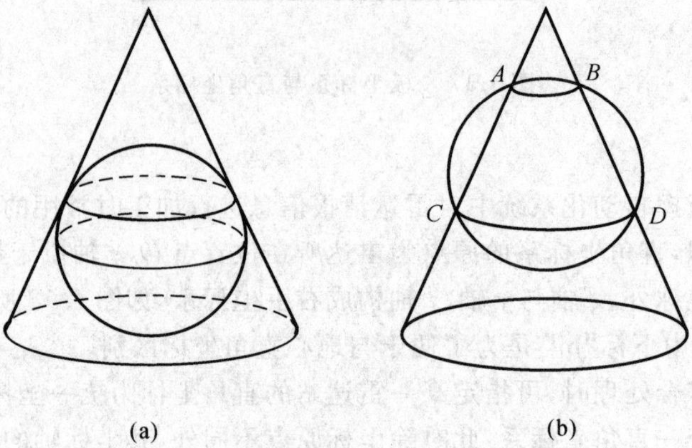

图 4.18　圆锥投影面与地球切割示意图

(a) 圆锥与地球相切;(b) 圆锥与地球相割

这里所说的某种条件,是指使地图投影具有某些性质的条件和产生任意投影的条件。使地图投影具有某种性质的条件,有等角条件、等距离条件和等积条件三种。采用了等角条件进行投影,就可以使地图投影具有等角性质,这种投影称之为等角投影。采用了等距离条件进行投影,可以使地图投影在特定方向上具有等距离的性质,这种投影称之为等距离投影。采用了等积条件进行投影,就可以使地图投影具有等面积的性质,这种投影称之为等积投影。

产生任意投影的条件,有几何的、半几何的和约定的三种。也就是说,有些投影纯粹是从几何透视得来的;有些投影部分是从几何透视得来的;另一些投影完全是任意实施的,没有透视的光线,纯粹是按规定条件用数学方法完成的。

本书将讨论投影面为圆锥,使地图投影具有等角、等距离条件的投影。

2. 地图投影的变形

在上一个问题中,叙述了地球椭球面与平面之间的矛盾,经过地图投影的方法得到解决,可将曲面变成平面。现在要问:地球椭球的表面经过地球投影的方法描绘在平面上,有没有差异和变形呢?回答是有的。地图投影一般存在有长度变形、面积变形和角度变形。

投影变形问题是地图投影的重要组成部分。如果只研究用什么条件进行投影,而不考虑它的变形大小和分布规律,那么这种投影也就没有多大的实际应用价值了。下面来说明投影变形的定义。

(1) 长度比与长度变形。长度比就是投影面上一微小线段与椭球面上相应的微小线段之

比。如图 4.19 所示，A 点沿 α 方向有一微小线段 $AC = \mathrm{d}s$，投影在平面上相应的微小线段 $A'C' = \mathrm{d}s'$，用 u 表示长度比，则

$$u = \frac{\mathrm{d}s'}{\mathrm{d}s} \tag{4.18}$$

u 在此代表 A 点沿 α 方向的长度比。

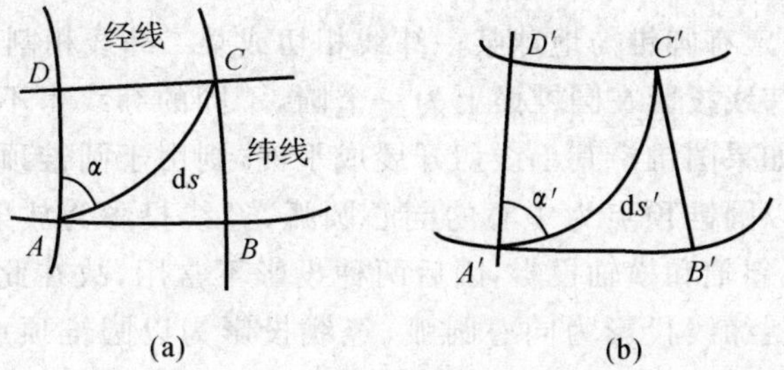

图 4.19　在原面上和投影面上微分线段 ds 和 ds′

(a) 原面；(b) 投影面

长度比是随点的位置和点移动方向而变化的，故在一点上各方向的长度比和在不同点上各方向的长度比都是不同的。

长度变形就是$(\mathrm{d}s' - \mathrm{d}s)$ 与 $\mathrm{d}s$ 之比，用 V_u 来表示，则有

$$V_u = \frac{\mathrm{d}s' - \mathrm{d}s}{\mathrm{d}s} = \frac{\mathrm{d}s'}{\mathrm{d}s} - 1 = u - 1 \tag{4.19}$$

V_u 称为长度相对变形，简称长度变形。由式(4.19) 看来，长度变形就是长度比与 1 之差。如果知道了某点附近某一方向上的长度比，则其长度变形也就知道了。

长度比只有小于 1 或大于 1 的数(个别地方等于 1)，没有负数。而长度变形则有正有负，变形为正，表明长度增长，变形为负，表明长度缩短。

(2) 面积比与面积变形。面积比就是投影面上一微小面积与椭球面上相应的微小面积之比。设前者为 $\mathrm{d}F'$，后者为 $\mathrm{d}F$，用 P 表示面积比，则有

$$P = \frac{\mathrm{d}F'}{\mathrm{d}F} \tag{4.20}$$

面积比是随点位而变化的，在这一点附近的面积比，不等于另一点附近的面积比。

面积变形就是$(\mathrm{d}F' - \mathrm{d}F)$ 与 $\mathrm{d}F$ 之比，用 V_P 表示，则有

$$V_P = \frac{\mathrm{d}F' - \mathrm{d}F}{\mathrm{d}F} = \frac{\mathrm{d}F'}{\mathrm{d}F} - 1 = P - 1 \tag{4.21}$$

V_P 称为面积的相应变形，简称面积变形。由式(4.21) 看来，面积变形就是面积比与 1 之差。知道了一点附近的面积比，也就知道了这一点附近的面积变形。

面积比也只有小于 1 或大于 1 的数，没有负数。面积变形则有正有负，变形为正，表明面积增大，变形为负，表明面积减小。

(3) 角度变形。投影面上任意二方向所夹之角与椭球面上相应的二方向夹角之差，叫做角度变形。如前者用 β' 表示，后者用 β 表示，则 $\beta' - \beta$ 即为角度变形。

4.2.2　圆锥投影

1. 正轴圆锥投影

(1) 正轴圆锥投影的一般公式。圆锥投影是以圆锥面作为投影面，按某种条件，将地球椭球面上的经纬线投影于圆锥面上，并沿圆锥母线切开展成平面的一种投影。我们以直线透视的道理，先建立这种投影的感性认识。

如图 4.20 所示，假定有圆锥与地球某一纬线相切或某二纬线相割，视点在地球的中心，如从视点引出视线，显然纬线投影在圆锥面上为一个圆，不同的纬线得不同的圆。经线投影交于圆锥顶点的一束直线。如果圆锥沿其母线切开展成平面，则由于圆锥顶角小于 360°，纬线投影在平面上不是圆，而是以圆锥顶点为中心的同心圆弧，经线投影为放射直线即同心圆弧的半径。圆锥投影分为正轴、斜轴和横轴投影，因后两种投影不常用，故在此仅介绍正轴圆锥投影。正轴圆锥投影的定义是：纬线投影为同心圆弧，经线投影为以圆锥顶点为中心的一束放射直线，即同心圆弧的半径，两经线投影间的夹角与相应的经度差成正比。根据这种投影的这些特点，下面来研究正圆锥投影的一般公式。

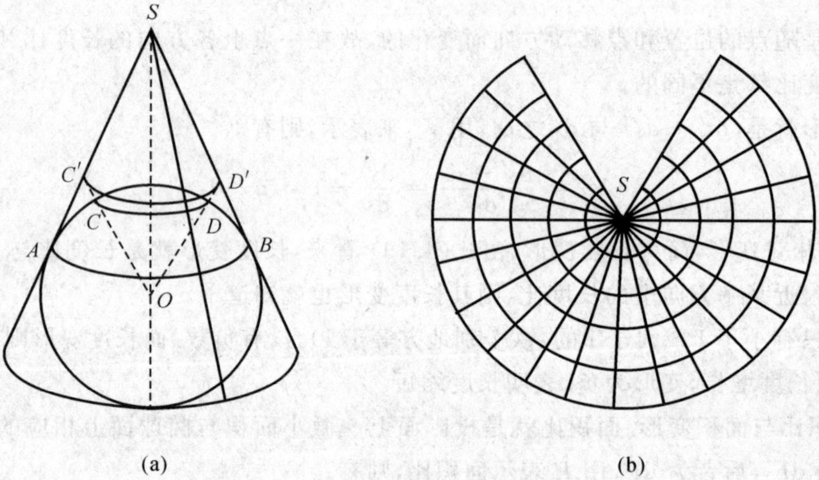

图 4.20　透视圆锥投影及其展开示意图

如图 4.21 所示，设地球面上两经线间的夹角为 $\Delta\lambda$，投影在平面上为 δ，根据正轴圆锥投影的定义，$\Delta\lambda$ 与 δ 应成正比，设其值为 a，则有 $\delta = a\Delta\lambda$。又设纬线投影圆弧的半径为 ρ，它随纬度 φ 的变化，即 ρ 为纬度 φ 的函数，记为 $\rho = f(\varphi)$。因此，正轴圆锥投影的极坐标方程为

$$\left.\begin{aligned} \rho &= f(\varphi) \\ \delta &= a\,\Delta\lambda \end{aligned}\right\} \tag{4.22}$$

如以圆锥顶点 S 为原点，某一经线的投影为 y 轴，于 S 点垂直于这一经线的直线为 x，则 B' 点的平面直角坐标为

$$\left.\begin{aligned} x &= \rho\sin\delta \\ y &= -\rho\cos\delta \end{aligned}\right\} \tag{4.23}$$

如果坐标原点放在投影区域最南边的纬线 O 点上，则 B' 点的平面直角坐标为

$$\left.\begin{aligned} x &= \rho\sin\delta \\ y &= \rho_s - \rho\cos\delta \end{aligned}\right\} \tag{4.24}$$

式中，ρ_s 为投影区最南边纬线的投影半径。

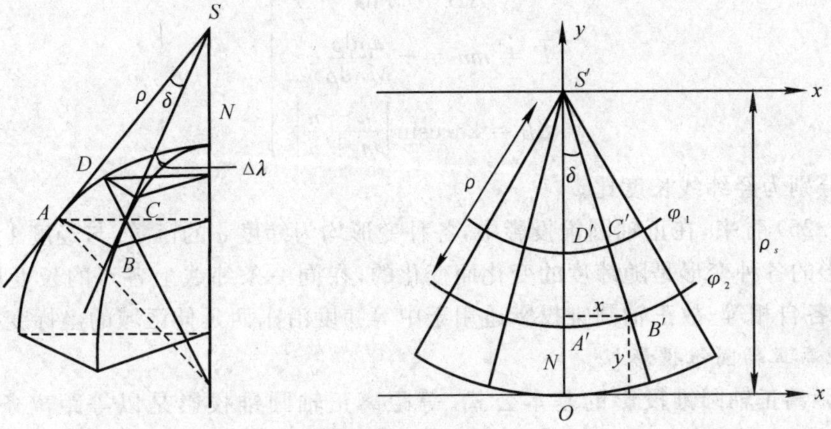

图 4.21　正圆锥投影图

(2) 正轴圆锥投影的变形公式。如图 4.22 所示，设在地球椭圆面上有一无穷小梯形 $ABCD$，其投影在平面上为无穷小梯形 $A'B'C'D'$，又设椭球面上 A 点的大地坐标为(φ,λ)，由纬线 AB 到纬线 CD 的纬度改变量为 $\mathrm{d}\varphi$，由经线 AD 到经线 BC 的经度改变量为 $\mathrm{d}\lambda$，相应地在投影平面上 A' 点的极坐标为(ρ,δ)，由纬线 $A'B'$ 到纬线 $C'D'$ 的投影半径改变量为 $\mathrm{d}\rho$，由经线 $A'D'$ 到经线 $B'C'$ 的动径角改变量为 $\mathrm{d}\delta$。由此，便可以写出经纬线的微分线段公式。

在椭球面上，经纬线的微分线段为

$$AD = M\mathrm{d}\varphi \qquad AB = r\mathrm{d}\lambda = N\cos\varphi\mathrm{d}\lambda$$

在投影平面上，经纬线的微分线段为

$$A'D' = -\mathrm{d}\rho \qquad A'B' = \rho\mathrm{d}\delta$$

式中，$\mathrm{d}\varphi$ 带负号，是由于改变量 $A'D'$ 与动径 SA' 的方向相反。

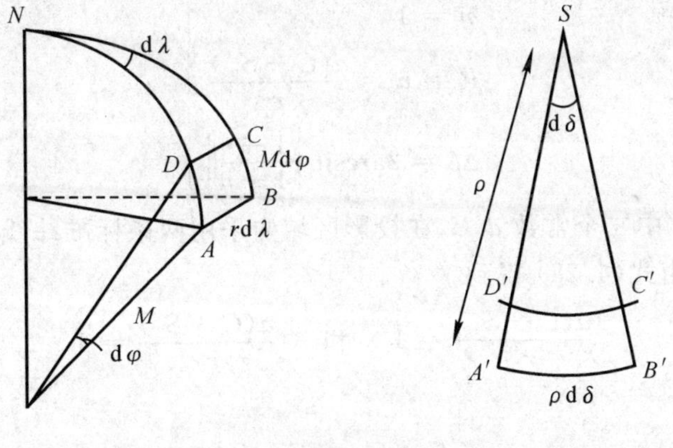

图 4.22　圆锥投影中两个面上的微分线段

根据上面的微分线段公式，我们即可写出正轴圆锥投影的各种变形公式：

$$\left.\begin{aligned}
m &= \frac{A'D'}{AD} = -\frac{\mathrm{d}\rho}{M\mathrm{d}\varphi} \\
n &= \frac{A'B'}{AB} = \frac{\rho\mathrm{d}\delta}{r\mathrm{d}\lambda} = \frac{a\rho}{r} \\
P &= mn = -\frac{a\rho\mathrm{d}\rho}{Mr\mathrm{d}\rho} \\
\Delta\beta &= 2\arcsin\left|\frac{m-n}{m+n}\right|
\end{aligned}\right\} \tag{4.25}$$

式中，m，n 分别为经纬线长度比。

由式(4.25)看来，在正轴圆锥投影中，各种变形均为纬度 φ 的函数，与经度 λ 无关。也就是说，这种投影的各种变形是随纬度的变化而变化的，在同一条纬线上各点的长度比、面积比和角度变形均各自相等。故正轴圆锥投影适用于中等纬度沿东西延伸区域的坐标变换。

2. 等距离正轴圆锥投影

(1) 等距离正轴圆锥投影的基本公式。等距离正轴圆锥投影是以等距离条件决定 $\rho = f(\varphi)$ 函数形式的一种圆锥投影。即以圆锥面作为投影面，用等距离条件作为投影条件，使地球椭球面上的经纬线转化为平面上经纬线。在等距离正轴圆锥投影中，经纬线投影是正交的，其等距离条件为 $m = 1$，故由式(4.25)的第一式，有

$$m = -\frac{\mathrm{d}\rho}{M\mathrm{d}\varphi} = 1$$

或

$$\mathrm{d}\rho = -M\mathrm{d}\varphi$$

积分得

$$\rho = C - \int_0^{\varphi} M\mathrm{d}\varphi = C - S_{\mathrm{m}} \tag{4.26}$$

式中，C 为积分常数，S_{m} 为赤道至纬度 φ 间的子午线弧长。当 $\varphi = 0°$ 时，$S_{\mathrm{m}} = 0$，则 $C = \rho_{赤道}$，故 C 为赤道投影半径。据此，便可得到等距离正轴圆锥投影的基本公式为

$$\left.\begin{aligned}
\delta &= a\ \Delta\lambda \\
\rho &= C - S_{\mathrm{m}}
\end{aligned}\right\} \tag{4.27}$$

投影变形为

$$\left.\begin{aligned}
m &= 1 \\
P = n &= \frac{a(C - S_{\mathrm{m}})}{r} \\
\Delta\beta &= 2\arcsin\left|\frac{1-n}{1+n}\right|
\end{aligned}\right\} \tag{4.28}$$

为确定式(4.27)中二个常数 a，C，在投影区域内采用两条标准纬线 φ_1，φ_2，即在这两条纬线上无长度变形，故由式(4.28)得到

$$\frac{a(C - S_1)}{r_1} = 1 \quad 和 \quad \frac{a(C - S_2)}{r_2} = 1$$

由此得到

$$\frac{C - S_1}{r_1} = \frac{C - S_2}{r_2}$$

解之得
$$C=\frac{r_1S_2-r_2S_1}{r_1-r_2} \tag{4.29}$$

又
$$C-S_1=\frac{r_1}{a},\quad C-S_2=\frac{r_2}{a}$$

解之得
$$a=\frac{r_1-r_2}{S_2-S_1} \tag{4.30}$$

其中，$r_i=r(\varphi_i)$，$S_i=S(\varphi_i)$，$i=1,2$。

(2) 等距离正轴圆锥投影简化公式。在指挥自动化系统信息处理过程中，往往要求信息处理计算机对输入的目标坐标（指用大地坐标系）实时地转换成投影平面统一直角坐标。为了达到此目的，就要求投影公式在达到运算精度要求的情况下容易在计算机上实现。在投影公式式(4.27) 中，由于 S_m 的计算量比较大，为提高转换速度，并根据系统投影范围较小的特点，对经线弧长 S_m 的表达式进行简化。下面介绍三种简化方法。

1) 常数法。在式(4.26) 中，经线的曲率半径 M 是随纬度 φ 的变化而变化的，可计为 $M(\varphi)$。当 φ 的变化范围较小时，$M(\varphi)$ 几乎很少变化。因此，可以用一个常数 $M(\varphi_0)$ 来代替 $M(\varphi)$，则得

$$M(\varphi)=M(\varphi_0)$$

式中，φ_0 为投影区域内某一纬度，一般取投影平面上坐标原点纬度。于是式(4.7) 便可以写成

$$S_m=\int_0^{\varphi}M(\varphi)\,\mathrm{d}\varphi=\int_0^{\varphi}M(\varphi_0)\,\mathrm{d}\varphi=M(\varphi_0)\varphi \tag{4.31}$$

将式(4.31) 代入式(4.27)，于是得投影公式为

$$\left.\begin{aligned}\delta&=a\,\Delta\lambda\\ \rho&=C-M(\varphi_0)\varphi\end{aligned}\right\} \tag{4.32}$$

投影变形公式为

$$\left.\begin{aligned}m&=\frac{M(\varphi_0)}{M(\varphi)}\\ n&=\frac{a}{r(\varphi)}[C-M(\varphi_0)\varphi]\\ \Delta\beta&=2\arcsin\left|\frac{m-n}{m+n}\right|\end{aligned}\right\} \tag{4.33}$$

如取 $\varphi_1=19°$，$\varphi_2=25°$，则可根据式(4.29) 和式(4.30)，计算出常数 a，C，其计算结果如表 4.2 所示。

表 4.2　常数 a，C 计算

φ_1	φ_2	r_1	r_2	S_2	S_1	r_1S_1
19°	25°	6 032.890 km	5 784.112 km	2 766.103 km	2 101.706 km	16 687 595
r_2S_1	$r_1S_2-r_2S_1$	r_1-r_2	S_2-S_1	C	a	
12 156 502.9	4 531 093	248.778	664.397	18 013.399	0.374 442	

若取 $\varphi_0=22°30'$，则 $M(\varphi_0)=6\ 344.879$ km，按式(4.33) 求出其变形如表 4.3 所示。

由表 4.3 可见，在这种投影中，几种变形都同时存在，在标准纬线以内，纬线变形是向负的方向增大，在标准纬线以外，纬线变形是向正的方向增大。在纬度 φ_0 增大的方向，经线变形是

向负的方向增大；在 φ_0 减小的方向，经线变形是向正的方向增大。角度变形基本上随离开标准纬线远近程度而逐渐增大。

表 4.3 常数法变形表

φ	m	n	$\Delta\beta$
17°	1.000 612 7	1.002 2	0.093 356 1
18°	1.000 513 4	1.000 9	0.022 610 0
19°	1.000 406 5	0.999 9	0.031 176 0
20°	1.000 296 1	0.999 1	0.068 030 3
21°	1.000 181 0	0.998 6	0.087 679 3
22°	1.000 061 3	0.998 5	0.089 904 7
23°	0.999 937 4	0.998 6	0.074 503 2
24°	0.999 809 1	0.999 1	0.041 183 9
25°	0.999 676 6	0.999 9	0.010 304 1
26°	0.999 540 4	1.000 9	0.080 246 2
27°	0.999 400 3	1.002 3	0.168 949 1

2）线性函数法 A。设经线的曲率半径为 $M(\varphi)$，它随纬度 φ 而变化，它是纬度的一个线性函数，得

$$M(\varphi) = A\varphi + B$$

将上式代入式(4.7)，得

$$S_m = \int_0^{\varphi} M\mathrm{d}\varphi = \int_0^{\varphi} M(\varphi)\mathrm{d}\varphi = \int_0^{\varphi} (A\varphi + B)\mathrm{d}\varphi$$

解之得

$$S_m = \frac{A}{2}\varphi^2 + B\varphi \tag{4.34}$$

仍取投影域内两条标准纬线 φ_1,φ_2，确定 C,a 分别为

$$C = \frac{r_1 S_2 - r_2 S_1}{r_1 - r_2}$$

$$a = \frac{r_1 - r_2}{S_2 - S_1}$$

根据式(4.34)，得

$$S_1 = \frac{A}{2}\varphi_1^2 + B\varphi_1$$

$$B = \frac{1}{\varphi_1}\left(S_1 - \frac{A}{2}\varphi_1^2\right) \tag{4.35a}$$

$$S_2 = \frac{A}{2}\varphi_2^2 + B\varphi_2 \tag{4.35b}$$

将式(4.35a) 代入式(4.35b)，得

$$A = 2\,\frac{S_2\varphi_1 - S_1\varphi_2}{\varphi_2^2\varphi_1 - \varphi_1^2\varphi_2} \tag{4.36}$$

于是得投影公式为

$$\left.\begin{aligned}\delta &= a\Delta\lambda \\ \rho &= C - \frac{A}{2}\varphi^2 - B\varphi\end{aligned}\right\} \tag{4.37}$$

投影变形公式为

$$\left.\begin{aligned} m &= \frac{A\varphi + B}{M(\varphi)} \\ n &= \frac{a}{r(\varphi)}\left(C - \frac{A}{2}\varphi^2 - B\varphi\right) \\ \Delta\beta &= 2\arcsin\left|\frac{m-n}{m+n}\right| \end{aligned}\right\} \tag{4.38}$$

对于一个纬度差为 10°(17° ~ 27°) 的投影范围，按式(4.37) 进行投影，并按式(4.38) 算得的数据见表 4.4。

表 4.4　线性函数法 A 变形表

φ	m	n	$\Delta\beta$
17°	0.999 962 7	1.002 432 1	0.141 334 1
18°	0.999 985 2	1.001 101 1	0.063 901 6
19°	1	1.000 059 1	0.003 860 8
20°	1.000 011 3	0.999 309 1	0.040 246 7
21°	1.000 017 9	0.998 854 1	0.066 804 4
22°	1.000 019 9	0.998 697 5	0.075 816 5
23°	1.000 017 6	0.998 843 3	0.067 320 7
24°	1.000 010 9	0.999 296 1	0.040 969 2
25°	1	1.000 061 3	0.003 615 2
26°	0.999 985 2	1.001 144 7	0.066 396 9
27°	0.999 966 6	1.002 552 7	0.147 986 2

3) 线性函数法 B。经线的投影半径 ρ 随纬度 φ 而变，它是纬度的一个线性函数，由此直接取投影公式为

$$\left.\begin{aligned}\delta &= a\ \Delta\lambda \\ \rho &= A\varphi + B\end{aligned}\right\} \tag{4.39}$$

设指定的两条标准纬线的纬度为 φ_1，φ_2，则它们的投影半径分别为

$$\left.\begin{aligned}\rho_1 &= A\varphi_1 + B \\ \rho_2 &= A\varphi_2 + B\end{aligned}\right\} \tag{4.40}$$

解之得

$$A = \frac{\rho_1 - \rho_2}{\varphi_1 - \varphi_2} \tag{4.41}$$

根据两条标准线上无长度变形，即 $n_1 = n_2 = 1$，则有

$$\left.\begin{aligned} n_1 &= \frac{a\rho_1}{r_1} = \frac{a(A\varphi_1 + B)}{r_1} = 1 \\ n_2 &= \frac{a\rho_2}{r_2} = \frac{a(A\varphi_2 + B)}{r_2} = 1 \end{aligned}\right\} \tag{4.42}$$

由此得
$$\frac{A\varphi_1+B}{r_1}=\frac{A\varphi_2+B}{r_2}$$

解之得

$$B=\frac{A(r_1\varphi_2-r_2\varphi_1)}{r_2-r_1} \tag{4.43}$$

$$a=\frac{r_1}{A\varphi_1+B} \tag{4.44}$$

投影变形公式为

$$\left.\begin{aligned} m&=\frac{-A}{M(\varphi)} \\ n&=\frac{a}{r(\varphi)}(A\varphi+B) \\ \Delta\beta&=2\arcsin\left|\frac{m-n}{m+n}\right| \end{aligned}\right\} \tag{4.45}$$

若取 $\varphi_1=19°$，$\varphi_2=25°$，则可根据式(4.41)、式(4.43) 和式(4.44) 计算出常数 A,B,a，其计算结果如表 4.5 所示。

表 4.5 常数 A,B,a 计算

φ_1	φ_2	r_1	r_2	$C-\rho_2$	$C-\rho_1$	r_1-r_2
19°	25°	6 032.890 km	5 784.112 km	2 766.103	2 101.706	248.778
$\rho_1-\rho_2$	$r_1\varphi_2$	$r_2\varphi_1$	$r_1\varphi_2-r_2\varphi_1$	A	B	a
664.397	150 822.25	109 898.128	40 924.122	−6 344.523 8	18 215.613 84	0.374 447 87

按表 4.5 算得的投影常数，根据式(4.45) 可算得表 4.6 所示的投影变形数据。

表 4.6 线性函数法 B 变形表

φ	m	n	$\Delta\beta$
17°	1.000 556 7	1.002 380 5	0.104 342 8
18°	1.000 457 4	1.001 045 1	0.033 647 1
19°	1.000 350 5	1	0.020 078 6
20°	1.000 240 1	0.999 247 6	0.056 880 6
21°	1.000 125 0	0.998 791 0	0.076 474 0
22°	1.000 005 3	0.998 633 6	0.078 646 1
23°	0.999 881 1	0.998 779 4	0.063 182 8
24°	0.999 753 2	0.999 233 1	0.029 814 6
25°	0.999 620 7	1	0.021 736 4
26°	0.999 484 5	1.001 086 0	0.091 733 0
27°	0.999 344 4	1.002 497 6	0.180 498 8

3. 等角正轴圆锥投影

等角正轴圆锥投影是按等角条件决定 $\rho=f(\varphi)$ 函数形式的一种圆锥投影。它是以圆锥面作为投影面，用等角条件作为投影条件，使地球椭球面上的经纬线转化为平面上的经纬线的。

(1) 等角正轴投影的一般公式。在等角正轴圆锥投影中，经纬线投影是正交的，其等角条件为 $m = n$，故由式(4.25) 的前两式有

$$\frac{\mathrm{d}\rho}{M\mathrm{d}\varphi} = -\frac{a\rho}{r} \quad \text{或} \quad \frac{\mathrm{d}\rho}{\rho} = -a\frac{M}{r}\mathrm{d}\varphi$$

积分之，并考虑式(4.3)、式(4.5)，得

$$\ln\rho = \ln c - a\ln u$$

式中，$u = \tan\left(45° + \frac{\varphi}{2}\right) \cdot \left[\frac{1 - e\sin\varphi}{1 + e\sin\varphi}\right]^{e/2}$，$e$ 为第一偏心率，$\ln c$ 为积分常数。

$$\ln\rho = \ln\frac{c}{u^a}$$

即

$$\rho = \frac{c}{u^a} \tag{4.46}$$

在式(4.46) 中，当 $\varphi = 0°$ 时，$u = 1$，则 $\rho_{赤道} = c$，即 c 为赤道的投影半径。

据此，依式(4.22) 至式(4.25) 和式(4.46)，便可写出等角正轴圆锥投影的各种公式：

$$\left.\begin{aligned}
&\rho = \frac{c}{u^a}, \quad \delta = a\,\Delta\lambda \\
&y = \rho_s - \rho\cos\delta \\
&x = \rho\sin\delta \\
&m = n = -\frac{\mathrm{d}\rho}{M\mathrm{d}\varphi} = \frac{a\rho}{r} = \frac{ac}{ru^a} \\
&P = mn = \left(\frac{ac}{ru^a}\right)^2 \\
&\beta = 0
\end{aligned}\right\} \tag{4.47}$$

从式(4.47) 看来，等角正轴圆锥投影有待确定的尚有两个常数 a，c，只有确定了 a，c，式(4.47) 才能进行实际计算。常数 a，c 是圆锥投影曲面转化为平面后出现的新矛盾。现在研究解决这个新的矛盾的方法。

(2) 双标准纬线等角圆锥投影。双标准纬线等角圆锥投影就是保持两条纬线投影后长度不变形的等角圆锥投影，即圆锥与地球椭圆球面上某二纬线相割的情况。

如图 4.23 所示，设两条长度不变形的纬度为 φ_1，φ_2，则在这两条纬线上的长度比为 1。据此而有

$$n_1 = n_2 = 1$$

或

$$\frac{ac}{r_1 u_1^a} = 1, \quad \frac{ac}{r_2 u_2^a} = 1$$

即

$$r_1 u_1^a = r_2 u_2^a$$

两边取对数，则有

$$\lg r_1 + a\lg u_1 = \lg r_2 + a\lg u_2$$

所以

$$\left.\begin{aligned}
a &= \frac{\lg r_1 - \lg r_2}{\lg u_2 - \lg u_1} \\
c &= \frac{r_1 u_1^a}{a} = \frac{r_2 u_2^a}{a}
\end{aligned}\right\} \tag{4.48}$$

关于 φ_1，φ_2 的纬度，可用下式确定：

$$\left.\begin{aligned}\varphi_1 &= \varphi_S + \frac{\varphi_N - \varphi_S}{4} \\ \varphi_2 &= \varphi_N - \frac{\varphi_N - \varphi_S}{4}\end{aligned}\right\} \tag{4.49}$$

式中，φ_S，φ_N 分别为投影区域最南边和最北边纬线的纬度。

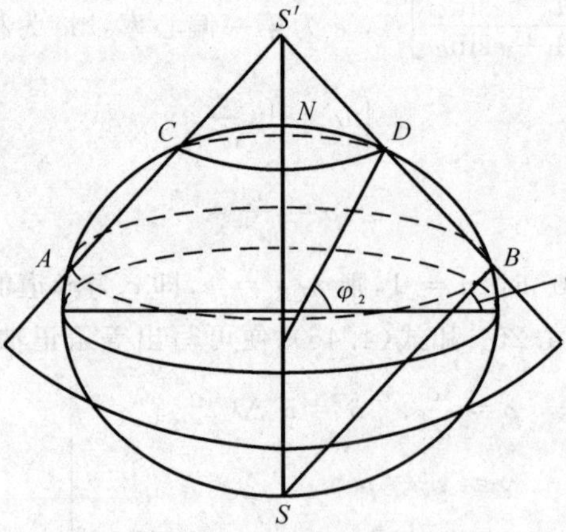

图 4.23　割圆锥投影示意图

若投影区域范围从纬度 16°($\varphi_S = 16°$) 至 28°($\varphi_N = 28°$) 应用此投影，则由式(4.49) 算出

$$\varphi_1 = 19°, \quad \varphi_2 = 25° \quad \text{（如果不是整数，可凑整到 0.5°）}$$

据此算出

$$a = 0.374\ 781\ 498$$

$$c = 16\ 642\ 783\ \text{m}$$

再按式(4.47) 中的长度比公式，计算出各条纬线的长度比，见表 4.7。

表 4.7　纬线的长度比

φ	$m = n$
17°	1.002 401 3
18°	1.001 051 9
19°	1
20°	0.999 246 3
21°	0.998 718 0
22°	0.998 637 8
23°	0.998 786 2
24°	0.999 239 6
25°	1
26°	1.001 073 7
27°	1.002 461 6

由表 4.7 看出，在双标准纬线等角圆锥投影中，标准纬线没有长度变形，随着离开标准纬

线长度变形逐渐增大。在两条标准纬线之间的长度变形是向负的方向增大，即投影后的纬线长度比原面上相应的纬线长度缩短了。在两条标准纬线之外的长度变形朝正的方向增大，即投影后的纬线长度比原面上相应的纬线长度增长了。经线的长度变形规律也是如此，并且变形增长的速度，也是北边快一些，南边慢一些。

(3) 等角正轴圆锥投影简化公式。在式(4.47)中，$\rho = \frac{c}{u^{a}}$ 不易在计算机上实现，为此须对该式进行简化。鉴于雷达情报系统中投影区域较小的特点，再注意等角正轴圆锥投影中长度比 m, n 的数值规律，采用如下三次(奇次)近似式

$$\rho = \rho_0 - A(S - S_0) - B(S - S_0)^3 \tag{4.50}$$

式中，S_0 为从赤道至投影中心点(λ_0, φ_0)子午线弧长，ρ_0 为投影中心点的投影半径。

下面确定常数 a, ρ_0, A, B。

在投影中心点取 $m = n$，得

$$m = -\frac{d\rho}{ds} = A + 3B(S - S_0)^2 \big|_{S=S_0} = A = n = \frac{a\rho_0}{r_0}$$

即
$$A = \frac{a\rho_0}{r_0} \tag{4.51}$$

再取两条标准纬线 φ_1, φ_2，但应保持子午线弧长关于 φ_0 对称，即

$$S_2 - S_0 = -(S_1 - S_0) \tag{4.52}$$

在 φ_1 处取 $m = n = 1$，得

$$\frac{a\rho_1}{r_1} = 1 \tag{4.53a}$$

$$A + 3B(S_1 - S_0)^2 = 1 \tag{4.53b}$$

将式(4.50)代入式(4.53b)中，得

$$a\rho_0 - a(S_1 - S_0)[A + B(S_1 - S_0)^2] = r_1 \tag{4.54}$$

同样，在 φ_2 处，$m = n = 1$，再注意式(4.52)，得

$$a\rho_0 + a(S_1 - S_0)[A + B(S_1 - S_0)^2] = r_2 \tag{4.55}$$

解式(4.54)和式(4.55)联立方程，得

$$2a\rho_0 = r_1 + r_2$$

于是得

$$A = \frac{r_1 + r_2}{2r_0} \tag{4.56}$$

由式(4.53b)，得

$$B = \frac{1 - A}{3(S_1 - S_0)^2} \tag{4.57}$$

从式(4.54)和式(4.55)联立，又可解得

$$a = (r_2 - r_1)/\{2(S_1 - S_0)[A + B(S_1 - S_0)^2]\} \tag{4.58}$$

再由式(4.51)，得

$$\rho_0 = Ar_0/a \tag{4.59}$$

最后得投影公式为

$$\left.\begin{aligned} \delta &= a\,\Delta\lambda \\ \rho &= \rho_0 - (S - S_0)[A + B(S - S_0)^2] \end{aligned}\right\} \tag{4.60}$$

其中，常数 a,ρ_0,A,B 按式(4.56)至式(4.59)计算。$S-S_0$ 的计算可按二次式

$$S-S_0=[C_1(\varphi_1-\varphi_0)+C_2][\varphi-\varphi_0] \tag{4.61}$$

计算，即可满足精度要求。其中，C_1,C_2 可根据需要，选择两个垂直点确定。

投影变形公式为

$$\left.\begin{aligned} m &= A+3B(S-S_0)^2 \\ n &= \frac{a}{r}\{\rho_0-(S-S_0)[A+B(S-S_0)^2]\} \\ \Delta\beta &= 2\arcsin\left|\frac{m-n}{m+n}\right| \end{aligned}\right\} \tag{4.62}$$

根据前面给出的纬度差 10° 范围内，按近似等角正轴圆锥投影式(4.60)的投影变形式(4.62)，可算得表 4.8 所示的投影变形数据。将表 4.7 和表 4.8 中的数据进行比较后，可以看出，采用三次(奇次)近似式(4.60)的投影精度是比较高的。与精确的投影公式的变形比较，经、纬向长度比只在边缘地区相差 10^{-5}，并且角度最大变形为 0.002°。

表 4.8 简化公式变形表

φ	m	n	$\Delta\beta$
17°	1.002 420 7	1.002 401 4	0.001 086 0
18°	1.001 059 2	1.001 051 3	0.000 452 6
19°	1	1	0
20°	0.999 243 3	0.999 246 3	0.000 172 0
21°	0.998 789 2	0.998 791 8	0.000 172 1
22°	0.998 637 9	0.998 637 9	0
23°	0.998 793 0	0.998 786 3	0.000 172 1
24°	0.999 243 6	0.999 239 6	0.000 229 4
25°	1.000 001 0	1.000 000 9	0.000 057 3
26°	1.001 061 5	1.001 073 6	0.000 692 5
27°	1.002 425 3	1.002 461 9	0.002 091 9

4.3 方格坐标与投影平面直角坐标的相互转换

方格坐标与投影平面直角坐标的相互转换，一般包括如下几个步骤：

(1) 球面加密方格坐标 ↔ 球面标准方格坐标，即 $(F',E')\leftrightarrow(F,E)$；

(2) 球面标准方格坐标 ↔ 大地坐标，即 $(FEmnp)\leftrightarrow(\lambda,\varphi)$；

(3) 大地坐标 ↔ 投影平面极坐标，即 $(\lambda,\varphi)\leftrightarrow(\delta,\rho)$；

(4) 投影平面极坐标 ↔ 投影平面直角坐标，即 $(\delta,\rho)\leftrightarrow(x,y)$。

如果将方格坐标变换为投影平面直角坐标定义为正变换，那么由投影平面直角坐标变换为方格坐标就称为反变换(或称为逆变换)。

下面将分别介绍实现上述四个步骤的基本方法(第一步在介绍方格坐标系时，已作介绍，故这里仅介绍第二、三、四步的实现方法)。

4.3.1　$(FEmnp) \longleftrightarrow (\lambda,\varphi)$

1. 正变换$(FEmnp) \rightarrow (\lambda,\varphi)$

首先考察图4.24,图中P处于某一大方格FE中。要求得P点的大地坐标。如果已知大方格的左下角的大地坐标(λ',φ'),且知道了P点与大方格的左下角的经纬度差$\Delta\lambda,\Delta\varphi$,则$P$点的地理坐标为

$$\left.\begin{aligned}\lambda &= \lambda' + \Delta\lambda \\ \varphi &= \varphi' + \Delta\varphi\end{aligned}\right\} \tag{4.63}$$

这样问题就变成求取(λ',φ')和$\Delta\lambda,\Delta\varphi$。

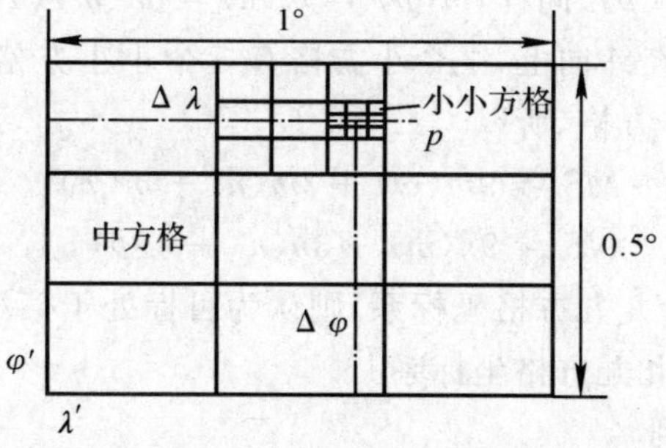

图4.24　方格坐标变换成大地坐标关系图

(1) λ',φ'的求取。由式(4.16)可知,P点所处的大方格和直角坐标系原点的大方格(其参数为F_0E_0,左下角大地坐标(λ_0,φ_0))之间的间隔为

$$\begin{cases}F(F,F_0)=\begin{cases}(F-F_0)+100tf & \text{当} F_0 \geqslant F \text{时}\\(F-F_0)-100tf & \text{当} F_0 < F \text{时}\end{cases}\\E(E,E_0)=\begin{cases}(E-E_0)+100te & \text{当} E_0 \geqslant E \text{时}\\(E-E_0)-100te & \text{当} E_0 < E \text{时}\end{cases}\end{cases}$$

从方格坐标系的定义可知

$$\begin{cases}\lambda' = \lambda_0 + E(E,E_0)\times 1\\\varphi' = \varphi_0 - F(F,F_0)\times\dfrac{1}{2}\end{cases} \tag{4.64}$$

式中的负号表明了φ的增大方向与F的增大方向相反。

(2) $\Delta\lambda,\Delta\varphi$的求取。为了求取$\Delta\lambda$和$\Delta\varphi$,就要求取目标点在大方格中的位置(即小小方格左下角)与其大方格(左下角)的经纬线距离,这个距离用小小方格数来表示。经向距离记为MS,纬向距离记为NS。

在图4.24中,可以看出目标P点所处的中方格m和大方格在经向上差1个中方格,在纬向上差2个中方格。这种差称为经向上的中方格系数和纬向上的中方格系数,分别记作$m(m)$,$n(m)$。它们均为中方格的函数,其值由m来决定,m和$m(m)$,$n(m)$的关系为

$$m(m)=\begin{cases}0 & 当\ m=1,8,7\ 时\\ 1 & 当\ m=2,9,6\ 时\\ 2 & 当\ m=3,4,5\ 时\end{cases} \tag{4.65}$$

$$n(m)=\begin{cases}0 & 当\ m=5,6,7\ 时\\ 1 & 当\ m=4,9,8\ 时\\ 2 & 当\ m=1,2,3\ 时\end{cases} \tag{4.66}$$

图中还可以看出，目标 P 点所处的小方格 n 和所处的中方格之间在经纬上相差有小方格数。这种差称为小方格系数，经向记作 $m(n)$，纬向记作 $n(n)$。由于中方格编码和小方格编码相同，因此 $m(n)=m(m)$，$n(n)=n(m)$。

同理，称目标 P 点所处的小小方格 p 和所处的小方格所差的小小方格数为小小方格系数。经向记作 $m(p)$，纬向记作 $n(p)$。同样，$m(p)=m(n)=m(m)$，$n(p)=n(n)=n(m)$。

根据方格坐标定义，在经纬向上，一个小方格有 3 个小小方格，一个中方格有 9 个小小方格，一个大方格有 27 个小小方格。所以

$$\left.\begin{aligned}MS &= 9m(m)+3m(n)+m(p)\\ NS &= 9n(m)+3n(n)+n(p)\end{aligned}\right\} \tag{4.67}$$

如果目标方格坐标系为九九方格坐标系，则认为目标处于某小方格 n 的中央，即小小方格为 9，则式(4.67) 亦适用于九九方格坐标系。

求得了 MS，就不难得到

$$\left.\begin{aligned}\Delta\lambda &= \frac{MS+0.5}{27}\times 1\\ \Delta\varphi &= \frac{NS+0.5}{27}\times\frac{1}{2}\end{aligned}\right\} \tag{4.68}$$

在式(4.68) 中，经纬向距离均加上一个修正值 0.5，以便使目标位置处于小小方格的中央(读者可以对图 4.24 中 P 点加以验算)。

2. 逆变换$(\lambda,\varphi)\rightarrow(FEmnp)$

若已知目标位置的经、纬度(λ,φ)，欲求其目标的位置点的方格坐标 $FEmnp$，可根据方格坐标系的定义和已知参数(λ,φ)，(λ_0,φ_0) 及 F_0E_0 求取，可分为三个基本步骤。

(1) 求大方格编号 FE。根据方格坐标系的定义，方格坐标系中的大方格，经向为 1°，纬向为 0.5°，可得

$$\left.\begin{aligned}&\begin{cases}F=F_0-[2\Delta\varphi]+100tf & 当\ \varphi\geqslant\varphi_0\ 时\\ F=F_0-[2\Delta\varphi]-100tf & 当\ \varphi<\varphi_0\ 时\end{cases}\\ &\begin{cases}E=E_0+[\Delta\lambda]+100te & 当\ \lambda\leqslant\lambda_0\ 时\\ E=E_0+[\Delta\lambda]-100te & 当\ \lambda>\lambda_0\ 时\end{cases}\end{aligned}\right\} \tag{4.69}$$

式中，$\Delta\lambda=\lambda-\lambda_0$，$\Delta\varphi=\varphi-\varphi_0$，$[x]$表示取变量 x 的整数部分。且记 $2\Delta\varphi$ 的小数部分为 $\Delta\varphi_m$，$\Delta\lambda$ 的小数部分为 $\Delta\lambda_m$，不难得出 $0^\circ\leqslant\Delta\varphi_m<1^\circ$，$0^\circ\leqslant\Delta\lambda_m<1^\circ$。

(2) 求取目标点经纬向方格系数。首先，讨论中方格系数 $m(m)$ 和 $n(m)$ 的求法。$\Delta\varphi_m$，$\Delta\lambda_m$ 与 $m(m)$，$n(m)$ 的关系如图 4.25 所示。

图中，因为 $\Delta\varphi_m$ 是 $2\Delta\varphi$ 的小数部分，所以在纬向上可以看做一个大方格是以 1° 划分的。从图中可以看出

$$\left.\begin{aligned} m(m) &= 0, \quad \text{当 } 0° \leqslant \Delta\lambda_m < \frac{1°}{3} \text{ 时} \\ m(m) &= 1, \quad \text{当} \frac{1°}{3} \leqslant \Delta\lambda_m < \frac{2°}{3} \text{ 时} \\ m(m) &= 2, \quad \text{当} \frac{2°}{3} \leqslant \Delta\lambda_m < \frac{3°}{3} \text{ 时} \end{aligned}\right\} \tag{4.70}$$

$$\left.\begin{aligned} n(m) &= 0, \quad \text{当 } 0° \leqslant \Delta\varphi_m < \frac{1°}{3} \text{ 时} \\ n(m) &= 1, \quad \text{当} \frac{1°}{3} \leqslant \Delta\varphi_m < \frac{2°}{3} \text{ 时} \\ n(m) &= 2, \quad \text{当} \frac{2°}{3} \leqslant \Delta\varphi_m < \frac{3°}{3} \text{ 时} \end{aligned}\right\} \tag{4.71}$$

由式(4.70)和式(4.71),可得

$$\left.\begin{aligned} m(m) &= [3\Delta\lambda_m] \\ n(m) &= [3\Delta\varphi_m] \end{aligned}\right\} \tag{4.72}$$

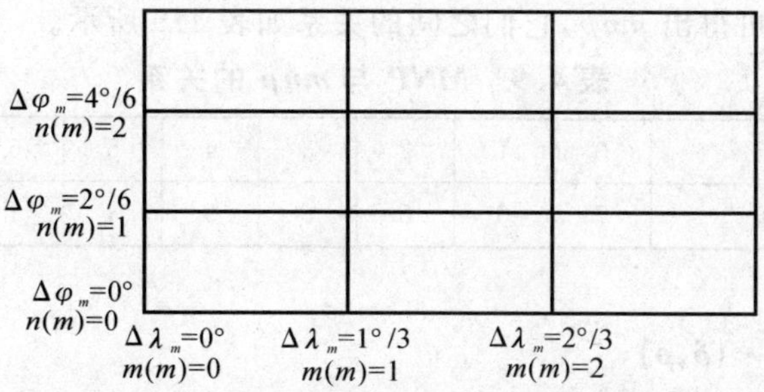

图 4.25　$\Delta\varphi_m$,$\Delta\lambda_m$ 与 $m(m)$,$n(m)$ 的关系

记 $3\Delta\lambda_m$ 的小数部分为 $\Delta\lambda_n$,$3\Delta\varphi_m$ 的小数部分为 $\Delta\varphi_n$,则

$$0° \leqslant \Delta\lambda_n < 1°, \quad 0° \leqslant \Delta\varphi_n < 1°$$

小方格系数 $m(n)$ 和 $n(n)$ 的求法和中方格系数的求法基本相同,可参考图 4.25,得出

$$\left.\begin{aligned} m(n) &= [3\Delta\lambda_n] \\ n(n) &= [3\Delta\varphi_n] \end{aligned}\right\} \tag{4.73}$$

记 $3\Delta\lambda_n$ 的小数部分为 $\Delta\lambda_p$,$3\Delta\varphi_p$ 的小数部分为 $\Delta\varphi_p$,则

$$0° \leqslant \Delta\lambda_p < 1°, \quad 0° \leqslant \Delta\varphi_p < 1°$$

同样,小小方格系数由下式得出:

$$\left.\begin{aligned} m(p) &= [3\Delta\lambda_p] \\ n(p) &= [3\Delta\varphi_p] \end{aligned}\right\} \tag{4.74}$$

读者注意:请思考为什么 $3\Delta\lambda_p$,$3\Delta\varphi_p$ 还余有小数,其物理意义是什么?

(3) 求取目标点的中、小、小小方格编码 mnp。为了求取目标点的中、小和小小方格编码,先给出如图 4.26 所示的中、小和小小方格的自然编号,分别记作 M,N,P。

从图中可以得到

$$\left.\begin{aligned} M &= 3n(m) + m(m) \\ N &= 3n(n) + m(n) \\ P &= 3n(p) + m(p) \end{aligned}\right\} \tag{4.75}$$

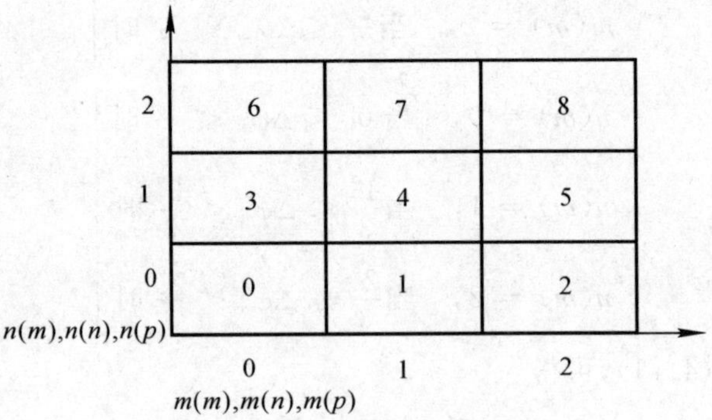

图 4.26　*mnp* 的自然编号

通过式(4.75),即可得出 *mnp*,它们之间的关系如表 4.9 所示。

表 4.9　*MNP* 与 *mnp* 的关系

$M(N,P)$	0	1	2	3	4	5	6	7	8
$m(n,p)$	7	6	5	8	9	4	1	2	3

4.3.2　$(\lambda,\varphi) \longleftrightarrow (\delta,\rho)$

大地坐标与投影平面极坐标的相互转换是一个地图投影问题。上一节已将指挥自动化系统中常用的正轴圆锥投影作了比较详细的介绍,并讨论了它们的简化公式,这就为大地坐标与投影平面极坐标的相互转换打下了基础。但需要指出,采用什么样的投影方法,需要根据系统的情报处理区域的位置、形状和对它的要求通盘考虑。为此首先说明选择地图投影的一般原则,而后以等距离正轴圆锥投影简化公式(4.39)为例,说明大地坐标与投影平面极坐标间的相互转换方法。

1. 地图投影的一般原则

(1) 根据情报处理区域的形状和地理位置选择。情报处理区域的位置和形状基本上决定了投影的种类。在整个区域内各种变形能符合要求和均匀分布的前提下,不同位置和形状的区域可采用不同的投影。对于圆形区域一般多采用方位投影,在两极附近则采用正轴方位投影,在中等纬度采用斜轴方位投影,以赤道为中心的区域采用横轴方位投影。因这种投影变形的变化是以围绕投影中心的等高圈的大小而不同的,故能符合上述要求。在中等纬度东西延伸的区域,一般多采用正轴圆锥投影,我国多数地区适合这种投影。这是由于正轴圆锥投影的变形是随纬度的变化而变化的,不依经度的变化而变化,因此能保持上下边纬线长度比基本一致,东西任意延伸,变形不会增大。在沿南北方向延伸的区域,一般可采用正轴多圆锥投影,这是由于在中央子午线两侧变形较小。以上要求主要是就大面积区域而言,如果在小面积区域则可不必严格按这个要求,因为在小面积区域内各种投影的变形都是很小的。

有关方位投影、多圆锥投影等投影方法可参考有关的参考书。

(2) 根据情报处理区域的任务和性质选择。对于不同的任务和性质，其投影的变形要求是不同的。

在指挥自动化系统中，一般对各种变形都有同等重要的意义，故常采用等距离投影。这是因为在指挥自动化系统中，既要比较各种物体面积，又要知道准确的国境线、海岸线和两点之间的长度，并且还要注意物体的方向等。若对物体方向要求很高时，也可采用等角投影，因为它能正确地表示物体的方向，且在小区域内点与点之间的关系没有角度变形，可保持投影区域与实地相似。另外，在一些特殊情况中，有时为了利用某一投影特性，虽然这种投影其他变形很大，但是还常采用这种投影。例如等距离方位投影由于自中心至各方向的方位和距离都正确，故常用以决定某一飞行基地到各地的飞行半径及其方向。总之，根据情报处理区域的任务和性质，基本上可以确定按投影的变形性质采用某一种投影。当然这不是唯一的标准，必须结合其他要求，通盘考虑，方能得到更好的结论。

(3) 投影变形。按照上述方法，结合所设计的区域情况及要求进行分析。考虑了几种投影方案后，再对其进行变形估算，选择变形在允许的误差范围内的某种投影。

变形估算不要求精度很高，可采用每一种投影的变形近似式进行计算，或从已有的投影变形表中直接查得。在几种投影方案的变形概值已知之后，即可进行比较，从而确定本区域采用哪一种投影。

(4) 计算方法。在指挥自动化系统中，坐标变换是由计算机实时完成的。因此，要求所选择的地图投影公式必须做到计算方法简单，易于编程。

以上的简短说明，并未能将指挥自动化系统中影响投影选择的所有问题都谈到，但根据这些原则进行选择，也就基本上有所依据了。总之，投影选择是一项科学研究工作，必须精通地图投影的原理和十分熟悉指挥自动化系统使用的要求，才能选择出合适的地图投影。

2. 正变换 $(\lambda,\varphi)\rightarrow(\delta,\rho)$

由上述可知，选择的地图投影方法不同，投影公式也不同。所以，下面仅以等距离正轴圆锥投影的简化公式(4.39)为例进行说明。

根据上一节的介绍，等距离正轴圆锥投影的简化公式为

$$\left.\begin{aligned}\delta &= a\Delta\lambda\\ \rho &= A\varphi + B\end{aligned}\right\}\tag{4.76}$$

式中，$\Delta\lambda = \lambda - \lambda_0$，$A,B,a$ 按下式计算：

$$\left.\begin{aligned}A &= \frac{\rho_1-\rho_2}{\varphi_1-\varphi_2}\\ B &= \frac{A(r_1\varphi_2 - r_2\varphi_1)}{r_2 - r_1}\\ a &= \frac{r_1}{A\varphi_1 + B}\end{aligned}\right\}\tag{4.77}$$

情报处理区域确定后，利用式(4.76)进行正变换时，可将求得的 A,B,a 三个常数代入。例如，设情报处理区域为东经 $100^\circ \sim 120^\circ$，北纬 $17^\circ \sim 27^\circ$；标准纬线 $\varphi_1 = 19^\circ$，$\varphi_2 = 25^\circ$。解式(4.77)，得

$$A=-6\ 344.523\ 8$$
$$B=18\ 215.613\ 8$$
$$a=0.374\ 44$$

代入式(4.76),得

$$\begin{cases}\delta=0.377\ 444\Delta\lambda\\ \rho=18\ 215.613\ 8-6\ 344.523\ 8\varphi\end{cases}$$

式中,φ 为弧度。

3. 逆变换$(\delta,\rho)\rightarrow(\lambda,\varphi)$

根据式(4.76),可得

$$\left.\begin{aligned}\lambda&=\frac{\delta}{a}+\lambda_0\\ \varphi&=\frac{\rho-B}{A}\end{aligned}\right\}\tag{4.78}$$

4.3.3 $(\boldsymbol{\delta},\boldsymbol{\rho})\longleftrightarrow(\boldsymbol{x},\boldsymbol{y})$

1. 正变换$(\delta,\rho)\rightarrow(x,y)$

由图 4.21 和式(4.24),可得

$$\left.\begin{aligned}x&=\rho\sin\delta\\ y&=\rho_0-\rho\cos\delta\end{aligned}\right\}\tag{4.79}$$

式中,ρ_0 是直角坐标原点的投影半径。设坐标原点为(λ_0,φ_0),则

$$\rho_0=18\ 215.613\ 8-6\ 344.523\ 8\varphi_0$$

2. 逆变换$(x,y)\rightarrow(\delta,\rho)$

由式(4.79),可得

$$\left.\begin{aligned}\rho&=\sqrt{x^2+(\rho_0-y)^2}\\ \delta&=\arctan\left(\frac{x}{\rho_0-y}\right)\end{aligned}\right\}\tag{4.80}$$

4.4 不同站之间的坐标变换

前面几节分别介绍了坐标系、地图投影及以地图投影为基础的坐标变换。本节介绍如何将雷达站测量的目标坐标转换为大地坐标和其他站(如指挥中心)的坐标。转换方法有多种,各种方法的精度和计算量有差异,下面介绍几种常用的转换方法。

4.4.1 基于地心直角坐标系的坐标变换

这种坐标变换体系,以地心直角坐标为公共坐标系和基础。即雷达站测量的目标坐标首先转换为地心直角坐标,然后再从地心直角坐标转换为大地坐标和其他站的坐标。

1. 雷达站极坐标与直角坐标的相互转换

(1) 从雷达站极坐标到直角坐标的转换。参考图 4.17,设已知目标的极坐标(ε,β,R),即高低角、方位角、斜距,则目标的直角坐标(x_m,y_m,z_m)为

$$\left.\begin{aligned} x_{\mathrm{m}} &= R\sin\beta\cos\varepsilon \\ y_{\mathrm{m}} &= R\cos\beta\cos\varepsilon \\ z_{\mathrm{m}} &= R\sin\varepsilon \end{aligned}\right\} \tag{4.81}$$

(2) 从雷达站直角坐标到极坐标的转换。设已知目标的直角坐标($x_{\mathrm{m}}, y_{\mathrm{m}}, z_{\mathrm{m}}$)，则目标的极坐标($\varepsilon, \beta, R$) 为

$$\left.\begin{aligned} R &= \sqrt{x_{\mathrm{m}}^2 + y_{\mathrm{m}}^2 + z_{\mathrm{m}}^2} \\ \beta &= \arctan\frac{x_{\mathrm{m}}}{y_{\mathrm{m}}} \\ \varepsilon &= \arctan\frac{z_{\mathrm{m}}}{\sqrt{x_{\mathrm{m}} + y_{\mathrm{m}}}} \end{aligned}\right\} \tag{4.82}$$

2. 雷达站直角坐标与地心直角坐标的相互转换

要进行雷达站直角坐标与地心直角坐标的相互转换，必须知道雷达站所在位置的大地坐标(B_0, L_0, H_0) 和地心直角坐标(x_0, y_0, z_0)，其中大地坐标通过大地测量获得，地心直角坐标可以由大地坐标变换得出，变换方法将在后面介绍。

(1) 从雷达站直角坐标到地心直角坐标的转换。设已知雷达站测量的目标坐标为($x_{\mathrm{m}}, y_{\mathrm{m}}, z_{\mathrm{m}}$)，则该目标的地心直角坐标为

$$\begin{bmatrix} x \\ y \\ z \end{bmatrix} = \begin{bmatrix} x_0 \\ y_0 \\ z_0 \end{bmatrix} + \begin{bmatrix} -\sin L_0 & -\sin B_0\cos L_0 & \cos B_0\cos L_0 \\ \cos L_0 & -\sin B_0\sin L_0 & \cos B_0\sin L_0 \\ 0 & \cos B_0 & \sin B_0 \end{bmatrix} \begin{bmatrix} x_{\mathrm{m}} \\ y_{\mathrm{m}} \\ z_{\mathrm{m}} \end{bmatrix} \tag{4.83}$$

(2) 从地心直角坐标到雷达站直角坐标的转换。设已知目标的地心直角坐标为(x, y, z)，则目标在雷达站的直角坐标为

$$\begin{bmatrix} x_{\mathrm{m}} \\ y_{\mathrm{m}} \\ z_{\mathrm{m}} \end{bmatrix} = \begin{bmatrix} -\sin L_0 & \cos L_0 & 0 \\ -\sin B_0\cos L_0 & -\sin B_0\sin L_0 & \cos B_0 \\ \cos B_0\cos L_0 & \cos B_0\sin L_0 & \sin B_0 \end{bmatrix} \begin{bmatrix} x - x_0 \\ y - y_0 \\ z - z_0 \end{bmatrix} \tag{4.84}$$

3. 地心直角坐标与大地坐标的相互转换

(1) 已知(B, L, H)，求(x, y, z) 的公式。

$$\left.\begin{aligned} x &= (N + H)\cos B\cos L \\ y &= (N + H)\cos B\sin L \\ z &= [N(1 - e^2) + H]\sin B \end{aligned}\right\} \tag{4.85}$$

式中，N 为地球椭球的卯酉圈半径；e 为椭球的第一偏心率；而

$$N = \frac{a}{\sqrt{1 - e^2\sin^2 B}}$$

$$e^2 = \frac{a^2 - b^2}{a^2}$$

式中，a 和 b 分别为椭球的长半径和短半径。

(2) 已知(x, y, z)，求(B, L, H) 的公式。

1) 迭代公式

$$\left.\begin{aligned}B &= \arctan\left[\frac{z}{\sqrt{x^2+y^2}}\left(1+\frac{ae^2}{z}\ \frac{\sin B}{W}\right)\right]\\L &= \arctan\frac{y}{x}\\H &= \frac{\sqrt{x^2+y^2}}{\cos B}-N\end{aligned}\right\}\tag{4.86}$$

其中

$$W = (1-e^2\sin^2 B)^{1/2}\tag{4.87}$$

计算大地纬度 B 时，需用迭代法。由于 e 远小于 1，因此收敛很快。

2）直接解算公式。为了避免迭代计算，也可采用以下直接计算公式，即

$$\tan B = \tan\Phi + A_1 e^2\left\{1+\frac{1}{2}e^2\left[A_2+\frac{1}{4}e^2\left(A_3+\frac{1}{2}A_4 e^2\right)\right]\right\}\tag{4.88}$$

式中

$$\left.\begin{aligned}\Phi &= \arctan\left[\frac{z}{\sqrt{x^2+y^2}}\right]\\A_1 &= \left(\frac{a}{R'}\right)\tan\Phi\\A_2 &= \sin^2\Phi+2\left(\frac{a}{R'}\right)\cos^2\Phi\\A_3 &= 3\sin^4\Phi+16\left(\frac{a}{R'}\right)\sin^2\Phi\cos^2\Phi+4\left(\frac{a}{R'}\right)^2\cos^2\Phi(2-5\sin^2\Phi)\\A_4 &= 5\sin\Phi+48\left(\frac{a}{R'}\right)\sin^4\Phi\cos^2\Phi+20\left(\frac{a}{R'}\right)^2\sin^2\Phi\cos^2\Phi(4-7\sin^2\Phi)+\\&\quad 16\left(\frac{a}{R'}\right)^3\cos^2\Phi(1-7\sin^2\Phi+8\sin^4\Phi)\end{aligned}\right\}\tag{4.89}$$

式中

$$R' = (x^2+y^2+z^2)^{1/2}$$

注意，在 (B,L,H) 与 (x,y,z) 的转换中，一定要使用坐标系所选用的相应椭球体参数。

利用上述 3 组公式，可实现各种坐标的相互转换。这种坐标变换体系可适合全球范围，而且精度很高，但计算比较复杂。当需要把大地坐标在平面上显示时，可利用 4.2 节介绍的地图投影方法。

4.4.2 基于球极平面投影的坐标变换

球极平面投影是把球面上的点表示在一个切平面内的投影方法。它是透视方位投影的一种，又称为球面投影或平射投影。这种投影是等角的，即无角度变形；而且长度比只与到切点的距离有关，与方向无关。这种投影比较适合于雷达情报处理，在雷达的探测范围内能满足精度要求。

1. 球极平面投影

如图 4.27 所示，把地球近似当成一个球，半径为

$$R_0 = (a+b)/2$$

式中，a，b 分别为地球椭球体的长半径和短半径。

过球面上一点O作一切平面，O点相对于球心C的对称点为O'。以O'为视点，把球面上的点投影到切平面上，这种投影就称为球极平面投影。如图4.27所示中，P点在球面上的铅垂点为P_G，其对应的球极平面投影点为P_S；α为圆心角，一般较小。

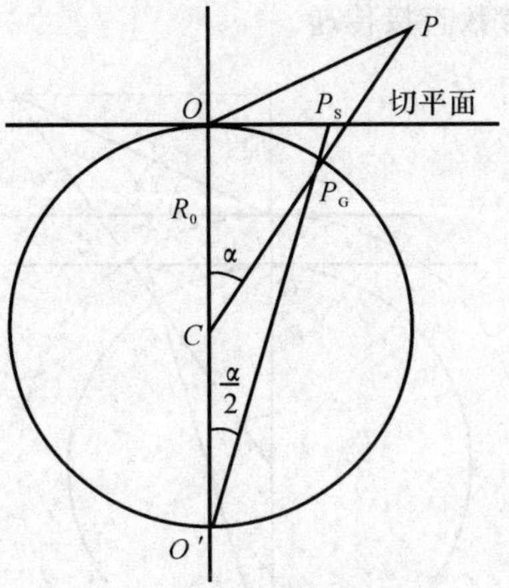

图4.27　球极平面投影示意图

以O为坐标原点，在切平面内建立一个平面直角坐标系，其中y轴指向正北，x轴垂直于y轴，指向正东。设O点的大地坐标为(φ_0,λ_0)，在地球面上某一点A的大地坐标为(φ,λ)，则A点的球极平面投影公式为

$$\left.\begin{aligned} x &= \frac{2R_0\cos\varphi\sin(\lambda-\lambda_0)}{1+\sin\varphi\sin\varphi_0+\cos\varphi\cos\varphi_0\cos(\lambda-\lambda_0)} \\ y &= \frac{2R_0[\sin\varphi\cos\varphi_0-\cos\varphi\sin\varphi_0\cos(\lambda-\lambda_0)]}{1+\sin\varphi\sin\varphi_0+\cos\varphi\cos\varphi_0\cos(\lambda-\lambda_0)} \end{aligned}\right\} \tag{4.90}$$

2. 大地坐标与平面直角坐标的相互转换

用式(4.90)可以实现从大地坐标到平面直角坐标的转换，在实际使用过程中还可以对该式进行简化，简化公式带来的误差不会超过一般雷达的测量精度。设球面上某点A与坐标原点O的经纬度差记为

$$\begin{cases} \Delta\varphi = \varphi - \varphi_0 \\ \Delta\lambda = \lambda - \lambda_0 \end{cases}$$

则式(4.90)的简化公式为

$$\left.\begin{aligned} x &= R_0\Delta\lambda(\cos\varphi_0+\cos\varphi)/2 \\ y &= R_0\Delta\varphi \end{aligned}\right\} \tag{4.91}$$

根据式(4.91)，可以得出从平面直角坐标到大地坐标的反投影公式

$$\left.\begin{aligned} \Delta\varphi &= \frac{y}{R_0} \\ \varphi &= \varphi_0 + \Delta\varphi \\ \Delta\lambda &= \frac{2x}{R_0(\cos\varphi_0+\cos\varphi)} \\ \lambda &= \lambda_0 + \Delta\lambda \end{aligned}\right\} \tag{4.92}$$

3. 雷达站极坐标与平面直角坐标的相互转换

如果取过雷达站的切平面为投影面，则 4.1 节定义的直角坐标在切平面内与本节定义的平面直角坐标是一致的。雷达站所在位置的海拔高度 H_0 一般不为 0，作切平面时必须考虑这一点，如图 4.28 所示。在大地坐标与平面直角坐标相互转换时，不考虑目标的高度，如果知道目标的海拔高度，则作为一个参数直接传递。

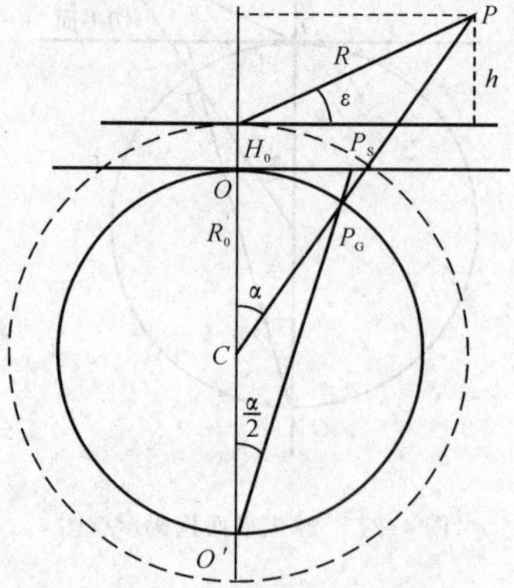

图 4.28　极坐标与平面直角坐标转换示意图

(1) 从雷达站极坐标到平面直角坐标的转换。如图 4.28 所示，设目标 P 的极坐标为(ε,β,R)，则 P 点相对于雷达站切平面的高度 h 为

$$h = R\sin\varepsilon$$

根据图中几何关系，先分别计算圆心角 α 和水平距离 D 如下：

$$\alpha = \arctan\frac{(R^2-h^2)^{1/2}}{R_0+H_0+h},\quad D = 2R_0\tan(\alpha/2)$$

则从雷达站极坐标到平面直角坐标的变换公式为

$$\left.\begin{aligned} x &= D\sin\beta \\ y &= D\cos\beta \\ H &= [R^2-h^2+(R_0+H_0+h)^2]^{1/2}-R_0 \end{aligned}\right\} \tag{4.93}$$

式中，H 为目标的海拔高度。

(2) 从平面直角坐标到雷达站极坐标的转换。已知目标的平面直角坐标(x,y)和海拔高度 H，先计算

$$D = x^2+y^2,\quad \alpha = 2\arctan\frac{D}{2R_0}$$

则目标的极坐标为

$$\left.\begin{aligned} \varepsilon &= \arctan\frac{(H+R_0)\cos\alpha-(R_0+H_0)}{(H+R_0)\sin\alpha} \\ \beta &= \arctan\frac{x}{y} \\ R &= \{[(H+R_0)\sin\alpha]^2+[(H+R_0)\cos\alpha-(R_0+H_0)]^2\}^{1/2} \end{aligned}\right\} \tag{4.94}$$

由式(4.91)至式(4.94)组成的坐标变换体系，计算公式比较简单，但只适用于情报处理区域为数百公里，且对处理精度要求不是很高的场合。

4.4.3　异地站之间坐标的直接转换

利用上述两种方法进行异地站之间的坐标转换时，都要利用地心坐标（地心直角坐标或大地坐标）作为中间坐标。下面介绍一种两站之间坐标的直接转换方法。

设两个站分别为雷达站和指挥中心，要把雷达站测量的极坐标变换到指挥中心的统一直角坐标系中，通常要经过两个阶段。首先把雷达站极坐标系变换到雷达站直角坐标系；然后进行坐标原点平移和坐标轴转动，使其转换到与指挥中心直角坐标系一致。第一阶段可按式(4.81)进行，其反变换则按式(4.82)进行。下面只介绍第二阶段，即如何进行坐标原点平移和坐标轴转动。

当雷达站和指挥中心之间的距离足够远时，必须进行坐标轴的旋转，这是因为地面不是平面，而是球面。现在用具体的例子进行说明。

如图 4.29 所示，设雷达站位于点 N，其站心直角坐标系为 $Nx''y''z''$；指挥中心位于点 M，其站心直角坐标系为 $Mx_0y_0z_0$，该坐标系平移到雷达站站心的坐标系为 $Nx_0y_0z_0$。

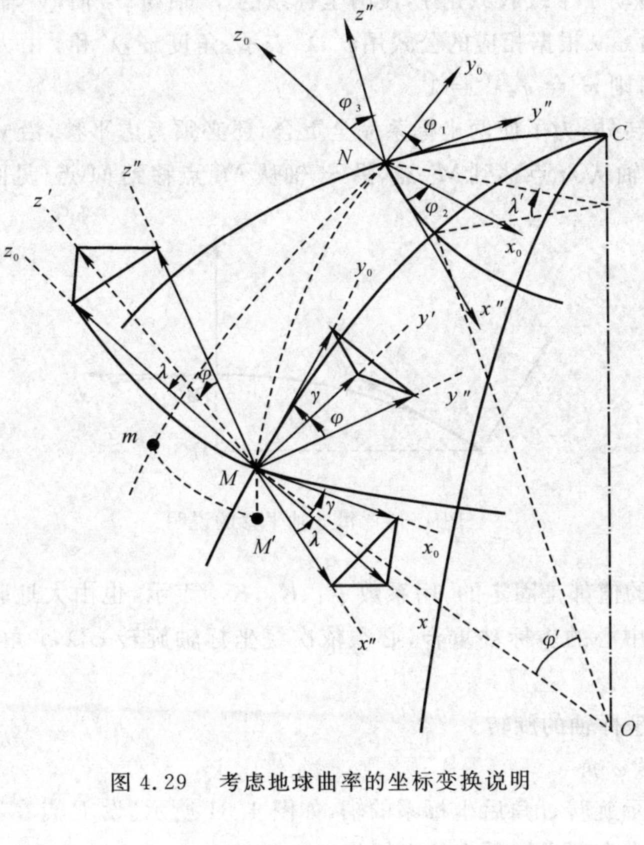

图 4.29　考虑地球曲率的坐标变换说明

引入符号：

φ'—— 雷达站和指挥中心的纬度偏差角；

λ'—— 雷达站和指挥中心的经度偏差角；

γ—— 雷达站相对于指挥中心的子午线收敛角，当两坐标系对应的 x 轴和 y 轴位于同一平

面 x_0My_0 时，该角度确定了两坐标系的 x 轴和 y 轴的偏差。

上述角度确定了两坐标系对应坐标轴之间的偏差角 $\varphi_1,\varphi_2,\varphi_3$。通常，把地球当成旋转椭球体，则这些角是 φ',λ' 和 γ 的函数。

必须旋转坐标系 $Nx''y''z''$，直到与坐标系 $Nx_0y_0z_0$ 重合，即补偿角度 $\varphi_1,\varphi_2,\varphi_3$。为解决该任务，必须知道老坐标系的每一个坐标相对新坐标系的角度值，计算这些角度的方向余弦值，并根据相应的解析几何公式进行变换。

但在这里，任务要简单一点，因为两坐标对应的 x 轴位于平行平面内，这两平面由相应的椭球平行截面形成。这样可以依次绕 x,y,z 轴旋转角度 φ,λ 和 γ。为了说明该过程，把坐标系 $Nx''y''z''$ 移到指挥中心所在点。

首先绕 x'' 轴旋转坐标系 $Nx''y''z''$，使 y'' 轴与 x_0My_0 平面重合，得到新的坐标系 $Mx'y'z'$。用 φ 表示旋转角。

然后绕 y' 轴旋转坐标系 $Mx'y'z'$，使 x' 轴与 x_0My_0 平面重合，得到新的坐标系 $Mxyz$。因为 z 轴垂直于 x,y 轴，而最后两坐标系的 x,y 轴已位于同一个平面，那么很明显 z 轴与 z_0 轴重合。用 λ 表示该旋转角度。

最后，绕 z 轴转动子午线收敛角 γ，使两坐标系的 x' 轴与 x_0 轴，y' 轴与 y_0 轴分别重合。

对椭球体，角度 φ,λ 根据相应的公式用 φ',λ' 表示。角度 φ',λ' 和 γ 由大地联测过程确定。如果把地球当成球体，则 $\varphi'=\varphi,\lambda'=\lambda$。

除了坐标轴旋转外，为了使两坐标系完全重合，还必须考虑平移，沿 y_0 轴从 N 点移到 m 点（见图 4.29），沿 x_0 轴从 m 点移到 M' 点，沿 z_0 轴从 M' 点移到 M 点（见图 4.30）。

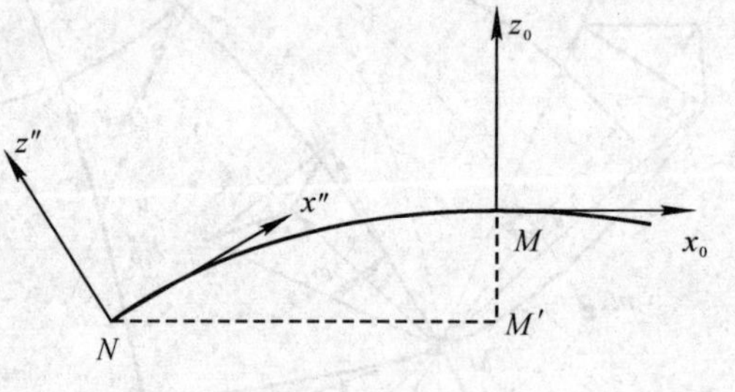

图 4.30　沿 z 轴平移的说明

沿每条轴平移的值都是固定的，用系数 K_4,K_8,K_{12} 表示，也由大地联测过程确定。因此，为使雷达站和指挥中心的坐标轴重合，必须依次绕坐标轴旋转 φ,λ,γ 角，并平移常数值 K_4，K_8,K_{12}。

现在依次进行坐标轴的旋转。

1. 绕 x'' 轴旋转 φ 角

用 x',y',z' 表示旋转 φ 角后坐标系的轴，如图 4.31 所示。设 P 点在原坐标系内的坐标为 (x'',y'',z'')，那么该点在新坐标系内的坐标为

$$\left.\begin{aligned}x'&=x''\\y'&=OA+AB=y''\cos\varphi+z''\sin\varphi\\z'&=OC-OC'=z''\cos\varphi-y''\sin\varphi\end{aligned}\right\}\tag{4.95}$$

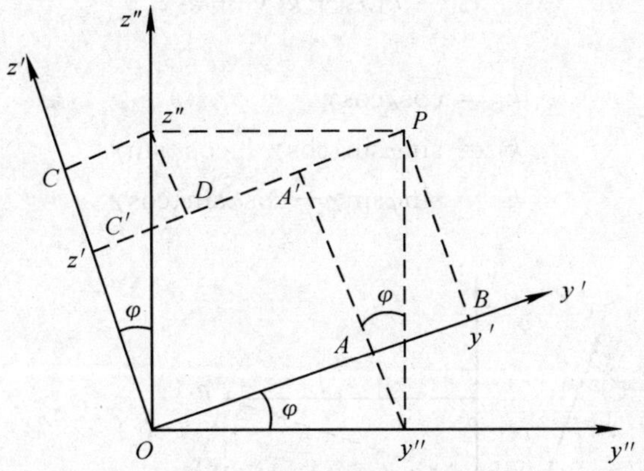

图 4.31　绕 x'' 轴旋转 φ 角

2. 绕 y' 轴旋转角度 λ

用 x,y,z 表示旋转 λ 角后坐标系的轴，如图 4.32 所示。那么 P 点在新坐标系内的坐标可用老坐标系内的坐标表示，即

$$\left.\begin{aligned} x &= x'\cos\lambda - z'\sin\lambda = x''\cos\lambda - z''\cos\varphi\sin\lambda + y''\sin\varphi\sin\lambda \\ y &= y' = y''\cos\varphi + z''\sin\varphi \\ z &= z'\cos\lambda + x'\sin\lambda = z''\cos\varphi\cos\lambda - y''\sin\varphi\cos\lambda + x''\sin\lambda \end{aligned}\right\} \tag{4.96}$$

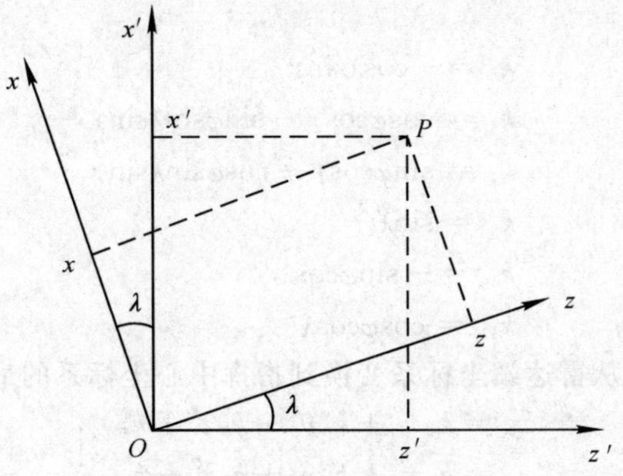

图 4.32　绕 x' 轴旋转角度 λ

3. 绕 z 轴旋转角度 γ

用 x_0',y_0',z_0' 表示旋转 γ 角后的坐标轴，如图 4.33 所示。在该坐标系内 P 点的坐标为

$$\left.\begin{aligned} x_0' &= x\cos\gamma + y\sin\gamma \\ y_0' &= y\cos\gamma - x\sin\gamma \\ z_0' &= z \end{aligned}\right\} \tag{4.97}$$

考虑表达式(4.96) 和式(4.97)，可得

$$\begin{aligned} x_0' = {} & x''\cos\lambda\cos\gamma - z''\cos\varphi\sin\lambda\cos\gamma + y''\sin\varphi\sin\lambda\cos\gamma + y''\cos\varphi\sin\gamma + z''\sin\varphi\sin\gamma = \\ & x''\cos\lambda\cos\gamma + y''(\sin\varphi\sin\lambda\cos\gamma + \cos\varphi\sin\gamma) + z''(\sin\varphi\sin\gamma - \cos\varphi\sin\lambda\cos\gamma) \end{aligned}$$

即 $$x_0' = k_1 x'' + k_2 y'' + k_3 z''$$

式中

$$k_1 = \cos\lambda\cos\gamma$$

$$k_2 = \sin\varphi\sin\lambda\cos\gamma + \cos\varphi\sin\gamma$$

$$k_3 = \sin\varphi\sin\gamma - \cos\varphi\sin\lambda\cos\gamma$$

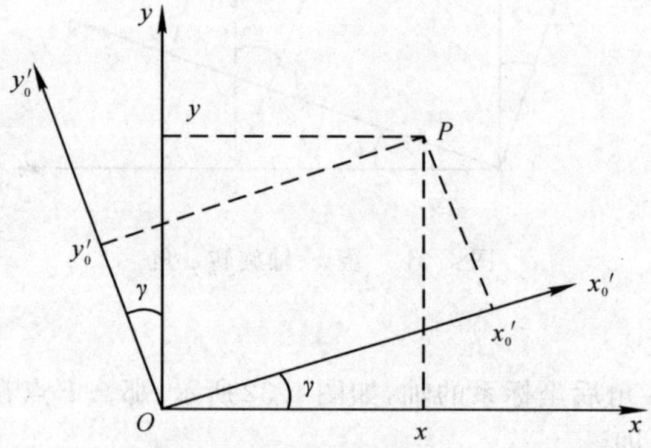

图 4.33 绕 z 轴旋转角度 γ

同理,有 $$y_0' = k_5 x'' + k_6 y'' + k_7 z''$$
$$z_0' = k_9 x'' + k_{10} y'' + k_{11} z''$$

式中

$$k_5 = -\cos\lambda\sin\gamma$$

$$k_6 = \cos\varphi\cos\gamma - \sin\varphi\sin\lambda\sin\gamma$$

$$k_7 = \sin\varphi\cos\gamma + \cos\varphi\sin\lambda\sin\gamma$$

$$k_9 = \sin\lambda$$

$$k_{10} = -\sin\varphi\cos\lambda$$

$$k_{11} = \cos\varphi\cos\lambda$$

考虑坐标平移,得到从雷达站坐标系变换到指挥中心坐标系的最终表达式

$$\left.\begin{aligned} x_0 &= k_1 x'' + k_2 y'' + k_3 z'' + k_4 \\ y_0 &= k_5 x'' + k_6 y'' + k_7 z'' + k_8 \\ z_0 &= k_9 x'' + k_{10} y'' + k_{11} z'' + k_{12} \end{aligned}\right\} \tag{4.98}$$

当雷达站和指挥中心的距离短时,φ,λ 和 γ 趋于 0°。这样,这些角的余弦取 1,而正弦取 0,得到

$$k_1 = 1 \quad k_2 = 0 \quad k_3 = 0$$

$$k_5 = 0 \quad k_6 = 1 \quad k_7 = 0$$

$$k_9 = 0 \quad k_{10} = 0 \quad k_{11} = 1$$

这时所对应的坐标变换表达式为

$$\left.\begin{aligned} x_0 &= x_0'' + k_4 \\ y_0 &= y_0'' + k_8 \\ z_0 &= z_0'' + k_{12} \end{aligned}\right\} \tag{4.99}$$

即只需考虑坐标原点平移。

对中纬度和高纬度地区,在实际中可能出现这种情况,角度 φ 和 λ 都小,只需考虑子午线收敛角 γ。此时系数值等于

$$k_1 = \cos\gamma \qquad k_2 = \sin\gamma \qquad k_3 = 0$$
$$k_5 = -\sin\gamma \qquad k_6 = \cos\gamma \qquad k_7 = 0$$
$$k_9 = 0 \qquad k_{10} = 0 \qquad k_{11} = 1$$

那么变换后的坐标值为

$$\left.\begin{aligned} x_0 &= x''\cos\gamma + y''\sin\gamma + k_4 \\ y_0 &= -x''\sin\gamma + y''\cos\gamma + k_8 \\ z_0 &= z'' + k_{12} \end{aligned}\right\} \tag{4.100}$$

实际中,当指挥自动化系统提供目标指示时,坐标变换的任务是从指挥中心的坐标变换到执行单元所在点的坐标。这时变换按同样的方法实现,所有的关系式都一样,只是要把 N 点当成指挥中心,而 M 点作为执行单元所在位置。

应当注意,点与点之间的位置关系,在坐标变换过程中旋转角的符号。当反时钟方向旋转时,角度为正;顺时钟方向旋转时,角度为负。

当传递包括速度分量在内的目标参数时,也必须对速度进行同样的变换。通常传递的速度分量是水平面上的 v_x'',v_y''。在新坐标系内速度分量的表达式为

$$v_{x_0} = v_x''k_1 + v_y''k_2$$
$$v_{y_0} = v_x''k_5 + v_y''k_6$$

式中,k_1,k_2,k_5,k_6 也是变换系数,与目标坐标相对应。

思　考　题

1. 在防空指挥自动化系统中,常用的坐标系有哪几种?它们分别是如何定义的?
2. 采用地图投影的目的是什么?
3. 为什么在地图投影过程中,会产生投影变形?投影变形有哪几种?
4. 我国国土防空中,指挥自动化系统的坐标变换采用什么地图投影比较合适?为什么?
5. 画出从加密方格坐标到统一直角坐标之间相互转换的流程框图,并注明采用的公式。
6. 设有一目标的方格坐标为 $FEmnp = 1005235$,统一直角坐标原点为 $F_0 = 20$,$E_0 = 98$,$\lambda_0 = 108°$,$\varphi_0 = 30°$。求目标的地理坐标。假定 $F_z = 85$,$E_z = 86$。
7. 设统一直角坐标系原点大地坐标 $\lambda_0 = 118°$,$\varphi_0 = 40°$,以 $41° \sim 41°30'$,$113° \sim 114°$ 的大方格为 $FE = 0000$,大方格的加密密码 $A = +10$,$B = -15$。区域最左边 $\lambda_W = 105°$,最右边 $\lambda_E = 130°$,最上边 $\varphi_N = 50°$,最下边 $\varphi_S = 30°$。试求:输入目标点 $F'E'mnp = 1581248$ 和 $F'E'mnp = 3095136$ 两点的 x,y 坐标。
8. 对思考题 7 进行反变换。
9. 比较基于地心直角坐标系和基于球极平面投影两种坐标变换方法的特点。
10. 简述异地站之间坐标直接转换方法的过程与原理。

第 5 章　雷达信息的三次处理

经过雷达信息的一次和二次处理，可获得单雷达的航迹信息。多个雷达站的信息送到情报处理中心或指挥中心，在此进行综合处理，即三次处理。三次处理进行多站航迹关联，对来自同一目标的航迹进行航迹融合，获得统一的综合航迹。

5.1　雷达信息三次处理的任务

在雷达信息一次和二次处理阶段，处理的信息只来自单个雷达站。指挥自动化系统在完成指挥控制任务时，必须有足够大空域内的目标信息，只靠单个雷达站是保证不了的。因此，只有用多个雷达站组成一个雷达网来获取信息。处理多个雷达站所获信息的任务是形成总的空情态势图。

处理多个雷达站信息的过程称为三次处理，也称为情报综合，或称为信息融合。

为完成其任务，雷达站按一定的战斗队形进行部署。雷达的可探测区域构成雷达网。通过对雷达站的部署，可使它们的探测区全部或部分重叠，如图 5.1 所示。在另外一种情况下，这种重叠不存在，并且雷达网中间还可能出现空隙，如图中 AB 段。探测区重叠的雷达网可改善探测目标的条件，但需要更多的雷达设备。这样关于同一目标的信息可能同时来自几个雷达站。在理想情况下，这些目标点迹应该相互重合。但实际上这种重合是见不到的，这是因为存在坐标测量时的系统误差和随机误差，探测时间的差异，以及进行坐标统一时由雷达位置点和三次处理站之间视差所引起的误差。进行坐标和时间统一是三次处理的条件，因为所有的雷达是在自己的坐标系和不同的时刻确定目标坐标的，不能直接用于信息的综合(统一)。

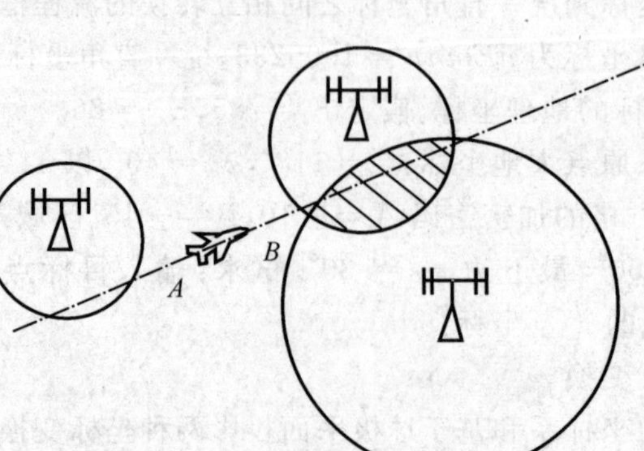

图 5.1　扫描区水平截面

通常点迹和航迹的不重合，或者是因坐标测量误差和探测时间的差异所引起的，或者是因为有多个目标产生的这些点迹和航迹。消除这种不确定性，即判断在具体区域内有多少个目标存在，是三次处理的主要任务。

在三次处理的整个阶段，完成下列任务：

(1) 收集来自信息源(雷达站) 的情报；

(2) 把目标点迹的坐标变换到统一坐标系内；

(3) 把点迹统一到同一计时时间；

(4) 点迹核对(或称为相关)，即作出点迹属于确定目标的判决；

(5) 对同一目标的几个点迹进行坐标平均，以获得更精确的坐标。

雷达网中的信息处理，按数据处理的集中程度分为分布式和集中式。

1. 分布式数据处理

所谓分布式数据处理，是指雷达信息的二次和三次处理分别在不同处理机内进行。也就是说，每个雷达站用一部计算机根据单部雷达的点迹完成二次处理功能，然后把单雷达航迹送往雷达情报处理中心的计算机进行组合，确定各个目标的唯一的多雷达航迹。分布式数据处理的结构如图 5.2 所示。

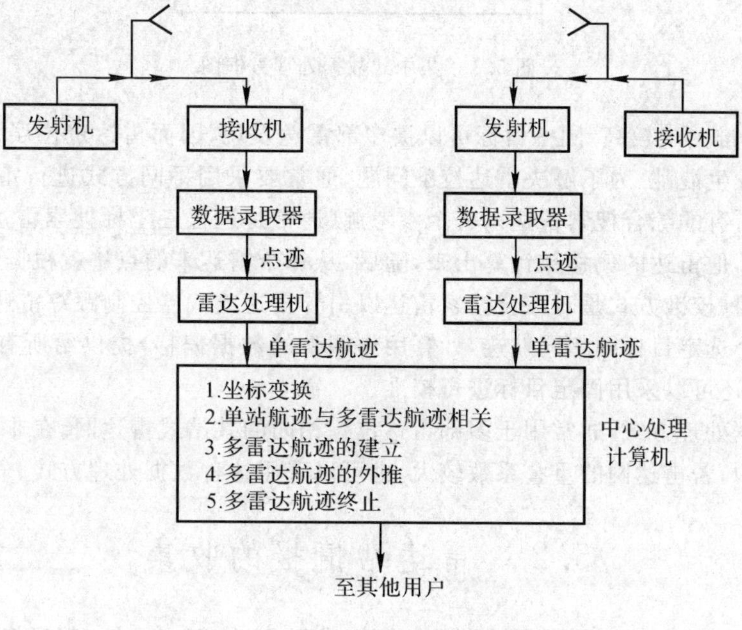

图 5.2　分布式数据处理方框图

2. 集中式数据处理

所谓集中式数据处理，是指雷达信息的二次和三次处理同在一个处理机内进行。也就是说，雷达情报处理中心的计算机对各雷达站送来的目标点迹进行综合处理，输出各个目标的多雷达目标航迹，图 5.3 是这种处理方式的结构图。从图中可以看出，雷达站数据录取器输出的雷达目标点迹直接经通信线路送往雷达情报处理中心的计算机，进行综合处理。

集中式数据处理与分布式数据处理相比，具有以下特点：

(1) 跟踪精度高。在集中式数据处理方式中，多雷达站的数据录取器输出的目标点迹全部送入数据处理机，因而雷达情报处理可以获得较高的点迹数据精度。

(2) 数据传输容量较大。数据录取器输出的真假目标点迹全要经数据传输线路传送到雷达情报处理中心，所以数据传输容量较大。

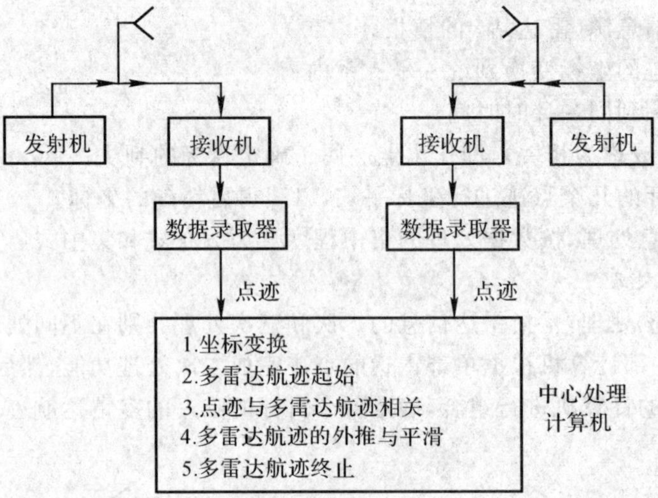

图 5.3　集中式数据处理方框图

(3) 雷达校准要求较高。同一目标可以被多部雷达发现，因而雷达定位误差就可能引起点迹与航迹相关发生混乱。为了解决雷达校准问题，通常要采用不同方式进行雷达校准处理，第一种方式是把所有的综合搜索雷达以一个参考源(通常是远程三坐标搜索雷达) 来校准。跟参考雷达有关的其他雷达的偏移被计算出来，随后，从每个雷达来的点迹就根据计算出来的偏移进行修正。第二种校准方式是对综合搜索雷达以引导雷达或武器控制跟踪雷达为基准来校准。它通过比较一个选定目标的相同航迹，计算用作调整的数据偏移，提供给所有搜索雷达。对于共站式雷达网，还可以采用固定目标进行校准。

集中式数据处理方式，通常用于多部雷达位置相同的共站式雷达网。在非共站雷达组成的分布式雷达网中，若雷达网的重叠系数较大，也可以采用这种数据处理方式。

5.2　雷达站情报的收集

将包含有关于目标位置的数据、目标的特性、各种属性(国家属性、新目标特征等) 的一类信息，叫做情报。它来自雷达站，通过信道传送，用于后面的处理和应用。通常在传送情报时要进行二进制编码。情报收集的任务是得到尽可能多的信息并使信息丢失最小。造成信息丢失的原因，一是处理设备没有来得及接收所有的输入情报，二是有部分情报没有利用。

估计设备的情报收集能力，要利用排队论，把情报收集设备当成一个排队系统。分析排队系统时，常把它分成下面几类：

(1) 无等待的排队系统。如果收集系统被占用，用来处理以前来的信息，则新来的信息立即被拒绝，即丢失了。

(2) 带等待的排队系统，情报可能无时间限制地等待处理。

(3) 有限等待的系统，系统如果正忙，则新来的情报等待一段时间。如果这段时间内信息未拿去处理，则被拒绝。

在现代广泛地采用优先排队系统。这是指不同申请(信息) 的重要性不一样，重要信息排在前面，优先处理。

图 5.4 为带等待的情报收集系统结构图。各雷达站来的情报由情报接收设备接收，并送入存储设备 —— 情报等待寄存器。经过一段时间，根据计算机的准备程度，经过等待寄存器询问装置，数据送去处理。

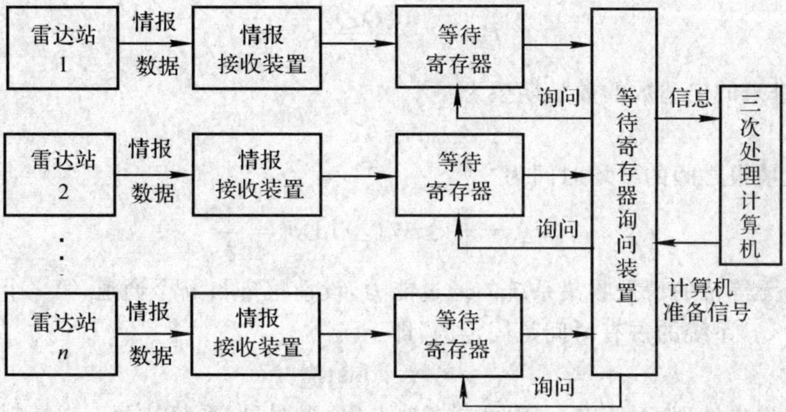

图 5.4　带等待的情报收集系统结构图

收集系统的基本特性为相对通过能力

$$q = \frac{\bar{Q}_o}{\bar{Q}_i} \tag{5.1}$$

式中，$\bar{Q}_o$ 为处理情报的平均数，$\bar{Q}_i$ 为输入情报的平均数。

很明显，$q \leqslant 1$。如果用 P_0 表示得到处理的情报概率，即

$$q = P_0$$

在计算时，信息处理系统的占用时间 t_z 是一个重要的特征，它可能是固定的或随机的。如果是随机的，则常认为它服从指数规律，即

$$W(t_z) = \mu e^{-\mu t_z} \tag{5.2}$$

式中，$\mu = \frac{1}{\bar{t}_z}$，为处理强度，$\bar{t}_z$ 为占用的平均处理时间。

通过几个通道送到信息收集和处理系统的情报，在输入端形成情报流。为简化分析，通常认为信息流是最简单的。

通常，一个通道传递情报的平均速度为

$$\bar{v} = \frac{1}{T_D + T_N} \tag{5.3}$$

式中，T_D 和 T_N 分别为情报和间歇的长度均值。

单位时间从所有通道来的平均情报数称为信息流强度，它等于

$$\lambda = \sum_{i=1}^{n} \bar{v}_i \tag{5.4}$$

式中，n 为输入情报的通道数。

对于最简单的信息流，已知任何相邻两次情报之间的间隔 Δt 是不相关的随机值，分布函数为

$$F(\Delta t) = 1 - e^{-\lambda\Delta t} \tag{5.5}$$

其分布密度

$$W(\Delta t) = \frac{dF(\Delta t)}{dt} = \lambda e^{-\lambda\Delta t} \tag{5.6}$$

在间隔 τ 内输入 m 次申请的概率为

$$P_m(\tau) = \frac{(\lambda\tau)^m}{m!}e^{-\lambda\tau} \tag{5.7}$$

而此其间内，进来的申请数的数学期望为

$$a = \lambda\tau \tag{5.8}$$

相邻两次情报之间的平均时间为

$$\Delta t_{cp} = \int_0^\infty \Delta t W(\Delta t) d\Delta t = \frac{1}{\lambda} \tag{5.9}$$

现在讨论无等待的情报收集系统的通过能力，设情报来自 n 个通道，第 i 个通道的情报传递平均速度为 $\bar{v}_i$，系统的占有时间是固定的，即

$$t_z = \text{const}$$

此后情报送去处理，系统在 t_z 其间内将被占用。很明显，系统从第一次情报的处理中释放以前，所收到的情报将被拒绝(如图 5.5 中情报 2,3,4)。

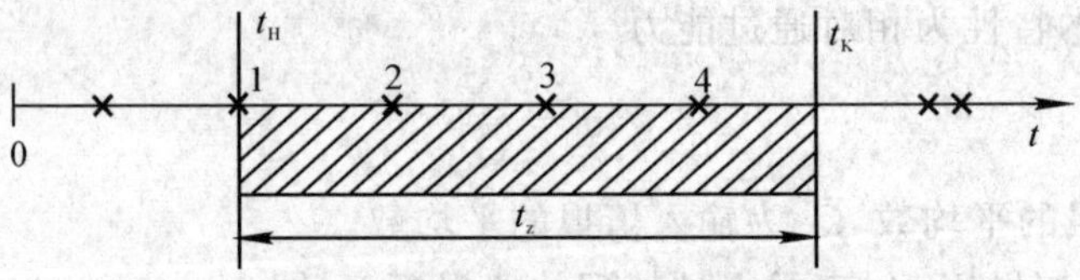

图 5.5　无等待的收集系统的相对通道能力

在此其间出现情报的概率由式(5.7) 表示。在 t_z 其间不出现情报的概率为

$$P_{m=0}(t_z) = \frac{(\lambda t_z)^m}{m!}e^{-\lambda t_z}\bigg|_{m=0} = e^{-\lambda t_z} \tag{5.10}$$

这也是情报不被拒绝的概率。所以，无等待的收集系统，其相对通过能力可表示为(当 t_z = const 时)

$$q = e^{-\lambda t_z} \tag{5.11}$$

如果时间占有规律为指数的，系统相对通过能力的确定更复杂。这里只给出最终结果

$$q = \frac{1}{\lambda t_z + 1} \tag{5.12}$$

比较占用时间固定和占用时间随机两种状态，哪种状态更好呢?图 5.6 显示了这两种状态下，相对通道能力 q 的关系曲线。由图可见，占用时间随机的状态更有利。

带等待的系统按等待的限制形式区分。按等待时间进行限制的系统，其情报按顺序传送，但超过规定等待时间的情报被丢掉。在另外的系统中，按队列长度进行限制。即是说，如果队列

的长度没有超过允许值，则情报被排入队列；相反情况下，则拒绝接收情报，情报丢失。但进入队列的情报一定进行处理。按队列长度等待的系统，其相对通过能力的确定式为

$$q = 1 - \frac{\alpha^{k+1}}{\sum_{i=0}^{k+1} \alpha^i} \tag{5.13}$$

式中，k 为队列长度；$\alpha = \frac{\lambda}{\mu}$，为收集系统的负载系数。

以上公式是在假设情报流最简单，而占有时间服从指数规律条件下获得的。

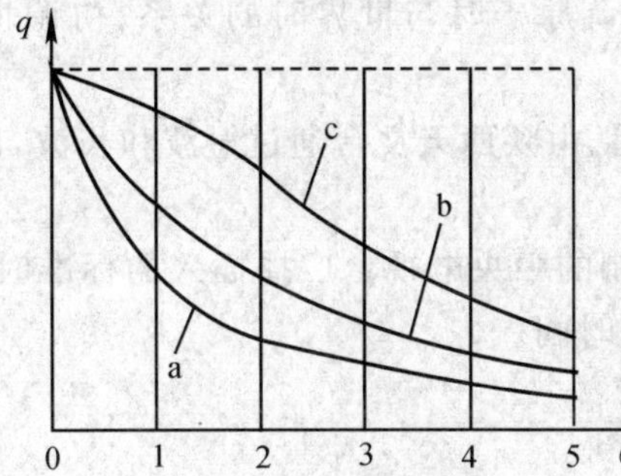

图 5.6　相对通过能力关系曲线

a— 占用时间固定的系统；b— 占用时间为指数的系统；

c— 按队列长度($k = 3$) 进行等待的系统

为实现带等待(按队列长度) 的系统，在信息处理系统中分出一块存储缓冲区。队列长度取决于该缓冲区能存储情报的最大数量。在几个周期内，缓冲区可能被存满。这样，因为暂时没有进行排队的空间，来的情报将被拒绝而丢失。

带等待的系统有更高的通过能力。对长为 $k = 3$ 的队列，根据式(5.13)，计算出 q 随负载系数 α 变化的关系曲线，并显示在图 5.6 中和其他系统进行比较。

5.3　时间统一

要测量和描述一个运动物体的状态，必须精确地给出各观测量的时刻和某时刻物体所处的位置和速度等参数，这就需要相应的时间系统和坐标系统。

对于一个多传感器系统，首先是单个传感器在各自的时间和空间系统内进行测量，然后对各自的测量结果进行时空统一。只有在统一的时间和坐标系统内，才能进行多传感器信息融合。坐标系及坐标变换的内容已在第四章作了专门研究，在此只介绍时间统一问题。

时间系统和坐标系统一样，应有其尺度(时间) 与原点(历元)。只有把尺度与原点结合起来，才能给出统一的时间系统和坐标系统。

5.3.1　时间系统

任何一个周期运动，只要它的周期是恒定并且是可观测的，都可以作为时间尺度。例如，以地球自转周期为时间尺度的时间系统有恒星时、真太阳时、平太阳时、世界时等，这种以地球自

转为基准的时间系统具有不均匀性，已被周期更稳定、精度更高的原子跃迁所产生的稳定频率信号为基准的原子时所取代。

(1) 世界时 UT。世界时秒的定义为：太阳连续二次经子午线的平均时间间隔称为一个平太阳日，一个太阳日分成 $24 \times 60 \times 60 = 86\,400$ s。世界时有三种，即 UT_0，UT_1 和 UT_2，其中 UT_1 和 UT_2 是对 UT_0 的不均匀性进行修正后得到的。

(2) 原子时 AT。原子时秒的定义是：铯原子基态的两个超精细能级间在零电磁场下跃迁辐射 9 192 631 770C(周) 所持续的时间。

(3) 协调世界时 UTC。为了获得既准确的频率和均匀的时间尺度，又与地球自转相关的时刻，出现了协调世界时，它用于协调原子时与世界时的关系。协调世界时秒长就是原子时的秒长。

(4) 我国现行标准时间的发播。由陕西天文台通过短波和长波，以不同的频率向外发播世界时和北京时间。

由中国计量科学院研究院控制的中央电视台广播插入的标准时间频率信号，其时间单位是原子秒，发布的标准时间为北京时间。

5.3.2 时间统一的方法

指挥自动化系统内的时间统一根据不同阶段分为三种：

(1) 信息源(雷达站) 在平时，其工作时钟取我国标准时间 —— 北京时间；

(2) 作战状态，以指挥中心的时钟为基准，其他各站(信息源与武器系统) 通过通信系统与指挥中心对时，对时过程中应考虑通信的延时；

(3) 在进行情报综合时，把一个处理周期内，各站在不同时刻测量的雷达航迹点通过外推或内插统一到同一时刻。

和上级、友邻的时间统一，在无法对时的情况下，主要靠统一时间标准，并在传递情报时带情报的发生时刻。

下面介绍外推法实现时间统一的原理。考虑到信息更新速度较快，所以外推时假设目标坐标是匀速直线变化的，其变化速度是已知的。

为了证明点迹属于同一目标，需要计算它们在同一时刻所处的位置。如果计算结果足够接近，则他们很可能是属于同一个目标。

点迹统一到同一计时时间的过程如下：

(1) 指定需要使用点迹的时刻 t_k；

(2) 确定每个点的外推时间长度；

(3) 进行坐标外推。

设时刻 t_1(见图 5.7) 雷达 1 探测到目标，时刻 t_2 雷达 2 探测到目标。需要在 t_k 时刻使用获得的点迹信息。为此必须：

1) 确定每个点的外推时间 t_{ei}

$$t_{ei} = t_k - t_i$$

对于本例，

$$\begin{cases} t_{e1} = t_k - t_1 \\ t_{e2} = t_k - t_2 \end{cases}$$

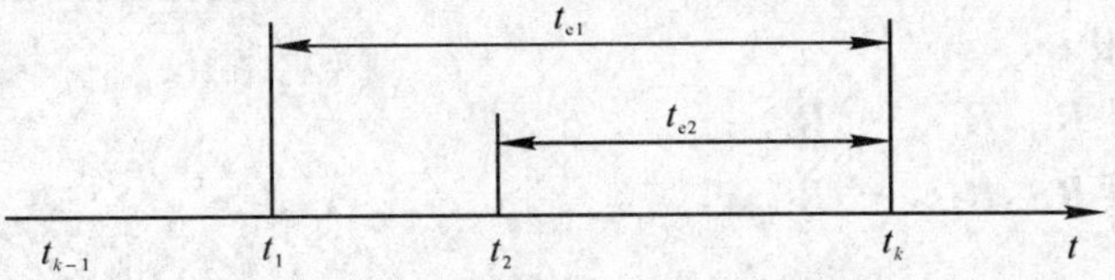

图 5.7　点迹统一到同一计时时间

2）根据公式进行坐标外推，即

$$\left.\begin{aligned} x_{ei} &= x_i + v_x t_{ei} \\ y_{ei} &= y_i + v_y t_{ei} \end{aligned}\right\} \tag{5.14}$$

式中，x_{ei}，y_{ei} 为 i 点迹在时刻 t_k（坐标比较时刻）的外推坐标；x_i，y_i 为 i 目标在探测时刻的坐标；v_x，v_y 为 i 目标的速度分量。

点迹统一到同一计时时间的转换会带来附加的误差，在点迹核对过程中心须加以注意。所说的误差可以用外推误差公式来估计。对式(5.14)，有

$$\sigma_{x_{ei}}^2 = \sigma_{x_i}^2 + \sigma_{v_x}^2 t_{ei}^2 + 2t_{ei} R_{x_i v_x}$$

或者利用 n 个周期的平滑值 $\bar{x}_i$，$\bar{v}_x$，有

$$\sigma_{x_{ei}}^2 = \sigma_{\bar{x}_i}^2 + \sigma_{\bar{v}_x}^2 t_{ei} + 2t_{ei} R_{\bar{x}_i \bar{v}_x}$$

式中，$\sigma_{\bar{x}_i}^2$，$\sigma_{\bar{v}_x}^2$，$R_{\bar{x}_i \bar{v}_x}$ 由式(3.20)、式(3.21)、式(3.23)确定。

误差值 $\sigma_{x_{ei}}$ 取决于 t_{ei} 值，即选择的时间 t_k。因此，在选择 t_k 时，应保证 t_{ei} 尽可能小。

对误差的粗略估计可用简化公式

$$\sigma_{x_{ei}} \approx \sqrt{\sigma_{x_i}^2 + \sigma_{\bar{v}_x}^2 t_{ei}^2}$$

5.4　点迹核对

所有的雷达站独立地处理信息(在各自的探测区内)，并把获得的数据以情报的形式送到三次处理站。考虑到雷达探测区有重叠的情况，在情报的组成中会有重复的情报，它是来自几个雷达关于同一目标的信息。

在核对过程中作出判决，并确定：

如果关于目标的情报来自几个雷达站，到底有多少目标存在；

送来的情报怎样按目标进行分配，即哪些属于同一目标。

作出判定的基础是分析点迹不一致程度。不一致程度是指两个点迹矢量之间的差异程度，即

$$\Delta \boldsymbol{R}_{ijkr} = \boldsymbol{R}_{ij} - \boldsymbol{R}_{kr}$$

式中，i 和 k 表示得到情报的雷达站编号；j 和 r 表示情报(点迹)编号；$\boldsymbol{R}_{ij}$，$\boldsymbol{R}_{kr}$ 是由各分量组成的矢量。

$$\boldsymbol{R}_{ij} = (x_{ij}, y_{ij}, H_{ij}, v_{x_{ij}}, v_{y_{ij}}, S_{ij}, \cdots)$$

式中，x_{ij}，y_{ij}，H_{ij} 表示目标坐标；$v_{x_{ij}}$，$v_{y_{ij}}$ 表示速度分量；S_{ij} 表示目标属性。

此外，还包括其他附属特征，如目标在本周期内的丢失特征、航向等。

信息核对的任务更具体地表达如下：设有 m 个独立的信息源，处理站从它们中各自获得关于 n_i 个目标的情报。

从 1 号雷达获得 $\boldsymbol{R}_{11},\boldsymbol{R}_{12},\cdots,\boldsymbol{R}_{1n_1}$；

从 2 号雷达获得 $\boldsymbol{R}_{21},\boldsymbol{R}_{22},\cdots,\boldsymbol{R}_{2n_2}$；

……

从 m 号雷达获得 $\boldsymbol{R}_{m1},\boldsymbol{R}_{m2},\cdots,\boldsymbol{R}_{mn_m}$。

核对的结果是必须确定哪些点迹是属于同一目标的。通常核对分两个阶段实现：① 粗核对阶段；② 精核对阶段。有时也把这两个阶段称为粗相关和精相关。

5.4.1 粗核对(粗相关)

在核对的第一阶段是比较信息矢量 $\boldsymbol{R}_{ij}$ 和 $\boldsymbol{R}_{kr}$ 中的坐标和速度分量，有时为了简化，只使用这些分量的某种组合进行比较。注意，相应的分量先要变换到同一坐标系和同一计时时间。

如果情报 $\boldsymbol{R}_{ij}$ 和 $\boldsymbol{R}_{kr}$ 来自同一目标，那么它们的坐标在允许偏差范围内是一致的。情报选择准则是利用同名坐标偏差值，该偏差值应小于允许范围，即

$$\left.\begin{array}{l}|x_{ij}-x_{kr}|\leqslant\Delta x\\|y_{ij}-y_{kr}|\leqslant\Delta y\\|H_{ij}-H_{kr}|\leqslant\Delta H\\|v_{x_{ij}}-v_{x_{kr}}|\leqslant\Delta v_x\\|v_{y_{ij}}-v_{y_{kr}}|\leqslant\Delta v_y\end{array}\right\}\tag{5.15}$$

用同样的方法比较其他情报。将所有满足式(5.15)的情报组成一个组。这些组中的每一个都叫做粗核对信息组(简称组 A)。式(5.15)简记为

$$|\boldsymbol{R}_{ij}-\boldsymbol{R}_{kr}|\leqslant\Delta\boldsymbol{R}\tag{5.16}$$

(意味着所有分量都满足不等式。)

为形式化表示该过程，用下面公式表示情报属于组 A 的特征：

当式(5.16)成立时，$\Pi_c(\boldsymbol{R}_{ij},\boldsymbol{R}_{kr})=1$；

当式(5.16)不成立时，$\Pi_c(\boldsymbol{R}_{ij},\boldsymbol{R}_{kr})=0$。

通常在处理站选择一个雷达站作为基站，它的点迹也当成基点。被选为基站的雷达，在发现距离、测量精度、发现概率等方面的技术性能最好。考虑到综合(核对)的周期小于或等于雷达扫描周期，那么，在综合周期从基站雷达来的所有情报都应被归属到不同的目标。因此，在基站雷达的每一个点迹周围按尺寸 $\Delta\boldsymbol{R}_l$ 建立一个波门，用于产生自己的组 A。而后检查所有从其他雷达站来的点，并选择所有进入波门的点。然后在别的雷达站没有进入前面波门的点迹周围建立波门，并依此类推。

输入信息分组的两维几何模型如图 5.8 所示。基点情报选为 $\boldsymbol{R}_{11}$ 点。在本例中，所有点迹都在波门内，它们组成组 A。粗核对时，重要的一点是选择允许偏差值(波门尺寸)。如果增大坐标的允许偏差范围，则同一目标点迹相关正确的概率高，但同时也增加了来自其他目标点迹的错误相关概率。

考虑到还有精核对阶段，选择式(5.15)中允许偏差的条件为：属于同一目标的所有非错误情报进入组 A 的概率应接近 1。

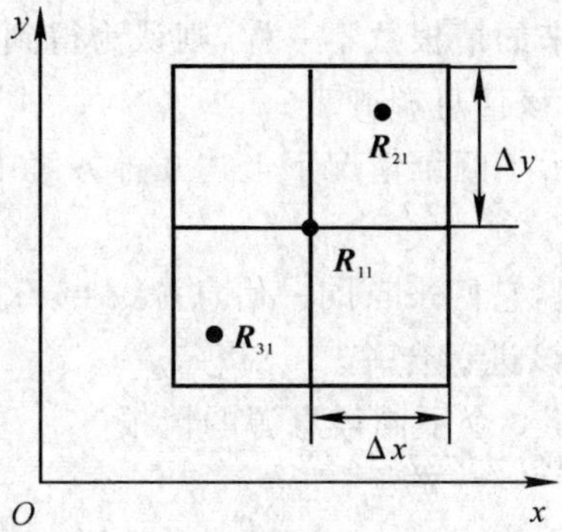

图 5.8　分组的两维几何模型

可以认为，属于某一目标的不同情报的距离偏差，服从正态分布，其均方值 $\sigma_{\Delta x}$ 的计算公式为

$$\sigma_{\Delta x}=\sqrt{\sigma_{x_{ij}}^2+\sigma_{x_{kr}}^2}$$

式中，$\sigma_{x_{ij}}$（$\sigma_{x_{kr}}$）表示同一情报的坐标均方偏差，它由以下的原因所造成。

(1) 雷达站有测量误差 σ_1，并转换到了处理站所在的坐标系；

(2) 当把点迹统一到同一空间与时间系统时，有变换误差 σ_2；

(3) 有由目标机动所造成的动态误差 σ_3，即可写出

$$\sigma_{x_{ij}}=\sqrt{\sigma_1^2+\sigma_2^2+\sigma_3^2}$$

允许偏差由式 $\Delta x=k\sigma_{\Delta x}$ 选取，此处 k 为系数，它根据所要求的正确核对概率选择。

考虑上述误差，得到足够大的允许误差。计算显示，当距离、方位和高度的测量精度较高（$\sigma_r=200$ m，$\sigma_\beta=10'$，$\sigma_H=400$ m），且目标机动弱时，值 Δx，Δy 达到 4 ～ 6 km。

实际上，考虑目标的机动，以及在几个周期内可能有丢点，选取 Δx，Δy 的范围为 10 ～ 15 km。

从上面引用的允许偏差值可知，它(即使在不考虑目标机动)应该高出雷达分辨力的好几倍。因此，粗核对的情报组可能包括几个目标的情报，因而需要进一步的逻辑处理，以提高核对精度。

5.4.2　精核对(精相关)

为解决在情报组 A 中有什么样的和多少目标存在的问题，首先应该遵守下面的逻辑规则。

规则 a：如果组 A 的所有情报来自同一个信息源，则认为这些情报属于不同目标，因为从一个信息源不可能得到同一目标的两个情报。当然，在这里假设对同一目标，组 A 中不存在来自一个雷达站相邻两扫描周期的情报(即综合周期不大于雷达扫描周期)。

规则 b：如果所有的情报来自不同的信息源，则认为这此情报属于同一目标。这个规则不是没有条件的，因为可能存在这样的情况，即同时有不好的能见度，一个目标由第一部雷达发现，而另一个由第二部雷达发现。这样规则 b 就不正确了。但实际中这种情况很少见。

规则 c：如果从每个信息源来的情报数都一样，则认为组内总的目标数等于一个信息源来的情报数。当按单个目标对这些情报分组时，遵守规则 a，即来自同一信息源的情报属于不同

目标。

规则 d:如果从几个信息源来的情报数不一样,则认为得到情报数最多的信息源给出的空情最可靠,组 A 中的目标数就由该信息源确定。

在图 5.9 ～ 图 5.12 中,显示了两维情况下上述几种方案中组 A 的情报分布,并给出了应用情报分组规则的结果。

图 5.9 中组 A 内有 4 个情报,它们来自同一信息源($i = 1; j = 1,2,3,4$)。根据规则 a,所有这些情报属于不同目标,且不应该进行合并。

在图 5.10 的组 A 中,有属于 3 个不同信息源的情报($i = 1,2,3; j = 1$)。根据规则 b,所有这些情报都属于同一目标。

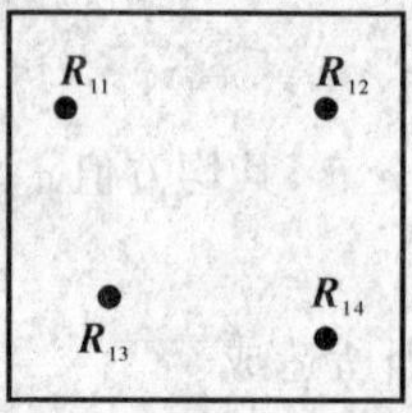

图 5.9 组 A 中有 4 个目标

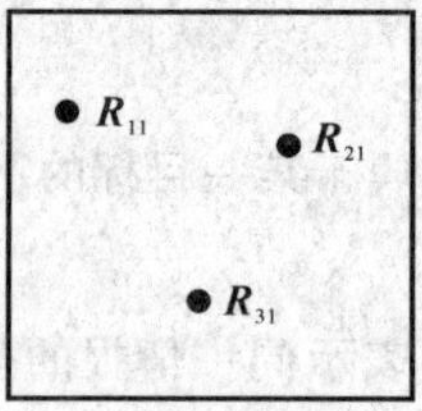

图 5.10 组 A 中有 1 个目标

在图 5.11 中的组 A 中有 4 个情报,来自 2 个信息源各 2 个($i = 1,2; j = 1,2$)。根据规则 c,组 A 中的情报来自 2 个目标。为产生 2 个统一情报,对 $\boldsymbol{R}_{11}, \boldsymbol{R}_{12}, \boldsymbol{R}_{21}, \boldsymbol{R}_{22}$ 分组的可能方案,在图中分别用实线和虚线表示。

在图 5.12 中的组 A 中有 3 个被选的情报,根据规则 d,在该组中有 2 个目标。通过对组 A 形成过程的讨论和根据规则对这些组的分析,可得出以下结论:

(1) 按公式(5.15) 和规则 a ～ d 所解决的核对问题,可以形成对每个目标的初步分组方案。

(2) 按规则 a,b 的分组方案是最终的方案。按另外两规则的分组方案还需要进行处理,以选择最佳的分组方案。

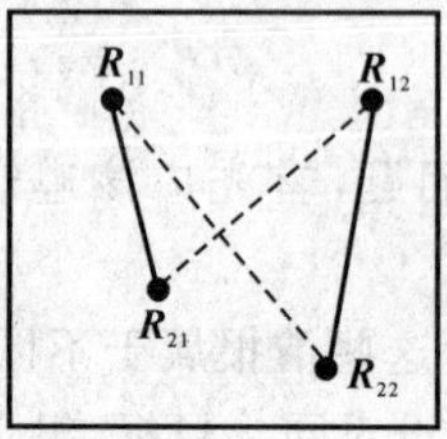

图 5.11 组 A 中 2 个目标

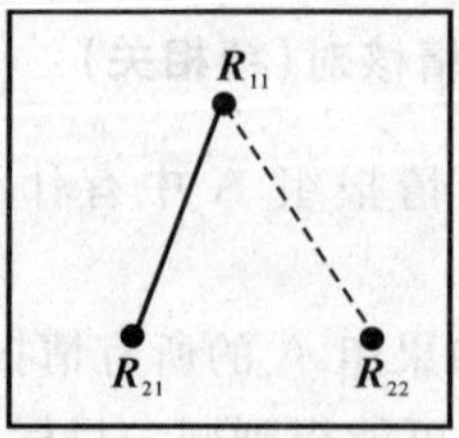

图 5.12 组 A 中 2 个目标

(3) 按规则 c 和 d 得到的点迹分组方案具有非唯一性。组中的总目标数等于来自单个信息源的最大情报数。数量最多的这些情报适合用来作为基准。从其他信息源来的情报应当与基准情报一起分组,根据所选的准则使情报属于给定目标是最佳的。如果几个信息源来的情报数都一样,则应选测量最精确的信息源为基准。

在核对时，实际上还有前面周期内核对过的航迹。在粗核对的过程中，进入组 A 的也有核对过的航迹。这时的任务是，对新来的情报与已有的综合航迹进行相关。完成该任务有两种方法。

第一种方法是把新来的情报与综合航迹进行最佳分组。综合航迹在这里被当成基准。

第二种方法是先对新来的情报进行最佳分组，然后对核对后的情报与已存在的航迹进行相关。

这两种情况的分组质量虽不一样，但最佳核对的实质是一样的。

最合适的最佳核对法是最大似然法，为此给出点迹的所有可能分组方案。分组方案总数可用下面的方法进行估计。

设有 m 个雷达站，第一个输出 n_1 个点，第二个输出 n_2 点，依此类推。雷达站的编号方法是这样的，编号在后的点迹数不比前面少，即

$$n_1 \leqslant n_2 \leqslant n_3 \leqslant n_4 \leqslant \cdots \leqslant n_m$$

则分组方案的总数为

$$\begin{aligned} N = {} & n_2 n_3 \cdots n_m (n_2 - 1)(n_3 - 1)\cdots(n_m - 1) \times \\ & (n_2 - 2)(n_3 - 2)\cdots(n_m - 2)\cdots 1 \times \\ & [n_3 - (n_2 - 1)][n_4 - (n_2 - 1)]\cdots[n_m - (n_2 - 1)] \end{aligned} \tag{5.17}$$

图 5.13 所示的例子是 $n_1 = 1, n_2 = 2, n_3 = 3$ 的情况。根据式(5.17)，有

$$N = n_2 n_3 (n_2 - 1)(n_3 - 1) = 2 \times 3 \times 1 \times 2 = 12(\text{种方案})$$

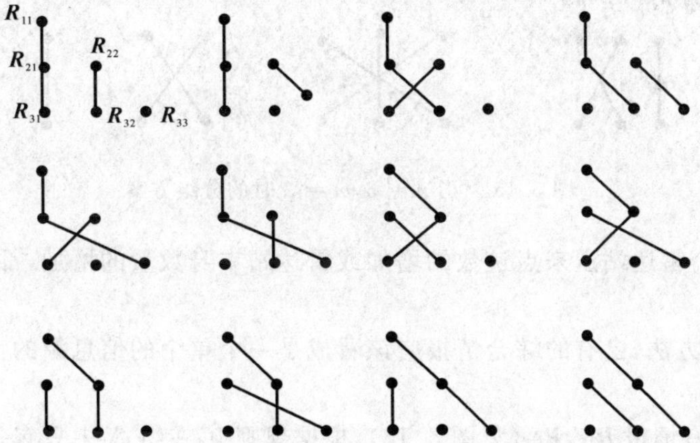

图 5.13　6 个情报来自 3 个信息源的分组方案

同样，当 $n_1 = 2, n_2 = 2, n_3 = 3$ 时得到 12 种方案，说明见图 5.14。

如果每个雷达站输出的点数相同，即 $n_1 = n_2 = n_3 = \cdots = n_m = n$，则式(5.17) 变为

$$N = (n!)^{m-1}$$

例如：

当 $n = 3, m = 2$ 时，有 $N = (2 \times 3) = 6$；

当 $n = 3, m = 3$ 时，有 $N = (2 \times 3)^2 = 36$；

当 $n = 4, m = 3$ 时，有 $N = (2 \times 3 \times 4)^2 = 576$。

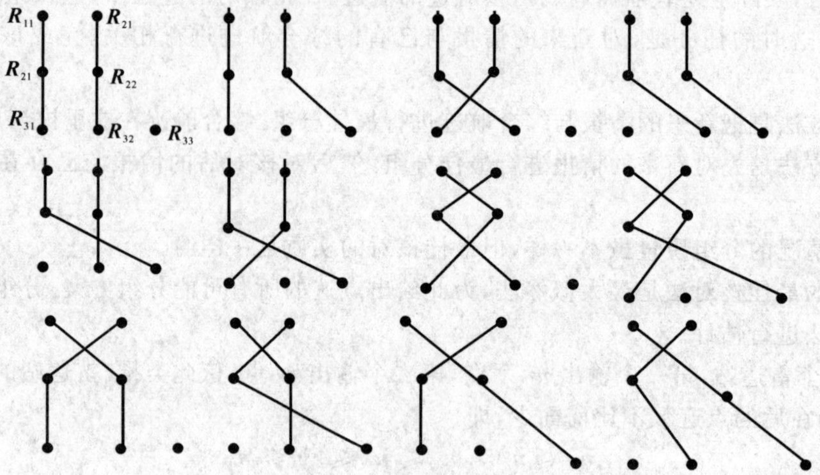

图 5.14 7 个情报来自 3 个信息源的分组方案

第一种情况用图 5.15 说明。

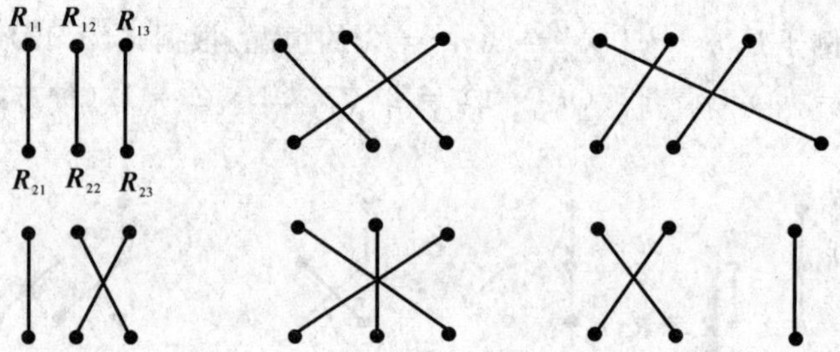

图 5.15 当 $n=3, m=2$ 时的分组方案

因此，随着每个雷达站送来点迹数的增加或雷达站本身数量的增加，都使分组方案无限制地增加。

对第一种分组方法，已有的综合情报应该看成是一个单个的信息源的情报。这样分组方案将大大增加。

例如，组 A 中有情报 $\boldsymbol{R}_{11}$，$\boldsymbol{R}_{21}$（见图 5.16），根据规则 b，在组 A 中只有一个目标。总共只有一种分组方案。

现在假设，组 A 中还有两个综合情报 $\overline{\boldsymbol{R}}_1$ 和 $\overline{\boldsymbol{R}}_2$（见图 5.17）。

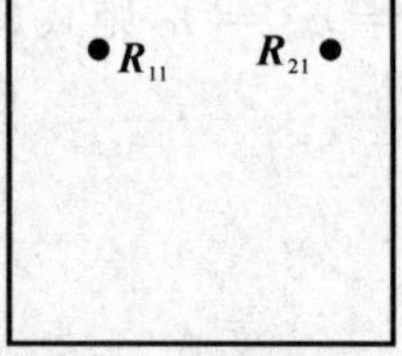

图 5.16 组 A 中有 1 个目标

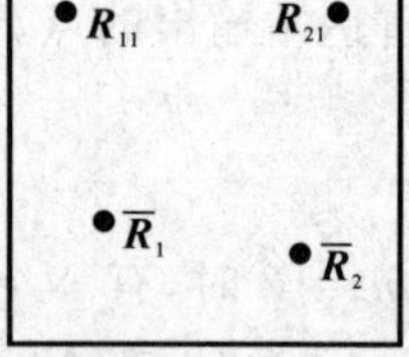

图 5.17 组 A 中有 2 个目标

根据规则 c 和 d，在组 A 中有 2 个目标（$n=2$）。对于式（5.17），信息源的数量必须取 3。总的分组数等于 4，如图 5.18 所示。

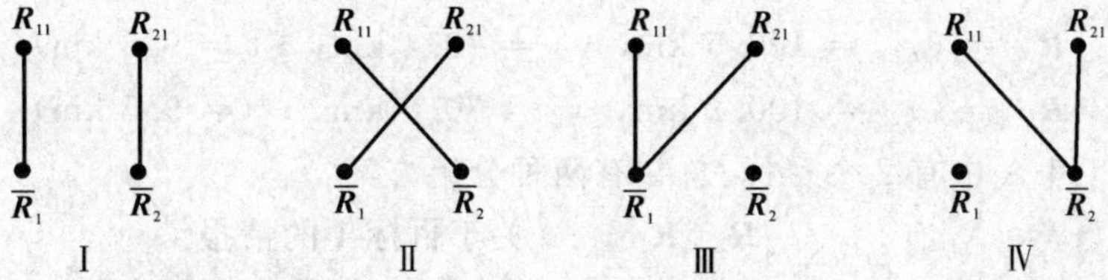

图 5.18　分组方案

所以，第一种方案更笨重，需要更大的计算机存储容量，完成核对任务的时间也更长。这种方法的分组可靠性更高。

确实，根据第二种方法，我们只把 $\boldsymbol{R}_{11}$，$\boldsymbol{R}_{21}$ 归入同一目标，然后与已综合的 $\bar{\boldsymbol{R}}_1$ 和 $\bar{\boldsymbol{R}}_2$ 中的一个组成综合情报。这样去掉了可能会出现的方案 Ⅰ 和 Ⅱ，但这与实际情况并不总是相符的。

如果根据到来的先后依次进行核对，则实现起来要简单得多。例如，来了情报 $\boldsymbol{R}_{11}$ 后，它与综合情报 $\bar{\boldsymbol{R}}_1$ 和 $\bar{\boldsymbol{R}}_2$ 中的一个核对；然后当 $\boldsymbol{R}_{21}$ 过来后，再把它与综合情报核对。

对任何方法，公共的分组规则是：

（1）有综合航迹情报在组内的，适宜于选为基准。

（2）缺少综合航迹时，基准选情报数最多的雷达站。当几个雷达站来的情报数相同时，选参数测量最精确的雷达站为基准，这样的雷达发现目标的能力更强。

（3）核对时，同一雷达站来的情报应该分到不同的组，因为根据规则，它们属于不同的目标。

最佳分组的下一项任务是，计算每种方案的似然函数，并选择值最大的一种方案。可以用该方案的出现概率作为似然函数。

用最大似然法选择分组方案，虽然可以得到最佳结果，但是实现起来很复杂。实际中常使用一些比较简单的方法，如最小距离法和最近邻域法等。下面通过一个例子对最小距离法进行介绍。

用最小距离法进行相关时，只考虑目标的坐标，即

$$\boldsymbol{R}=\begin{bmatrix}x\\y\\z\end{bmatrix}$$

分别从两个雷达来的情报 $\boldsymbol{R}_{ij}$，$\boldsymbol{R}_{kr}$ 的矢量差记为

$$\Delta\boldsymbol{R}_{ijkr}=\boldsymbol{R}_{ij}-\boldsymbol{R}_{kr}=\begin{bmatrix}x_{ij}-x_{kr}\\y_{ij}-y_{kr}\\z_{ij}-z_{kr}\end{bmatrix}=\begin{bmatrix}\Delta x_{ijkr}\\\Delta y_{ijkr}\\\Delta z_{ijkr}\end{bmatrix}\tag{5.18}$$

用 l_{ijkr}^2 表示两情报之间的距离平方，即

$$l_{ijkr}^2=\Delta x_{ijkr}^2+\Delta y_{ijkr}^2+\Delta z_{ijkr}^2\tag{5.19}$$

用 Q_l 表示第 l 种分组方案总的距离平方和，则选择的分组假设为总距离平方和最小，即

$$Q_l=Q_{l\min}\tag{5.20}$$

例 1 组 A 中有来自 2 个雷达站的 4 个情报：

$$\boldsymbol{R}_{11} = (x_{11} = 100\ \text{km},\ y_{11} = 70\ \text{km},\ z_{11} = 10\ \text{km})$$

$$\boldsymbol{R}_{12} = (x_{12} = 101\ \text{km},\ y_{12} = 71\ \text{km},\ z_{12} = 9\ \text{km})$$

$$\boldsymbol{R}_{21} = (x_{21} = 100.5\ \text{km},\ y_{21} = 70.4\ \text{km},\ z_{21} = 9.5\ \text{km})$$

$$\boldsymbol{R}_{22} = (x_{22} = 100.2\ \text{km},\ y_{22} = 70.5\ \text{km},\ z_{22} = 9.5\ \text{km})$$

根据规则 c，组 A 中有 2 个目标。总共有两种分组方案：

$$H_1 = \begin{cases} \boldsymbol{R}_{11}, \boldsymbol{R}_{21} \text{—— 关于目标 1 的情报} \\ \boldsymbol{R}_{12}, \boldsymbol{R}_{22} \text{—— 关于目标 2 的情报} \end{cases}$$

$$H_2 = \begin{cases} \boldsymbol{R}_{11}, \boldsymbol{R}_{22} \text{—— 关于目标 1 的情报} \\ \boldsymbol{R}_{12}, \boldsymbol{R}_{21} \text{—— 关于目标 2 的情报} \end{cases}$$

对每种假设求出距离平方和，即

$$Q_1 = l_{1121}^2 + l_{1222}^2 = \Delta x_{1121}^2 + \Delta y_{1121}^2 + \Delta z_{1121}^2 + \Delta x_{1222}^2 + \Delta y_{1222}^2 + \Delta z_{1222}^2 = 0.5^2 + 0.4^2 + 0.5^2 + 0.8^2 + 0.5^2 + 0.5^2 = 1.8\ \text{km}^2$$

$$Q_2 = l_{1122}^2 + l_{1221}^2 = 1.4\ \text{km}^2$$

取假设 H_2 作为分组决定，因为

$$Q_2 = Q_{2\min}$$

即情报 $\boldsymbol{R}_{11}$，$\boldsymbol{R}_{22}$ 属于目标 1，$\boldsymbol{R}_{12}$，$\boldsymbol{R}_{21}$ 属于目标 2。

5.4.3 航迹的相关验证

多站目标数据处理中最复杂的问题，也许是多站目标航迹的跟踪问题。当目标航线交叉或目标编队飞行时，由于目标之间距离甚近，除了会发生模糊相关外，还会发生如图 5.19 所示的情况。图中 P_1 是甲站掌握的系统航迹，P 是乙站在 t_1 时刻发现的新航迹。从图中可以看出，若仅仅依据两条航迹在某一时刻的一个当前点（或某几个时刻的几个当前点）能满足各条相关准则的要求就确认为同一目标的航迹，则会发生航迹组合的错误，即把不是同一目标的两条航迹确认为同一目标航迹。因此，在航迹的相关过程中，除必须进行航迹的粗、精相关处理外，还必须进行航迹的相关验证。

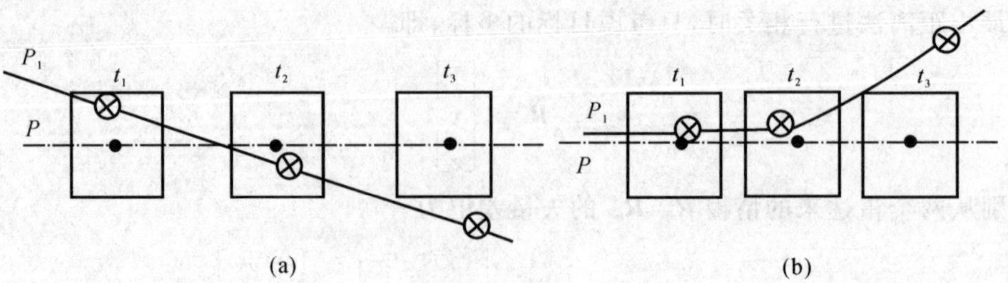

图 5.19 两条航迹不是同一目标的情况

(a) 两条航迹交叉；(b) 两条航迹编队

所谓航迹的相关验证，是指对满足粗、精相关准则要求的多雷达航迹继续进行相关处理，验证系统航迹是否由这条或这几条航迹创建。若在验证过程中出现后续点不能满足一定准则要求的情况，则取消相关（即不再认为两条航迹是同一目标的航迹）。航迹的相关验证，对于不同的系统可能有不同的处理准则和处理方法。下面仅介绍几种常用的处理方法。

1. 相关质量计数法

相关质量计数法是航迹相关验证最简单的一种方法。为了进行相关验证，应为每条多雷达航迹设置一个能指示连续各点相关情况的标志，称相关质量标志。这些标志随同目标航迹的其他数据一起构成目标数据块，在该数据块中指定若干位作为相关质量计数器。计数时可规定，当两条航迹经粗、精相关处理后确认为同一目标时，就给计数器加2；以后每判定两条航迹的同一时刻当前点相关时，就给计数器加1，分数累计到4时，为航迹相关质量的最高分数，以后两条航迹相关时计数器的分数保持4不变；如果两条航迹不相关，要在计数器的分数中减去1，当计数器分数减至零时，则不再认为该两条航迹是同一目标。

按照上述积分规定，在两条航迹粗、精相关的条件下，若以后接着两次航迹不相关，则将撤销两条航迹相关；当以后接着一次航迹相关，相关质量积分增加到3时，若接着三次航迹不相关，则将撤销相关；当以后接着二次航迹相关，相关质量积分增加到4时，若接着四次航迹不相关，也将撤销相关。

从上述中可以看出，这种航迹相关验证方法是非常简单的，在计算机中很容易实现。可根据雷达情报质量的不同，定出不同的计数规则。

2. 滑窗计数法

这种方法是在每一条多雷达航迹数据块中设置一个滑窗检测器和一个航迹延伸的相关计数器。这里所谓滑窗检测器，实际上是在计算机内存中设置的 n 个位置的位寄存器(也就是说滑窗宽度为 n)。这个窗口中的 n 次相关信息按照这样的规律更新：每当两条航迹相关一次，它就抛掉一位最老的相关信息，以便接纳本次新的相关信息，当本次航迹相关时，相应的新的相关信息位为“1”，否则为“0”。这样，窗中实际上保留着前 $n-1$ 个航迹点的相关信息，并且，当两条航迹 n 次不相关时，窗中基本是“0”，当 n 次连续相关时，窗中基本是“1”。可以想象，这个滑动窗随多雷达航迹点的移动而同步滑动着，每来一个新航迹点，滑窗就滑动一步。航迹延伸的相关计数器用来对滑窗相关情况进行计数，计数规则与相关质量计数法基本相同，其不同点是，每当滑窗中两条航迹的相关信息满足 m/n 准则时，计数器加1，否则减1。

在使用这种方法时，要周密确定滑窗的相关准则和计数准则，如果确定得不合适，将会影响两条不是同一目标航迹的撤销速度。

3. 相关状态转移法

这是一种比较复杂的航迹相关验证的处理方法，它不但考虑了正常相关情况和不相关情况，而且还考虑了模糊相关的情况，并把航迹相关质量分成若干个等级，再按不同的相关情况进行转移。下面以图5.20为例，说明这种航迹的相关验证方法。

例2　在图5.20中，把航迹相关质量分成 $Q_0, Q_1, \cdots, Q_5$，共6个等级，并依次遵循以下规则：① 正常相关；② 模糊相关；③ 第一次不相关；④ 第二次不相关；⑤ 第三次不相关；⑥ 第四次不相关，进行转移。

Q_0：新航迹首次相关。如果一条新航迹首次和一条系统航迹相关，则质量升为 Q_1；如果不相关，则予以撤销。

Q_1：如果新航迹下一周期目标航迹点与系统航迹正常相关，则质量升为 Q_2；如果发生模糊相关，质量仍为 Q_1。如果发生不相关，质量也保留不变；但如果第二次不相关，则两条航迹相关予以撤销。

Q_2:如果下一周期目标航迹点与系统航迹正常相关,则质量升为 Q_3;如果发生模糊相关,保留 Q_2;如果两次不相关,质量降为 Q_1;第三次还是不相关,则两条航迹相关予以撤销。

Q_3:如果下一周期目标航迹点与系统航迹正常相关,质量升为 Q_4;如果发生模糊相关,一次不相关或两次不相关,质量均保持不变;如果第三次不相关,质量降为 Q_2;如果第四次不相关,则两条航迹相关予以撤销。

Q_4:如果下一周期目标航迹点与系统航迹正常相关,则质量升为 Q_5;如果发生模糊相关或一次不相关,质量不变;如果两次不相关,质量降为 Q_3;如果三次不相关,则质量降为 Q_2;如果四次不相关,则两条航迹相关予以撤销。

Q_5:这是航迹相关质量的最高级。如果两条航迹发生正常相关,则质量保持不变;如果发生模糊相关或一次不相关,则质量降为 Q_4;如果两次不相关,则质量降为 Q_3;如果三次不相关,则质量降为 Q_2;如果四次不相关,则两条航迹相关予以撤销。

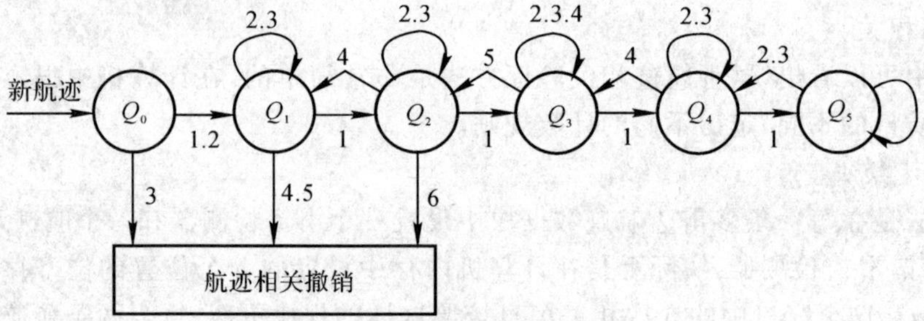

图 5.20 航迹的相关质量的转移

上例说明了航迹相关质量的转移过程。按照这个流程,可以编制出相应的航迹相关验证程序。但必须指出,对于不同的系统,所考虑的状态和等级的划分是不同的。随着系统对航迹相关质量的管理严格程度不同,等级的划分和所考虑的状态的复杂程度也将不同。

4. 动态多因子航迹相关验证法

在上述介绍的几种航迹相关验证方法中,是以两条航迹各个当前点相关情况是否满足粗相关的准则为条件进行的,并未考虑在每一次具体的相关过程中,两条航迹的各相关因素的相关情况。这样容易造成因一些偶然因素,使本是同一目标的两条航迹,在相关验证过程中被撤销相关。动态多因子航迹相关验证法可以克服上述几种方法中在这方面的不足,它既考虑到每次相关的情况,又考虑到各次相关过程中各相关分量的相关情况。下面简要介绍这种相关验证方法。

(1) 一次相关过程中相关质量因子 FC 的计算。这种方法对不同的相关分量给予不同的因子 FC,各种情况下计算 FC 可列表,如表 5.1 所示。计算时假定 FC 的初始值为 0。

位置、速度相关:若位置、速度相关均被满足,则 FC 加 2;若有任一个条件不满足,则不相关,FC 减 2。

高度相关:如果高度相关条件被满足,若 FC>0,则 FC 加 1;若 FC<0,则 FC 值保持不变。如果高度相关条件不被满足,若 FC <0,则 FC 减 1;若 FC >0,则 FC 取值 -1。

航向相关:如果航向相关条件被满足,若 FC>0,则 FC 加 1;若 FC<0,则 FC 值保持不变。如果航向相关条件不被满足,若 FC >0,则 FC 取值 -1;若 FC <0,则 FC 减 1。

(2) 多次相关 FC 因子计算及相关验证准则。在相关验证的过程中，考虑到一次不相关不能马上取消相关，因此根据上述的相关准则，多次相关 FC 因子计算方法及相关验证准则是：若本次相关的 FC > 0，则相关验证是好的；若本次计算的 FC 大于上次 FC，则保存本次的 FC。若本次相关验证 FC < 0，则将 FC 加上次保留的 FC，若其和大于 0，则仍为相关，且将其和作为 FC 保留；若其和小于或等于 0，则取消相关，FC 取 0 值。

表 5.1　航迹相关验证质量因子表

<table>
<tr><td>相关类</td><td colspan="8">相关验证质量因子 FC</td></tr>
<tr><td>位置、速度</td><td colspan="4">相关
FC = 2</td><td colspan="4">不相关
FC = −2</td></tr>
<tr><td>高度</td><td colspan="2">相关
FC = 3
(+1)</td><td colspan="2">不相关
FC = −1</td><td colspan="2">相关
FC = −2</td><td colspan="2">不相关
FC = −3
(−1)</td></tr>
<tr><td>航向</td><td>相关
FC = 4
(+1)</td><td>不相关
FC = −1</td><td>相关
FC = −1</td><td>不相关
FC = −2
(−1)</td><td>相关
FC = −2</td><td>不相关
FC = −3
(−1)</td><td>相关
FC = −3</td><td>不相关
FC = −4
(−1)</td></tr>
</table>

5.5　坐标平均

点迹核对的结果可得到关于每个目标的一组情报。对上节所讨论的例 1，目标 1 由点迹 $\boldsymbol{R}_{11}$ 和 $\boldsymbol{R}_{22}$ 表示，此处

$$\boldsymbol{R}_{11} = \begin{bmatrix} x_{11} \\ y_{11} \\ z_{11} \end{bmatrix} \qquad \boldsymbol{R}_{22} = \begin{bmatrix} x_{22} \\ y_{22} \\ z_{22} \end{bmatrix}$$

应当由它们形成一个用统计平均分量表示的综合点。有不少求平均的方法，现讨论其中几个。

1. 加权平均法

用该方法平均，考虑每个信息源的加权系数，公式为

$$\bar{x} = \frac{\sum_{i=1}^{m} \delta_{x_i} x_i}{\sum_{i=1}^{m} \delta_{x_i}} \qquad \bar{y} = \frac{\sum_{i=1}^{m} \delta_{y_i} y_i}{\sum_{i=1}^{m} \delta_{y_i}} \qquad \bar{z} = \frac{\sum_{i=1}^{m} \delta_{z_i} z_i}{\sum_{i=1}^{m} \delta_{z_i}} \tag{5.21}$$

式中，所选的加权系数 δ_i 与第 i 个雷达站的坐标测量方差成反比，即 $\delta_i = 1/\sigma_i^2$；$\bar{x}, \bar{y}, \bar{z}$ 为坐标平均值；m 为点数。

加权平均法使算法复杂化，因此，只有当信息源的精度不相等时才使用。如果各信息源的精度特性一样，则它们的权近似相等，式(5.21) 变成了数学平均形式：

$$\bar{x} = \frac{\sum_{i=1}^{m} x_i}{m}$$

这时综合坐标的均方差是单个点的误差的 $1/\sqrt{m}$ 倍，即

$$\sigma_{\bar{x}} = \frac{\sigma_{x_i}}{\sqrt{m}}$$

2. 选主站

有时为简化算法，放弃详细的计算，而使用选择最好点的方法。即从组中选择一个点，而放弃其他点。当然，这种方法给出的是粗略的结果，因为没有平均的过程，所以误差值也没减小。但当信息源中有一个的精度比其他好时，就选这个信息源为主站，其测量的点就认为是最好的点。当一个信息源的权系数比其他的大得多时，对应式(5.21)，有

$$\bar{x} = \frac{\sum_{i=1}^{m} x_i \delta_i}{\sum_{i=1}^{m} \delta_i} \approx x_1 \qquad \delta_1 \gg \delta_i$$

3. 选最新点

用这种方法假设的条件是：到得最晚，即最新的消息是最可靠的。因此，根据这一规则，平均坐标取为 $\bar{x} = x_{ie}$（当 $t_{ie} = t_{iemin}$ 时）。

选最新点的方法适合于机动目标的信息处理，因为此时它与其他方法相比，获得的平均精度最高。输出坐标的随机误差由单个雷达确定，而系统误差取决于信息到来的速度、雷达数量和跟踪的目标数。

5.6 三次处理的信息综合算法

雷达信息三次处理的信息综合任务通常用下述两种方法完成：

(1) 按周期处理法；

(2) 连续处理法。

5.6.1 按周期进行的信息综合算法

这种方法的实质是，在某一时间间隔 T_0 内进行信息积累，然后外推到同一个时间点并进行综合。每一步的信息综合都不考虑以前的综合结果。

这种方法可获得较好的结果，但计算机存储器要存储一个综合周期内获得的一次雷达信息，以及关于每一个目标的数个综合信息。这增加了对机器存储容量的要求。

下面分析如图 5.21 所示的按周期进行信息综合的算法结构图，图中方框上的数字表示算法步骤。

接收完当前信息后，进行坐标变换，并外推到当前的综合时间点（图 5.21 中所示的步骤 1，2，3），这些步骤完成情报核对前的预备工作。下一步开始当前的综合工作。根据允许偏差准则，产生情报组（步骤 4）。接下来对形成的组按规则 a ～ d 进行分析，以确定组内的目标数和按目标的一次信息分配方案（步骤 5）。

如果组 A 满足规则 a，则组内的每一个情报属于不同的目标。接下来这些情报应与相应的综合航迹 $\boldsymbol{\bar{R}}_{pe}$ 进行相关（步骤 8），然后送到用户。

如果组 A 的情报满足规则 b，则认为它们属于同一目标。下面的处理是根据组内一次信息

的坐标，计算综合情报的平均坐标（步骤 7），并对综合情报与相应的航迹进行相关（步骤 8）。

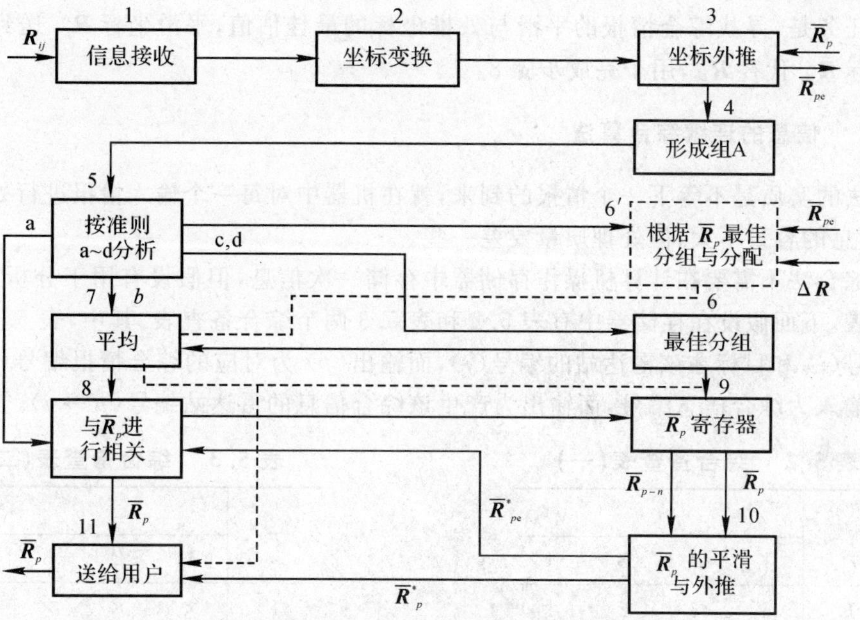

图 5.21　按周期的信息综合算法结构图

当组 A 满足条件 c 或 d 时，说明组内有 2 个或更多的目标，对该组信息的进一步处理有两条途径：

第一条途径是：首先解决情报最佳分组的问题，此时要把已有的综合航迹分到各组（步骤 6′），然后计算新的综合情报的平均坐标（步骤 7），并把综合信息送到用户（步骤 11）。沿该路径的处理质量最好，但很笨重且对计算机要求高。

第二条路径依次完成下述操作：

选择最佳的一次信息分组方案（步骤 6），在该过程中根据所确定的组 A 内目标数，把组 A 分成更小的组，但暂不确定它们具体属于哪个目标。

计算每一个小组的平均坐标（步骤 7），这样得到了与组 A 内目标数相符的新的综合情报；按已有航迹分配新的综合情报，并对新的综合情报进行编号（步骤 8）。

把综合信息送到用户。

完成步骤 6′ 时，对组 A 中一次信息的外推坐标与已有的综合信息的外推坐标进行比较。因此，在这一步中根据下式选择外推综合信息：

$$(\boldsymbol{R}_{ij\mathrm{e}} - \overline{\boldsymbol{R}}_{p\mathrm{e}}) \leqslant \Delta \boldsymbol{R}$$

式中，$\Delta \boldsymbol{R}$ 为一次信息与综合信息之间坐标允许偏差。

同样在完成步骤 8 时，新的综合情报坐标（表示为 $\overline{\boldsymbol{R}}_k$）与已有综合情报的外推坐标进行比较。比较的规则为

$$\overline{\boldsymbol{R}}_k - \overline{\boldsymbol{R}}_{p\mathrm{e}} \leqslant \Delta \boldsymbol{R}$$

因此，为完成步骤 6′ 和 8，要求输入综合信息的外推坐标 $\overline{\boldsymbol{R}}_{p\mathrm{e}}$ 和允许偏差 $\Delta \boldsymbol{R}$。

这样，在综合过程中要进行目标坐标和航迹参数的平滑，所以算法中应增加两个新的步骤

9 和 10。

在步骤 9 中保存 n 个相邻周期内的目标综合坐标，这里 n 为用来平滑的航迹点数。步骤 10 要完成的任务是，寻找综合情报的平滑与外推坐标的最佳估值，平滑坐标 $\bar{\boldsymbol{R}}_p^*$ 送到信息用户，而外推坐标 $\bar{\boldsymbol{R}}_{pe}^*$ 代替 $\boldsymbol{R}_{pe}$，用于完成步骤 8。

5.6.2　信息的连续综合算法

该方法的实质是不等下一个情报的到来，就在机器中对每一个输入情报进行处理。这种方法，保存信息的容量不大，但处理质量要差一些。

连续综合法不需要在计算机操作存储器中存储一次信息，但假设有用于分析以前综合结果的备查表。下面假设在存储器中有表 5.2 和表 5.3 两个综合备查表。其中，表 5.2，其输入为雷达站编号(i) 和目标在该雷达站的编号(j)，而输出(p) 为对应的综合情报编号($ij \rightarrow p$)；表 5.3，它的输入为综合信息编号，而输出为产生该综合信息的雷达站编号($p \rightarrow i$)。

表 5.2　综合备查表(一)

j	i			
	1	2	3	4
1	6	3	2	1
2	1	5	3	4
3	3	4	1	2
4	5	1	4	3
5	2	2	—	—
6	4	—	—	—

表 5.3　综合备查表(二)

p	i			
	1	2	3	4
1	×	×	×	×
2	×	×	×	×
3	×	×	×	×
4	×	×	×	×
5	×	×	—	—
6	×	—	—	—

表 5.2 用于缩短已有综合结果的情报(编号为 ij) 的处理时间，表 5.3 用于作为新情报 $\boldsymbol{R}_{ij}$ 与一个综合情报 $\bar{\boldsymbol{R}}_p$ 相关的判决。

算法基本步骤(顺序号见图 5.22 中方框上方的数字) 和完成顺序如图 5.22 所示。所完成步骤的实质如下：

(1) 对新收到信息 $\boldsymbol{R}_{ij}$ 的处理从分析其丢点特性 Π_{mij} 开始(步骤 2)。这个特性在二次处理过程中形成，如果在当前扫描周期内雷达站没有收到来自目标的回波，而代之发送的是外推点数据，那么丢点特性此时等于 1。如果丢点特征等于 1($\Pi_{mij}=1$)，则对 $\boldsymbol{R}_{ij}$ 的下一步处理是调整表 5.2 和表 5.3，以去掉相应的情报编号。如果综合情报只是由一个编号为 ij 的一次信息产生的，则该综合情报被擦掉(步骤 5 和 4)。当 $\Pi_{mij}=0$ 时，对坐标进行变换(步骤 3)，变换到情报接收站所在的点。

(2) 接下来分析新目标特征 Π_{Hij}(步骤 6)。如果是雷达第一次获得的情报，并被给予新的编号，则 $\Pi_{Hij}=1$。如果雷达已发送过该编号的情报(老目标)，则新目标特征为 0($\Pi_{Hij}=0$)。根据 Π_{Hij}，接下来的处理过程有两条质量不同的途径。

(3) $\Pi_{Hij}=0$，说明编号为 ij 的情报以前发送过，在表 5.2 (见图 5.22) 中有关于它的数据。表 5.2 中有综合情报 $\bar{\boldsymbol{R}}_p$ 的编号，它的组成中有以前的编号为 ij 的情报(步骤 7)。然后，比较新情报 $\boldsymbol{R}_{ij}$ 和所选的综合情报 $\bar{\boldsymbol{R}}_{p(ij)}$ 的坐标。$\bar{\boldsymbol{R}}_{p(ij)}$ 的坐标预先被外推到了 $\boldsymbol{R}_{ij}$ 到来的时刻。比较

坐标时，检查不等式（步骤 8）

$$\boldsymbol{R}_{ij}-\overline{\boldsymbol{R}}_{pe(ij)}\leqslant\Delta\boldsymbol{R}\tag{5.22}$$

式中，$\overline{\boldsymbol{R}}_{pe(ij)}$ 为信息 $\overline{\boldsymbol{R}}_{p(ij)}$ 的外推坐标；$\Delta\boldsymbol{R}$ 为坐标允许偏差。

当不等式(5.22)成立时，综合情报用 $\boldsymbol{R}_{ij}$ 进行更新（步骤 9）。当不等式不成立时，必须相应地对表进行调整，情报 $\boldsymbol{R}_{ij}$ 将沿更复杂的路径进行处理，即把其坐标与所有的综合情报的坐标进行比较（步骤 10）。

相关路径（Ⅰ），包括步骤 1,2,3,6,7,8,9，是最短的路径。沿该路径处理绝大多数进入稳定工作状态的输入信息（将近 90% 的信息）。可见，根据有没有新目标特征，对处理进行的分支，可以减少处理老目标时的步骤。

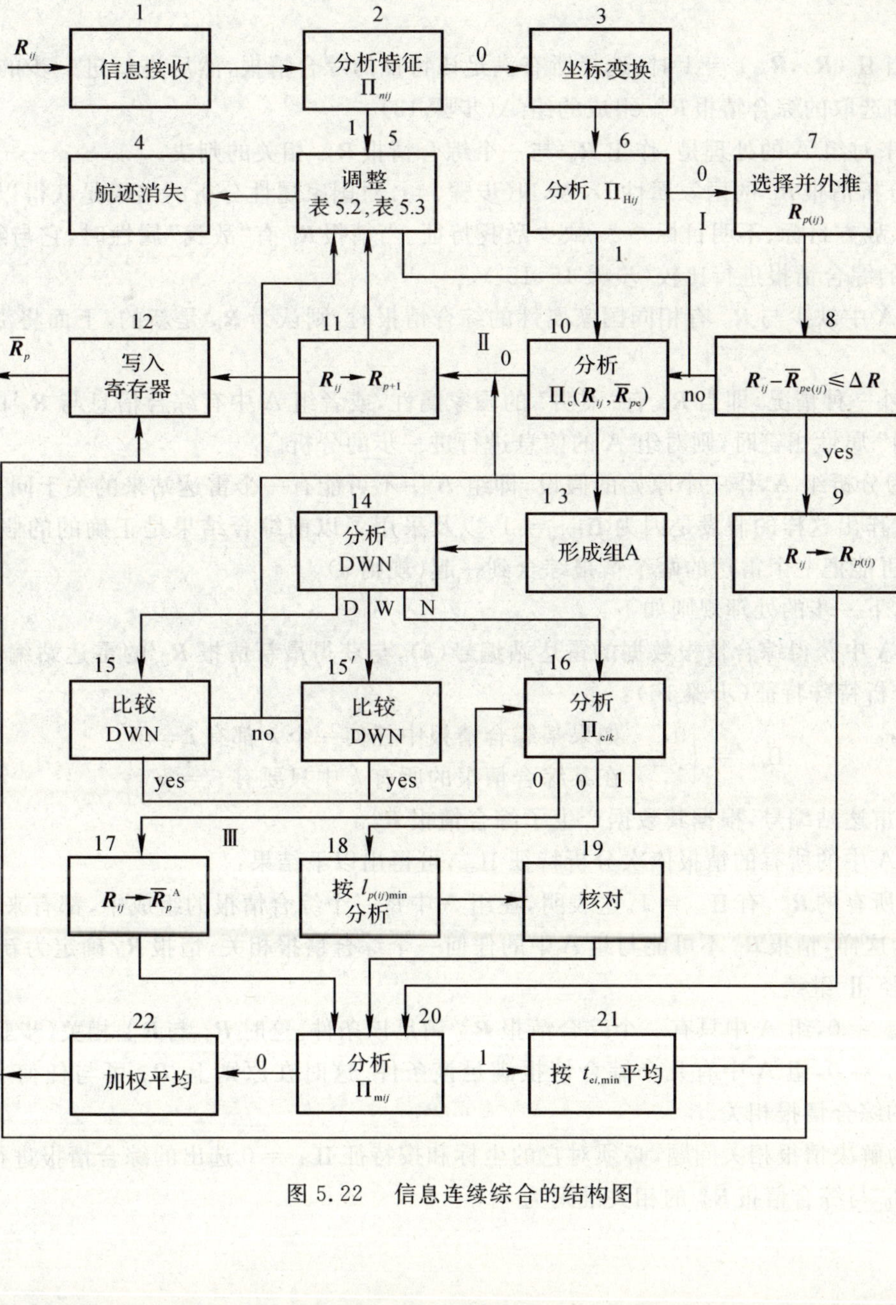

图 5.22　信息连续综合的结构图

(4) 当 $\Pi_{Hij}=1$ 时，开始把新来的情报与所有的综合情报进行坐标比较，比较的过程是检验下等式

$$\boldsymbol{R}_{ij}-\overline{\boldsymbol{R}}_{pe}\leqslant\Delta\boldsymbol{R} \tag{5.23}$$

式中，$i,p=1,2,3,\cdots$

比较的结果是形成特征 $\Pi_c(\boldsymbol{R}_{ij},\overline{\boldsymbol{R}}_{pe})$（步骤 10）：

$\Pi_c(\boldsymbol{R}_{ij},\overline{\boldsymbol{R}}_{pe})=1$，当不等式(5.23) 成立(那怕只有一个情报) 时；

$\Pi_c(\boldsymbol{R}_{ij},\overline{\boldsymbol{R}}_{pe})=0$，当不等式(5.23) 不成立时。

(5) 如果 $\Pi_c(\boldsymbol{R}_{ij},\overline{\boldsymbol{R}}_{pe})=0$，则情报 $\boldsymbol{R}_{ij}$ 对该雷达站来说是新的，对信息收集站来说也是新的。因此，该情报被授予下一个编号 $p=p+1$。它作为新的综合情报输出，该处理过程结束(见步骤 11 和 12)。沿路径 Ⅱ(见图 5.22)，包括步骤 1 ～ 3，6，10 ～ 12，在稳定工作状态，该路径的情报最少。

(6) 当 $\Pi_c(\boldsymbol{R}_{ij},\overline{\boldsymbol{R}}_{pe})=1$ 时，选择所有满足该特征的综合情报，然后进行进一步的分析，产生由 $\boldsymbol{R}_{ij}$ 和选取的综合情报 $\overline{\boldsymbol{R}}_{pe}^{A}$ 组成的组 A(步骤 13)。

接下来对组 A 的处理是，作出 $\boldsymbol{R}_{ij}$ 与一个综合情报 $\overline{\boldsymbol{R}}_{pe}^{A}$ 相关的判决。

(7) 分析情报 $\boldsymbol{R}_{ij}$ 的国家属性 D，W，N(步骤 14)。对国家属性分析的结果是获得以下特征：我方目标、敌方目标、不明目标 —— 缺少敌我特征。当情报 $\boldsymbol{R}_{ij}$ 有“敌我”属性时，它与组 A 中有同样属性的综合情报进行比较(步骤 15，15′)。

当组 A 中缺少与 $\boldsymbol{R}_{ij}$ 有相同国家属性的综合情报时，则认为 $\boldsymbol{R}_{ij}$ 是新的，下面将沿路径 Ⅱ 进行处理。

在另外一种情况，即当 $\boldsymbol{R}_{ij}$ 有“不明”的国家属性，或者组 A 中有综合信息与 $\boldsymbol{R}_{ij}$ 的国家属性或“不明”属性相符时，则对组 A 的信息进行进一步的分析。

(8) 为分析组 A，作一个原始的假设，即组 A 中不可能有一个雷达站来的关于同一目标的两次情报。作出这样的假设是因为 $\Pi_{Hij}=1$，以及采用了以前综合结果是正确的的假设，这说明前面不可能把一个雷达的两个情报综合到一起(规则 a)。

因此，下一步的处理规则如下：

把组 A 中获得综合情报数据的雷达站编号(k)，与获得最新情报 $\boldsymbol{R}_{ij}$ 的雷达站编号 i 进行比较，即分析特殊特征(步骤 16)：

$$\Pi_{cik}=\begin{cases}0, & \text{如果某综合情报中任何一个 } k \text{ 都有 } i\neq k\\ 1, & \text{在某综合情报的所有 } k \text{ 中只要有 } i=k\end{cases}$$

式中，k 为雷达站编号，根据其数据产生了综合情报 $\overline{\boldsymbol{R}}_{p}^{A}$。

对组 A 中的所有的情报依次分析特征 Π_{cik}，可得出以下结果：

1) 对所有的 $\overline{\boldsymbol{R}}_{p}^{A}$，有 $\Pi_{cik}=1$。这表明，在组 A 中每一个综合情报的组成中，都有来自 i 信息源的部分。这样，情报 $\boldsymbol{R}_{ij}$ 不可能与组 A 中的任何一个综合情报相关。情报 $\boldsymbol{R}_{ij}$ 确定为新的，其处理将沿路径 Ⅱ 继续。

2) $\Pi_{cik}=0$，组 A 中只有一个综合情报 $\overline{\boldsymbol{R}}_{pl}^{A}$ 满足该条件。这时 $\boldsymbol{R}_{ij}$ 与 $\overline{\boldsymbol{R}}_{pl}^{A}$ 相关(步骤 17)。

3) $\Pi_{cik}=0$，组 A 中有几个综合情报满足该条件。这时在原则上，$\boldsymbol{R}_{ij}$ 可与任何一个满足 $\Pi_{cik}=0$ 的综合情报相关。

(9) 为解决情报相关问题，必须对它的坐标和按特征 $\Pi_{cik}=0$ 选出的综合情报进行比较分析。情报 $\boldsymbol{R}_{ij}$ 与综合情报 $\overline{\boldsymbol{R}}_{p}^{A}$ 的相关准则为

$$l_{pij} = \min$$

即情报 $\boldsymbol{R}_{ij}$ 与按特征 Π_{cik} 选择的每个综合情报之间的距离是最小的(步骤 18 和 19)。

情报 $\boldsymbol{R}_{ij}$ 的处理路径 Ⅲ(见图 5.22),包括步骤 1,2,3,6,10,13 ~ 19,是最长的,也是最难的。但沿该路径处理的情报数不大。

(10) 在信息综合算法中,在完成相关任务后,要分析目标机动特性(步骤 20),它和其他特性一样在二次处理过程中形成。如果目标机动($\Pi_{mij} = 1$),则取 $\boldsymbol{R}_{ij}$ 的坐标作为新的平均坐标(步骤 21),此后调整关于综合情报的坐标记录(步骤 12),并转入对新的情报的处理(步骤 1)。如果目标不机动($\Pi_{mij} = 0$),则新的综合情报坐标为 $\boldsymbol{R}_{ij}$ 和 $\bar{\boldsymbol{R}}_{pe}^{A}$ 的坐标加权平均(步骤 22)。

从计算机实现简单这一点来看,连续综合算法是在实际中最好的。但本算法在质量上要差一些。

这样,上面讨论了三次处理要解决的主要任务,并给出能获得目标综合信息的算法结构图。信息经三次处理后送到用户。

5.7 干扰机方位信息的处理

如果目标是主动干扰机,那么第 2 章讲过的目标检测和坐标测定方法,由于信噪比差而可能失效。这时可以利用主动干扰机本身的信号,来进行被动探测。该方法的特点是,没有雷达(接收站)接收信号相对于干扰机辐射信号的延时信息。这时如果只有一个站接收辐射,则无法测定干扰机的距离。但干扰机的角坐标(方位)是可以确定的,这时称其为干扰机方位线,简称为方位线或干扰机;而对能测得包括距离在内三个坐标的目标,称为开放目标(暴露目标),简称为目标。

当有两个或两个以上的辐射接收站,且它们之间能进行信息交换时,借助对方位信息的处理,就可确定干扰机的全部坐标。

有几种方位信息的处理方法(如三角法、相关基地法等),在自动化雷达信息保障系统中,常使用三角法处理干扰信息。下面将进行更详细的论述。

三角法的基础是至少有两个接收站测出的方向角(方位),接收站的分布有一定的距离。

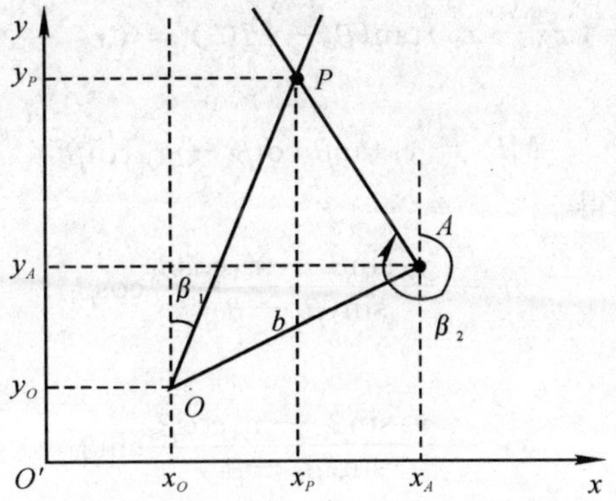

图 5.23 三角法处理原理

首先讨论最简单的情况,设辐射源(干扰机)和接收站都位于一个平面(水平面)上,如

图 5.23 所示。这时要确定干扰机(点 P)的坐标,只要知道在站 O 和 A 的方位角 β_1 和 β_2 就可以。目标的位置由两直线(OP 和 AP)的交点确定。为确定 P 点的直角坐标,需知道直线 OP 和 AP 的方程,并联立之求解。根据图 5.23,可写出方程的表达式

$$\begin{cases} y = y_O + (x - x_O)\cot\beta_1 \\ y = y_A + (x - x_A)\cot\beta_2 \end{cases}$$

计算干扰机的坐标在一个接收站进行,这个接收站称为基准站,另一个称为邻站。另外,坐标原点也常与基准站重合,如图 5.24 所示。这样就可根据图 5.24 的关系曲线来计算方位线的交点。

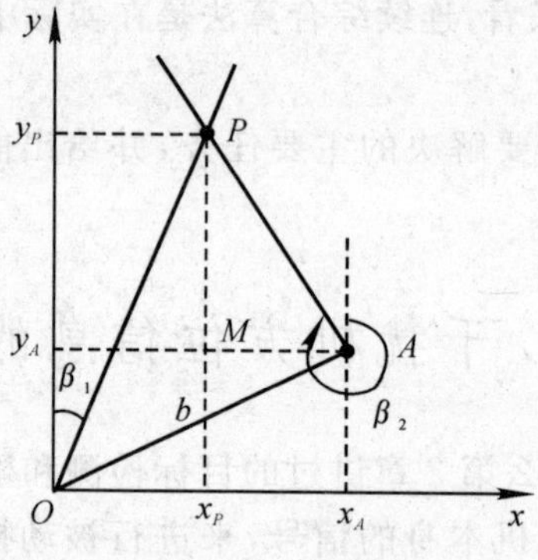

图 5.24　基准站与坐标原点重合

已知量:

x_A, y_A—— 邻站的坐标;

b—— 两接收站之间的距离;

β_1—— 由基准站确定的干扰机方位角;

β_2—— 由邻站确定的方位角。

根据这些数据来确定 P 点的坐标。由图 5.24 得

$$x_P = y_P\tan\beta_1 \tag{5.24}$$

$$y_P = y_A + MP \tag{5.25}$$

$$MP = (x_A - x_P)\tan(\beta_2 - 270°) = (x_P - x_A)\cot\beta_2 \tag{5.26}$$

把 x_P 值代入式(5.26),得

$$MP = y_P\tan\beta_1\cot\beta_2 - x_A\cot\beta_2 \tag{5.27}$$

把式(5.27)代入式(5.25),得

$$y_P = \frac{y_A\sin\beta_2 - x_A\cos\beta_2}{\sin(\beta_2 - \beta_1)}\cos\beta_1$$

把 y_P 代入式(5.24),得

$$x_P = \frac{y_A\sin\beta_2 - x_A\cos\beta_2}{\sin(\beta_2 - \beta_1)}\sin\beta_1$$

知道直角坐标 x_P, y_P,就可以确定水平距离

$$D_r = \sqrt{x_P^2 + y_P^2}$$

通常,为确定干扰机的空间坐标,必须知道高低角 ε,可以是一个接收站测得的,如图 5.25

所示。这时，计算斜距和高度的表达式为

$$D=\frac{D_r}{\cos\varepsilon}$$

$$H=D\sin\varepsilon+\frac{D^2}{2R_e}$$

式中出现的第二项是考虑地球曲率的修正项。

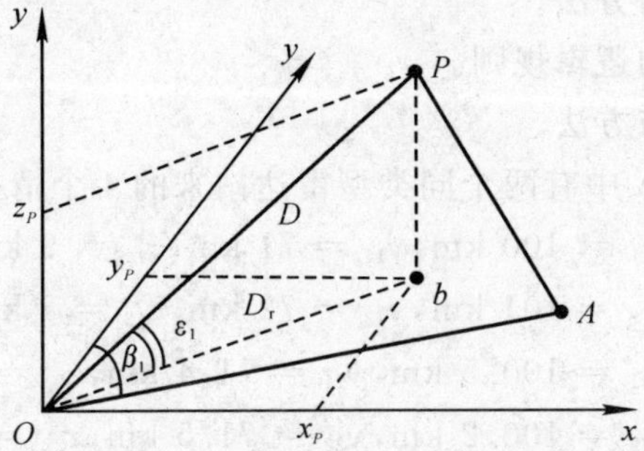

图 5.25　确定干扰机的空间坐标

为了确定干扰机的坐标，常产生有三个接收站的三角网。如前所述，当前坐标由两个站的方位算出。第三个接收站用来完成方位核对任务(消除假交点，分出真的)。

这是因为交点数为干扰机数的平方(见图 5.26)，有三个干扰机(1,2,3)，则产生 9 个方位线交点。假交点数 N_f 等于

$$N_f=N_n^2-N_n$$

式中，N_n 为干扰机数。

这里的 9 个交点中有 6 个是假的。利用辅助的(第三个) 接收站，以及通过高度选择，可以消除假交点。因此，干扰机方位信息处理的主要阶段有：

(1) 接收来自基准站和邻站的干扰机信息；

(2) 计算方位线交点(干扰机坐标)；

(3) 通过检查是否与第三条方位线相符和高度选择，核对方位信息；

(4) 跟踪干扰机并把其坐标送到用户。

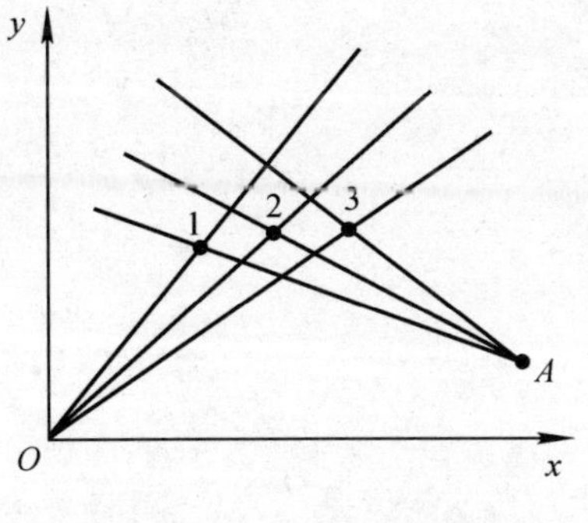

图 5.26　假交点的确定

思 考 题

1. 简述三次处理的任务与实质。
2. 简述雷达信息的分布式处理和集中式处理的特点。
3. 简述时间统一的过程与方法。
4. 简述粗核对的过程与方法。
5. 简述精核对过程中的逻辑规则。
6. 简述精核对的过程与方法。
7. 经过粗核对后的组 A 中有两个同类型雷达站来的 4 个情报：

$$\boldsymbol{R}_{11} = (x_{11} = 100\ \text{km}, y_{11} = 71\ \text{km}, z_{11} = 9\ \text{km})$$
$$\boldsymbol{R}_{12} = (x_{12} = 101\ \text{km}, y_{12} = 72\ \text{km}, z_{12} = 8\ \text{km})$$
$$\boldsymbol{R}_{21} = (x_{21} = 100.5\ \text{km}, y_{21} = 71.4\ \text{km}, z_{21} = 8.5\ \text{km})$$
$$\boldsymbol{R}_{22} = (x_{22} = 100.2\ \text{km}, y_{22} = 71.5\ \text{km}, z_{22} = 8.5\ \text{km})$$

(1) 写出分组方案;(2) 用最小距离法作出分组决定。

8. 简述航迹相关验证的各种方法。
9. 简述三种坐标平均方法的原理与实质。
10. 对两种三次处理信息综合算法进行分析。
11. 简述干扰机方位信息处理的方法。

第6章　防空指挥决策

对部队和武器装备进行指挥与控制是指挥自动化系统的主要任务。指挥自动化系统所进行的信息获取、处理和传递等工作，最终目的都是为了实现对部队的指挥与控制。指挥决策是作战指挥的核心内容。本章在介绍指挥决策基本概念的基础上，着重介绍了防空作战指挥决策中的目标识别、威胁估计与目标分配等问题。关于武器控制的问题，将在第七章介绍。

6.1　指挥决策的基本概念

指挥决策是对指挥活动作出科学的决定。具体地说，是对指挥活动的方向、目标、原则和方法等作出决定。就作战指挥而言，决策就是指挥者对作战目标、力量、方法及保障进行筹划与决断的思维过程。它是作战指挥活动的核心内容，决策正确与否，对作战进程和结局具有重大影响。

6.1.1　指挥决策的内容

指挥决策的内容，即指挥员在决策中所要回答的问题。决策所要回答的问题很多，不同的作战类型、样式，执行不同的作战任务，决策的具体内容是各不相同的。但是，通过对若干次作战指挥中的决策内容加以抽象，就不难发现，无论何种作战，其决策的内容都不外乎四个方面，即作战目标、使用的力量、作战方法及各种保障。

1. 作战目标

作战目标有广义与狭义之分，此处所说的是广义的作战目标，即作战要实现的企图，或者说作战期望达到的结果。作战目标是决策者首先要解决的问题，因为它决定着兵力的使用、战法的运用等其他各个方面的内容。作战目标不确定，兵力的使用、战法的运用就无法确定。作战目标是个具有层次结构的体系，包括总目标与分目标、当前目标与尔后目标等。

2. 使用的力量

这里所说的力量，主要指作战部队和各种保障部(分)队，并包括武器装备和作战物资。指挥者在决策时，必须回答三个方面的问题：一是使用力量的规模，即使用多大的力量；二是使用哪些力量；三是力量如何组合。为了留有后劲，还要考虑控制多大的预备力量。使用力量的规模取决于作战目标。作战目标有高低大小之分，目标不同，使用力量的规模也不一样。使用力量的种类主要根据任务的性质和部队的编制、装备、训练水平和作战特点来决定，它要回答使用哪些军种、兵种部队。

力量组合主要考虑四个方面的问题：一是针对特定的作战任务。比如，要完成空降作战任务，就要运用运输航空兵和空降兵；要完成火力封锁作战任务，就要使用航空兵、炮兵和导弹部队。二是着眼于优势互补，发挥不同专业部队和不同兵器的特长，使作战系统发挥出最大的整体力量。三是要突出高技术兵器的作用，形成质量优势。四是要符合控制规律，保持适当的指挥跨度。

3. 作战方法

作战方法是决策必须回答的重要内容。作战方法的选择是否得当，对作战的效果影响很大。要想充分发挥作战力量的效能，以小的代价完成作战任务，必须讲究作战方法的选择与运用。

作战方法主要是指战法，但它又不限于战法范畴，内容十分丰富。指挥者在确定作战方法时，要着眼以下几点：利于实现作战目标；利于以劣胜优；利于充分发挥自己的作战潜能；利于改变敌对双方之间的力量差、时间差、空间差。

4. 保障措施

作战行动的保障，对于作战的顺利进行十分重要。保障可分为作战保障、后勤保障、技术保障，其中作战保障又包括侦察保障、通信保障、火力保障、工程保障、防化保障、警戒保障、运动保障等。

6.1.2 指挥决策的程序

指挥决策是一个过程，具有内在的程序性。决策者只有按照科学的决策程序进行，才能使决策活动有条不紊地进行，从而提高决策的时效和质量。决策程序由以下四个步骤组成。

1. 确定决策目标

决策目标不同于作战目标。它是指挥者在作出决策时的基本着眼点，是评价决策优劣的宏观标准。对一个决策作出评价，可以有多个标准。以进攻作战为例，从歼灭敌人数量的角度，可以作出这样的评价，从恢复失地的角度，又可以作出那样的评价。以歼灭敌人数量为决策着眼点，还是以恢复失地为决策着眼点，直接影响到决策方案的提出和最后的决断。如果不首先把决策目标确定下来，决策就没有正确的方向。所以，决策目标是决策时必须首先加以确定的。

作战指挥所要考虑的因素很多，既要考虑到对敌人的打击，又要考虑到自己的伤亡，还要考虑到尔后的战场态势，甚至考虑到对政治、外交的影响。因此，决策目标可以是一个，也可以是多个。前者为单目标决策，后者为多目标决策。

2. 拟定各种被选方案

拟定方案主要是寻找达到目标的有效途径。拟定方案的原则有两条：

(1) 整体详尽性。整体详尽性是指所拟定的全部备选方案应当包括所有可能方案，即不要漏掉某些可能的方案。

(2) 相互排斥性。相互排斥性是指不同的备择方案之间相互排斥，执行了甲方案就不能同时执行乙方案。

拟定方案是在确定决策目标之后，根据预想的敌情和应采取的对策草拟而成的，它是对作战进程与打法的设想，是形成决心的蓝本。方案的内容主要是指作战目标、行动方法和保障等。其中作战目标的确定是重中之重，一定要慎之又慎，不可草率。为了正确地提出作战目标，决策者应注意以下几点：

(1) 由于作战目标具有从属性，所确定的目标一定要符合上级意图。众所周知，除了战略目标是由国家最高决策者确定外，战役作战目标，大都受上级总意图的制约，从而使战役作战目标带有从属性。因此，决策者在确定作战目标时，一定要弄清上级的作战意图，根据上级的作战意图，来确定本级的作战目标，做到局部服从全局。

（2）由于作战目标具有明确的目的性，确定目标时一定要量力而行。特别是对付装备精良之敌，确定的目标不可过高。一般说来，所确定的作战目标应留有余地，以便有实现的把握。这对激励士气，树立信心，连战连捷，都大有益处。

（3）由于作战目标具有显著的客观性，宜由环境确定目标。因为从政治环境中可以看出人心之向背，从经济环境中可以看出实力之强弱，从自然环境中可以看出天时地利之归属，所以，由环境确定目标，才便于从客观实际出发，少犯主观片面性的错误。

作战目标确定以后，力量的使用和行动的方法要综合考虑，最后再考虑保障措施。由于作战规模大小不一，决策方案的详简程度也不一样。归纳起来，主要有以下三种：

第一种是简要提出数个方案，每案只说明概略打法及主要理由，供决策者决断。

第二种比第一种详细得多，不仅提出几个方案，而且每案都说明战役的目的，兵力使用的重点方向或地区，主要战法与利弊条件，有时还说明在作战中遇到不同情况时的处置措施。

第三种形式的内容接近完整的作战方案，包括敌人的企图和可能的行动，己方作战目标和基本打法，各部队的任务与行动方式，主要保障措施，指挥组织等。

以上三种形式中，只要时间允许，应尽量使用第三种形式，即决策方案的内容应尽量详细一些，以便对其进行分析评估。

3. 评估优选方案

备选方案形成以后，决策者要通过评估优选，从各种方案中选出一个较为理想的方案作为行动方案。

为了选出理想的决策方案，决策者要注意以下两点。

首先，要有衡量优劣的统一标准。好的方案，需具备五条标准。

（1）成功率高。制约成功率的主要因素有四，即己方综合作战能力，敌方综合作战能力，地利条件，天时条件。一般说来，成功率与己方综合能力成正比，与敌方综合作战能力成反比。在敌我综合作战能力未变的情况下，我所占天时、地利系数愈大，成功率愈高，反之愈低。在天时、地利系数不变的情况下，愈便于发挥我综合作战能力，愈便于抑制敌综合作战能力，成功率愈高，反之愈低。

（2）作战效益好。作战效益通常与作战效能（己方作战潜能的发挥程度与效率）、作战中人和财物的获取量成正比，而与人和财物耗损量成反比。一般说来，在作战效能无法改变的情况下，战中耗费愈少、获取愈多的方案愈好；在获取量有限有情况下，作战效能愈高、耗费愈低的方案愈好；在耗费可以控制在一定数额内的情况下，作战效能与获取量愈大的方案愈好。

（3）风险度小。作战方案风险度的大小，不仅与这个方案成功的把握性之大小有关，而且与作战中己方投入与所取之比值有关。一般说来，在投入相同的情况下，成功率愈高、获取量愈大的方案风险度愈小；在获取量与投入量比值不变的情况下，成功率愈高的方案风险度愈小；在成功率或获取量为零的情况下，表明此作战方案无意义，不应列入备选方案之列。

（4）应变性强。关于应变性强弱的衡量方法，现在还没有找到一个科学的公式。不过从实践检验的结果看，哪个作战方案预想的敌情准确度愈高，对策愈缜密，对作战环境愈适应，它的应变性就愈强；反之，作战目标强度愈大，兵力使用的局限性愈大，弹性愈小，方案应变性就愈差。

(5) 实施难度低。作战方案实施难度的大小，是受多个因素制约的。实践证明，一个作战方案的目标期望值愈高，实现作战目标的能力愈弱，实施该方案的难度就愈大，相比而言该方案也就愈差；一个作战方案的作战环境限制因素愈多、愈大，而改造这些作战环境的能力愈低，实现该作战方案的难度就愈大；同样，在某个作战方案中，敌方的作战潜能发挥得愈好，己方作战潜能发挥愈差，此方案实施难度也就愈大。

通过上述分析不难看出，评估方案优劣的诸项因素中，有的现在可以量化，有的将来可以量化，有的恐怕永远不能量化。可以量化与不可以量化的东西，是不可比的，因此，不能奢望立即找到一些公式，来求出成功率、作战效益、风险度、应变性、实施难度的大小。但随着科学的发展，人们总会找到一些切实可行的方法来解决这些问题的。

其次，要采取多种优选方法。在明确了衡量诸方案好与坏的标准之后，应采取不同的衡量方法，综合分析比较，尔后决定对各种方案的取舍。常用的优选方法有以下几种：

(1) 经验识别法。该方法主要是采取直觉判断方式。决策者常以存储在自己记忆中的经验与教训作为尺度，然后用它去衡量诸方案的优劣，决定取舍。这种方法来得快，不易贻误战机，但科学性差，有时难以冲破思维定势的束缚，易带主观随意性。

(2) 标准评估法。标准评估法是指将前面提及的五条优选标准尽量量化，使决策者有一定可比的参照值，然后将诸方案中的对应项，一一进行分析比较，并将比较的结果综合起来，根据综合标准利弊值的大小，将诸方案依次排队，分出优劣。此法虽然耗时长些，但能把定量、定性分析方法有机地结合起来，使优选的结果更准确可信。

(3) 计算机模拟法。该方法是指通过计算机模拟来判别诸方案的优劣，常用方法有三种。其一是对抗比较法。即将诸方案中敌对双方可能采取的行动和对策，按作战的程序输入到计算机中，尔后进行机上对抗，根据对抗的结果，比较各个作战方案的好坏。这是计算机模拟的最理想方法。但由于敌对双方有许多难以量化的因素，加上软件程序编制与建模上也有许多技术难题尚未解决，使得此法的研究、开发和实际应用，都需要一定的时间。其二是对应项比较法。即将诸作战方案的对应项尽量量化，并将量化的诸项一一对应，尔后通过计算、分析、比较、择优汰劣，评出最佳方案。其三是人机结合评估法。即将诸作战方案中可以量化的项，先逐一对应，由计算机分析比较。不能量化且计算机也不能分析比较的诸项，则由决策者定性分析。尔后，将计算机模拟结果和人工分析结果合并，逐案进行综合分析比较，权衡优劣，选出最佳方案。

4. 方案执行

在各种被选方案按优劣排好顺序后，决策者应进行最后决断，决定哪一方案为首选方案，哪一方案为备用方案。在通常情况下，最佳方案都应为首选方案。但在战场透明度愈来愈高的情况下，往往己方所选的最佳方案，正是对方预有准备的方案。此时就不应抱着最佳方案不放，而应坚决舍弃最佳方案，把良好方案或可行方案作为首选方案。

选定要执行的方案后，就要实施该方案，这是决策程序的最终阶段。在实施的过程中可能会发生偏离目标的情况，因此，加强反馈工作，要有一套追踪检查的办法。即：① 制定规章制度；② 用规章制度来衡量执行情况；③ 随时纠正偏差。

6.1.3 防空作战指挥决策

1. 防空作战指挥中的决策活动

防空的任务是防备、抵御敌方的空中入侵，保障国家要地、军队和重要物体的对空安全。防空作战使用的武器系统主要包括歼击机、地空导弹、高射炮等，这些防空武器系统主要用来拦截各种航空器、导弹等空袭兵器。

随着科学技术的发展，特别是高技术的应用，各种空袭兵器的速度越来越快、空袭密度越来越大、低空突防的高度越来越低；各种防空武器越来越复杂，控制难度越来越大。这些对防空作战指挥提出了更高的要求，要求指挥员实时作出决策，并保证决策的科学性。为满足这一要求，必须借助计算机、人工智能等新技术辅助指挥员进行决策。

要进行决策，首先应大量收集敌、我双方和环境等各种情报，对于防空作战指挥而言，最重要的是收集、处理各种雷达情报。雷达情报经过三次处理后，获得关于目标的综合航迹信息，这些信息通过通信系统被送到指挥中心。在指挥中心，指挥员根据综合的航迹信息和其他敌、我双方的情报，并借助计算机的辅助决策功能，完成目标识别、威胁估计、诸元计算、目标分配等任务。

2. 空袭兵器及空袭特点

空袭兵器包括轰炸机、攻击机、歼击机、反潜机、无人机、巡航导弹、弹道导弹、宇航器、飞艇、气球等，用于摧毁军事、经济潜力目标，破坏指挥系统，夺取制空权。

(1) 轰炸机。轰炸机是专门用来对地面、水面(水下)目标实施轰炸的飞机。轰炸机分为重型战略轰炸机、中型战略轰炸机和轻型(战术)轰炸机。

重型战略轰炸机，航程远(达18 000 km)，能在高、中、低空活动，可载弹30余吨，配有可摧毁目标和防空系统的各种武器、侦察设备和电子战用的各种电子对抗设备，这种飞机主要用于核战争和局部战争。

中型战略轰炸机，依其活动半径大小，可摧毁2 000～4 000 km的目标。为增大航程，这种轰炸机可在空中进行补充加油。该型飞机有多种载弹方案，如可载核弹、普通炸弹、空地导弹、施放积极干扰和消极干扰的装置。导航设备可保证轰炸机低空飞行。这种飞机用来执行核战争和局部战争的各项任务。

轻型(战术)轰炸机，装备的武器有普通炸弹、核弹、导弹、火箭弹，电子对抗设备和侦察仪器，用来攻击战役战术纵深内的目标。

(2) 攻击机。攻击机又称为强击机，主要是用于从低空、超低空突击敌战术和接近战役纵深内的小型目标，直接支援地面部队(水面舰艇部队)作战的飞机。攻击机低空性能好，并配备较多的对地攻击武器。

现在随着航空科学技术的发展，歼击机也被赋予对地攻击的能力，有的歼击机则改装成为对空地两用的战斗机。此外，武装直升在近距对地攻击中发挥越来越大的作用。

(3) 反潜机。反潜机主要用来搜索和攻击敌方的潜艇。这种飞机具有视野很好的观察窗，以便观察海面上潜艇的踪迹。岸基反潜机的最大起飞质量在40～80 t之间，它们一般以600～900 km/h的速度迅速到达作战海域，然后沿海面以低空、300 km/h左右的低速进行巡航搜索，活动半径达数千公里，留空时间一般都在10 h以上。

(4) 无人机。无人机是指由遥控设备或自备程序控制装置操纵的不载人的飞机，它用地面发射架和飞机均能发射。这种飞机可用来对防空体系的雷达施放无线电干扰，进行空中侦察以及对目标实施突击和制造复杂的空中情况。

(5) 巡航导弹。巡航导弹是指依靠喷气发动机的推力和弹翼的升力，主要以巡航速度在大气层内飞行的飞航式导弹。它可从车辆、飞机或潜艇上发射。巡航导弹飞行高度低，低空突防能力强;命中精度高,威力大;射程远,战略巡航导弹达到数千公里,战术巡航导弹也可达几十至数百公里。

20世纪70年代以前,空袭对保卫目标的威胁还仅限于装载了机炮、炸弹、火箭弹的飞机,它们从中高空逼近,通过目视捕捉目标,因此不具备全天侯攻击的特点。作战时飞机或用机炮、炸弹、火箭弹俯冲瞄准目标。由于受武器射程的限制,作战时飞机不得不靠近被攻击的目标。

随着技术的进步,飞机速度越来越高,机载武器越来越先进,巡航导弹和战术弹道导弹大量使用。当今及未来空袭威胁的主要特点如下:

(1) 远程奔袭、低空和超低空突袭。为了增加战争的突然性,进攻方往往使用远程轰炸机和空中加油的方法,进行远程奔袭;为了尽可能长时间避开防御方的探测,进攻者实施低空或超低空逼近,使防御方措手不及。

(2) 多批多方向空袭。随着空袭兵器性能的提高,采用全方位、全空域、大密度、高强度空袭作为空袭作战的一种典型形式。这种饱和型空袭,使防御方火力分散,增大指挥抗击难度,减少进攻方自身的损失。

(3) 使用精确制导武器进行远距离打击。空地导弹、巡航导弹和激光制导炸弹等精确制导武器在现代空袭中大量使用,成为空袭作战的主攻火力,实现了所谓"外科手术式"的精确打击,这些武器往往可以在防区外发射,进行远距离打击。

(4) 空袭与电子战相结合。空袭的同时伴随着电子战手段,如电子侦察与反侦察、电子干扰、电子隐身与电子摧毁等,另外,各种以削弱或摧毁防空武器及其指挥系统为作战目标的高技术兵器也被广泛采用。

3. 防空武器及其协同

防空使用的武器包括具有不同结构和火力的各种类型的歼击机、地对空导弹和高炮。

(1) 歼击机。歼击机主要用来歼灭空中敌机和飞航式空袭兵器,又称为战斗机。机上装备有空对空导弹和火炮,以及搜索空中目标、瞄准和控制武器的机载雷达系统,指挥和引导设备。在防空系统中,它主要用于击毁距保卫目标远的空袭目标。在这种情况下,歼击机可能以单机和编队进行活动。

歼击机射击空袭目标,需要地面指挥引导系统进行保障,即引导歼击机进入与空袭目标相遇。引导歼击机进入与空中目标相遇的必要条件是不间断地或间断地指挥歼击机的飞行,方法是给飞行员发出相应的指令,这些指令是根据有关歼击机和目标的实时位置及其相对运动的运动特性曲线的信息产生的。

歼击机为了有效地遂行歼灭空中目标的战斗任务,它必须具有一系列性能,因而在设计和构造时对它提出某些战术、技术要求。战术要求包括战斗准备程度、飞行的速度和高度、机动性、航程和续航时间、起飞着陆性能,以及武器系统、设备、行动的自主性等等;技术要求包括结构、发动机、部件和设备的强度、硬度、可靠性和寿命等等。不同类型的歼击机,其战术技术性能是不同的。

(2) 地空导弹武器系统。地空导弹武器系统是指地空导弹和保证射击诸元准备、发射、将导弹导向目标并杀伤目标的设备和装置的综合体。据此,地空导弹武器系统应包括目标探测和跟踪装置、指令形成和传输装置、发射装置(发射架)和将战斗装药送至目标的导弹。

地空导弹武器系统的技术基础是地空导弹的制导系统。所谓制导系统,是指导弹飞向目标时用以控制导弹运动的全套装置。制导系统有多种多样,它的差异不是看它使用什么技术,而是看它观测设备放在哪里。观测设备放在地面上(也就是观测点在地上),叫遥控制导系统;观测设备在导弹上,叫寻的制导系统。遥控制导又分为指令制导和波束制导;寻的制导又分为主动寻的制导、被动寻的制导和半主动寻的制导。

地空导弹武器系统作战时,一般由目标指示雷达或指挥自动化系统提供粗略的目标信息,制导雷达据此对目标进行精确的跟踪与测量,同时计算目标的射击参数,当满足射击条件时,控制发射系统发射导弹。导弹升空后由制导雷达截获并跟踪,同时制导雷达根据目标、导弹坐标计算对导弹的控制指令,并以无线电指令的形式发往导弹,控制导弹飞向目标并与目标遭遇,当导弹与目标遭遇时,战斗部起爆。在主动雷达寻的制导或被动红外寻的制导时,导弹根据目标反射的雷达信号或红外辐射,完成对目标的瞄准,不需要地面雷达的控制。

(3) 高炮武器系统。高炮武器系统主要由火力系统、火力控制系统和保障系统等三大部分组成。

高炮的用途是用弹头杀伤给定高度和速度范围内的空中目标,如飞机、巡航导弹、直升机和伞降目标,在现代防空系统中,高炮作为杀伤低空目标的一种武器,防御低空目标对己方航空兵基地、机场、弹药库、油库、桥梁、指挥所和其他地面目标的攻击。

高炮武器的作战工作过程是由火控系统收集、分析、处理来自上级、友邻和下级的各类情报,搜索、识别、跟踪目标,进行目标识别和火力分配,连续测量多批目标的坐标,计算射击诸元,并将其中一批目标的射击诸元不断地传递给火炮的随动装置,随动装置驱动并控制火炮跟踪瞄准,适时射击。

为了充分发挥以上各种防空武器的整体效能,它们必须进行协同。防空武器的协同是指协调一致地使用各种兵器,以获取共同作战空域的最好效果;为每种兵器提供最大限度的自由,保证己方飞机在高射兵器火力范围内的安全。防空武器之间的协同方法,常以区分空域和方向协同为主,区分目标协同和区分高度协同为辅。

(1) 按区分空域协同。按区分空域协同是指将共同作战空域划分成一定的小空域,各种防空兵器分别负责歼灭在自己的作战空域内的目标,如图 6.1 所示。划分空域时,应根据兵器装备的战术技术性能和战斗部署的情况,以保卫目标为中心,按高射炮、地空导弹、歼击机的顺序由内向外地划分。

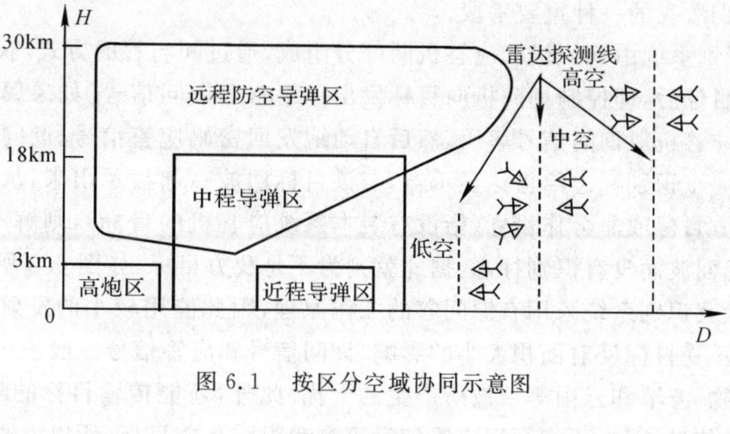

图 6.1　按区分空域协同示意图

当按空域协同时,歼击机不进入地空导弹的发射区,一般在地空导弹发射阵地外 r 公里完全退出战斗,以免地空导弹误伤我机。但是,当歼击机处于优势地位确有把握歼灭敌机时,当某一方向上的地空导弹兵器由于特殊原因(如导弹用完、兵器故障、遭受严重干扰等)无法射击时,经指挥系统协调后,歼击机可以进入地空导弹的作战空域。

(2) 按区分方向协同。按区分方向协同是指当地空导弹兵器对保卫目标因兵器数量少或受地形条件限制而不能构成环形部署时,给地空导弹和歼击机分别规定作战方向。

(3) 按区分目标协同。按区分目标协同是指歼击机和地空导弹在同一个空域内共同作战,分别负责歼灭不同批次或不同性质的空中目标。这种协同方法,通常在敌人以多批多方向连续入侵,地空导弹不能全歼进入自己作战空域内的空中目标时采用。

按区分目标协同,组织配合比较复杂,为了既不贻误战机,又不误伤我机,充分发挥整体威力,必须具有极为精确的指挥保障,保证无差错地识别我机与敌机。

(4) 按区分高度协同。按区分高度协同是指歼击机与地空导弹在同一空域内分别负责歼灭不同高度的目标。高度的划分,应根据装备的歼击机和地空导弹的作战性能来确定。

6.2 目标识别

目标识别是防空指挥自动化系统中指挥决策的重要功能。目标识别是对目标的属性进行分类,也就是对目标身份进行估计。目标识别包括区分真假、敌我、机型等几个方面。目标真假的识别,是指区分目标是飞行器,还是地物、云团、鸟群等干扰;目标敌我属性的识别是对目标的国家属性进行判别,即分清目标是敌机、我机、友机还是不明机;目标机型的识别主要是查清飞行器的类型,如飞机、导弹等,假如是飞机,最好能分清是轰炸机、歼击机、直升机等类型。目标识别是一个很复杂的问题,其中机型的识别目前还没有成熟的方法。敌我属性的识别是最重要的,也是首先应解决的问题,所以本节着重介绍目标敌我属性的识别。对目标敌我属性识别的方法一般有雷达敌我识别、专门标准识别、飞行计划识别等。

6.2.1 雷达敌我识别

早在第二次世界大战期间,就已有了雷达敌我识别系统(radar identification friend or foe system),简记为 IFF 系统,也称为二次雷达,它是用以识别被雷达发现的目标敌我属性的电子技术装备,是识别敌我的一种重要手段。

雷达敌我识别系统由询问机和应答机两部分组成,通过问与答的方式,获得目标的识别信息。当雷达发现目标后,即控制询问机向目标发出一组密码询问信号。如果属于我方(或友方)目标,目标上的应答机对询问信号解码,然后自动地发回密码应答信号。询问机对应答信号进行解码后,输出一个识别标志给雷达显示器,与该目标回波一起显示出来,从而确认为我方目标。如果属于敌方目标或非合作目标(指没有装本系统应答机的目标),则解不出密码,雷达显示器上只有目标回波而没有识别标志,据此就判为不是我方目标,如图 6.2 所示。

由于雷达敌我识别系统采用有源问答的工作原理,因此能用较小的发射功率获得较远的作用距离,并且不受目标反射面积大小的影响。询问信号和应答信号一般采用两种不同的频率传输,避免了地物、海浪和云雨等杂波所产生的干扰。此外,还能传输目标的呼救信号、编号和高度数据等其他信息。因为还能利用应答信号探测和跟踪我方目标,所以雷达敌我识别系统也称二次雷达或雷达信标,但它不能探测非合作目标。

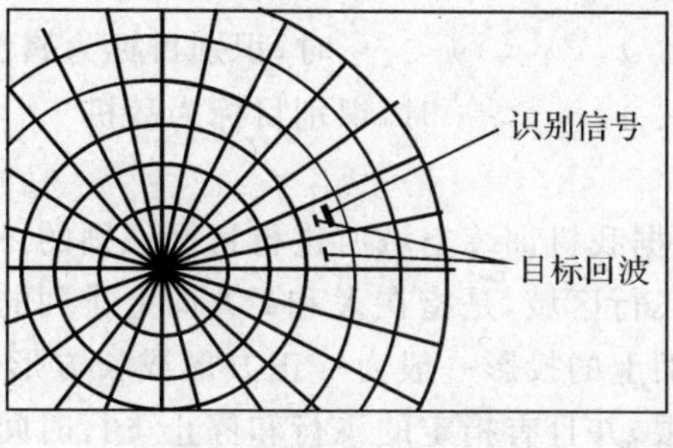

图 6.2　雷达显示器上识别信号示意图

6.2.2　专门标准识别

根据各种属性目标的活动位置及规律而确定的识别方法，称为专门标准识别。使用专门标准自动识别目标属性有三种方法：飞行活动区域识别，指定飞行区域识别，空中走廊识别。

1. 飞行活动区域识别

飞行活动区域识别，是指根据地理位置及相邻国家的飞机经常活动范围进行目标属性识别的一种方法。对一个领土辽阔的国家，相邻的有友好国家，也有敌对国家。正常情况下，各国的军用飞机均在各自的领土和领海（或公海）上空飞行。于是，若雷达发现的目标出现在友好国家领土或领海上空，该目标可识别为友机；若目标出现在敌对国家领土或领海上空，可识别为敌机；若目标出现在公海或边境线上空，可识别为属性不明。

采用目标飞行活动区域识别方法时，首先要根据不同属性目标平时的活动规律，确定识别区域范围；然后根据识别区域在统一直角坐标系中的位置，确定识别坐标数据存入计算机。

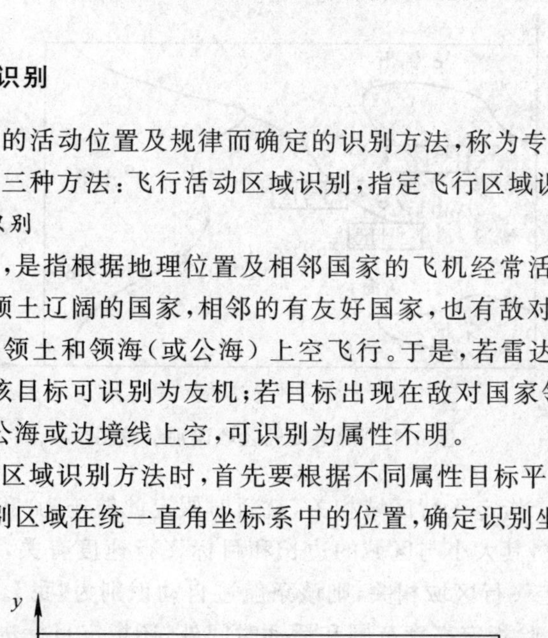

图 6.3　飞行活动区域识别示意图

例如，某一防空指挥自动化系统的处理区域如图 6.3 所示。根据该地区相邻国家的情况及目标活动规律，在图中给出了敌机活动区域、属性不明（这里指敌机或友机）区域和友机活动区域。根据上述给定区域在雷达情报统一直角坐标系中的位置（图中已标出），若雷发现目标坐标位置为 x, y，可用下式识别该目标的属性：

$$\left.\begin{array}{l}\text{当 } x_1 < x,\ y_2 < y < y_1 \text{ 时，识别目标为友机}\\ \text{当 } x_2 < x,\ y_3 < y < y_2 \text{ 时，识别目标为属性不明}\\ \text{当 } x_4 < x,\ y_4 > y \text{ 时，识别目标为敌机}\end{array}\right\} \tag{6.1}$$

2. 指定飞行区域识别

指定飞行区域识别是根据我机训练空域所进行目标识别的一种方法。平时，我机常在指定飞行区域中训练。所谓指定飞行区域，是指在X和Y方向上排列的边长为一定长度的正方柱形或长方柱形区域，它在水平面上的投影一般为一正方形或长方形，如图6.4所示。每个指定飞行区域有指定的上、下高度限，并且有指定的飞行和停止飞行时间。

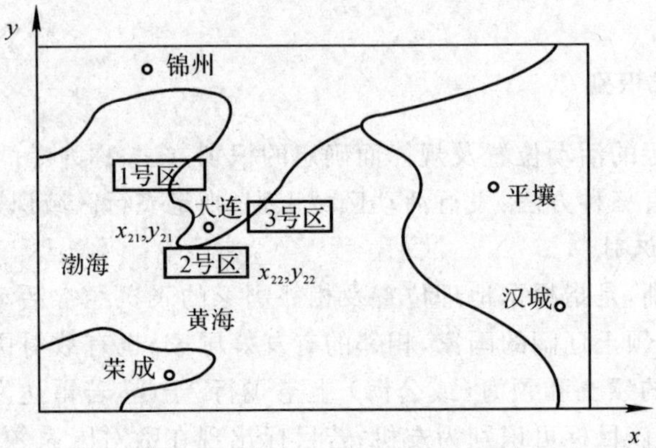

图 6.4 指定飞机区域识别示意图

假如一条航迹和一个指定飞行区域相关，就暂时假定此航迹为“我”。若该条航迹在一特定时间内(此时间为一常数，其大小与区域的边长和目标飞行速度有关，该常数对所有相关航迹都一样)继续和同一指定飞行区域相关，则该条航迹自动识别为“我”。

有的指定飞行区域，除指定高度范围和活动时间外，还指定目标进入指定飞行区域的方向和最大飞行速度。因此，利用方向、高度和速度选择能够提供在指定飞行区域内自动识别目标属性的方法。例如图6.4所示的2号指定飞行区域。从图中可以看出，这一指定区域为一矩形区域，它由(x_{21},y_{21})，(x_{22},y_{21})，(x_{22},y_{22})，(x_{21},y_{22})四点的连线所构成。在这一指定区域内，假定我机的飞行数据为：起止飞行时间分别是T_{21}和T_{22}；飞行高度的上、下限分别是H_{21}和H_{22}，飞行速度是v_{21}和v_{22}，目标从西方进入。若雷达发现一批目标航迹的各不同时刻的坐标位置分别为(x_1,y_1,t_1)，(x_2,y_2,t_2)，…，(x_n,y_n,t_n)；高度为H，速度为v。对于这批目标与2号指定飞行区域进行比较时，为了提高识别速度，可按分步识别方法进行。

首先进行位置相关，若目标飞行的航迹在该指定飞行区域之内，即

$$\left.\begin{array}{l}x_{21} < x_i < x_{22}\\ y_{22} < y_i < y_{21}\end{array}\right\} \tag{6.2}$$

式中，$i=1,2,3,4,\cdots,j$，(x_i,y_i)表示目标航迹的第i点坐标位置，在进行位置相关时，要从目标航迹第一点坐标至第$j(j<n)$点坐标依次判定，每点都满足式(6.2)要求时，才认为该批目标满足位置相关。j的大小，与该指定区域时间常数Δt_2有关，通常要求$t_j - t_i \geqslant \Delta t_2$。例如，当$t_4 - t_1 \geqslant \Delta t_2$时，只要该批目标航迹的前四点坐标位置满足式(6.2)要求，就可认为位置相关。

在一批目标航迹位置相关的条件满足后，再进行时间相关。所谓时间相关，就是判定目标在指定飞行区域活动的时间是否在起止飞行时间之内，即

$$T_{21} < t_i < T_{22} \quad i = 1,2,\cdots,j \tag{6.3}$$

若该批目标飞行时间满足式(6.3)要求，就认为时间相关；否则，识别该批目标为属性不明或敌机。

在一批目标航迹的时间相关的条件满足后，最后进行目标飞行高度、速度和进入方向的相关，即

$$\left.\begin{aligned} &H_{21} < H < H_{22} \\ &v_{21} < v < v_{22} \\ &x_{i+1} - x_i > 0 \qquad i = 1,2,3,\cdots,j \end{aligned}\right\} \tag{6.4}$$

若该批目标的飞行高度、速度和进入方向满足式(6.4)要求，可将该批目标识别为"我"；否则，识别为属性不明或敌机。在实际应用式(6.4)时，对目标的高度和速度识别应考虑测量误差和计算误差；对目标进入方向的判别即可用式中简易判别法，也可通过计算目标的飞行航向进行判别。

3. 空中走廊识别

空中走廊是指某一地区来往民航机及转场飞机必经空域。它是一个长宽比较大的矩形箱状空域，它在水平面上的投影为一长宽比较大的矩形，标准宽度为10 km以上；它有上下高度限，同时有活动和停止时间。每一个空中走廊，都是由飞过该走廊飞机的飞行诸元来确定的。

若目标的航迹完全在空中走廊误差范围内并且是按空中走廊方向飞行的航迹，则暂时识别该航迹为"我"；假如在指定时间内这些目标航迹继续和同一空中走廊相关，就自动识别这些航迹为"我"。

6.2.3 飞行计划识别

飞行计划是指预先或临时确定的有关飞机(含民航、转场的作战飞机等)的飞行航线和飞行诸元(含目标的飞行航向、速度、高度、时间等参数)的总和，对雷达发现的目标航迹与飞行计划进行比较，若雷达发现的目标航迹位置和飞行诸元与某一飞行计划完全相关，可判为"我机"或"友机"(指国际航路上飞行的国际航班)，这一识别过程称为飞行计划识别。飞行计划识别是目标识别最常用的一种方法。

1. 飞行计划

飞行计划包括飞行预报和飞报。飞行预报是预先(提前几小时或几十小时)制定的飞行计划；飞报是临时制定的飞行计划或已起飞后目标的飞行通报。无论预报或飞报，对于每一批目标的飞行计划通常由以下几项内容构成。

P:批号或机号 ××××(×)；

JN:机型架数 D/×、××架；

T:起飞时间 ××日××时××分；

v:飞行速度 ×××(km/h)；

H:飞行高度 ×××(百米)；

Q:起始坐标 ××××××(方格)；

Z:终止坐标 ××××××(方格)。

但必须指出，随着每一批目标飞行航线长短不同，飞行计划的内容长短也不尽相同。对于短途飞行的飞机，由于飞机起飞到降落机场前，通常是按一定的速度、高度和航向飞行，其飞行计划内容仅为上述的内容。而长途飞行的飞机，飞机从起飞至降落机场前，途中要飞过几个必经地点的上空，这些必经地点的连线，不是一条直线，而是一条折线。在每一条直线上，有时目标的飞行高度、速度、航向也不相同。如图 6.5 所示的一批从烟台至沈阳的飞机，飞行途中必须经大连和鞍山，而在每一条直线上飞行诸元是不同的。因此，对于这种类型的飞行计划，内容的长短是不同的。图 6.5 所示的一批目标的飞行计划的内容为 P，JN，T，v_1，H_1，Q_1，v_2，H_2，Q_2，v_3，H_3，Q_3，Z。

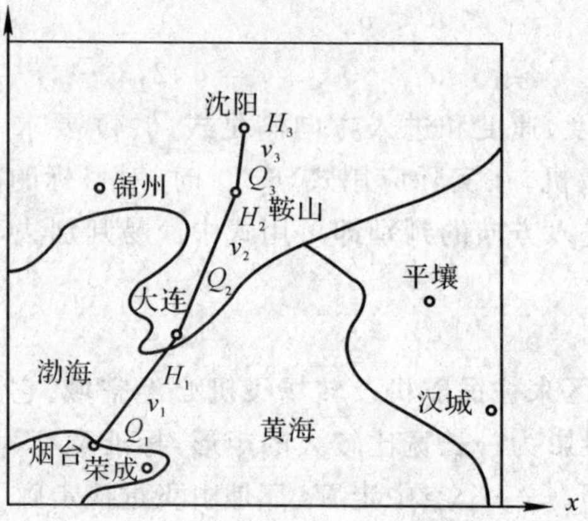

图 6.5　飞机计划识别示意图

2. 飞行计划相关

飞行计划相关是指将雷达掌握的目标航迹与预先存入计算机内的己方飞行计划进行比较，若目标飞行航迹与飞行计划相符，识别为“我”。为了使相关简单起见，飞行计划相关过程可分为两步：首先进行粗相关，然后进行细相关。

粗相关是指根据飞行计划预测位置产生一个相关框，并将目标航迹的当前点位置与飞行计划预测位置进行比较，只要目标航迹的当前点落在此相关框内，就认为目标航迹在位置上与飞行计划相关。相关框的形状如图 6.6 所示。

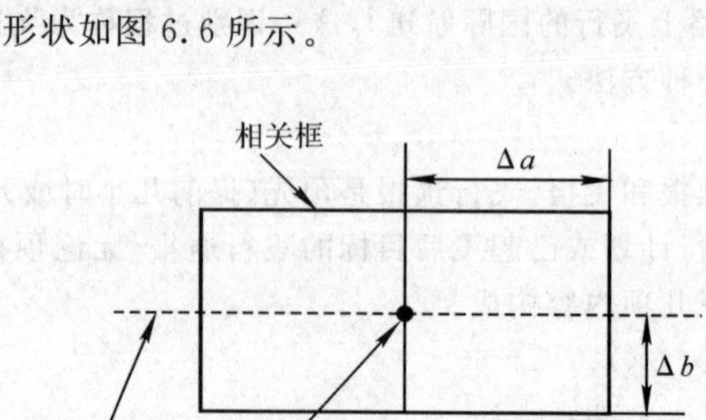

图 6.6　相关框示意图

它是一个矩形，其边长与飞行计划所指目标的行进方向平行，短边与行进方向成正交，Δa 和 Δb 为相关框的尺寸。Δa 的大小主要与目标速度和预测时间有关。通常飞机不是按飞行计划准时起飞，有时可能超前几分钟，有时可能迟后几分钟，因此在确定 Δa 的尺寸时，要重点考虑这一因素。一般情况下，超前和迟后时间选择 5 ～ 10 min。Δb 的大小主要与目标偏离飞行航线多少和雷达测量误差等因素有关。通常情况下，Δb 的尺寸为 5 ～ 10 km。另外，在确定相关框尺寸时，还应考虑这种情况：如果未掌握该批飞行计划目标的位置（如按起飞时间推算得出预测位置），相关框尺寸应该大一些；如已具体掌握该批计划飞机位置（如从其他雷达系统或自动化飞行管制系统引入），相关框尺寸可以相对小些。

所有通过粗相关验证的航迹（指落在相关框内的目标航迹），进行进一步细相关验证。所谓细相关，就是将落在相关框内的每一批目标航迹的航向、高度、速度、机型架数依次与飞行计划进行比较，测试目标航迹是否在允许相关误差范围内。

(1) 航向相关。从图 6.5 中可以看出，按飞行计划飞行的飞机的航向是可以预测的，若雷达掌握的一批目标航迹的航向是在飞行计划的预测航向的允许误差范围内，就认为航向相同，或者说是航向相关的。设飞行计划的预测航向为 K_A，雷达发现的一批目标航迹的航向为 K_B，于是测试航向相关的条件为

$$|K_B - K_A| \leqslant \Delta K \tag{6.5}$$

式中，ΔK 为允许的航向误差范围，它的大小通常选为 $15° \sim 30°$。

(2) 速度相关。飞行计划的目标飞行速度与雷达目标航迹的速度相关和航向相关的方法相似，即设飞行计划的飞机的当前速度为 v_A，雷达目标航迹的当前速度为 v_B，如果满足条件

$$|v_B - v_A| \leqslant \Delta v \tag{6.6}$$

就可以认为速度相关。式(6.6)中的 Δv 为允许的速度误差范围，它的大小通常选为 150 ～ 300 km/h。由于 v_B 是估算得到的，有时 Δv 可通过计算得到，即

$$\Delta v = \frac{1}{2} v_B \tag{6.7}$$

(3) 高度相关。飞行计划与目标航迹的高度相关，其方法也同航向相关相似，即设飞行计划的高度为 H_A，目标航迹的当前高度为 H_B，若能满足条件

$$|H_B - H_A| \leqslant \Delta H \tag{6.8}$$

就可以认为飞行计划的高度和目标航迹的高度是相关的。式(6.8)中的 ΔH 为允许的高度误差范围，它的大小通常选为 100 ～ 1 000 m。

(4) 性质相关。目标的性质是指目标的机型和架数。判断性质相关的方法是：设飞行计划的机型代码为 J_A，架数为 N_A，目标航迹的机型为 J_B，架数为 N_B，如果能满足

$$\left.\begin{aligned} J_B - J_A = 0 \\ N_B - N_A = 0 \end{aligned}\right\} \tag{6.9}$$

则认为飞行计划和飞行目标航迹的目标性质相关，否则为不相关。由于目前识别目标的机型和架数较为困难，性质相关一般较少采用。

雷达目标航迹经过粗、精相关测试后，当有一批目标航迹与飞行计划唯一相关时，则试认为我机；当有两批或多批航迹与飞行计划相关时，进行报警并将相关情况显示出来，由识别军官进一步处理。

为了严格进行飞行计划识别，不能仅仅依据飞行计划和目标航迹在某一时刻的一个当前点能满足各相关条件（或准则）的要求，就立即确认该目标航迹为我机，还必须进行连续多点的测试，才能最终确定该批是否为我机。因此，对试认为是我机的雷达目标航迹，还需对它继续

和同一飞行计划相关。若后续几点或预先确定的时间(该时间为一常数)内继续和同一飞行计划相关,它将识别为我机;若不相关,可认为不明。

6.2.4 目标识别的处理过程

在防空指挥自动化系统中,计算机可在识别军官的干预和辅助下,按一定程序和规则自动识别空中目标的属性。上面介绍目标识别的几种方法,实质上是计算机自动识别空中目标属性过程中所使用的几种规则。计算机自动识别目标属性的过程如图 6.7 所示。

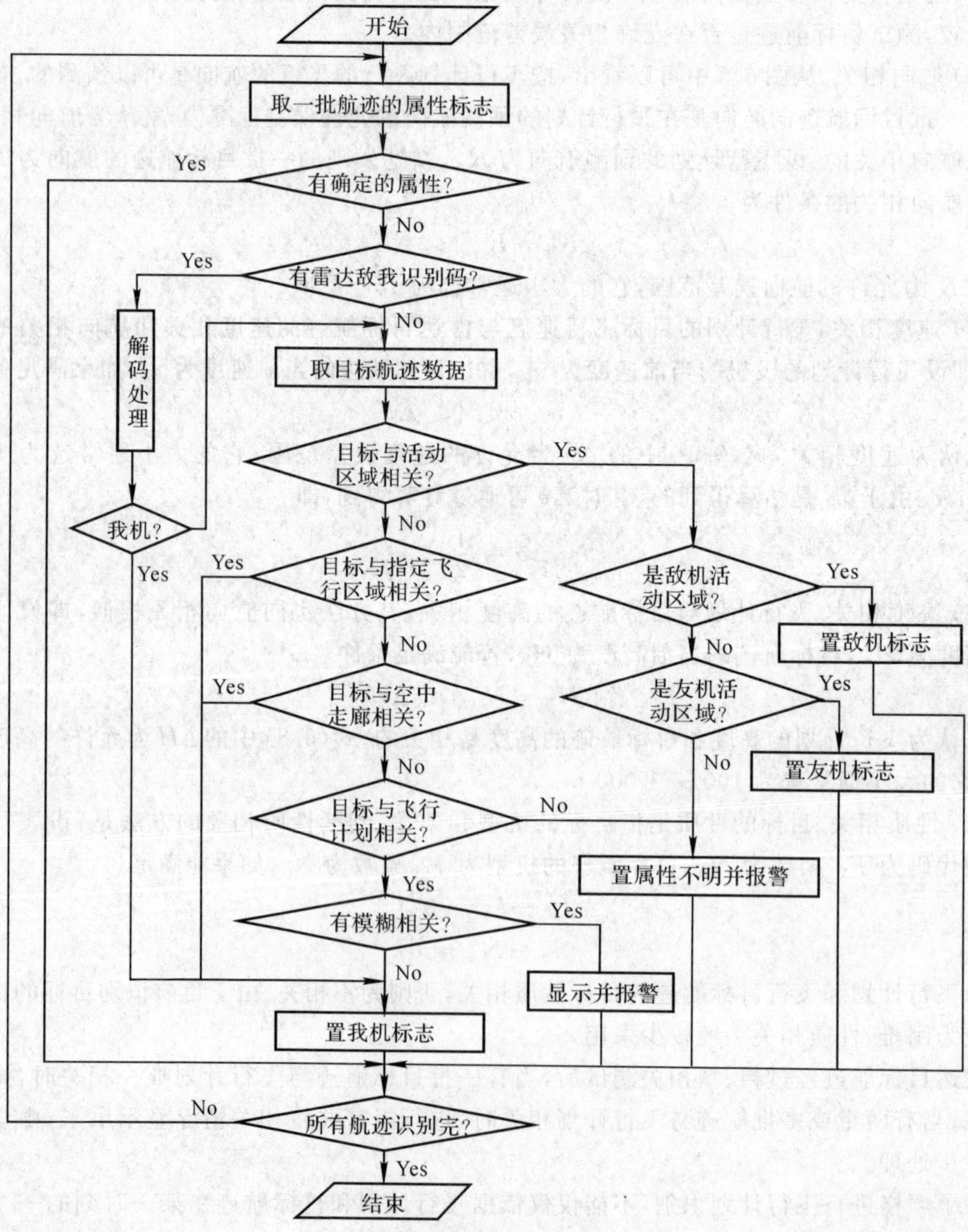

图 6.7 目标识别处理流程图

计算机首先找到目标数据存储区(指用于记录每一批目标数据的存储单元的集合),取出一批目标航迹的属性标志进行判别。若该批航迹已有确定的属性,就不再进行目标识别处理,否则进行以下的目标识别过程。

首先,计算机从该批航迹数据中寻找二次雷达信号,如果找到应答信号(密码信号),则进行解码处理并判别是否与规定的密码相符。若两者相符,则识别为我机;如果没有应答信号或密码不符,则与预先存入的目标活动区域比较。计算机将搜索目标活动区域存储表(指用于记录目标活动区域数据的存储区),以便找到目标活动区域的有关识别数据。如果目标航迹与一个指定友机活动区域相关,就识别为友机;如果目标航迹与一个指定属性不明活动区域相关,就识别为属性不明;如果目标航迹和所有目标活动区域都不相关,则与预先存入的指定飞行区域比较。如果目标航迹和一个指定飞行区域相关,就识别为我机;如果目标航迹和所有飞行区域都不相关,则与预先存入的空中走廊比较。如果目标航迹和一指定空中走廊相关,就识别为我机;如果目标航迹和所有空中走廊都不相关,则与预先存入的飞行计划比较。如果目标航迹和一指定飞行计划相关,就识别为我机;如果目标航迹和所有飞行计划都不相关,就识别为属性不明,并显示报警,以引起识别军官注意。

识别军官通过显示器进一步对目标航迹识别情况进行处理,一是对计算机自动识别的结果进行确认或监查(识别军官可以更改计算机的识别结果,但计算机将不改变识别军官识别出的目标航迹属性);二是对模糊的识别结果进行处理;三是对所有属性不明的目标航迹进行处理。当目标航迹的属性一直未能被确认为我机或友机时,识别军官将报告上级指挥员,说明识别处理方法,并同时将目标识别为属性不明,必要时申请起飞作战飞机识别,而后将识别结果送入计算机。

6.3 威胁估计

威胁估计也称威胁判断,是分析判断敌情工作的重要组成部分,其主要任务是查明或预测敌机可能攻击的目标,到达的时间,以及各批敌机威胁程度的高低,为合理地区分兵力兵器提供基本依据。指挥自动化系统中的计算机可根据一定的判决准则、雷达情报信息、技术侦察情报信息和数据库中的有关敌情资料,运用相应的数学方法,在敌情分析军官的控制和参与下,对多批、多方向进袭的敌机和属性不明飞机进行威胁判断。威胁判断包括敌机活动企图判断和威胁等级判断。

6.3.1 威胁目标定义及企图判断

1. 威胁目标定义

威胁防空区域或保卫目标的空中目标定义为这样一类敌目标:该目标企图进入或已进入防空区域,如果在某个时间内本防区防御武器没有拦截住它,而它将命中防空区域内的保卫目标。

2. 企图判断

企图判断是指判定敌性活动目标对我防区的保卫目标进行侵袭的可能性。企图判定是一项十分复杂的工作,需考虑很多的因素,如当前国际关系、敌方近期活动情况、敌机起飞基地、技侦情况、目标态势、保卫目标位置等等。在防空指挥自动化系统中,计算机仅能根据目标活动的态势，依据事先确定的判断准则进行初步判断，而更复杂的判断还需人来完成。

敌机活动企图判断准则的确定，要根据本防空区域所处地理位置、作战任务、所保卫重点目标的重要程度、敌性目标的活动特点、可能来袭方向和空袭的主要目标等来判断。但是在和平时期与战争时期的企图判定准则应是有所不同的。下面简要给出几种用于和平时期的企图判断方法。

(1) 敌意线法。该方法是指根据敌性目标平时活动规律，在我防空区域外围一定的距离上确定一条线，这条线就叫做敌意线。当敌机越过该条线时，判有侵袭企图；否则判无侵袭企图。在确定敌意线时，将敌性目标正常活动确定在敌意线之外条件下，使该线距防空区域外围越远越好，这种方法适合于沿海防空区域。

(2) 航向距离判定法。根据敌性目标平时活动规律，确定判定准则 D_{max}，D_{min}，α。当敌性目标飞向围绕且离防空区域内保卫目标大于 D_{max} 时，或者离保卫目标的距离小于 D_{max} 而大于 D_{min}，并且敌机航向与保卫目标连线的夹角大于 α 时，则判该批目标无敌意；否则有敌意。

6.3.2　威胁程度判断

威胁程度一般是指敌性目标对防区内保卫目标进行侵袭成功的可能性及侵袭成功时可能造成的破坏程度。给出一个敌性目标对我某保卫目标威胁程度的估计，是一项十分复杂而又困难的工作。这是因为估计威胁程度时要考虑：敌目标的机载武器的性能与威力，例如侦察机与带核武器的轰炸机显然威胁程度相差极大；敌目标现所处位置距离保卫目标的远近，一般是远者威胁小，近者威胁大，但是也不尽然，例如一架距离保卫目标较远但高速飞行的飞机，与一架距保卫目标较近但飞行速度较慢的飞机相比，可能高速飞机会更早到达保卫目标上空；我防空武器的性能与部署；等等。

综上所述，威胁估计要考虑的因素很多，而且相互间的关系复杂，要全面合理地考虑各种因素，定出一个威胁程度等级与各种因素的函数关系，困难很大。即使能定出这一标准，在实战中有不少因素也往往不能确切知道，例如敌机是否带有核武器，攻击目标，作战任务不可能完全明确，即带有一定的模糊度（灰度），有时在严重干扰情况下空中情况不可能完全查清，要解决这些问题还要用到其他数学方法（如模糊数学、灰色系统），建立更为复杂、严谨的数学模型。所以利用计算机进行威胁程度估计时，为提高判断的实时性，往往不得不忽略一些因素和采用一些简便的估计方法。通常使用的简便方法有到达时间判断法、相对距离判断法、相对方位判定法、预定截击线判定法、线性加权求和法等。

1. 到达时间判定法

根据警戒雷达探测目标信息，计算得到的目标到达时间，是一种比较好的威胁程度告警参数。所谓目标到达时间，是指从该目标被发现起到它到达保卫目标需要的飞行时间；敌机到达时间越短，威胁程度越高。

雷达发现目标的径向距离 R 是一个时间的函数，它的变化率 R' 可用径向距离微分求得，空中目标的到达时间可以表示为

$$t_D = \frac{R}{R'} = \frac{R}{v} \tag{6.10}$$

式(6.10)能比较准确地描述以等速直线运动接近保卫目标的到达时间。但对于变速度和变高度飞行的目标就不适用了，为此可采用以下适用于各种运动形式的到达时间计算公式：

$$T_D = \frac{2t_D}{1+t_D'} \tag{6.11}$$

式中，$t_D = \dfrac{R}{R'}$；$t_D' = \dfrac{d}{dt_D}\left(\dfrac{R}{R'}\right)$；$R$ 和 R' 为目标的径向距离和速度。

式(6.10)和式(6.11)所计算的到达时间 t_D 和 T_D 都可以作为威胁程度告警参数，但 t_D 适宜作近距离的目标到达时间计算，T_D 适宜作远距离的目标到达时间计算，在应用中可根据目标初始探测距离，选择不同的计算方法。

防空作战指挥有效性与时间是紧密相连的，如果时间太短，就可能达不到所要求的效果，防空指挥所用的时间 T_z 为一和数，即

$$T_z = T_c + T_p + T_l \tag{6.12}$$

式中，T_c 表示收集和处理情报的时间；T_p 表示了解情况和提供决心的时间；T_l 表示拟制并向执行者传达指挥信息的时间。

如果实行指挥措施容许时间，能满足条件

$$T_z < t_D - T_x \tag{6.13}$$

那么，指挥即可认为是相当有效的，式(6.13)中 T_x 为执行者活动所消耗的时间。

如果实行指挥措施容许时间，能满足条件

$$T_z = t_D - T_x \tag{6.14}$$

则称为指挥临界时间，在这种情况下，指挥可达到所要求的效果。

如果实行指挥措施容许时间，符合条件

$$T_z > t_D - T_x \tag{6.15}$$

则防空指挥系统和防空部队（即执行者）实现下定决心（系指符合情况的决心）的整个行动，就得不到所要求的效果。

威胁程度通常划分为三级，即一级、二级、三级。级数越小，威胁越大。根据以上讨论的结果，利用到达时间确定威胁等级如下：

$$\left.\begin{array}{ll} t_D - T_x < T_z & \text{一级} \\ t_D - T_x = T_z & \text{二级} \\ t_D - T_x > T_z & \text{三级} \end{array}\right\} \tag{6.16}$$

2. 相对距离判定法

当出现敌性目标时，根据目标与保卫目标或防空区域的相对距离，计算机自动计算出对我保卫目标或防空区域的威胁等级。

采用相对距离判定准则，第一要把重点保卫目标或重点保卫区域的位置坐标存入计算机。第二要把确定威胁等级的相对距离准则存入计算机，确定威胁等级的相对距离，可随该系统所担负的防空区域的任务、防空区域所处的地理位置和环境等方面的不同而不同。现假设根据某防空区域的情况，确定威胁等级的相对距离如下：

一级：相对距离 $\leqslant$ 100 km；

二级：100 km $<$ 相对距离 $\leqslant$ 200 km；

三级：200 km $<$ 相对距离 $\leqslant$ 285 km。

根据上述假定，就可以计算目标威胁等级。

3. 相对方位判定法

相对方位判定法是指根据敌机当前的航向与假设它直飞保卫目标的航向之间的夹角大小确定威胁等级。

敌机相对于我保卫目标的方位计算公式为

$$\alpha = \arctan \frac{x_m - x_w}{y_m - y_w} - K_m$$

式中，(x_w, y_w) 为保卫目标位置坐标；(x_m, y_m) 和 K_m 分别为敌性目标当前的位置坐标和航向。

相对方位的判定准则，事先可根据需要确定一个最大相对方位 α_{max} 和一个最小相对方位 α_{min}。于是，根据计算得到的敌机相对于我保卫目标的方位，可按下面判断式进行威胁等级的判定：

$$\left.\begin{array}{ll} \alpha < \alpha_{min} & \text{一级} \\ \alpha_{min} \leqslant \alpha \leqslant \alpha_{max} & \text{二级} \\ \alpha > \alpha_{max} & \text{三级} \end{array}\right\} \tag{6.17}$$

4. 预定截击线判定法

预定截击线判定法是首先依据敌目标现在位置以及飞行速度、高度，计算出我方歼击机首次对其进行截击时的截击线。再依据首次截击线距预定截击线的距离，定出以下威胁等级：若敌机能被首次截击在预定截击线之外，威胁等级为三级；若首次截击线在预定截击线之内不足 R_m 公里，威胁等级为二级；若首次截击线深入预定截击线超过 R_m 公里，威胁等级为一级。

预定截击线是指为保障保卫目标的安全，要求我机在保卫目标外围预定一条线上开始攻击敌机，这条预定开始攻击敌机的界线叫预定截击线。截击线距保卫目标越远，歼灭敌机的可能性越大，保卫目标的安全就越有保障。但是，由于雷达的探测范围，空地通信的联络距离、歼击机的航程以及其他条件的限制，使截击线只限于机场周围的一定范围之内。

首次截击线是指我机在机场待战的情况下，经过起飞、引导出航，可能同敌机遭遇并开始攻击的最远界线，也叫可能截击线。这条线至起飞机场的距离叫可能截击距离。计算可能截击线，实质上是计算从指挥系统命令我机转入一等战斗准备，尔后从机场出动，经过上升、平飞、转弯接敌，直到同敌机遭遇并实施攻击的全过程中，我机可能前进的距离。首次截击线的计算原理，如图 6.8 所示。

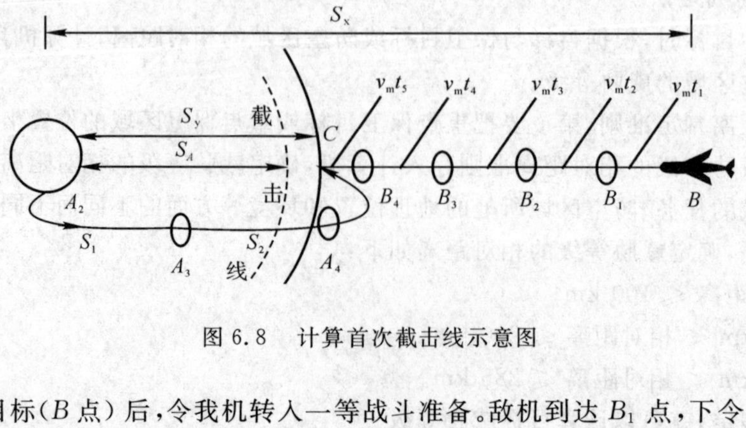

图 6.8　计算首次截击线示意图

雷达发现目标（B 点）后，令我机转入一等战斗准备。敌机到达 B_1 点，下令我机起飞；起飞完毕后，敌机到达 B_2 点。我机上升到 A_3 点，到达预定的高度改为平飞，此时敌机到达 B_3 点。我

机平飞到 A_4 点，敌机相应飞到 B_4 点。我机自 A_4 点，经转弯接敌到达 C 点；敌机在同一时间内，由 B_4 点到达 C 点。此时，我机同敌机遭遇开始攻击，C 点为截击点。

从图 6.8 中可以看出，可能截击距离（S_y）是我机上升过程中前进的距离（S_1）同我机平飞的距离（S_2）之和。我机上升过程中前进的距离，可从有关的资料手册中查出；平飞距离则按我机速度和平飞时间求得。从图 6.8 中可知，我机平飞时间（t_4）等于敌我机迎向飞过 $\overline{A_3A_4}+\overline{B_3B_4}$ 的距离所需的时间。因为

$$\overline{A_3A_4}+\overline{B_3B_4}=S_x-S_1-v_m(t_1+t_2+t_3+t_5)$$

所以

$$t_4=\frac{S_x-S_1-v_m(t_1+t_2+t_3+t_5)}{v_m+v_w} \tag{6.18}$$

式中，S_x 表示警戒雷达发现敌机时，敌机距我机场的距离；t_1 表示我机转入一等战斗准备所需的时间；t_2 表示我机起飞所需时间；t_3 表示我机上升到预定高度所需时间；t_5 表示我机作接敌机动所需时间；v_m 表示敌机速度；v_w 表示我机速度。

有了平飞时间，便可以求出可能截击距离为

$$S_y=S_1+S_2=S_1+v_wt_4 \tag{6.19}$$

知道了可能截击距离，在显示器上，以机场为圆心，以可能截击距离为半径，向敌机来袭方向产生一个弧线，这条线便是首次截击线。

在进行威胁估计时，可利用预定截机距离和可能截击距离进行判断。若设预定截击距离为 S_A，则预定截击线判别敌机威胁等级的判别式如下：

$$\left.\begin{array}{ll} S_y\leqslant S_A-R_m & \text{一级}\\ S_y>S_A-R_m & \text{二级}\\ S_y>S_A & \text{三级}\end{array}\right\} \tag{6.20}$$

5. 线性加权求和法

在以上介绍的几种威胁程度的判定方法中，均是以某一种因素进行威胁等级的判定。对于较严格的判定，必须要考虑多种因素。这些因素通常包括到达时间、敌性目标作战性能和攻击火力、相对距离、相对方位、首次截击位置和保卫目标的重要性等。显然，对于这种多因素的情况，需要统筹考虑综合评价。常用综合评价方法是线性加权求和法，即

$$W=K_1\tau+K_2\rho+K_3\delta+K_4\gamma \tag{6.21}$$

式中，要求 $\sum_{i=1}^{4}K_i=1$；τ 表示用到达时间计算出的威胁等级；ρ 表示用相对距离计算得出的威胁等级；δ 表示用相对方位计算得出的威胁等级；γ 表示用预定截击线计算得出的威胁等级。

各种因素计算得出的威胁等级的加权系数 K_i，是根据各种因素的重要程度来确定的。若该因素是重点考虑因素，K_i 就大；否则应小些。通常情况下，K_i 由用户确定。

用式(6.21) 计算得出敌性目标威胁等级，虽然考虑了较多的因素，但有些因素还未考虑进去。如敌性目标作战性能和攻击火力，保卫目标的重要性。为此，对计算得出的威胁等级，必须按一定的准则进行修正。对敌性目标作战能力和攻击火力，常根据敌机的性质、架数修正 W：若敌机是小型机，则威胁程度降低半级（$W+0.5$）；若一批敌机的架数超过三架，则威胁程度提高半级（$W-0.5$）。对保卫目标的重要性，根据保卫目标的等级修正 W：若是三级保卫目标，则威胁程度降低半级；若是一级保卫目标，则威胁程度提高半级。

6.4 歼击机的目标分配

6.4.1 目标分配的基本概念

目标分配又称为火力分配，是指对多批空中目标分别选择最有效的防空兵器和数量进行拦截，形成最佳兵力兵器使用方案。在防空指挥自动化系统中，计算机可根据空中目标的数量、威胁等级、飞行诸元、己方防空兵器的数量、配置、作战范围(火力范围)、对各种敌机的作战效能，以及指挥人员的预先决心，运用最优数学规划模型或人工智能的专家系统模型，对作战信息进行处理，提供若干种兵力兵器分配方案，同时给出各种方案的拦截预案、拦截点和拦截时间以及可能的作战效果，供指挥人员选定。

防空武器拦截空中目标的目的是使防空区域或防空区域内的保卫目标不遭受损失，所以，火力分配应考虑各目标的威胁程度，各防御武器系统的可利用性，各防御武器系统的有效性。防御武器系统的可利用性指的是它在目标分配时的状态，在武器系统是完好的和没有指派任务时，该武器系统是可以利用的。另外，对于导弹来说，发射装置应该已装填导弹，或导弹库中有导弹可供装填；对于高炮来说，应该有足够的炮弹可供使用。因此，在火力分配时，若有武器系统可供利用，则进行分配；若没有武器系统可供利用，则至少要等一个武器系统从执行任务中解脱出来后，才能分配给另外的目标。防御武器的有效性是指武器的有效作用距离、精度、发射率、弹丸飞行速度等特性。

对于不同层次的防空指挥自动化系统，根据不同的要求和空袭目标态势，采用不同的分配目标的方法。但是，若按进袭目标的批次多少来划分，可能有两种分配的方法：单批目标的火力分配和多批目标的火力分配。单批目标是指在某一时间范围内，仅有一批目标进袭防空区域。对入侵的目标，可以利用歼击机截击，也可以用地空导弹和高炮进行截击，但究竟选用何种武器、使用多少兵力以及使用哪个基地(机场或阵地)的兵力，才能使作战效果最好呢?这就是火力分配的主要任务。

选择拦截武器，可以采用简单适用的优选法，根据武器的性能和拦截目标的时间，选择拦截武器的最优方案。在条件允许的情况下，拦截目标的时间越早，防空作战的效果越好。为此，分配火力的基本方法是：根据当前可使用的防空武器最大作战距离，选择有效的拦截武器；计算有效拦截武器的拦截时间，选择拦截时间短的三种拦截武器；根据预定的消灭空中目标的概率指标，计算所需的火力数量。

6.4.2 歼击机的目标分配过程

在此介绍，若对单批目标分配拦截武器，选歼击机进行拦截时，如何选取较优机场和机型数量。

1. 机场的选择

对于已知的空袭目标进行机场的选择，包括找出拦截目标的有效机场和根据最优机场选择判据从有效机场中选择出最优机场。

(1) 有效机场的确定。驻守在每个机场的歼击机的有效作用范围是已知的，确定拦截的有效性就是把目标与各机场的歼击机的有效作用范围联系起来，这种效果可在一定的距离、一定的时间、具体的条件下取得。如果某一机场的歼击机对指定目标进行拦截，在距离指标和时间指标都满足要求时，称该机场为有效机场。

所谓距离指标，它表述指定机场的歼击机能够遂行战斗任务的最大作战距离范围。如果目标的航路捷径（指到达机场的最近航路）在该机场歼击机的最大作用距离范围内，则认为距离指标满足要求（见图 6.9），否则不满足要求。

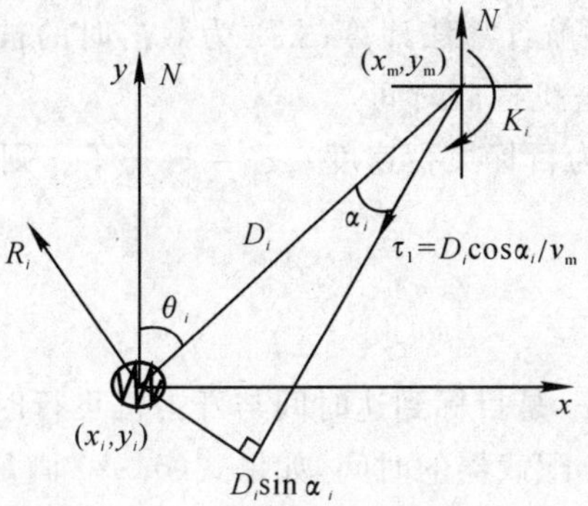

图 6.9　目标到达歼击机作战范围示意图

图 6.9 中，R_i 为第 i 个机场中歼击机的作战半径（指歼击机完成任务后在出动机场着陆）。R_i 通常按歼击机燃料储备来确定，按燃料储备计算歼灭空中目标最远线，采用歼击机飞行的工程领航计算法进行，进行工程领航计算时的起始诸元是飞行剖面和状态，遂行飞行任务的条件和计算的飞机燃料储备，计算规定的飞行剖面的燃料消耗量公式为

$$G = G_1 + G_2 + G_3 + G_4 + G_5 + G_6 + G_7 \tag{6.22}$$

式中，G_1 表示地面燃料消耗量；G_2 表示起飞和上升到巡航飞行高度的燃料消耗量；G_3 表示巡航飞行段的燃料消耗量；G_4 表示加速到一定飞行速度的燃料消耗量；G_5 表示接近和攻击目标的燃料消耗量；G_6 表示返回出动机场时的燃料消耗量；G_7 表示进入着陆和着陆时的燃料消耗量。

如果歼击机储备的燃料与规定剖面所消耗的燃料数量之间相等，那么按燃料储备计算歼灭目标线的最大距离为

$$R_i = L_1 + L_2 + L_3 + L_4 \tag{6.23}$$

式中，L_1 表示上升到巡航飞行高度时的距离；L_2 表示平衡飞行段考虑在内，向目标巡航飞行时的距离；L_3 表示加速到一定飞行速度时的距离；L_4 表示包括导弹（炮弹）击毁目标前航迹在内的接近和攻击目标时的距离。

在确定各机场歼击机的作战范围时，按接敌最快的原则，都以常用剖面来计算。为了减少计算机的计算时间，常根据每个机场驻守歼击机类型、结构、火力和飞行剖面，选择该机场歼击机的最大作用距离。如果下式成立，说明距离指标满足要求：

$$R_i > D_i\sin\alpha_i \tag{6.24}$$

式中，$D_i\sin\alpha_i$ 为目标飞行线至第 i 个机场的最近航路。其中 D_i 为目标的当前位置至第 i 个机场的距离；α_i 为目标运动方向和径向速度方向之间的夹角。计算公式为

$$\left.\begin{aligned} D_i &= \sqrt{(x_i - x_m)^2 + (y_i - y_m)^2} \\ \alpha_i &= \theta_i + \pi - K_i \end{aligned}\right\} \tag{6.25}$$

式中，$\theta_i = \arctan \dfrac{(x_i - x_m)}{(y_i - y_m)}$。

所谓时间指标，是指歼击机完成战斗任务的时间，歼击机歼灭空中目标时遂行战斗任务的时间包括被动时间和飞行时间，即

$$T_i = T_{Ri} + \Delta T_i \tag{6.26}$$

式中，T_{Ri} 为飞行时间，该时间等于击毁目标前在采用的飞行剖面各段上飞行时间的总和，并同歼灭目标线一样，用工程领航计算法计算；ΔT_i 为截击时的被动时间，主要消耗在歼击机出动前的准备上；T_i 简称为歼击机拦截时间。

设 $\tau_1 = D_i \cos\alpha_i / v_m$（$v_m$ 为目标飞行速度），$\tau_2 = \tau_1 - T_{Ri}$，则歼击机能否满足时间指标要求要用下式进行判断，即

$$\left.\begin{aligned} \tau_1 &> T_i \\ \tau_2 &> \Delta T_i + t_A \end{aligned}\right\} \tag{6.27}$$

式中，τ_1 是目标的到达时间；τ_2 是目标到达时间与歼击机飞行时间之差，表示歼击机出动前还剩下的时间；t_A 为指挥系统分配武器的时间，如果式(6.27) 满足时间条件，则说明该机场的歼击机在时间指标上满足要求。

(2) 机场选优。由上述可知，完成对一个指定目标的拦截，可能会有多个机场的歼击机都能满足式(6.24) 和式(6.27) 的距离和时间指标要求，这时需要按照某种判据，根据计算的可能结果，从中选定最佳的作战机场。最佳机场选择所用的判据就是拦截时间。这样就可以尽可能早进行拦截，最大限度地避免目标侵入保卫目标。因此，所有可能有效的机场选定以后，就计算每个选定机场的歼击机拦截时间，有些最初选择的歼击机由于在目标距离内使用时缺乏足够的时间，就不能参加拦截。

拦截时间是指由现时刻到歼击机拦截开始的瞬间的时间。它是通过验算引导方程式得到的，同时还可以得到预测的拦截点。

关于机场的选择，除可用上述的由计算机程序进行自动选择外，也可采用人机结合的方法进行 —— 半自动武器选择。采用半自动武器选择时，由人根据目标入侵方向和当时位置，选择一种指定型号的歼击机，而仅用这种歼击机进行计算拦截时间和拦截点。在这种情况下，有效机场选择逻辑就免除了。

2. 机型的选择

在每个机场内，可能驻守着不同类型、结构和火力的歼击机，因此，要根据空袭目标的情况选取合适的机型。常用选取机型的方法是根据目标的高度、速度和威胁等级选机型。

歼击机为了有效地遂行歼击空中一定高度和速度目标的战斗任务，在飞行速度和高度上应胜过敌目标的飞行速度和高度。胜过目标的最大速度的优点是能使歼击机追上目标并强迫它战斗，以及摆脱敌机的攻击。对于不同威胁等级的目标，可采用选择不同火力的歼击机去完成。

3. 截击兵力计算

在机场、机型选定以后，还要根据效率指标，计算需要出动的兵力(架数)。出动的兵力(飞机数量、性能、武器装备、飞行员水平等) 不同，作战效果也就不一样。评价作战效果的高低，需要采用某种数量指标，这个指标被称为效率指标。效率指标通常根据作战的目的来确定。对于作战目的是要求歼击敌方一架飞机、一个编队时，通常选择击毁规定数量目标的概率作为效率

指标。击毁概率可以事先确定存入计算机,也可以人工临时指定。

对于敌方来袭的单个空中目标,可以出动单机、双机、四机进行截击。下面以出动单机为例,说明按要求的击毁概率求所需歼击机的数量。为了以规定的概率 P 消灭单个空中目标,所需出动歼击机的数量可按下式计算:

$$N = \frac{\lg(1-P)}{\lg(1-P_D)} \tag{6.28}$$

式中,P_D 为单架飞机歼灭空中目标的概率。歼击机截击敌目标要取得成功(击毁目标),只有在地面指挥引导下拦截敌机、占位、瞄准射击都成功的条件下才有可能,其中任一环节失败了,都会导致截击的失败。所以,根据概率的乘法定理,P_D 的计算公式为

$$P_D = P_e P_g P_w \tag{6.29}$$

式中,P_e 表示引导概率,即歼击机将被引导到相对于目标的一定空间,从那里顺利攻击的概率;P_g 表示攻击概率(或称占位概率),即歼击机进入相对于目标的一定空间,从那里能进行导弹瞄准发射(航炮射击)的概率;P_w 表示击毁概率,即导弹发射(航炮射击)后,保证战斗装药落入毁伤目标范围的概率。

例　敌一架轰炸机来袭,指挥员规定将其击毁的概率应达到 0.9,已知一架歼击机进行截击的击毁概率为 0.38,求我方应出动的架数。

解　按所给条件

$$P = 0.9, \qquad P_D = 0.38$$

代入式(6.28),得

$$N = \frac{\lg(1-0.9)}{\lg(1-0.38)} = 4.8 \approx 5 \text{ 架}$$

按式(6.28)算出的结果可能不是整数,这时,应舍弃小数部分,进一位取整数。

如果出动双机或四机截击敌单机,求需要出动兵力的方法与上述的完全相同,只需要将 P_D 换成相应的值即可。对于一批多架(即一个编队)目标所需截击兵力的计算方法与上述的基本相同。

6.5　地面防空武器的性能

在重要保卫区域的防空作战中,除配置歼击机在保卫区域较远范围防线上对进袭目标进行拦截外,在保卫区域附近范围内往往配置一层或多层火力网,以对突破歼击机拦截范围的进袭目标实施拦截,另外,反空中侦察窜扰仍是和平时期和未来局部战争中防空任务之一。侦察窜扰的主要特点是小批次、小编队,或单批单架飞机,入侵时间短,隐蔽性好,机动性强,偶然性大,这就使反侦察窜扰作战的空间、时间极为有限,可供处置情况的余地很小,加之战时情况瞬息万变,错综复杂,战机稍纵即逝。因此,在这种条件下利用歼击机进行反侦察窜扰作战,不利因素多,难度大,而常用方法是在敌机可能实施侦察窜扰的区域形成宽度和纵深的地面防空武器的火力部署,一旦敌机入侵,可充分发挥地面防空武器反应快、火力猛、击毁概率高的优势。地面防空火力网一般由地空导弹和高炮火力单位构成。多个火力单位构成一个任务单位,对到达防空网内的进袭目标进行射击一般是以火力单位为基本单位进行的。为了便于对地面防空武器的目标分配的理解,本节先介绍一下地面防空武器系统的主要性能。

1. 地空导弹的杀伤区与发射区

杀伤区是地空导弹武器系统战术、技术性能的集中表现，发射区是在杀伤区的基础上确定的。发射时机的确定与杀伤区、发射区密切相关。

地空导弹武器系统的杀伤范围通常用杀伤区来表示。杀伤区是指杀伤目标概率不低于给定数值的一个空间区域。杀伤区是地空导弹武器系统重要的战斗性能之一。杀伤区的大小与形状与武器系统性能、引导方法、目标特性和杀伤概率的给定值有关。

发射区是一个空间区域，如果目标处于此空域内时发射导弹，则导弹与目标在杀伤区内遭遇。射击机动目标的发射区与射击直线运动目标的发射区并不重叠。此时应该根据目标的运动参数和运动特性，以及机动的类型与强度来计算。

杀伤区和发射区的计算与表示都在地面参数坐标系 $OSHP$ 内进行，$OSHP$ 坐标系的原点为导弹营所在位置，航路距离轴 OS 位于水平面，且与目标速度向量在水平面上的投影平行，高度轴 OH 垂直向上，航路捷径轴 OP 垂直于 OSH 平面，如图 6.10 所示。

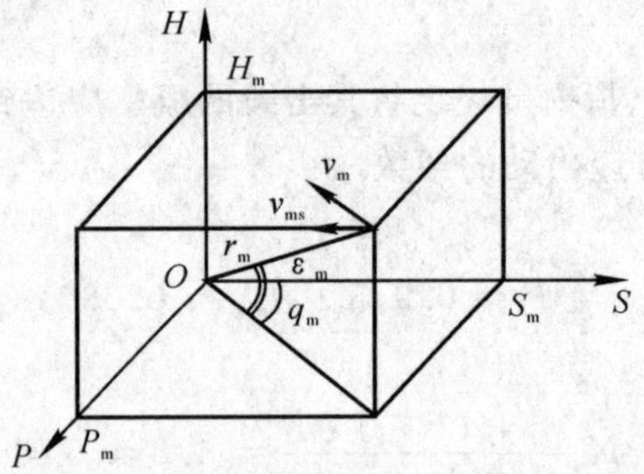

图 6.10 地面参数坐标

当目标匀速直线运动时，用地面参数坐标系特别合适，因为此时只改变航路距离 S，即

$$H = \text{const} \qquad P = \text{const} \qquad S = S_0 - v_m t$$

而用别的坐标系则所有坐标都变化。

杀伤区有较复杂的空间形状，常用高度上下界（H_{max}，H_{min}）、距离远近界（S_{max}，S_{min}）、航路捷径极值 P_{max}、高低角极值 ε_{max}、航路角极值 q_{max} 来表示。

实践中常讨论平面杀伤区：$P = P_0$ 特别是 $P = 0$ 的垂直截面和 $H = H_0$ 的水平截面，分别称为垂直杀伤区和水平杀伤区。图 6.11(a)，(b) 分别为简化后的垂直杀伤区与水平杀伤区。

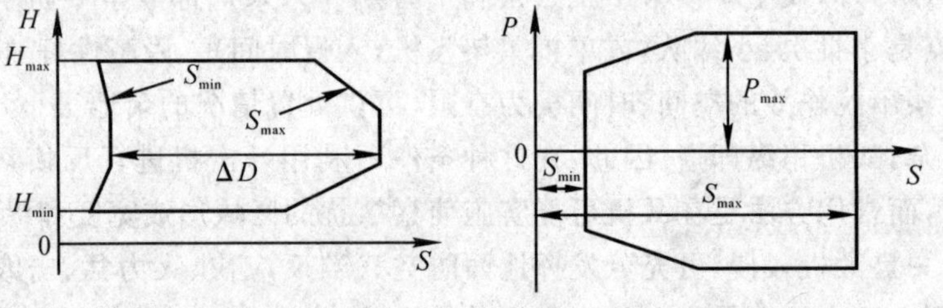

(a) (b)

图 6.11 杀伤区

(a) 垂直杀伤区；(b) 水平杀伤区

迎击时杀伤区的表征参数为极限高度 $H_{\max}$ 和 $H_{\min}$，杀伤区远界 $S_{\max}$ 和近界 $S_{\min}$，航路捷径极值 $P_{\max}$，目标极限速度 $v_{\max}$。$S_{\max}$ 在不同的高度有不同的值，有时为了简化计算，$P_{\max}$ 和 $S_{\min}$ 由 $S_{\max}$ 推出，计算公式如下：

$$P_{\max} = a_{\mathrm{p}} S_{\max}$$

$$S_{\min} = a_{\mathrm{s}} S_{\max}$$

$H_{\max}$，$H_{\min}$，$v_{\max}$ 和系数 a_{p}，a_{s} 为常数，根据地空导弹的类型、目标速度和导弹制导方法选取。沿目标航向的杀伤区近、远界之间的距离（航向距离差）叫做杀伤区纵深 ΔD。

$$\Delta D = S_{\max} - S_{\min} \tag{6.30}$$

那么目标在杀伤区内的持续时间为

$$T = (S_{\max} - S_{\min}) / v_{\mathrm{m}}$$

当存在对导弹营的干扰时，采用"三点法"进行引导，此时的杀伤区叫做干扰杀伤区；而采用其他引导方法的杀伤区叫做基本杀伤区。除 $P_{\max}$ 外，干扰杀伤区和基本杀伤区的常数一样；干扰杀伤区航路捷径极值 $P_{\max}$ 为基本杀伤区的 0.8 倍。

在目标分配算法中还使用机动杀伤区（保险杀伤区）。使用机动杀伤区时，先算出基本杀伤区的参数，然后再换算出机动杀伤区的 $S_{\max}'$，$H_{\min}'$，$P_{\max}'$，即

$$S_{\max}' = 0.8 S_{\max}$$

$$H_{\min}' = 1\ \mathrm{km}$$

$$P_{\max}' = l_1 P_{\max}$$

l_1 的变化范围为 0.6 到 1.0，取决于地空导弹武器系统类型和目标速度。

当不可能在迎击杀伤区内射击目标时，则考虑包括尾追射击在内的整个杀伤区。该杀伤区的表征参数为极限高度 $H_{\max}''$ 和 $H_{\min}$、杀伤区远界 $S_{\max}$ 和近界 $S_{\min}''$、航路捷径极值 $P_{\max}$、死区参数 P_{M3}、目标极限速度 $v_{\max}$、系数 a_{s}''（a_{s}'' 为正，则不可能进行尾追射击）。

$H_{\min}$，$P_{\max}$，$v_{\max}$，$S_{\max}$ 等值与迎击时一致。a_{s}''，$H_{\max}''$，P_{M3} 值为常数。$S_{\min}''$ 值由下式计算：

$$S_{\min}'' = \sqrt{(S_{\max} a_{\mathrm{s}}'')^2 - P_{ij}^2}$$

水平面上的完整杀伤区形状如图 6.12 所示。

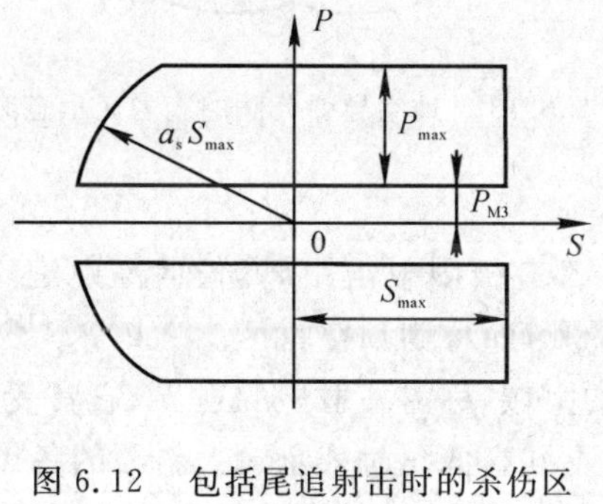

图 6.12　包括尾追射击时的杀伤区

2. 导弹营射击周期与工作时间

射击周期是确定地空导弹营射击能力的重要性能之一。对于指挥自动化系统来说，地空导弹武器系统的射击周期（$T_{射击}$）是指一个射击通道对一批目标进行一次射击所必须占用的时

间，可表示为

$$T_{射击}=t_{目指}+t_{营工作}+(n-1)t_{间隔}+t_{弹飞}+t_{判断} \tag{6.31}$$

式中，$t_{目指}$ 表示输入目标指示的时间（指挥所与导弹营信息交换时间）；$t_{营工作}$ 表示导弹营工作时间，或称为营反应时间；n 表示一次射击所用的导弹数；$t_{间隔}$ 表示导弹发射间隔；$t_{弹飞}$ 表示第 n 发导弹飞到遭遇点所用的时间；$t_{判断}$ 表示评定射击效果所占用的时间。

导弹营工作时间是指从接到目标指示开始，到第一发导弹飞离发射装置为止的这段时间。导弹营工作时间取决于目标指示源，目标指示精度，全体战勤人员的操作熟练程度，射击条件，跟踪目标的通道数（对多通道地空导弹），同时导向被射击目标的导弹数等。营工作时间由下面的公式确定：

$$t_{营工作}=t_{跟踪}+t_{识别}+t_{决心}+t_{飞离} \tag{6.32}$$

式中，$t_{跟踪}$ 表示搜索、发现、截获并跟踪目标的时间；$t_{识别}$ 表示确定目标国家属性的时间；$t_{决心}$ 表示判断射击起始诸元和定下射击决心的时间；$t_{飞离}$ 表示导弹飞离发射装置的时间。

3. 地空导弹的火力范围

地空导弹的火力范围，是指已展开战斗队形的分队能歼灭空中目标的那部分空域。火力范围的大小，可以由各地空导弹武器系统杀伤区的大小及其相互位置进行确定。

部队（分队）建立杀伤区的能力取决于战斗配置的构成，空中敌人所采用的攻击方法和杀伤兵器。对于重要保卫目标，地空导弹分队部署在保卫目标的周围，按一定间隔展开，火力相互衔接，以形成一定的配置（见图 6.13），保证对从任何方向来袭的目标，都可以使用地空导弹实施射击。

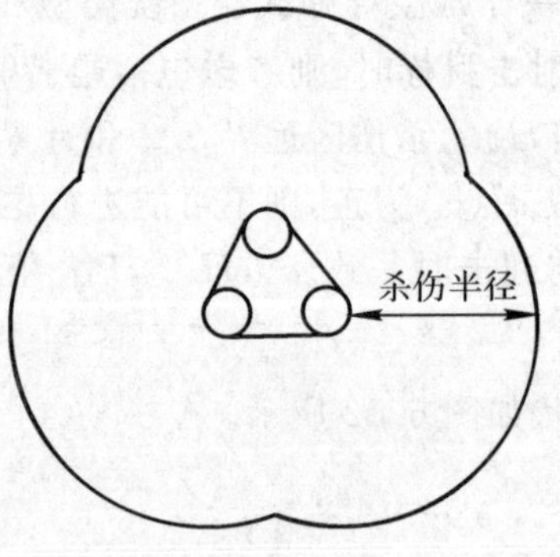

图 6.13 地空导弹分队的火力区示意图

4. 高射炮的对空射击区

高射炮在任何高低角上，都有极限射击距离。任何高射炮均有最大仰角而不能向顶空射击，因此，就形成了不能射击的死区，称为顶空盲区。

高射炮能将炮弹射击到的空域，称为高射炮的射界。它常受射程曲线、顶空盲区和炮口水平面的限制。射程曲线是指在不同高低角时表示最大斜距的各点的几何位置。弹头能够定时爆炸或者直接命中（小口径高射炮进行射击时，为了保证分队和地面目标的安全，触发引信装有自爆装置）目标的射界，称为射击区。在给定高度的射界水平截面积，称为平面射击区。也就是说平面射击区是用给定高度上的水平面截断射击区的方法获得的，如图 6.14 所示。平面射击区的尺寸是用半径 R 和顶空盲区的半径 r 来表征的，前者随着高度的增加而减小，后者随着高度的增加而增大。例如，57 mm 高射炮平面射击区的尺寸列于表 6.1。

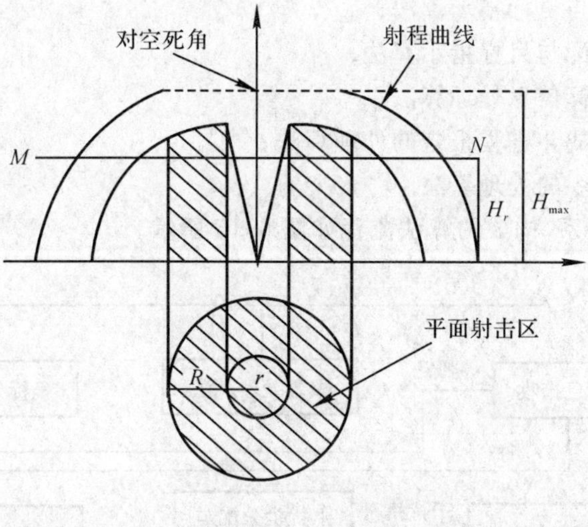

图 6.14　高射炮的对空射击区

表 6.1　高射炮平面射击区的尺寸

高度 /m	r/m	R/m
500	25	5 500
1 000	70	6 500
1 500	75	6 400
2 000	100	6 200
2 500	125	6 000
3 000	150	5 800
3 500	175	5 500
4 000	200	5 200
4 500	230	4 700
5 000	260	4 200
5 500	300	3 600
6 000	340	2 600

6.6　地空导弹旅(团)指挥算法流程

地空导弹旅(团)指挥算法用于指挥所属地空导弹营的战斗行动。算法的主要输入信息为雷达信息源来的(经过三次处理后的)信息，来自导弹营的信息，来自控制台的信息。主要输出信息为送到导弹营的信息和到显示器的信息。

整个指挥算法由以下算法组成：

(1) 信息预处理算法；

(2) 开放目标分配与目标指示算法；

(3) 干扰机方位分配与目标指示算法；

(4) 导弹营反馈坐标信息处理算法；

(5) 导弹营的有关战斗进程报告的处理算法；

(6) 控制台输入命令的处理算法。

以上各算法相互联系，构成的算法流程如图 6.15 所示。

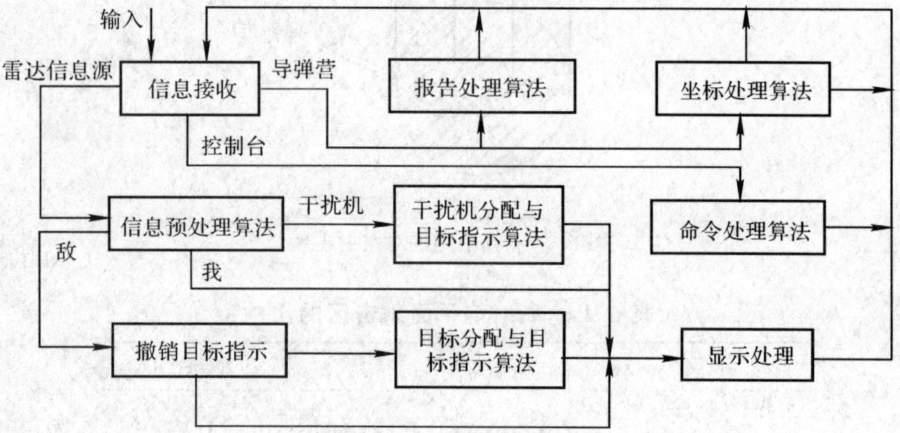

图 6.15　旅(团) 指挥算法流程

接收到雷达信息源的空情信息后，转入信息预处理算法。如果是开放目标信息，经过一定处理后的我方目标直接送去显示；而敌方目标或者国家属性由敌方变为我方的目标需要作进一步处理。该处理过程完成以下任务：

(1) 如果导弹营开始对属性为“我”的目标采取行动，则令其停止行动；

(2) 如果为目标指定了导弹营，但送来的信息有目标丢失特征，且导弹营尚未跟踪目标，则解除导弹营对该目标的行动；

(3) 如果为目标指定了导弹营，但送来的信息有目标丢失特征，而导弹营正跟踪该目标，则导弹营转入(有条件的) 自主工作状态；

(4) 对没有丢失特征的敌方目标，计算其速度分量的平滑值；

(5) 计算对目标采取行动的营数和目标组成架数之间的差值。

解除导弹营对我方目标和丢失目标的行动，由撤销目标指示算法完成，该算法产生和向导弹营发送撤销目标指示的信息。在有些情况下，就转入显示处理算法。经过预处理的敌方目标转入目标分配算法。目标分配算法产生射击所讨论目标的建议。有关建议的信息送去显示。当满足一定的条件时，分配算法自动为目标指定导弹营，目标指示算法为指定的导弹营产生与送去目标指示信息。

如果从雷达信息源来的是干扰机方位信息，则转入干扰机分配算法。当必要时，形成对该干扰机采取行动的建议。这些建议送去显示。如果满足一定的条件，分配算法自动为干扰机指定导弹营，目标指示算法为指定的导弹营产生与送去目标指示信息。

来自导弹营的报告信息送到报告处理算法模块，而坐标信息送坐标处理模块。坐标处理算法处理来自导弹营的跟踪目标信息，主要用于判断导弹营跟踪的目标是否正确。

来自控制台的输入信息送到命令处理模块。

本章后面几节将详细介绍开放目标与干扰机方位的分配算法，而对其他内容不作更多的论述，因为对雷达信息源或导弹营输入的坐标信息处理原理与前几章介绍的一样，而命令处理、营报告信息的处理与具体的硬件设备密切相关。本节先简要地介绍为地空导弹营分配目标的一般原则。

在对导弹营进行射击指挥（目标分配）时，应遵从以下原则：

(1) 当选择导弹营用于消灭不施放干扰的目标时，用最少飞临时间原则。即根据对目标运动参数 v_m，H_m，P_m 和时间的分析结果，若导弹营可以射击目标，则计算目标到导弹营杀伤区边界的飞临时间，并选择飞临时间最短的导弹营射击目标。

(2) 在目标飞过自动目标指示界线后，自动地为目标指定导弹营，并把目标指示数据送往导弹营。

(3) 选择对付干扰机的导弹营时，使用综合准则。即考虑在导弹营阵地对干扰机方位线的能见段最长，在方位线上搜索干扰机的时间最短，从能见段起点到战勤人员选择的搜索起点的距离最短。

(4) 计算机对目标分配的建议显示在分配显示器上。根据飞临时间显示的最大范围为两个最大射击周期（$2T_{max}$）。

(5) 保证战勤人员的决策比计算机优先级高。

计算机根据目标分配的逻辑算法，提供关于目标分配的建议。开放目标分配算法的基本原理如下：

(1) 地空导弹武器系统的垂直和水平杀伤区由直线段和圆弧作近似。这时，通常要考虑地空导弹武器系统的类型、导弹型号、目标速度、制导方法、目标机动可能性和目标类型。

(2) 算法为导弹营自动分配目标和发送目标指示。

(3) 当从雷达信息源或自主工作的导弹营送来具体的目标信息时，对该目标进行有关目标分配和目标指示的计算。

(4) 在进行目标分配计算时，应该依次分析每一个导弹营能否对所讨论的目标采取战斗行动。

(5) 通过算法分析，若导弹营可以对目标采取战斗行动，并且目标已飞越该营的目标分配界线，则算法建议该营对目标采取行动。

(6) 在营之间的目标分配建议显示在分配显示器上，可为每个目标建议几个导弹营（比如 4 个）。

(7) 目标飞越导弹营的目标指示线后，算法自动地把目标指定给该营。为一批目标自动指定的导弹营数，通常等于目标的架数，但不超过某一最大值（比如 3 个）。如果单目标机动，且为其指定的导弹营不能在保险杀伤区进行射击，那么可为该目标指定第二个导弹营。

(8) 当处理来自导弹营的目标时，不进行自动分配。

(9) 对于已指定导弹营的目标，每当其数据从信息源送来时，就把目标指示送到被指定的导弹营。

(10) 当对开放目标进行分配计算时，使用到杀伤区近界的飞临时间为分配准则。该时间还要附加某一数值，该数值取决于目标航路捷径、导弹营被占用射击其他目标的时间、在机动或干扰杀伤区射击目标的可能性等。这样得到的时间叫做虚拟飞行时间。其他条件相同时，该时间越短的导弹营，分配时优先级越高。

(11) 目标分配算法中，开放目标的优先级比干扰机高。即当开放目标越过了某营对干扰机采取行动的限制线后，该导弹营不再考虑对干扰机采取行动。

(12) 前面提出的分配建议，可能被新的目标所改变，在为目标指定导弹营后，才不再变化。

6.7 地空导弹的目标分配

地空导弹的目标分配算法完成下列任务：

(1) 产生分配建议；

(2) 完成自动分配任务；

(3) 转入目标指示算法，向导弹营发送目标指示。

6.7.1 目标分配的过程

目标分配算法依次讨论所有的导弹营，分析它们能否对所讨论的目标采取行动。首先分析目标有无机动特征或干扰特征，并进行确认，后面的计算将用到。然后转入循环周期讨论一个导弹营，从第一个开始。这里的工作过程要看所讨论的导弹营是否已对所讨论的目标采取行动。如果导弹营尚未对目标采取行动，则分析该导弹营是否可以射击该目标。如果导弹营已对目标采取行动，则计算时间特征参数(飞临时间 t_{ij}，射击目标的占用时间 t_z 和目标进入发射区的时间 t_{BX})。然后形成送往导弹营的目标指示数据，并立刻把目标指示数据送往导弹营。

全部导弹营被讨论完后，从循环内退出。这一步的结果是为目标选择最多达 4 个导弹营，它们能射击该目标，且目标过了分配线，虚拟飞行时间最短。这几个导弹营的飞临时间存入专门的存储单元，并按虚拟飞临时间排队。然后算法依次分析飞临时间存储区单元里的导弹营，如果导弹营能被自动指定给目标，并且目标飞越了该导弹营的目标指示线，则自动地把该目标指定给导弹营。最后算法转入形成目标指示数据，并向导弹营发送目标指示。为目标自动指定的导弹营数等于目标架数，但不超过 3 个；可为单机动目标自动指定 2 个导弹营。

尚未对所讨论目标采取行动的导弹营的分析过程如下。

1. 目标进入杀伤区的检查

只考虑处于战斗准备状态的导弹营对目标的作用。开始根据目标的机动或干扰特征，确定每个导弹营的杀伤区类型：机动杀伤区、干扰杀伤区或普通杀伤区。

确定杀伤区之后，相应地选择表示杀伤区的常数。把目标在导弹阵地坐标系内的坐标变换到参数坐标系(P,S)。变换公式(见图 6.16) 为

$$y_{ij} = y_j + K_{4i}$$

$$x_{ij} = x_j + K_{8i}$$

$$P_{ij} = (y_{ij}v_{xj} - x_{ij}v_{yj})/v_j$$

$$S_{ij} = (y_{ij}v_{yj} + x_{ij}v_{xj})/v_j$$

$$H_{ij} = H_j - \Delta h_{ij}$$

系数 K_{4i}，K_{8i} 和导弹营阵地与指挥所阵地的高度差 Δh_{ij} 都是常数。

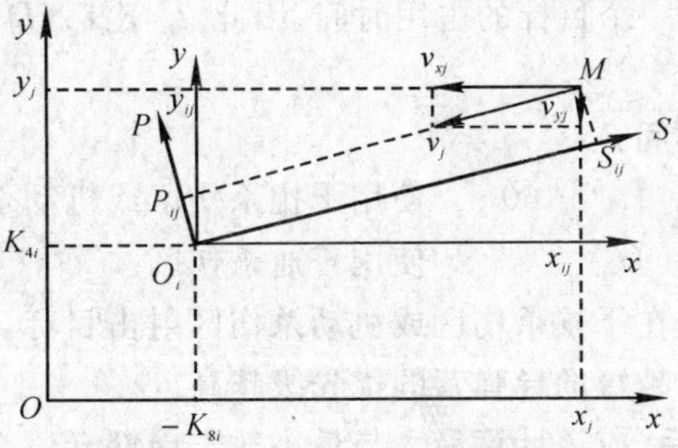

图 6.16　到参数坐标系的变换

接下来检查目标航迹是否与杀伤区相交。为此检查不等式

$$H_{\min} \leqslant H_{ij} \leqslant H_{\max}$$

$$P_{ij} < P_{\max}$$

此外，根据速度检查导弹营是否可以射击目标，即 $v_j < v_{\max}$ 是否满足。

如果上面的条件有一个不满足，就得转去分析所讨论的杀伤区类型。如果讨论的是普通杀伤区，则该导弹营不能对目标进行射击，并转入讨论下一个导弹营。如果讨论的是干扰杀伤区或机动杀伤区，则换用普通杀伤区，重新检查上面的条件。

2. 计算飞临时间 t_{ij}^{M}

先计算到杀伤区近界的飞临时间，即

$$t_{ij} = \frac{S_{ij} - S_{\min}}{v_j}$$

然后计算虚拟飞临时间 t_{ij}^{M}。为此先计算

$$t_{ij}(D) = (D_{ij} - S_{\min})/v_j$$

式中，D_{ij} 表示到目标的水平距离。

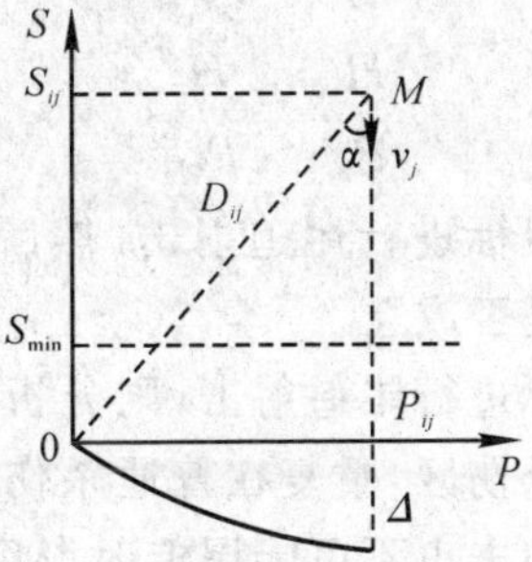

图 6.17　计算 $t_{ij}(D)$ 的说明

$t_{ij}(D)$ 比 t_{ij} 增加的值与目标航路捷径成正比（见图 6.17），即

$$\Delta = D_{ij} - S_{ij} = D_{ij}(1 - \cos\alpha) = \frac{P_{ij}}{\sin\alpha}(1 - \cos\alpha) = P_{ij}\tan\frac{\alpha}{2}$$

然后计算

$$t_{ij}' = t_{ij}(D) + t_z$$

式中，t_z 表示导弹营射击上一个目标的占用时间。因此，t_{ij}' 比 $t_{ij}(D)$ 增加的值越多，导弹营需要经过更长的时间才能空闲。

最后，计算虚拟飞临时间：

$$t_{ij}^{\mathrm{M}} = \begin{cases} t_{ij}' - 60\ \mathrm{s} & \text{使用干扰杀伤区或机动杀伤区} \\ t_{ij}' & \text{使用普通杀伤区} \end{cases}$$

可见，若导弹营有能力在干扰杀伤区或机动杀伤区射击目标，t_{ij}' 减少 60 s。虚拟飞行时间用于导弹营的排队，该时间越短的导弹营的优先级越高。

计算完虚拟飞临时间后，应该计算最大与最小射击周期 $T_{\max}$ 和 $T_{\min}$。为此，先计算导弹到杀伤区远界与近界的飞行时间 $\tau_{\max}$ 与 $\tau_{\min}$：

$$\tau_{\max} = \frac{\sqrt{S_{\max}^2 + H_{ij}^2}}{v_{\mathrm{p}}}$$

$$\tau_{\min} = \frac{\sqrt{S_{\min}^2 + H_{ij}^2}}{v_{\mathrm{p}}}$$

式中，v_{p} 为导弹的平均速度，为常数。

然后计算

$$T_{\max} = \tau_{\max} + T'$$

$$T_{\min} = \tau_{\min} + T'$$

式中，T' 为除最后一发导弹飞行时间以外的导弹营工作时间，为常数。

3. 根据时间特性检查导弹营射击目标的可能性

按时间特性检查导弹营射击目标的可能性，就是分析不等式

$$t_{ij} > T_{\min} + t_z$$

当满足上式时，在时间上射击目标是可能的。如果上式不满足，则不能进行射击。

此时，应分析杀伤区类型和是否尾追射击。一般首先分析的是迎击，所以不管在什么杀伤区，这时再分析尾追射击的可能性。为此检查下列不等式

$$a_s'' < 0$$

$$H_{ij} < H_{\max}''$$

$$P_{ij} > P_{\mathrm{M3}}$$

若所有不等式满足，则可以对目标进行尾追射击。然后再重新计算 $S_{\min}$，t_{ij}，t_{ij}^{M}，$T_{\max}$，$T_{\min}$，并重新检查不等式 $t_{ij} > T_{\min} + t_z$ 是否成立。

如果通过以上分析，不能对目标进行尾追射击，则分析杀伤区类型。如果原来用的是机动杀伤区或干扰杀伤区，则换用普通杀伤区，重复在普通杀伤区迎击射击的计算。如果原来用的是普通杀伤区，说明该导弹营不能迎击也不可能尾追射击目标。此后，转入讨论下一个导弹营。

4. 分析目标是否通过分配线、目标指示线

如果根据时间特征，可以射击目标，则检查目标是否通过该营的目标分配界线

$$S_{ij} < S_{\mathrm{p}}$$

目标分配界线是指开始解决自动分配问题的界限，并在显示器上出现计算机对该目标的分配建议。目标分配界线（见图 6.18）的计算公式为

$$S_p = \Delta_1 T_{max} v_j + S_{max}$$

式中，Δ_1 为 $1 \sim 2$ 的常数，计算初始化时取 $\Delta_1 = 2$，该值可以通过控制台改变。分配线到杀伤区远界的距离为 $\Delta_1 T_{max} v_j$。如果 $\Delta_1 = 1$，则分配问题解决的起始线保证在杀伤区远界射击目标。如果 $\Delta_1 = 2$，则在保证杀伤区远界射击目标的前提下，并考虑到火力转移的时间。因此，袭击密度越大，系数 Δ_1 也应越大。

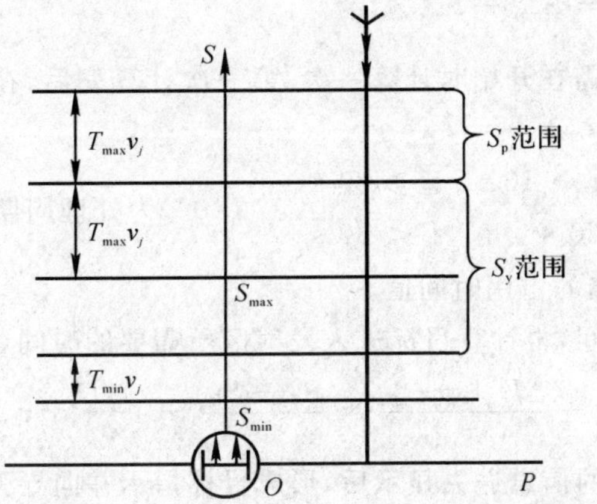

图 6.18　目标分配时的几种界线范围

如果目标没有过分配线，则分析是否可以对该目标选下一个导弹营。

如果目标已过分配线，则再检查目标是否通过自动指定线（目标指示线），为此检查不等式 $S_{ij} \leqslant S_y$。目标指示线的计算公式为

$$S_y = \Delta_3 (S_{min} + T_{min} v_j) + (1 - \Delta_3)(S_{max} + T_{max} v_j)$$

Δ_3 的变化范围为 $0 \sim 1$，计算机初始化时取 $\Delta_3 = 0$，在战斗过程中可以通过控制台改变 Δ_3。

当目标通过导弹营的目标指示线时，该导弹营就被自动指定给所讨论的目标，并开始往该导弹营送目标指示。如果 $\Delta_3 = 0$，则目标指示线的表达式为

$$S_y = S_{max} + T_{max} v_j$$

即与 $\Delta_1 = 1$ 时的 S_p 相同。这样保证在杀伤区远界射击目标。

如果 $\Delta_3 = 1$，则

$$S_y = S_{min} + T_{min} v_j$$

这样就能保证在杀伤区近界射击目标。

可见，Δ_3 值越大，就在越靠近导弹营的位置射击目标，实际射击周期也越短。

如果导弹营已对目标采取行动，则读取杀伤区特征，选择相应的常数。把目标坐标从阵地坐标变换到参数坐标，计算 S_{max}，S_{min}，P_{max}，t_{ij}，检查不等式 $t_{ij} \geqslant 20$ s 是否满足。如果不等式不满足，则检查是否尾追射击。若原为迎击，则检查能否改为尾追射击，即重新计算 S_{max} 和飞临时间 t_{ij}，再检查是否满足不等式 $t_{ij} \geqslant 20$ s。有时为了显示方便，当 $t_{ij} \leqslant 20$ s 时，取常数 $t_{ij} = 20$ s。

计算最小与最大射击周期 T_{max} 和 T_{min}。

此后，计算导弹营射击目标的占用时间 t_z，计算公式如下：

$$t_z=\begin{cases}t_{ij} & t_{ij}<T_{\min}\\ T_{\min}+\dfrac{(t_{ij}-T_{\min})(T_{\max}-T_{\min})}{K-T_{\min}} & T_{\min}<t_{ij}<K\\ t_{ij}-\dfrac{\Delta D}{v_j} & t_{ij}>K\end{cases}$$

式中，$K=T_{\max}+\dfrac{\Delta D}{v_j}$；$\Delta D=S_{\max}-S_{\min}$。

上面的占用时间公式只需在开始时计算一次。第一次计算完后，在后面的处理中，进行调整即可：

$$t_z'=\begin{cases}t_z-10\ \text{s} & t_z\geqslant 30\ \text{s}\\ 20\ \text{s} & t_z<30\ \text{s}\end{cases}\qquad (10\ \text{s}\ 为处理周期)$$

式中，t_z' 和 t_z 分别为新的和老的占用时间值。

计算完导弹营的占用时间，再计算目标进入发射区所需要的时间，公式为

$$t_{BX}=t_{ij}-\frac{\Delta D+v_j\tau_{\max}}{v_j}=\frac{S_{ij}-S_{\min}}{v_j}-\left(\frac{\Delta D}{v_j}+\tau_{\max}\right)$$

完成上述计算并把必要的信息送去显示后，形成目标指示并向导弹营发送。此后转入讨论下一个导弹营。

6.7.2 多通道地空导弹武器系统目标分配的特点

进行目标分配时多通道地空导弹武器系统的每一个目标通道可以当成一个单通道地空导弹武器系统处理，且两者的分配原理没有什么本质区别。但多通道地空导弹武器系统的所有目标通道使用的是同一个照射制导雷达天线，照射制导雷达为相控阵雷达，其扫描扇区有一定的范围，所以各通道所跟踪的目标必须同时位于该扇区范围内。正因为如此，多通道地空导弹武器系统在目标分配时有其特别之处。

分配的第一阶段选择射击扇区的空间位置，第二阶段才对射击通道进行目标分配。下面叙述其分配算法的工作过程。

首先根据所讨论的目标通道使用的杀伤区，选择有关常数。把目标坐标转换到导弹营的坐标系内，接下来计算参数坐标 P_{ij} 和 S_{ij}，并确定杀伤区远界 $S_{\max}$、杀伤区近界 $S_{\min}$ 和航路捷径极值 $P_{\max}$。

此后，根据高度、速度和航路捷径检查是否能对目标进行射击。若得出能进行射击的结论，则计算时间特征。先计算到杀伤区近界的飞临时间 t_{ij}，再计算导弹到杀伤区远界的飞行时间 $\tau_{\max}$ 和到杀伤区近界的飞行时间 $\tau_{\min}$，由此算出最大射击周期 $T_{\max}$ 和最小射击周期 $T_{\min}$。

按时间特征检查能否射击目标，即 $t_{ij}\geqslant T_{\min}$ 成立与否。如果 t_{ij} 小于最小射击周期 $T_{\min}$，则检查所使用的杀伤区类型。若原为迎击，则检查能否对目标进行尾追射击。若能进行尾追射击，则选用尾追射击时的杀伤区常数重新计算有关数据，最后检查 $t_{ij}\geqslant T_{\min}$ 成立与否。

如果上述射击条件都能满足，则计算目标分配界线 S_p。

到此为止，整个处理过程和单通道武器系统一样，所用公式也相同。

在目标过了分配线后，则计算目标指示线 S_y，在到达目标指示线之前，计算第 j 个目标相对于第 i 个导弹营的方位角

$$\beta_{ij} = \arctan \frac{x_{ij} + v_{xj}\Delta t}{y_{ij} + v_{yj}\Delta t}$$

在该公式中目标位置的前置点是 30 s 以后的($\Delta t = 30$ s)。检查该前置点是否位于导弹营的扫描扇区内。如果不位于扫描扇区,则该导弹营不被建议用来对付该目标;如果前置点位于当前扇区,则可选择该导弹营对付该目标。然后进行后续分析。

照射制导雷达的天线方向在战斗过程中是可以转动的,但在转动时必须考虑已跟踪的目标,不能使已跟踪目标超出扫描扇区范围。

6.8　干扰机分配算法

6.8.1　干扰机分配的基本原则

当显示器上出现以指挥所为中心的干扰机方位线时,指挥人员对空情进行评估。评估的结果是如何指定导弹营去沿干扰方位线搜索目标。当空情不复杂且干扰机不多时,用人工参与的半自动化方法;而对抗大规模打击时,用全自动的方法指定导弹营对付干扰机。

在任何情况下,指挥人员都应选用在方位线上搜索时间最短的方法。为此使干扰方位线在显示器上显示时比例化,即它不再是一条射线,而是有一定距离范围的一段,其显示长度将随显示比例尺而改变。方位线的比例化,可以按距离和高度,或按最大高度和速度。方位线比例化后,指挥员确定相对于指挥所的搜索起点与终点位置。它们的值在 40 ～ 240 km 的范围内,可以从控制台输入。

在从雷达信息源获得干扰机方位信息后,转入干扰机分配算法。

如果控制台没有输入禁止自动分配干扰机的命令,则算法对干扰机进行半自动分配。此时,产生干扰机分配建议,选择三个最好的营对干扰机作用。在分析这些建议后,指挥人员可以为干扰机指定一个或几个导弹营进行搜索,搜索的范围也可以指定。通常,在导弹营的能见段内进行搜索。若在全距离范围内搜索目标,则根据导弹营类型,搜索起点在 20 ～ 50 km 范围内取。

如果控制台输入全自动分配的命令,则对干扰机的分配全自动地进行。算法此时选择三个导弹营,建议它们对干扰机作用,其中最好的一个营被自动指定给干扰机。指挥人员还可为干扰机再指定一个导弹营。

如果已为干扰机指定了导弹营,在完成分配任务后,则转入干扰机目标指示算法。如果没有为干扰机指定导弹营,则在分配计算后转入显示处理。

目标指示算法为每个已对干扰机采取行动的导弹营形成目标指示信息,可为导弹营发送滑动目标指示。所谓滑动目标指示,是指目标指示点以一定的速度沿干扰机方位线移动,以保证导弹营能发现目标。

观察完搜索段后,目标指示算法作出决策,或者停止导弹营对干扰机的作用,或者继续观察这一段。如果决定继续搜索,则转入分配算法,分析该导弹营还能否对该干扰机采取行动。如果不能,则停止导弹营对干扰机的作用;如果可以,则计算搜索所需要的数据。上述分析结束后,重新转入干扰机目标指示算法;最后转入显示处理。

6.8.2 选择对付干扰机的导弹营

1. 界点与能见段

在干扰机分配算法中，选择导弹营的原则是，所选的导弹营能以最好的方式对干扰机进行补充探测并对其进行射击。选择导弹营的一个基本要素是能见段。能见段是指干扰方位线水平投影上的一段，在该段上导弹营有能力发现干扰机并对其进行射击。导弹营的能见段越长，用它对付干扰机就越有利。能见段的概念与另外两个概念紧密相连，即全距离范围和界点。

全距离范围$[R_{\min}, R_{\max}]$的计算起点为提供干扰信息的源，它是干扰方位线的水平投影上的一段，在该段可以控制导弹营对干扰机采取行动。

界点确定从哪个水平距离开始在干扰方位线上搜索目标比较合适，用 r_0 表示。

导弹营的能见段由下述方法确定：

(1) 能见段总处于方位线的正端，即能见段上的点不可以位于方位线的镜像显示段。

(2) 能见段被限制在全距离范围$[R_{\min}, R_{\max}]$内，即不去考虑在这个范围外可以发现目标。

(3) 能见段的起点取决于两个点的相对位置，即界点 r_0，方位线与营阵地为中心、$d_{\min}$ 为半径的圆的交点 r_1。r_0 为营搜索的起点，可从控制台输入，不从控制台输入时等于 $R_{\min}$。$d_{\min}$ 的物理意义是导弹营发现目标并对其进行射击的最短距离。不同的导弹武器系统有不同的 $d_{\min}$ 值。

当上面所说的圆与方位线有两个交点时，取到信息源距离更远的一个点，如图 6.19 所示。如果导弹营到方位线距离大于 $d_{\min}$，则把导弹营在水平方位线上的投影点当成交点 r_1。

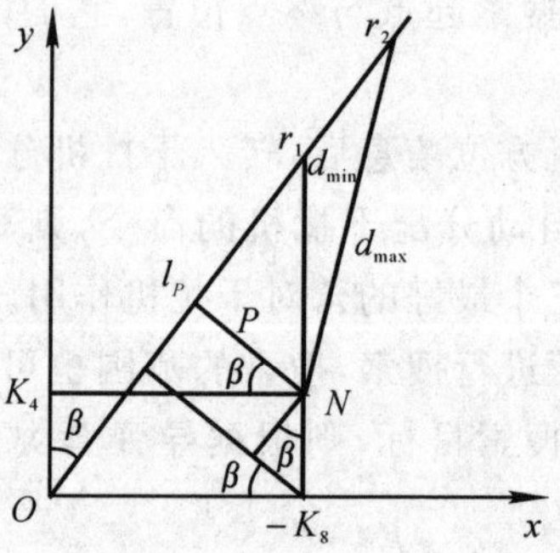

图 6.19 能见段的计算说明

先计算导弹营到方位线的距离 P 和导弹营在方位线上投影点到指挥所的距离 l_P：

$$P = K_8 \cos\beta - K_4 \sin\beta$$

$$l_P = K_4 \cos\beta + K_8 \sin\beta$$

接下来计算 r_1 点的位置：

$$r_1 = \begin{cases} l_P & d_{\min} \leqslant P \\ l_P + \sqrt{d_{\min}^2 - P^2} & d_{\min} > P \end{cases}$$

最后选择能见段的起点：$l_0 = \max(r_1, r_0)$。很自然应该满足 $l_0 < R_{\max}$ 才行。如果不满足该条件，则能见段为 0。

要确定能见段的终点，看以导弹营为圆心、$d_{\max}$ 为半径的圆与方位线的交点，它到指挥所

的距离为

$$r_2' = l_P + \sqrt{d_{\max}^2 - P^2} \qquad (\text{当 } d_{\max} \geqslant P \text{ 时})$$

$d_{\max}$ 的物理意义是导弹营能可靠发现目标的距离远界。能见段的终点取为

$$r_2 = \min(r_2', R_{\max})$$

自然应该满足条件 $r_2 > r_0$。如果该不等式不满足，则能见段等于 0。

能见段长度等于 $\Delta l = r_2 - l_0$，图 6.20 显示了几种情况下 Δl 的计算。

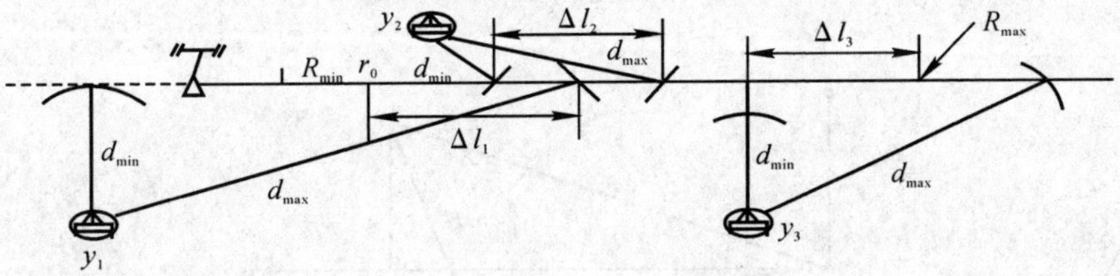

图 6.20　能见段计算举例

应该注意，不要把能见段与搜索段混淆起来。能见段用来选择导弹营，而搜索段则用来在方位线上搜索目标。

2. 计算到干扰机的最大距离

为选择导弹营，引入一个附加坐标系 (ξ,η)，在该坐标系内确定导弹营相对于方位线的位置，如图 6.21 所示。该直角坐标系的原点与方位线上的界点 r_0 重合，r_0 为导弹营在方位线上搜索的起点，可由控制台输入，否则等于 $R_{\min}$。ξ 轴在方位线上，但指向反端。η 轴由两个半轴组成，垂直于 ξ 轴，并指向两边，即总有 $\eta > 0$。这样，任何导弹营在 (ξ,η) 坐标系内的坐标为 $\xi = r_0 - l_P$，$\eta = P$。

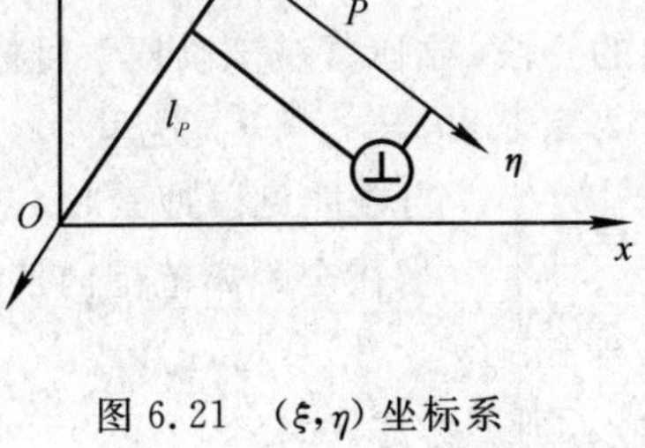

图 6.21　(ξ,η) 坐标系

现在来求干扰机到信息源的最大可能距离。为此先考虑 $\varepsilon > 1°$ 时，由已知高低角所得到的最大距离（见图 6.22(a)）

$$r_\varepsilon = \frac{H_{\max}}{\tan(\varepsilon - 1°)} = \frac{40\ \text{km}}{\tan(\varepsilon - 1°)}$$

ε 减少 1° 是为了补偿由于 ε 的随机误差引起 r_ε 的减少。当 $\varepsilon < 1°$ 时，不计算 r_ε 值。

现在根据已知目标的最大速度，计算干扰机的最大距离（见图 6.22(b)）

$$\tan\Delta\beta = \tan(\dot{\beta} \cdot \Delta t) = \frac{v_{\max}\Delta t}{r_\beta}$$

由此得

$$r_\beta = \frac{v_{\max}\Delta t}{\tan(\dot{\beta}\Delta t)} \approx \frac{v_{\max}\Delta t}{\dot{\beta}\Delta t} = \frac{v_{\max}}{\dot{\beta}} = \frac{1.2\ \text{km/s}}{\dot{\beta}}$$

不考虑 $\dot{\beta}$ 的符号，得

$$r_\beta = \frac{1.2\ \text{km/s}}{|\dot{\beta}|}$$

最后，从三个值中取最小的作为到干扰机的最大距离，即

$$r_{\max} = \min(r_\beta, r_\varepsilon, 300\ \text{km})$$

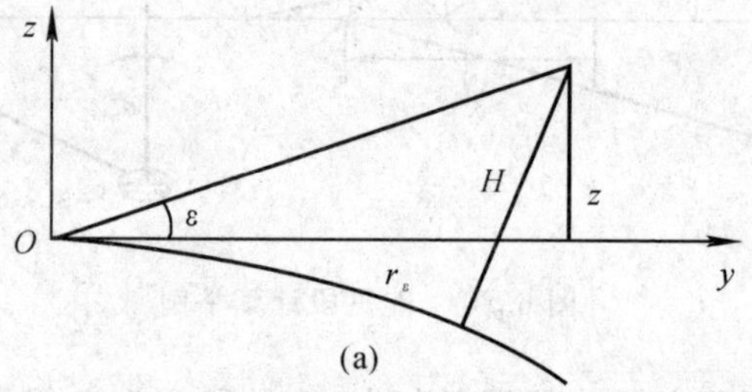

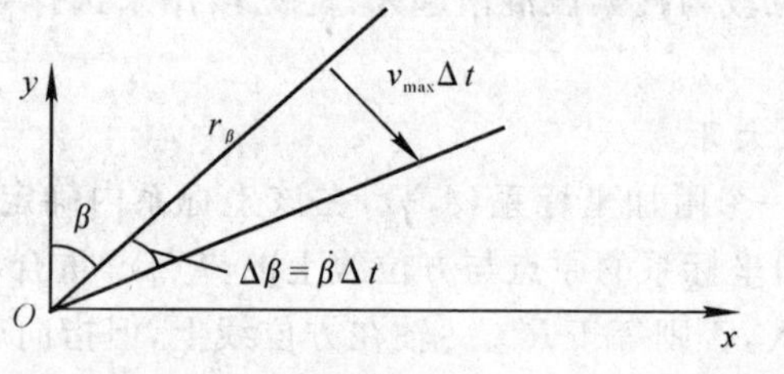

图 6.22　$r_{\max}$ 计算说明

(a) 由已知高低角计算 $r_{\max}$；(b) 由已知最大速度计算 $r_{\max}$

3. 搜索段

搜索段是指全距离范围内的一段，导弹营在该段搜索目标。搜索段受到信息源的最小距离 $\bar{r}_1$ 和最大距离 $\bar{r}_2$ 的限制，其长度等于 $\Delta r = \bar{r}_2 - \bar{r}_1$。这里

$$\bar{r}_1 = \begin{cases} l_0 & \text{当在能见段搜索时} \\ r_0 & \text{当在全距离范围内搜索时} \end{cases}$$

$$\bar{r}_2 = \min(r_{\max}, l_0 + \Delta l, r_{\text{k}})$$

式中，r_{k} 从控制台输入，若没输入，则不考虑。

因此，在能见段搜索的搜索段是能见段的一部分。这种减少的可能是因为 $r_{\max}$ 或 r_{k} 有可能比 $l_0 + \Delta l$ 小。在能见段内搜索时，能见段与搜索段的起点相同。

当在全距离范围内搜索时，搜索段起点可能比能见段起点更靠近信息源。当满足条件 $r_0 < r_1$ 时(因为 $l_0 = \max(r_1, r_0)$)，会出现这种情况。在全距离范围内搜索的搜索段终点，也会出现在能见段内相同的情况，即从控制台输入的搜索终点可能会更靠近信息源。

4. 导弹营的允许分布区域

用于对付干扰机的导弹营，分布在干扰方位线附近一定区域内，如图 6.23 所示。该区域的形状取决于地空导弹武器系统类型。此外，还受两种因素的影响：

(1) 干扰方位线相对于信息源旋转与否($|\dot{\beta}| > 0.1°/s$)；

(2) 是否从控制台输入所有导弹营的搜索起始点 r_0。

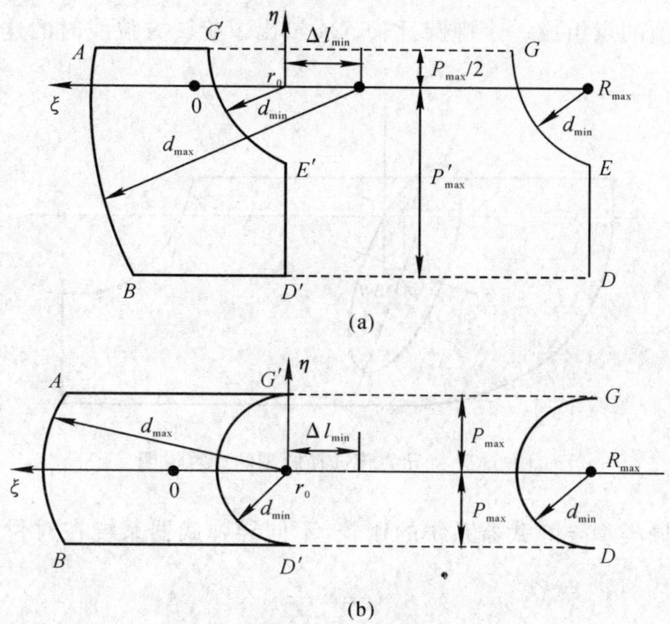

图 6.23　导弹营的允许分布区域

(a) 方位线旋转；(b) 方位线不旋转

如果方位线旋转，则允许分布区如图 6.23(a) 所示。如果输入了搜索起点，则该区域为 $ABD'E'G'$；如果没输入搜索起点，则该区域为 $ABDEG$。

如果方位线不旋转，则允许分布区如图 6.23(b) 所示。$ABDG$ 区域对应于没有输入搜索起点情况；而 $ABD'G'$ 为输入了搜索起点的情况。

图中，P_{max}，P_{max}' 为取决于地空导弹武器系统类型的参数，例如 $P_{max} = 35$ km，$P_{max}' = 117$ km。图中，Δl_{min} 的物理意义是：界点 r_0 在导弹营的能见段上，且能见段 Δl 的长度应超出该点，超出的长度为 Δl_{min}，Δl_{min} 也为常数，比如16 km。另外，对不动的方位线，导弹营到方位线的距离不应超过航路捷径的极值。对旋转的方位线，旋转方向，导弹营到方位线的距离不应当超过航路捷径极值的一半；而旋转的正方向，导弹营到方位线的距离受常数 P_{max}' 限制。

以上是输入了搜索起点的情况。如果没有输入搜索起点，则对导弹营能见段的长度和界点位置没有要求。对能见段的要求是，只要它有点在(r_0，r_{max}) 范围内就行。

5. 选择对付干扰机的导弹营原则

先在导弹营允许分布区内确定一个点 O'。位于该点的导弹营最适合对付该干扰机。

对于不旋转的干扰方位线，这个最适合的点位于方位线上，离 r_0 点的距离为 d_{min}，在靠近指挥所的一端。

而对于旋转的干扰方位线，该点将向旋转方向有所偏移(见图 6.24)。导弹营离上面所选的 O' 点越近，它就越适合用于对付干扰机。此时用导弹营相对于 O' 点的偏移来表示合适程度。但导弹营在不同方向上的偏移是不等价的。为此选择一个以 O' 点为原点的新坐标系

(ξ',η')。对于旋转的方位线，η' 和 ξ' 轴应相对于 η 和 ξ 轴旋转角度 $\delta = 17°$。

为估计导弹营的合适性，使用导弹营到新坐标系原点的椭圆间隔，即

$$\Omega = (\xi'^2 + \lambda^2 \eta'^2)$$

该函数有相同值的点组成一个椭圆。图 6.24 给出了旋转方位线时的这样一个椭圆。

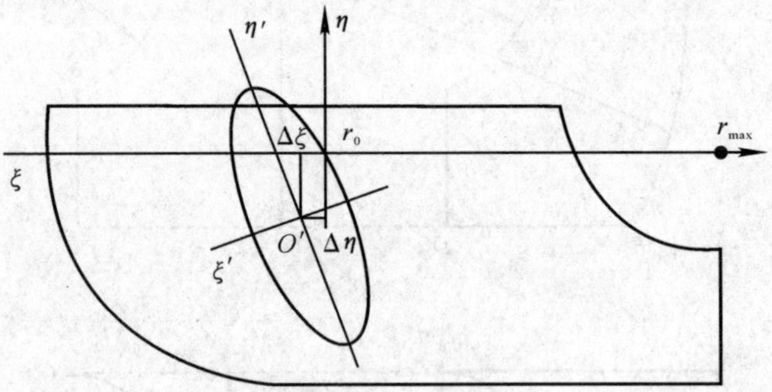

图 6.24 导弹营选择原则的计算说明

Ω 准则只用于同类型导弹武器系统的比较。不同导弹武器系统在对付干扰机时有不同的优先级。

6.8.3 目标指示坐标的计算

目标指示算法的一项重要任务是形成目标指示数据（即计算坐标），并向导弹营发送这些数据。为完成此项任务，先要计算 d_T, r_T。这里 d_T 为地空导弹营到目标指示起点的距离，而 r_T 为信息源到目标指示起点的距离。

距离 d_T 的计算公式为（见图 6.25）

$$d_T = \sqrt{P^2 + (\bar{r}_1 - l_P)^2}$$

而 $r_T = \bar{r}_1$。用 r_T 作为目标指示的原始值，则可以计算目标指示点坐标，即

$$\begin{cases} x = r_T \sin\beta \\ y = r_T \cos\beta \end{cases}$$

计算 z 时利用高低角。

下一个目标指示点的位置用下式确定：

$$r_{T_1} = \sqrt{(y + v_y \Delta t)^2 + (x + v_x \Delta t)^2}$$

式中，v_x, v_y 为目标指示点移动速度分量；Δt 为从上一次目标指示发出后经过的时间。

为计算 r_{T_1}，必须事先计算出速度分量 v_x, v_y。目标指示在水平面上的移动速度由两个部分组成（见图 6.26）：

(1) 目标指示点沿方位线水平投影的移动速度 v_P；

(2) 方位线本身在水平面上移动的切向速度 v_T。

很明显

$$v = \sqrt{v_P^2 + v_T^2}$$

值 v_T 由方位线的旋转速度确定，即

$$v_T = \dot{\beta} r_{T_1}$$

值 v_P 只有当接到导弹营报告“正在搜索”时才不为零。若没有该报告，则 $v_P = 0$，且 $v = v_T$。

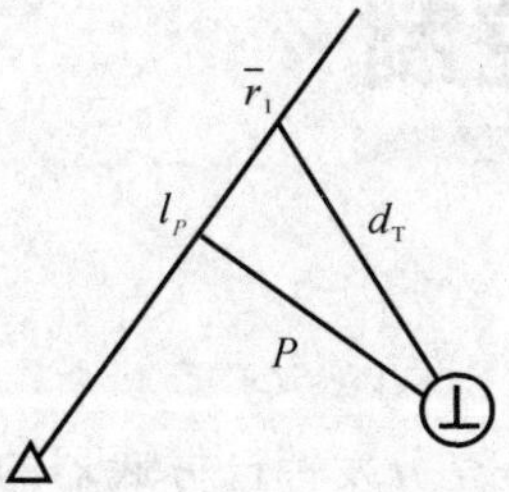

图 6.25　d_T 的计算说明

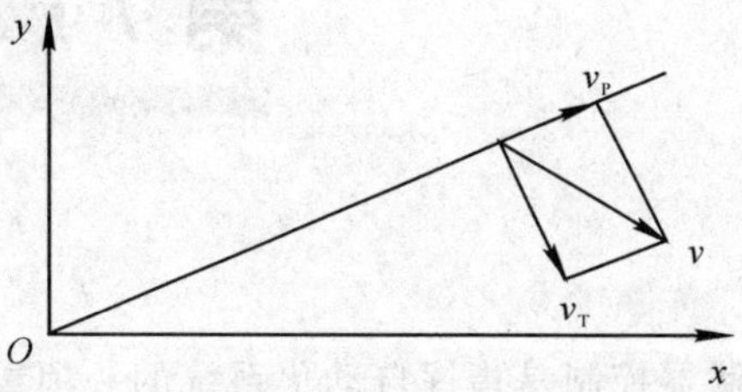

图 6.26　速度组成分量

如果有“正在搜索”的报告，选择 v_P 值，保证 $v \leqslant v_{max}$，即

$$v_P \leqslant \sqrt{v_{max}^2 - v_T^2}$$

算出 r_{T_1}，$\bar{r}_2$ 后，可以计算出新的目标指示点的坐标。再下一个点的目标指示也以同样方法进行，并依此类推，直到 $r_{T_1} > \bar{r}_2$，才停止本次搜索。根据情况，导弹营或停止对该干扰方位线的行动，或重复进行搜索。搜索的最终结果可能会出现以下情况：某导弹营在干扰方位线上没有搜索到目标，此时可改用别的导弹营继续进行搜索；导弹营在干扰方位线发现开放目标，若该营具备射击条件，则令该营自主射击目标，若不具备射击条件，则令其他有条件的营进行射击；导弹营在干扰方位线上发现的也是对导弹营的干扰机，指挥所则进行三角定位，然后把目标分配给最近的营。

思　考　题

1. 简述指挥决策的内容和程序。
2. 简述现代空袭的特点。
3. 简述防空武器的协同方法。
4. 简述目标识别的各种方法。
5. 简述威胁程度判断的各种方法。
6. 简述目标分配的定义及进行目标分配的依据和方法。
7. 简述歼击机的目标分配过程。
8. 简述地空导弹杀伤区、发射区的定义及杀伤区的表示参数。
9. 简述地空导弹营的射击周期和工作时间。
10. 简述地空导弹旅(团) 指挥算法流程。
11. 简述对导弹营进行射击指挥时应遵循的原则。
12. 简述目标分配的过程，每个步骤的主要工作。
13. 简述多通道地空导弹武器系统目标分配的特点。
14. 简述选择对付干扰机的导弹营的过程与原则。

第7章　武器控制

武器控制是指挥自动化系统的一项重要功能，其目的是充分发挥己方武器的威力，削弱敌方武器的威胁。要实现武器控制的自动化，必须有一个自动化武器控制系统与之配合。本章介绍自动控制的基本原理、自动化武器控制的基本概念和实现方法。

7.1　自动控制的基本原理

7.1.1　经典控制理论

1. 自动控制的概念

自动控制是指在没有人直接参与的情况下，利用外加的设备或装置（称控制装置或控制器），使机器、设备或生产过程（统称被控对象）的某个工作状态或参数（即被控量）自动地按照预定的规律运行。例如，数控车床按预定程序自动地切削工件，雷达和计算机组成的导弹发射和制导系统自动地将导弹引导到敌方目标，人造地球卫星准确地进入预定轨道运行并回收等，都是应用自动控制技术的结果。

自动控制理论是研究自动控制共同规律的技术科学。它的发展初期，是以反馈理论为基础的自动调节原理，并主要用于工业控制。第二次世界大战期间，为了设计和制造飞机及船用自动驾驶仪、火炮定位系统、雷达跟踪系统以及其他基于反馈原理的军用装备，自动控制理论的发展得到了进一步促进和完善。到战后已形成完整的自动控制理论体系，这就是以传递函数为基础的经典控制理论，它主要研究单输入-单输出、线性定常系统的分析和设计问题。

20世纪60年代初期，随着现代应用数学新成果的推出和电子计算机的应用，为适应宇航技术发展，自动控制理论跨入了一个新阶段——现代控制理论。现代控制理论研究具有高性能、高精度的多变量变参数的最优控制问题，采用的方法是以状态变量和状态方程为基础的时域法。目前，自动控制理论还在继续发展，并且已跨越学科界限，正向以控制论、信息论、仿生学为基础的智能控制理论方向发展。

2. 反馈控制原理

为了实现各种复杂的控制任务，首先要将被控对象和控制装置按照一定的方式连接起来，组成一个有机的整体，这就是自动控制系统。在自动控制系统中，被控对象的输出量，即被控量是要求严格加以控制的物理量，它可以要求保持为某一恒定值，例如温度、压力、液位等，也可以要求按照某个给定的规律运行，例如飞行航迹、记录曲线等；而控制装置则是对被控对象施加控制作用的机构的总体，它可以采用不同的原理和方式对被控制对象进行控制，其中最基本的一种是基于反馈控制原理组成的反馈控制系统。

在反馈控制系统中，控制装置对被控对象施加的控制作用取自被控量的反馈信息，根据反馈信息不断修正被控量的偏差，从而实现对被控对象进行控制的任务，这就是反馈控制的原理。反馈控制是自然界中一切生物控制自身运动的基本规律，也是工程自动控制的基本原理。它可以实现复杂而准确的控制。

通常，我们把输出量送回到输入端并与输入信号比较的过程称为反馈。若反馈的信号是与输入信号相减而使偏差值越来越小，则称为负反馈；反之，则称为正反馈。反馈控制就是采用负反馈并利用偏差进行控制的过程。而且，由于引入了被控量的反馈信息，整个控制过程成为闭合的，因此反馈控制也称为闭环控制。

在工程实践中，为了实现对被控对象的反馈控制，系统中必须配置相应的设备，以便用来对被控量进行连续的测量、反馈和比较，并按偏差进行控制。这些设备依其功能分别称为测量元件、比较元件和执行元件，并统称为控制装置。一个反馈控制系统的典型框图表示在图 7.1 中。图中，用"○"表示比较元件，它将测量元件检测到的被控量与输入量进行比较，"－"号则表示两者符号相反，即负反馈。

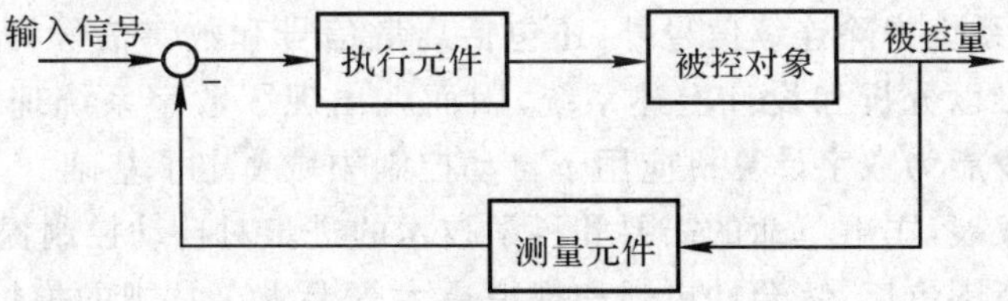

图 7.1　反馈控制系统的典型框图

一般来说，加到反馈控制系统上的外作用有两种：一种是有用输入，一种是扰动。有用输入决定系统被控量的变化规律；而扰动是系统不希望有的外作用，它破坏有用输入对系统的控制。在实际系统中，扰动总是不可避免的，而且它可以作用于系统中的任何元部件上，也可能一个系统同时受到几种扰动作用。

3. 自动控制系统的基本控制方式

反馈控制是自动控制系统最基本的控制方式，也是应用最广泛的一种控制系统。除此之外，还有开环控制方式和复合控制方式，它们都有其各自的特点和不同的适用场合。

(1)反馈控制方式。如前所述，反馈控制方式是按偏差进行控制的，其特点是不论什么原因使被控量偏离期望值时，必定会产生一个相应的控制作用去减小或消除这个偏差，使被控量与期望值趋于一致。可以说，按反馈控制方式组成的反馈控制系统，具有抑制任何内、外扰动对被控量产生影响的能力，有较高的控制精度。

(2)开环控制。开环控制是指控制装置与被控对象之间只有顺向作用而没有反向联系的控制过程，按这种方式组成的系统称为开环控制系统，其特点是系统的输出量不对系统的控制作用发生影响。开环控制系统可以按给定量控制方式组成，也可以按扰动控制方式组成。

按给定量控制的开环控制系统，其控制作用直接由系统的输入量产生，给定一个输入量，就有一个输出量与之对应，控制精度完全取决于所用的元件及校准精度。因此，这种开环控制方式没有自动修正偏差的能力，抗扰动性较差。目前，用于国民经济各部门的一些自动化装置，如自动售货机、自动洗衣机、数控车床及交通指挥的红绿灯转换等，一般都是开环控制系统。

按扰动控制的开环系统，是利用可测量的扰动量，产生一种补偿作用，以减小或抵消扰动对输入量的影响，这种控制方式也称为顺馈控制。这种按扰动控制的开环控制方式是直接从扰动取得信息，并据以改变被控量，因此，其抗扰动性好，控制精度也较高，但它只是适用于扰动是可测量的场合。

(3)复合控制。按扰动控制方式在技术上较按偏差控制方式简单，但它只适用于扰动是可测量的场合，而且一个补偿装置只能补偿一个扰动因素，对其余扰动均不起补偿作用。因此，比较合理的一种控制方式是把按偏差控制与按扰动控制结合起来，对于主要扰动采用适当的补偿装置实现按扰动控制，同时，再组成反馈控制系统实现按偏差控制，以消除其余扰动产生的偏差。这样，系统的主要扰动已被补偿，反馈控制系统就比较容易设计，控制效果也会更好。这种按偏差控制和按扰动控制相结合的控制方式称为复合控制方式。

7.1.2 计算机控制系统

随着科学技术的发展，自动控制系统日益复杂，出现了多输入输出、非线性、时变参数和最优控制等系统，而且系统中除连续信号外，还包括离散信号和数字信号等多种形式。这样，经典的反馈控制理论难以分析和设计上述系统，因而就出现了数字系统理论和现代控制理论。这些理论的形成与发展为数字计算机应用于自动控制领域奠定了基础。

工农业生产的发展，军事革命的需要和科学技术的进步对自动控制提出了精度更高、速度更快、方式更灵活、范围更广、综合性更强和规模更大等要求。常规的模拟控制难以满足上述要求，而数字计算机具有强大的计算能力、记忆和逻辑判断能力，丰富多彩的外围设备和人机对话能力，所以不仅能实现高级复杂的控制算法，获得快速精密的控制效果，还能把生产控制与生产管理有机结合起来，从而实现对整个企业、工厂或车间的自动化控制和管理。因此，计算机控制是社会发展的需要。

1. 计算机控制系统的概念

简单地讲，含有计算机并且由计算机完成部分或全部控制功能的控制系统，就叫计算机控制系统。严格地讲，计算机控制系统是建立在计算机控制理论基础上的一种以计算机为手段的控制系统。

由模拟控制系统构成计算机控制系统最直接的方法是将其模拟控制装置换成计算机，再配以模/数和数/模转换器等部件，即可构成图 7.2 所示的计算机控制系统。

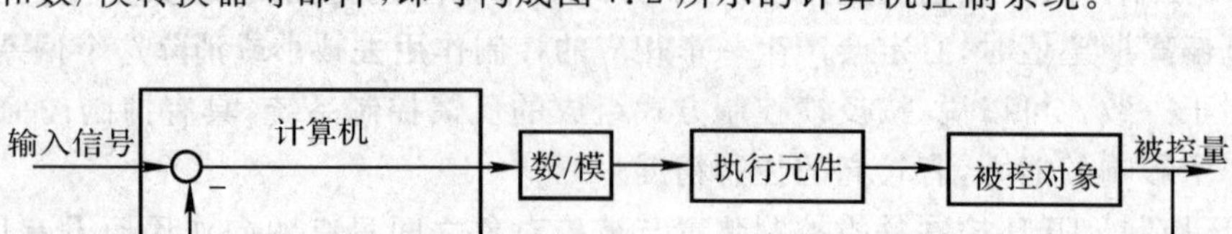

图 7.2 计算机控制系统

2. 计算机控制系统的基本特点

计算机控制系统的基本特点是：

(1)计算机的输出、输入信号均为二进制数字信号，因此需要数/模和模/数转换。模/数和数/模两个转换过程将对系统的静态和动态性能产生影响，这是计算机控制系统碰到的一个特殊问题。

(2)控制信号通过软件加工处理，充分利用了计算机的运算、逻辑判断和记忆功能，因而若要改变控制算法，只需改编程序，而不必改动硬件电路。

上述两个特点，给计算机控制系统带来了一些崭新的设计方法。

3. 计算机控制系统的控制过程

从信息转化与使用的角度看，计算机控制系统的控制过程可归纳为以下三方面：

(1)实时数据采集。实时数据采集是指对被控量的瞬时值进行检测和输入。

(2)实时决策。实时决策是指对实时的给定值和被控量的数值进行一定的控制规律运算，决定下一步的控制过程。

(3)实时控制。实时控制是指根据决策，适时地对执行机构发出控制信号。

上述的"实时"概念是指信号的输入、计算和输出都要在一定的时间(采样间隔)内完成。越出了这个时间就失去了控制的时机，控制也就失去意义。实时的概念也不能脱离具体过程，例如对炉温和液位的控制，在几秒内完成一个上述循环，仍认为是实时的，而对一个火炮控制系统，当目标状态变化时，必须在几毫秒之内及时控制，否则就不能击中目标。

4. 计算机控制系统的优越性

与由模拟元部件或常规仪表组成的控制系统相比，计算机控制系统有以下优点：

(1)能实现复杂的控制规律，从而提高控制质量。这主要是因为复杂控制规律往往难以用模拟元件实现，而数字计算机是通过算法编程实现的，又具有强大的记忆和判断功能。

(2)控制规律灵活，多样，改变方便。计算机控制系统中，控制规律由软件实现，所以可任意设计或改动，而不必像模拟控制那样，要重新设计加工电路或更换仪表及连接。

(3)一台计算机可以代替多台模拟调节器或装置，这是因为计算机有分时功能。显示器的引用可节省大量显示仪表，使庞大的仪表屏大大缩小。

(4)控制与管理相结合，自动化程度大大提高。这主要是因为计算机有计算、记忆、判断功能和多样的人机对话功能。

7.2　自动化武器控制的实现

根据军队的编制体制和指挥体系，各级指挥自动化系统构成上下级关系。从控制论的观点看，下一级指挥自动化系统是上一级指挥自动化系统的被控对象，上一级指挥自动化系统是下一级指挥自动化系统的控制装置。指挥自动化系统的最终目的是完成作战指挥与兵力控制任务，这是一个"信息施效"的过程，由指令传输、指令解释、信息变换、武器控制和信息反馈等基本环节构成。随着各种先进武器的不断出现和作战打击力不断提高，往往借助于武器控制系统来实现武器控制的自动化，例如导弹制导系统、飞机作战指挥引导系统、火炮自动控制系统等。这些武器控制系统自身也往往是一类指挥自动化系统，也包括信息获取、信息处理、信息传输、作战方案选择和指挥决策、引导控制等环节，构成一个相对独立的指挥自动化系统，嵌套在上一级指挥自动化系统之中。

7.2.1　自动化武器控制

1. 自动化武器控制的含义

武器控制是指挥自动化系统的一项重要功能，其目的是充分发挥己方武器的威力，削弱敌方武器的威胁。现代武器不仅威力强，而且速度快，往往要求在几秒钟内确定或修改指挥方案，因此，必须提高指挥控制的速度和质量。武器控制是军队指挥自动化系统发展较早、较成熟的功能之一，它分为自动化控制系统和自动控制系统。两者的区别在于，前者需要人参与决策，而后者完全是按照预定程序工作的。因为战场环境纷繁复杂，实战中完全不要人参与的自动武器控制是不现实的，而应当是由人决策或由机器辅助人决策的自动化武器控制。

所以，自动化武器控制是指由人－技术设备－武器所形成的自动化控制。自动化武器控制的主要特点是：人的主导作用体现在决策上，一切技术性处理工作均由技术设备自动（或在人的部分干预下）完成，武器则在指令控制下发射并摧毁目标。自动化武器控制系统由施控和被控两个主要部分组成。施控部分指指挥控制（人和指挥控制设备），被控部分指武器本身。

2. 自动化武器控制系统

要实现武器控制的自动化，必须有一个自动化武器控制系统与之配合。自动化武器控制系统是指挥自动化系统的一个重要组成部分，是实现指挥自动化系统与武器系统一体化的重要环节。自动化武器控制系统不仅能控制单个的武器，而且能控制包括警戒设备、目标分配设备、引导设备和杀伤破坏性武器在内的整套武器系统，使指挥控制的各个阶段——从了解情况到判明打击效果——都实现自动化，并且整个过程可在极短的时间内完成。

通常按作战使用，将武器控制系统分为战略和战术武器控制两大类。

(1)战略武器控制系统。战略武器控制系统是用于完成战略任务的武器控制系统，如战略导弹控制系统、反导武器控制系统及空间武器控制系统等，通常由国家最高当局指挥控制。战略武器控制系统设备庞大、复杂，精度要求高，一旦出现差错，后果不堪设想。为此，要求战略武器控制系统绝对可靠，通常都有多级保险和可靠的信息传输系统。

(2)战术武器控制系统。战术武器控制系统是用于完成战术任务的武器控制系统，如地空导弹控制系统、反坦克导弹控制系统、战术射击控制系统等等。这些武器控制系统的突出特点是自动化程度高、反应时间短、需要人的干预有限。整个系统综合性强，它可以把情报、作战、火力及作战勤务的数据处理综合于一体，大大提高了系统的整体效能。

3. 武器控制的过程

为了达到摧毁目标的目的，武器控制系统要逐步完成的工作，称为武器控制过程。由于不同的武器系统担负的任务及目标性质等差别，控制过程不尽相同，对防空武器的控制过程主要包括下面几步。

(1)目标探测与识别。警戒雷达搜索整个空域，发现空中目标并提取目标坐标，坐标数据送计算机进行处理，形成航迹，计算目标的航向、航速，并识别目标的敌我属性。

(2)威胁估计。根据目标到达的时间及目标的性质(即该目标是什么类型的武器或拥有什么类型武器)来判断目标的威胁程度，并查明或预测敌机可能攻击的我保卫目标。若同时有多个目标来袭，则按威胁等级顺序进行排队，分配武器时，应优先对付威胁大的目标。

(3)目标分配与目标指示。根据目标的性质，威胁程度以及我方武器的性能、状态，拟定作战方案，分配武器，并给指定的武器送出目标指示参数。

(4)目标跟踪。武器系统接到目标参数后，由所属的跟踪装置迅速跟踪所指定的目标，并将跟踪所得到的数据连续送给武器系统计算机进行解算。

(5)射击诸元解算与实施攻击。根据输入的目标数据、武器性能、气象条件等，计算射击诸元，将所得到的数据不断提供给武器，使武器一直处于准备攻击状态。一旦得到指挥员的射击指令，即可对目标进行攻击。

(6)效果观察。武器发射后，通过各种手段获得射击效果，以判断目标被摧毁的程度。根据射击效果的判断，决定继续射击或停止射击或转移火力。

现代很多武器系统都是武器控制系统与武器的综合体，如地空导弹武器系统是地空导弹与制导系统的综合体，制导系统不但能控制导弹，它配备的制导雷达也能发现和跟踪目标，只是其搜索目标的能力和探测距离有限，需要指挥自动化系统为其提供目标指示，以增大预警时间。

上述武器控制过程的几个步骤中，后三个步骤主要由武器系统本身完成，而前三个步骤一般由上一级指挥自动化系统完成。所以，指挥自动化系统在武器控制过程中，主要是进行目标探测、目标识别和威胁估计，并对多套武器系统进行指挥协调和目标分配，最终把目标指示数据和有关指令送到武器系统。为实现对武器系统的有效控制，武器系统必须把所跟踪的目标数据和战斗过程中的有关情况及时反馈给指挥自动化系统。

对地空导弹武器系统来说，指挥自动化系统产生的目标指示数据和有关命令信息经过通信系统送来，其中的目标指示数据用来引导制导雷达指向目标并及时发现目标，而有关命令信息由显示设备显示出来，便于指挥员正确理解上级的作战意图，及时定下射击决心，消灭目标。制导雷达所跟踪目标的数据和武器系统的工作状态信息，也通过通信系统返回到指挥自动化系统。

地空导弹武器系统经历了三个发展时期，即形成了所谓的三代地空导弹。早期的第一代地空导弹武器系统采用的是模拟电路，其本身也没有考虑和指挥自动化系统的连接，需要重新解决交链问题；而新的第三代地空导弹武器系统采用的是数字电路，由数字计算机进行控制，本身就有和指挥自动化系统的接口，与指挥自动化系统是一体化设计的。所以，对这两类地空导弹武器系统的控制方法是不一样的。下面分别作简要介绍。

7.2.2　模拟式地空导弹武器系统的控制

因为装备指挥自动化系统的上级指挥所使用的是数字信息，而地空导弹营的制导雷达信号是模拟的，所以必须有转换设备，进行信号的数/模和模/数转换。另外，指挥所与导弹营使用的坐标系不一样，指挥所使用以自身为原点的直角坐标系，而导弹营使用以导弹营阵地为原点的球坐标系，所以需要在两者之间进行坐标变换。其次，指挥所与导弹营的信息处理周期各异。

为完成以上工作，必须有专门的接口设备。

因为这类地空导弹武器系统原先没有考虑与指挥自动化系统的交链，所以还得有控制设备，用变换后的目标指示数据去引导制导雷达指向目标，使制导雷达作补充搜索后，很快发现目标。另外，还得有显示上级指挥命令的显示设备和输入上报信息的控制台。这些设备和接口设备统称为自动化处理设备。此外，自动化处理设备中还包括检查与训练装置。自动化处理设备加上通信设备可以放在一个舱内，而显示设备和控制台一般位于制导雷达的引导车上。

图 7.3 为通信接联设备的结构图。

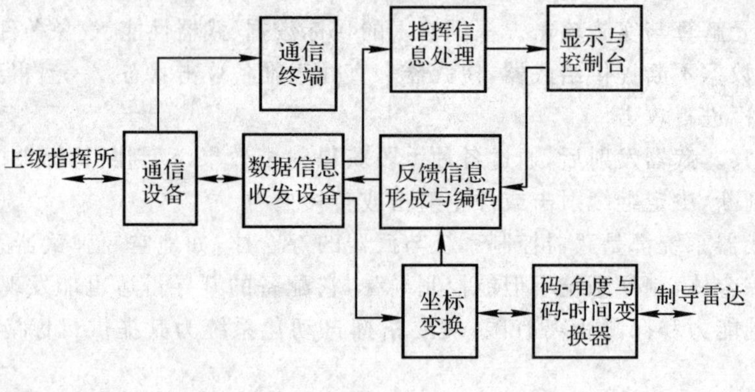

图 7.3 通信接联设备结构图

上级指挥所送来的数据与语音信息由通信设备接收。语音信息送电话和扬声器等通信终端。数据信息送数据收发设备进行分解，其中指挥信息经过处理后，送到显示设备显示；而坐标信息经坐标变换后，进行数/模转换，最终形成对制导雷达天线角度和距离波门的控制信号。制导雷达所跟踪目标的角度和距离信号被转换成数字形式后，送去进行坐标反变换，变换后的坐标信息和控制台形成的上报信息被统一编码打包后，经通信设备送上级指挥所。

自动化处理设备完成以下任务：

(1)接收来自指挥自动化系统的数据信息。

(2)把收到的目标指示坐标进行外推，并由直角坐标系变换到导弹营所在位置的球坐标系。

(3)把导弹营所跟踪的目标坐标变换成数字形式，作为返回坐标，通过通信系统送到上级指挥所。

(4)自动处理目标指示信息，把它处理成天线角度控制信号，通过随动系统，控制制导雷达指向目标。

(5)在显示设备上显示上级指挥所送来的命令和有关目标的附加信息。

(6)形成关于导弹营状态和作战行动的反馈信息。

(7)组织指挥所与营战勤人员的联合训练。

7.2.3 数字式地空导弹武器系统的控制

新一代的数字式地空导弹武器系统都是和指挥自动化系统一体化设计的，都有专门的交换通道连接上级指挥自动化系统与制导雷达的数字计算机。只要按一定格式和速度把目标指示数据和命令信息等由通信系统传输，并通过交换通道送到计算机，制导雷达就会自动根据目标指示数据对目标进行补充搜索，尽快发现目标，并自动控制天线方位的变化，有关命令信息也会显示在导弹营指控舱相应显示面板上。导弹营跟踪的目标坐标和营状态、营战斗行动等反馈信息自动形成，并以一定的信息格式和传输速度通过交换通道送出，最后通过通信系统送到上级指挥所。

但是有些指挥自动化系统并不是单独为某种地空导弹武器系统设计的，它接收和发送的信息在格式、传输速度、交换周期等方面，往往和制导雷达交换通道的不一样，所以也需要接口设备进行相应的变换，才能实现指挥自动化系统与导弹营之间的信息交换。图 7.4 为接口设备的结构图。

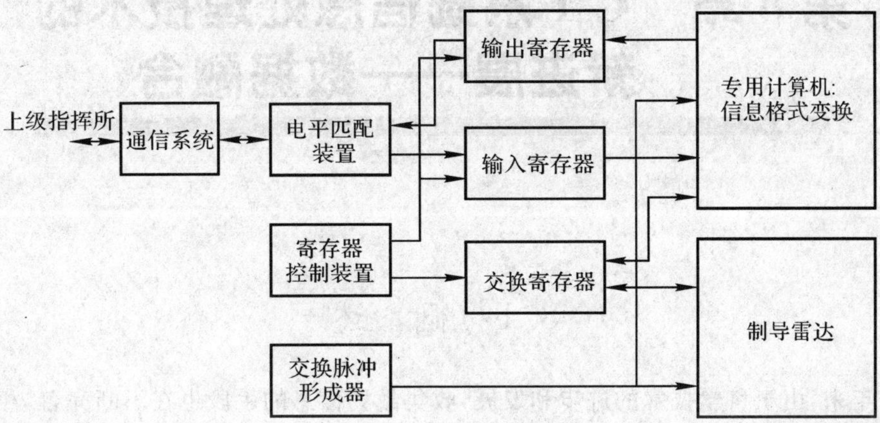

图 7.4　接口设备的结构图

接口设备主要由一台专用计算机和一组寄存器组成。专用计算机主要用来进行信息格式的变换，即把从上级指挥所接收来的信息包处理成制导雷达所要求的信息包，以及相反的处理；并在指挥自动化系统与制导雷达交换周期不一致时，对目标坐标进行外推。寄存器用于专用计算机与通信系统、制导雷达进行信息交换时的信息暂存和串并转换，寄存器控制装置控制寄存器的同步。交换脉冲形成器产生专用计算机与制导雷达信息交换的控制脉冲。

指挥自动化系统与导弹营的接口设备完成下列任务：

(1)接收从上级指挥所送来的目标指示和命令信息，并对它们进行变换后送往导弹营指控舱。

(2)接收来自导弹营指控舱的跟踪目标信息和关于导弹营准备状况及战斗行动的报告信息，对它们进行变换后送往指挥所。

思　考　题

1. 简述反馈控制的基本原理。
2. 简述计算机控制的特点与过程。
3. 简述自动化武器控制的含义与武器控制的过程。
4. 对模拟式和数字式地空导弹武器系统进行控制的特点有哪些?

第 8 章　C^3I 系统信息处理技术的新进展——数据融合

8.1　概　　述

近 20 年来，由于科学技术的进步和发展，收集战场信息的手段也在不断完善，相继出现了各种新的信息获取技术和手段。在现代及未来战争中，战场环境瞬息万变，电磁环境异常复杂，战场上目标的批数、密度、种类大大增加，目标的运动速度越来越快，而且多数目标采用隐身技术和低空/超低空突防技术，用传统的单一型传感器系统探测目标将会更加困难，而必须依赖于多种传感器系统。战场上多个传感器的使用，使系统中信息的表现形式呈现出多样性，需处理的数据量急剧增加，复杂度越来越高，这就迫切需要实现数据处理的自动化，提高数据处理的速度、容量，改善处理精度，同时对战场上目标的情况和威胁程度进行适时完整的评价，为指挥人员决策提供依据和备选方案，为战争胜利赢得主动，实现上述功能的唯一手段就是数据融合或信息融合。于是在 20 世纪 80 年代初，数据融合（Data Fusion）技术在军事领域就应运而生了。

随着各种先进武器系统的出现与发展，C^3I 系统的性能和功能都在不断完善和增强。C^3I 系统如何将各类传感器所收集的大量信息和情报进行分析、处理、综合，做出正确的决策，这就形成了数据处理的一个新的和重要的分支——多传感器数据融合。目前，多传感器数据融合已经发展成为一个新的学科方向和研究领域。

8.1.1　数据融合的定义

数据融合也称为多传感器或多源相关、多源合成、信息融合等，是信息的综合与处理过程。即：为了完成所需的决策和估计任务，对在不同的时间序列上获得的各种传感器信息按一定的准则加以综合分析。当前人们所普遍接受的定义为：对来自多源的信息和数据进行检测、关联、相关、估计和综合等多级多方面的处理，以得到关于目标的精确状态、身份估计和快速、完整、实时的态势及威胁估计。因此，数据融合包括对各种传感器给出的有用信息进行采集、传输、分析和合成等处理过程。

数据融合的基本目标是通过组合获得比任何单个输入数据源更准确的信息。这是传感器之间最佳协调的结果。即通过多传感器之间的协调和性能互补的优势，来提高整个系统的有效性。

自 1973 年信息融合概念应用于声纳处理系统以来，一直在不断地完善、充实和发展，并获得广泛应用。尽管信息融合技术源于军事需求，但其应用不限于军事领域，在机器人、工业过程监视、地质勘探、中长期天气预报、医学辅助诊断、测试计量、资源遥感等民用领域也获得了广泛应用。军事需求无论是过去、现在还是将来,都是推动信息融合技术发展的主要源动力。勿需置疑,军事应用是信息融合技术最重要、最复杂、最庞大的应用领域:从由卫星、预警机、地面远程警戒雷达等组成的战略预警系统 C^3I(NMD)、战术 C^3I(TMD)、美国 E—2C 机载预警和控制系统 AWACS、E—8C 联合监视目标攻击雷达系统 J—STARS、舰载多传感器系统、机载多传感器系统、反潜战(ASW),到防空武器的探测制导系统、导弹复合制导系统、火控系统等等。信息融合是一个国家战略/战术预警指挥控制系统的核心技术,发达国家将其视作战略技术来研究,尽管信息融合技术不会像核武器那样对敌方直接造成大规模杀伤,但它却是武器效能的倍增器,使打击毁伤效果成倍、几十倍甚至上百倍的提高,同时实现战争的非接触和零伤亡。以信息融合、数据链为依托的精确打击作战模式在科索沃、阿富汗和新近的伊拉克战争中再续高技术战争的神话。

20 世纪 80 年代,美国三军总部对应用数据融合的战术和战略监视系统一直给予高度的重视。美国国防部从海湾战争中实际体会到了数据融合技术的巨大潜力,因此在海湾战争结束后,更加重视信息自动综合处理技术的研究。美国国防部将多传感器数据融合列为 90 年代重点研究和开发的 20 项关键技术之一,从 1992 年起,每年投巨资用于数据融合技术的开发与研究。到 90 年代初,美国已经研制了几十个军用数据融合系统,如军用分析系统、多传感器多平台跟踪情报相关处理系统、海洋监视融合专家系统、雷达与 ESM 情报关联系统、超级座舱和自主式地面车辆系统等。其他国家也相继开发研制了各种不同用途的数据融合系统投入使用。

我国对数据融合技术的研究起步较晚,到 20 世纪 90 年代以后才被重视起来。近年来虽已相继建立了一批自动化指挥系统,但基本上都是对单一类型的传感器信息进行综合处理,而不能进行统一的融合处理。目前,有很多学者和科研人员对数据融合技术、融合系统的框架结构、算法和模型进行研究,并取得了一定的成果。但真正意义上的数据融合系统的研究、开发和研制,还有很多工作要做。

8.1.2　数据融合的方式

1. 时间融合和空间融合

当使用多个分布在不同位置上的传感器对运动目标进行观测时,各传感器在不同时间和不同的空间获得的观测值将不同,从而得到一个观测值的集合。若系统内有 s 个传感器可在 n 个时刻观测到同一目标,则可得到 $s \times n$ 个观测值,用集合表示为

$$Z = \{Z_j\} \qquad (j = 1,2,\cdots,s)$$

$$Z_j = \{Z_j(k)\} \quad (k = 1,2,\cdots,n)$$

其中 Z_j 代表第 j 号传感器得到的观测值集合,$Z_j(k)$ 表示第 j 号传感器在 k 时刻的观测值。将这些观测值在时间上和空间上排列,如表 8.1 所示。

为了得出对目标运动状态的综合估计,需对获得的观测值进行融合。融合的方式有:

(1) 时间融合:按时间先后顺序对目标在不同时间的观测值进行融合,主要用于单传感器的数据融合。

(2) 空间融合:对同一时刻的不同位置传感器的观测值进行融合,适用于多传感器信息的一次融合处理。

(3) 时间/空间融合:先对各传感器的观测值集合进行时间融合,得出每个传感器对目标的状态估计,再对各传感器的估计值进行空间融合,从而得到目标状态的最终估计。

(4) 空间/时间融合:先在同一时间上对各传感器的观测值进行融合,得出各个不同时间的目标位置估计,然后进行时间融合,得到最终状态估计。

(5) 时间、空间同时融合:在时间和空间上同时进行融合,此法效果好,不损失信息,但难度最大,适合于大型数据融合系统。

表 8.1 多传感器对单一目标的观测数据集

观测时刻 / 传感器编号	1	…	n
1	$Z^1(1)$	…	$Z^1(n)$
2	$Z^2(2)$	…	$Z^2(n)$
⋮	⋮	⋮	⋮
s	$Z^s(2)$	…	$Z^s(n)$

2. 航迹融合

当用多个传感器观测目标运动航迹时,常用时间/空间融合法。先对各传感器的观测值集合进行时间融合,得出每个传感器关于目标状态估计,即各传感器关于目标的本地航迹,再对各传感器输出的航迹数据进行空间整合,从而得到目标运动状态的综合航迹,称为航迹融合或跟踪融合。

8.1.3 数据融合的层次

数据融合系统可以在不同的层次上对多源数据进行处理,每个层次表示不同的数据抽象级别,不同层次的数据融合都有其相对特点。

1. 像素级融合

像素级融合是指在融合过程中,要求参与融合的传感器信息间具有精确到一个像素的配准精度。它通常对原始传感器数据不进行处理或只进行很少的处理,属于较低层次的信息融合。

像素级融合的主要优点是能够提供其他融合层次所不具有的细节信息,融合精度最高。像素级融合的缺点主要有:

(1) 由于要处理的传感器数据量大,因此对于通信和计算机资源要求较高,所需的处理时间长,实时性差。

(2) 由于融合是在信息表示的最低层进行,处理的对象是原始传感数据,而不是本质特征信息,因此融合数据稳定性较差。

(3) 一般要求各传感器数据之间具有像素级的配准关系,一般要求来自同质传感器。

(4) 数据通信量大,抗干扰能力较差。

2. 特征级融合

特征级融合是指从各传感器(数据源)提供的原始传感数据中提取一组特征信息,例如边缘、方向等,并且在对目标进行分类和其他处理前,对各组特征信息进行融合,并将融合后的特征信息送往更高一层的决策处理过程。该层次的融合既保留了足够数量的重要信息,又实现了可观的信息压缩,有利于实时处理,同时又保证了一定的融合精度,一般称其为中级融合。

3. 决策级融合

决策级数据融合也称为高级融合，指对来自各种传感器(数据源)的传感数据进行预处理，对目标属性进行独立的分类决策，然后对各自独立得到的分类决策结果进行融合，从而得到一致的分类决策结果。

决策级数据融合的优点主要有：

(1) 具有良好的容错性，即当某一传感器及其预处理过程出现错误时，通过适当的融合处理系统能够克服单一传感器(数据源)所引起的错误，获得正确的决策估计。

(2) 使用的融合数据相对来说具有较高的抽象层次，反映的是决策对象的本质特征，因此通信量小，抗干扰能力强。

(3) 对计算机的要求低，运算量小，实时性强，所以决策级融合处理速度最快。

决策级数据融合的主要缺点是信息损失大，性能相对较差。

8.1.4　数据融合的技术和方法

数据融合的基本功能是相关、估计和识别，其主要的技术和方法有以下几种。

1. 相关技术

相关处理要求对多传感器或多源信息的相关性进行定量分析，依据一定的相关判定准则，将测量划分为不同的集合，每个测量集合的信息都与同一源(目标或事件)关联。比较关联目标的状态与属性参数，从而确定检测到的目标航迹与报告的属性是新目标航迹报告、已有目标航迹报告或是虚警的航迹报告。数据关联方法有最邻近法则、全邻法、最大似然法、概率数据关联算法、联合概率数据关联法、模糊数据关联法等。

2. 估计理论

估计理论的应用领域非常广泛，包括雷达、通信、导航、电子战和工业控制等。所采用的技术比较成熟，包括最大似然估计、$\alpha-\beta$ 滤波、卡尔曼滤波、加权最小二乘估计和贝叶斯估计，在已知噪声统计特性的情况下，可获得最优估计。

3. 识别技术

识别技术有多种，比较成熟的有贝叶斯法、模板法、表决法、D-S(Dempster-Shafer) 证据推理法、神经网络技术、专家系统等方法。

(1) 物理模型类识别技术：准确地建立可观测数据或可计算数据的模型，通过将模型化数据与实际数据进行匹配来估计目标的特征。但建立特征数据的描写非常困难，只能利用经典技术在概念上估计目标特征。

(2) 参数分类识别技术：把参数化数据直接映射到特征说明，再通过特征属性对目标进行分类。采用的分类方法有统计法和信息论技术。

(3) 认识模型类别识别技术：通过模仿人类的推理过程进行识别。这类技术包括专家系统、逻辑模板、模糊集合论和品质因素(FOM) 法等。

8.1.5　数据融合的主要内容

1. 多传感器数据融合系统结构

对数据融合系统来说，其结构上的差异决定了系统的性能有所不同。从目标跟踪的角度看，多传感器数据融合系统的结构通常可分为集中式、分布式和混合式三种形式，在 8.2 节给出了三种形式的结构原理图及数据融合系统的功能模型。

2. 数据关联

多源数据关联是多传感器数据融合关键技术之一，也是多传感器数据融合的核心部分。所谓数据关联，就是把来自一个或多个传感器的观测或点迹与已有航迹进行配对的过程。

数据关联包括点迹与航迹的关联和航迹与航迹的关联，它们是按照一定的关联度量标准进行的。所采用的关联方法主要包括最邻近数据关联(NNDA)、概率数据关联(PDA)、联合概率数据关联(JPDA)、最邻近联合概率数据关联(NNJPDA)和模糊数据关联等。

3. 状态估计

状态估计主要指对目标的位置和速度的估计。位置估计包括距离、方位、高度或仰角的估计，速度估计除速度之外，还有加速度估计。要完成上述估计，在多目标的情况下，首先必须实现对目标的滤波、跟踪，形成航迹。跟踪要考虑跟踪算法、航迹的起始、航迹的确认、航迹的维持、航迹的撤消等。状态估计常用的是 $\alpha-\beta$ 滤波和卡尔曼滤波等。这些方法都是针对匀速或匀加速目标提出来的，但当目标的真实运动与所采用的目标模型不一致时，滤波器将会发散。状态估计的难点在于对机动目标的跟踪，采用自适应 $\alpha-\beta$ 滤波和自适应卡尔曼滤波均改善了对机动目标的跟踪能力。

4. 身份估计

身份估计就是利用多传感器信息，通过某些算法实现对目标的分类与识别，给出目标的类型，如目标的大小或具体类型等。身份估计所涉及的基本理论和方法包括参数模板法、聚类方法、神经网络方法和基于物理模型的各种方法。模式识别理论与方法在多传感器目标身份融合中有广泛的应用。

5. 态势评估与威胁评估

态势评估是对战场上敌、我、友三方战斗力分配情况的综合评价过程，它是信息融合和军事自动化指挥系统的重要组成部分。作为战场信息提取和处理的最高形式，态势评估和威胁评估是指挥员了解战场上敌我双方兵力对比及部署、武器配备、战场环境、后勤保证及其变化、敌方对我方威胁程度和等级的重要手段，是指挥员作战决策的主要信息源。态势提取、态势分析和态势预测是态势估计的主要内容。

威胁评估是在态势评估的基础上，综合敌方的破坏力、机动能力、运动模式及行为企图的先验知识，得到敌方的战术含义，估计出作战事件出现的程度或严重性，并对敌作战意图作出指示与警告，其重点是定量地表示出敌方作战能力和对我方的威胁程度。威胁评估也是一个多层视图的处理过程，包括对我方薄弱环节的估计等。

6. 辅助决策

辅助决策包括给出决策建议，供指挥员参考和对战斗结果进行预测。

辅助决策属多目标决策，一般不存在最优解，只能得到满意解。

7. 传感器管理

一个完整的数据融合系统还应包括传感器管理系统，以科学地分配能量和传感器工作任务，包括分配时间、空间和频谱等，使整个系统的效能更高。

8.1.6 数据融合在军事上的应用

数据融合技术当前主要应用于军事领域，它为作战管理和 C^3I 系统提供了重要的数据处理技术基础，在多信息源、多平台和多用户系统内起着重要的处理和协调作用，保证了数据处理系统各单元与融合中心之间的连通性和及时性，对未来的作战系统和武器系统有着重大影响。数据融合在军事 C^3I 系统中的应用范围列举如下：

(1) 使用单一的武器平台（如舰艇、空中预警飞机、地面观测站）或分布式传感器网络的广域监视系统；

(2) 采用多传感器、跟踪和指挥导航的火力控制系统；

(3) 情报收集系统（态势和威胁估计）；

(4) 敌情指示和预警（I&W）系统；

(5) 使用传感器的自主式武器（如自控战车）；

(6) 军事指挥和控制。

多传感器数据融合技术应用于目标检测、跟踪和识别问题中，具有如下的性能裨益：

(1) 生存能力强。当有若干传感器不能利用或受到干扰，或某个目标 / 事件不在覆盖范围时，其他的传感器可以提供信息。

(2) 扩展了空间覆盖范围。通过多个交叠覆盖的传感器作用区域，扩展了空间覆盖范围，由于空间位置不同，一种传感器可以探测到其他传感器探测不到的区域。

(3) 扩展了时间覆盖范围。通过多个传感器的相互协同作用提高检测概率，一种传感器可以探测到其他传感器不能顾及的目标 / 事件。

(4) 提高了可信度。一种或多种传感器对同一目标 / 事件加以确认。

(5) 降低了信息的模糊度。多传感器的联合信息降低了目标 / 事件的不确定度。

(6) 改进了探测性能。对目标 / 事件的多种测量的有效融合，提高了探测的有效性。

(7) 提高了空间分辨率。多传感器孔径可以获得比任何一种单一传感器更高的分辨率。

(8) 增加了测量维数。系统不易受到敌方行动或自然现象的破坏。

随着电子信息技术的迅猛发展及其在军事领域中的广泛应用，新的军事技术革命正在兴起。未来战争将是作战体系间的综合对抗，在很大程度上表现为信息战的形式，而建立具有合成作战指挥能力和智能化决策指挥能力的指挥系统的关键是数据融合技术，因为夺取信息优势是取得战役乃至战争胜利的关键。因此，关于多传感器数据融合理论和技术的研究，对于我国国防建设具有重要的战略意义和社会效益。

8.2　数据融合的体系结构

在 8.1 节概述中，介绍了数据融合技术涉及的问题，说明了采用多传感器数据融合技术可能得到的裨益。但这并不意味着对多传感器数据的任意组合都能得到最优估计，必须根据数据融合系统的应用目的，明确融合系统的各功能元素及其关系，同时还必须确定各功能处理的顺序、数据流动及控制方式，即必须通过选择合理的数据融合系统的功能和控制结构来实现。

8.2.1　数据融合系统的基本特征

1. 数据融合的层次

融合系统可以在不同的层次上对多源数据进行处理，每个层次表示不同的数据抽象级别。

2. 数据融合系统的核心处理功能

基本的融合处理功能有数据检测、关联、相关、估计和分类等。

数据融合系统的核心功能对于军事融合系统来说，主要包括数据的检测、关联、相关、估计、分类与合并等。

检测是指各传感器基于各自独立的传感数据，判断在各自独立的视区范围内目标是否出现，并且在检测到目标的情况下，将相应的测量参数(包括目标的特征参数与状态参数)传送给更高层的融合处理过程。

数据关联则是通过定义某种评价度量，并且依次比较新获得的检测结果与现有目标航迹与报告，确定他们之间的相继关系，同时预测现有目标状态。

相关是指利用数据关联的结果，比较关联目标的状态与属性参数，从而确定检测到的目标航迹与报告的属性：新目标航迹报告、已有目标航迹报告或是虚警的航迹报告。

3. 数据融合的结果

数据融合的结果与融合系统的应用背景有关，对于战场数据融合系统而言，包括低层次的状态和身份估计以及较高层次的整体战术态势的评估。

8.2.2 数据融合系统的功能模型

图 8.1 所示为美国国防部实验室联合委员会数据融合小组(DFS)给出的数据融合功能模型。该模型从数据融合的功能出发，说明数据融合包括的主要功能、数据库，以及融合过程中各组成部分之间的关系。该模型分为三级处理：

一级 —— 位置和目标身份估计；

二级 —— 敌、我态势评估；

三级 —— 敌兵力威胁估计。

从图 8.1 中我们可以看出，随着融合处理层次的提高，融合处理结果的抽象层次也随之提高，这充分反映了数据融合的层次特点；另外，该模型各级的处理特性各不相同，在第一级上的处理主要以数值计算为主，而在第二、三级处理中，则主要采用符号推理的方法来描述更高层次的知识抽象与推理。

一级处理：通过对多传感器获得的外部环境采样数据及其他有效信息源进行包括跟踪、相关、校正和关联等单源或多源处理，产生一级融合结果，该结果是对复合视野内目标或平台的位置与身份的估计。

二级处理：包括态势的抽象和估计。此时，态势被抽象定义为由一个不完整数据集构成一个综合表示，以产生一个对一级融合结果给出的各兵力分布的上下文相关说明。态势估计被定义为一个多层视图处理，它基于上下文相关分析来解释和表示战场环境，并且基于对传感器数据与军事条令数据库数据的融合处理来再现战场环境，以产生征候与警报、行动计划以及对部队分布和信息的推断意见。

三级处理：其主要任务是威胁估计，它也是一个多层视图处理，该处理使用(我)友军有效对抗敌方的能力来说明对风险的估计，同时也包括对受敌方约束的我方力量的薄弱环节的估计，并且通过对技术和军事条令数据库的搜索，来确定敌方意图的征候与警报。二级与三级处理结果的区别在于三级处理产生定量的威胁估计，并指出敌方兵力的企图，而二级处理的结果是表示出敌我行为的模式。

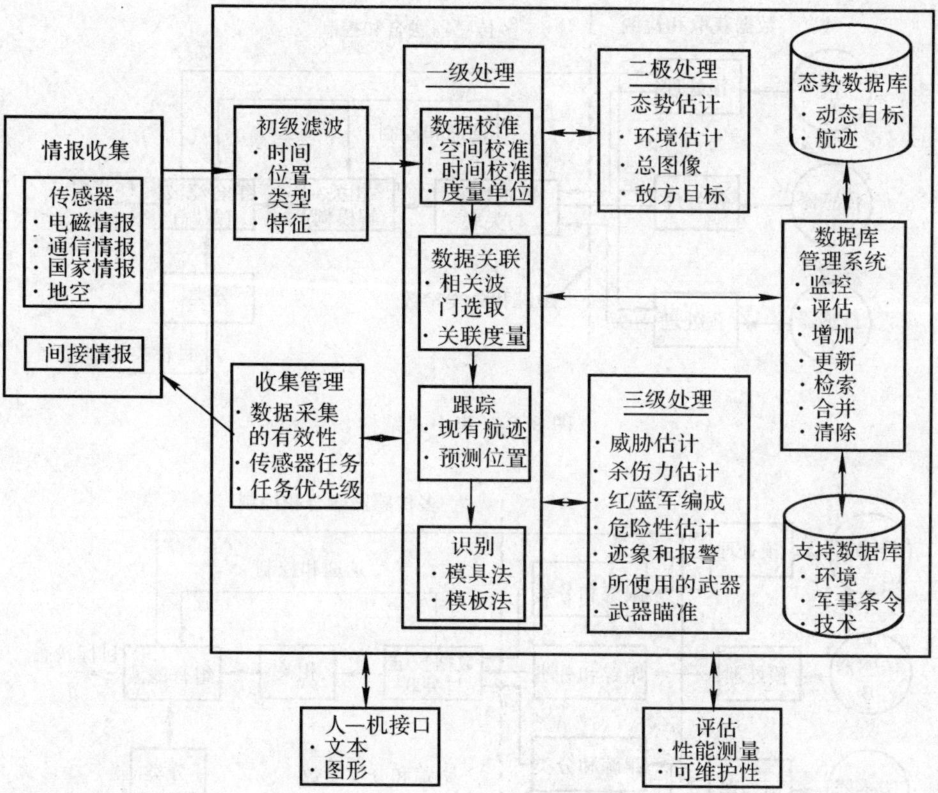

图 8.1　数据融合的功能模型

8.2.3　数据融合的体系结构

数据融合按处理方式分为三种融合结构：集中式、分布式和混合式。

1. 集中式结构

集中式结构将各传感器节点的数据都送至中央处理器进行融合处理，在那里完成航迹起始、点迹-航迹相关及航迹更新等任务，如图 8.2 所示。集中式处理的优点是：对多传感器信息可实时融合，数据量大，处理精度高，解法灵活。其困难在于数据处理中心的数据量大，处理负担重，要求有更强大的处理资源，可靠性较低，难于实现。

2. 分布式结构

分布式的结构如图 8.3 所示。其特点是每个传感器利用自己的量测单独跟踪目标，将估计结果送至处理中心，在此将各传感器的估计合成为目标的联合估计。其优点是传送到处理中心的数据量小，对通信带宽需求低，处理中心的计算速度快，且由于系统是分布跟踪的，具有较高的生存能力。单个传感器失效不影响其他传感器的性能，对整个系统性能的影响也较小，故可靠性和延续性好。

分布式处理的困难在于实现航迹-航迹关联，典型的解决方法是利用航迹关联矩阵。总的说来，分布式处理的精度不高，对目标的机动适应性差，故多用于空中交通管制等民用领域。

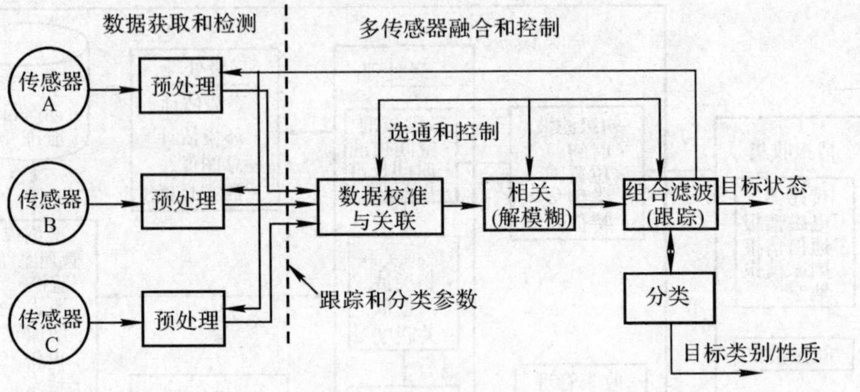

图 8.2 集中式结构

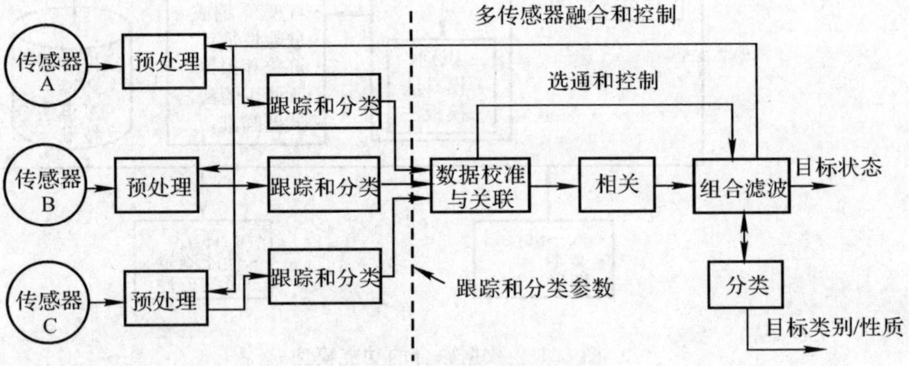

图 8.3 分布式结构

3. 混合式结构

混合式结构是以上两种形式的综合，兼具二者的优点，多用于较大的系统中，如图 8.4 所示。

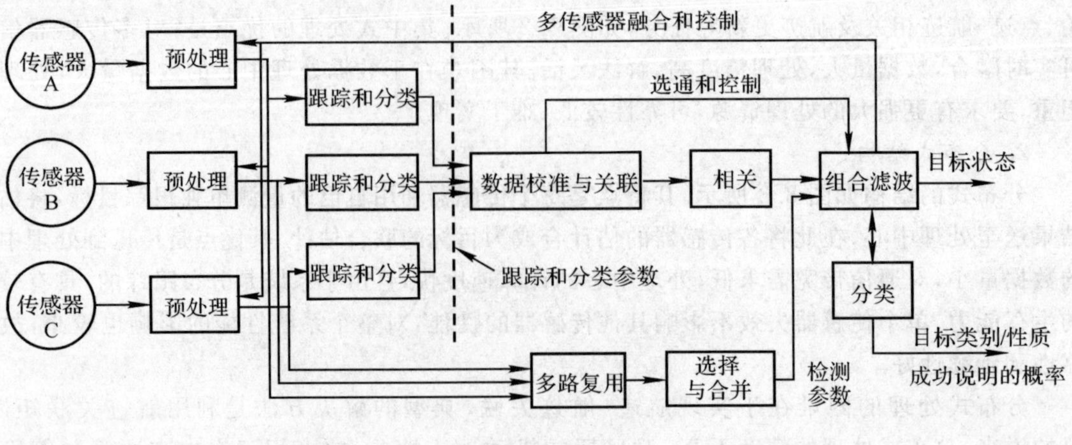

图 8.4 混合式结构

8.2.4　数据融合的关键问题

数据融合的关键问题是数据转换、数据相关、数据库、融合推理和融合损失等。

1. 数据转换

由于各传感器输出的数据形式、对环境的描述和说明等都不一样，数据融合中心为了综合处理这些不同来源的信息，首先必须把这些数据转换成相同的形式、相同的描述和说明之后，才能进行相关处理。数据转换的难度在于，不仅要转换不同层次之间的信息，而且同样需要转换对环境或目标的描述或说明的不同之处和相似之处(目标和环境的先验知识也难以提取)。即使是同一层次的信息，也存在不同的描述或说明。另外，坐标的变换是非线性的，其中的误差传播直接影响数据的质量和时空校准；传感器信息异步获取时，若时域校准不好，将直接影响融合处理的质量。

2. 数据相关技术

数据相关的核心是如何克服传感器测量的不准确性和干扰等引起的相关二义性，即保持数据的一致性；如何控制和降低相关计算的复杂性，开发相关处理、融合处理和系统模拟的算法和模型。

3. 态势数据库

态势数据库可分为实时数据库和非实时数据库。实时数据库的作用是把当前各传感器的测量数据及时提供给融合推理，并提供融合推理所需要的各种其他数据，同时将融合推理的最终态势 / 决策分析结果和中间结果存储。非实时数据库存储传感器的历史数据、有关目标和环境的辅助信息以及融合推理的历史信息。对态势数据库的要求是：容量要大，搜索要快，开放互联性好，并具有良好的用户接口。因此，要开发更有效的数据模型、新的有效查找和搜索机制(如启发式并行搜索机制)以及分布式多媒体数据库管理系统等，这也正是态势数据库所要解决的难题。

4. 融合推理

融合推理是多传感器融合系统的核心，它需解决下列问题：

(1) 决定传感器测报数据的取舍；

(2) 对同一传感器相继测报的战场相关数据进行综合及状态估计，并参照其他信息源的测报对数据进行修改验证；

(3) 对不同传感器的相关测报数据验证分析、补充综合、协调修改和状态跟踪估计；

(4) 对新发现的不相关测报数据进行分析和综合；

(5) 生成综合态势并实时地根据测报数据的综合结果对综合态势进行修改；

(6) 态势决策分析等。

融合推理所需解决的关键问题是如何针对复杂的环境和目标时变动态特性，在难以获得先验知识的前提下，建立具有良好稳健性和自适应能力的目标机动与环境模型，以及如何有效地控制和降低递推估计的计算复杂性。此外，还需解决与融合推理的服务对象 —— 指挥控制 —— 的接口问题。

5. 数据损失

融合处理过程中的信息损失，如目标配对和相关处理一旦出错，将损失定位跟踪信息，识别及态势评定也将出错；若各传感器数据中没有公共的性质，则无法融合。

8.3 多传感器数据融合的理论基础

在各种环境信息通过多种传感器以某种数据形式进入系统后，如何处理这些庞大而复杂的数据，使之在系统中正确的流动，最终得到有关环境、目标，以及系统自身位置、状态的正确描述，这就是数据融合所要解决的问题。本节将介绍用于多传感器数据融合的理论方法。

目前，对于来自多传感器数据的融合处理常用的理论和方法有经典概率论、贝叶斯方法、Dempster-shafer 证据理论、模糊集理论、聚类分析、模板法、自适应神经网络等。

8.3.1 基于非确定性推理的一类数据融合方法

描述和处理确定性信息的有力工具是经典的概率理论。确定性推理方法包括：

(1) 对所要解决的问题作形式上的说明；

(2) 建立一种对问题的关键元素及其相互关系的知识表示结构；

(3) 建立一种数据分析的结构方法；

(4) 借助于推理系统，对获得的环境数据进行解释和分析。

由于受到各种环境的影响及传感器的观测范围、精度的限制，各种传感器获得的数据在一定程度上都是不精确、不完全、甚至是相关的，因此，古典概率及其派生的其他理论如贝叶斯统计推断、Dempster-shafer 证据理论等被广泛地用于多传感器的数据融合。

1. 经典推理技术

经典推理技术是非确定性推理中相对简单的形式之一。基于该理论的多传感器数据融合方法主要用于目标识别和分类上，其本质是利用条件概率门限的方法，首先确定不同观测目标的概率分布函数，并由一定的先验知识得到目标出现的最小概率阈值。通过比较，计算在相同条件下与目标有关的数据概率的观测值，从而进行推理。

例如，假设两个目标 obj1 和 obj2 出现的概率分别为 prob1 和 prob2，如图 8.5 所示。如果某一时刻我们获得的观测的概率值为 prob′，经典推理技术试图从出现的目标是 obj1 和 obj2 这两个假设中做出正确的判断。

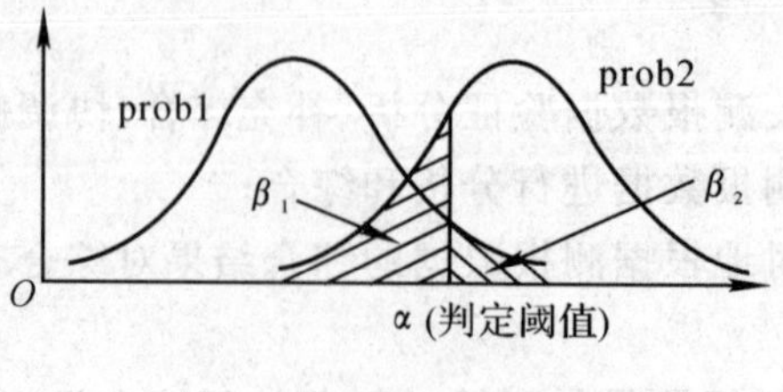

图 8.5 目标的概率分布

推理过程为：若观测值概率 prob′ $>\alpha$，则选择目标是 obj2 这一假设；反之，若 prob′ $<\alpha$，则选择目标是 obj1 这个假设。其中 α 为由专家直接给出或者通过训练样本选择的概率阈值。显然，由于概率分布函数的重叠性，因此阈值的选取具有一定的风险。在图 8.5 中，β_1 表示将 obj2 误判为 obj1 的概率，也称为第一类错误；β_2 表示将 obj1 误判为 obj2 的概率，也称为第二类错误。

经典推理方法的优点是形式简单，易操作并且能提供判定误差概率的一个度量值等。

经典推理方法也存在如下缺点：

首先，经典推理对于单个事件是无用的，必须通过训练一定数目的样本，才能得到较为准确的先验概率密度分布函数。特别是对于多变量数据，计算这种抽样分布的复杂性很高，有时由于实验数据的不足难以获取。

其次，经典推理技术一次仅能估计两个假设，即原假设 H_0 和与其相对的备选假设 H_1。而且什么命题作为原假设 H_0，什么命题作为对立假设 H_1，在经典推理中具有倾向性。但是各种实际的判断或分类问题，有的具有某种倾向性，有的则未必。

例如，在军事指挥控制中，根据战场态势调整军事部署，这时就表现出一定的倾向性，不能因为对战场态势的判断有怀疑而随便地停止军事调动而重新检查，这样可能会导致混乱，一定要有相当的把握才能怀疑。但是对有些问题就不能有倾向性，如防空炮火中战机的属性判断问题，把敌方错判为我方和把我方错判为敌方都是同样危险的，谈不上什么倾向性。这时对于原假设和备选假设的选择就缺乏合理的判断标准。

2. 贝叶斯统计推断

贝叶斯理论的起点是英国牧师 T. R. Bayes 的两项工作：贝叶斯定理和贝叶斯假设。贝叶斯定理在概率论中已有论述。贝叶斯理论可概述如下：

(1) 将未知参数看成随机变量，记为 θ，当 θ 已知时，样本 $x_1,\cdots,x_n$ 的联合分布密度的条件密度 $P(x_1,\cdots,x_n;\theta)$，记为 $P(x_1,\cdots,x_n\mid\theta)$ 或简写为 $P(x\mid\theta)$。

(2) 根据以往对参数 θ 的知识来设法确定先验分布 $\pi(\theta)$，这是贝叶斯理论中最容易引起争议的一步。

(3) 利用条件分布密度 $P(x_1,\cdots,x_n\mid\theta)$ 和先验分布 $\pi(\theta)$，可以求出 $x_1,\cdots,x_n$ 与 θ 的联合分布和样本 $x_1,\cdots,x_n$ 的分布，于是就可以用贝叶斯公式求得 θ 对 $x_1,\cdots,x_n$ 的条件分布密度，即后验概率分布密度 $P(\theta\mid x_1,\cdots,x_n)$。

(4) 利用后验分布密度 $P(\theta\mid x_1,\cdots,x_n)$，做出对 θ 的推断(估计 θ 或对 θ 做出检验)。

在(2)中如果没有任何以往的知识来帮助确定先验分布 $\pi(\theta)$，贝叶斯提出可以采用均匀分布作为 $\pi(\theta)$，即参数在它变化的范围内取到各个值的机会相等，这种确定先验分布的原则，称为贝叶斯假设。

贝叶斯理论用于多传感器信息融合的过程，如图 8.6 所示。其中多个传感器获取的原始观测数据经过初步处理，得到一个关于目标假设的说明 D_j，对于每一个传感器，都有一个在给定真实目标为 j 的条件下，这个传感器关于目标假设说明的概率，利用贝叶斯公式即可得到一个基于多传感器说明的更新的联合概率，即

$$P(O_j\mid D_1\cap D_2\cap\cdots\cap D_n)\qquad(j=1,\cdots,m)$$

上式表示在给出传感器 S_1 关于目标的说明(证据)为 D_1，传感器 S_2 为 D_2 等条件下，观测到目标 j 的概率，然后在决策单元根据一定的决策规则得到的外界环境的最佳描述。

贝叶斯概率推理是一种传统的非确定性推理理论，有较广泛的应用范围，但由于它的一些固有缺陷，又限制了它的某些应用。

(1) 当存在多个假设和多个观测证据时，由于涉及多个条件相关事件的概率，计算非常复杂，有时甚至无法计算，因此一般要引进各种假设，以便问题能得以方便地解决。

(2) 贝叶斯理论不能很好地表述总体不确定性。

应该注意的是，在实际应用中，通过各种简化获得的概率值只是对真实情况的近似，这种近似只有对其可能性空间有很好的了解时，所作的估计才接近真实情况，否则会带来误差与错误。这是贝叶斯理论的重大弱点。尽管如此，贝叶斯理论目前的应用还比较广泛，许多信息融合系统都使用了该方法。

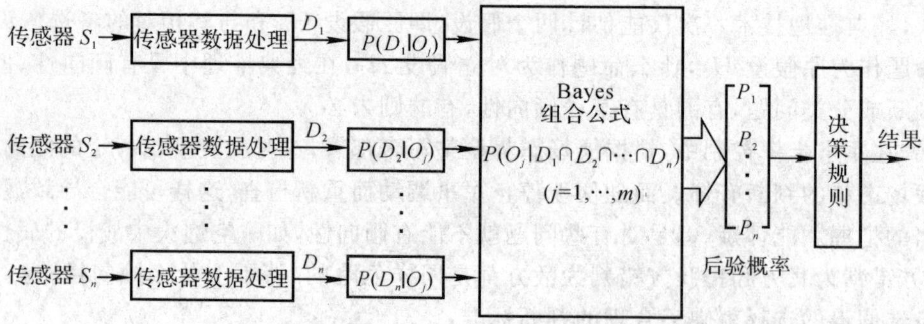

图 8.6　贝叶斯理论在数据融合中的应用

3. Dempster-shafer 证据推理理论

在历史上，贝叶斯理论曾是解决多传感器数据融合的最佳方法，但却存在严重缺陷，尤其是它不能在所有特定传感器抽象级给出精确的可信度表示，即贝叶斯理论强迫每个传感器必须在公共抽象级上以贝叶斯可信度做出响应，但是大多数战术传感器在这一级上根本不可能提供详细信息。例如，根据 IFF 询问信号是否有响应来推断目标为“我(友)”机或“敌(不明)”机。孤立地看，这种传感器没有提供关于目标进一步的详细信息，但是如果来自其他传感器的信息都属于“我(友)”机或“敌(不明)”机这个单一的抽象级，则贝叶斯理论完全可以完成多传感器融合任务。然而，实际情况是，要融合的数据往往处于不同抽象级上(如类别、形状、目标类型、传感器类别、性质、可靠性等)，这样就很难根据贝叶斯理论给出精确的可信度表示。

Dempster-shafer 证据理论是对贝叶斯理论的扩充和推广，在多传感器数据融合中得到了广泛的应用，如目标识别、军事指挥与控制等方面。在 D-S 理论中，用信任区间代替概率，用集合表示命题(事件)，用 Dempster 组合规则代替贝叶斯公式来更新信任函数。证据理论的一个显著特点就是它能很好地表示“不确定性”、“无知”等认知学上的重要概念，而贝叶斯理论很难做到这一点。

一个多值映射把空间 S 的元素 s 和空间 T 中的元素集合联系起来，即 $\Gamma: S\rightarrow 2^T$，在映射 Γ 下的元素 s 的像称为 s 的粒子，记为 $G(s)$，S 到 T 的多值映射关系被 Dempster 称为空间 S 到 T 的一致性关系，记为 C，则

$$G(s)=\{t\mid t\in T,\ sCt\}$$

如果已知空间 S 的概率分布 P，且空间 S 和 T 具有一致性关系，则空间 T 上的基本概率赋值函数$(BPA)_m$ 可以定义为

$$m: 2^T\rightarrow[0,1]$$

$$m(A)=\frac{\sum\limits_{G(s_i)=A}P(s_i)}{1-\sum\limits_{G(s_i)=\varnothing}P(s_i)}$$

其中 T 的子集 A 称为焦点元素(focal element)。

空间 T 称为鉴别框架(frame of discernment),所有的命题都可以用 T 的子集来表示,例如 $T=\{a,b,c,d\}$,则命题 $(a \vee c) \wedge \bar{b} \wedge \bar{d}$ 可用集合 $\{a,c\}$ 来表示。2^T 上的概率分布可以用基本概率赋值函数来表示,也可以用信任函数 bel 和似然函数 pls 来表示,即

$$bel(B)=\sum_{A \subseteq B} m(A)$$

$$pls(B)=\sum_{A \cap B \neq \varnothing} m(A)$$

信任函数和似然函数即 Dempster 所说的上限概率和下限概率,因此,信任区间 $[bel(B), pls(B)]$ 就是 B 的概率变化范围。

D-S 证据理论最吸引人的地方是它能够很好地表示缺乏信息的程度。当 D-S 理论把一个信任值赋给一个子集的同时,并不要求把剩余的信任值赋给子集的补,即 $bel(B)+bel(\bar{B}) \leqslant 1$,而 $1-bel(B)-bel(\bar{B}) \geqslant 0$,就表示了无知的程度,如图 8.7 所示。

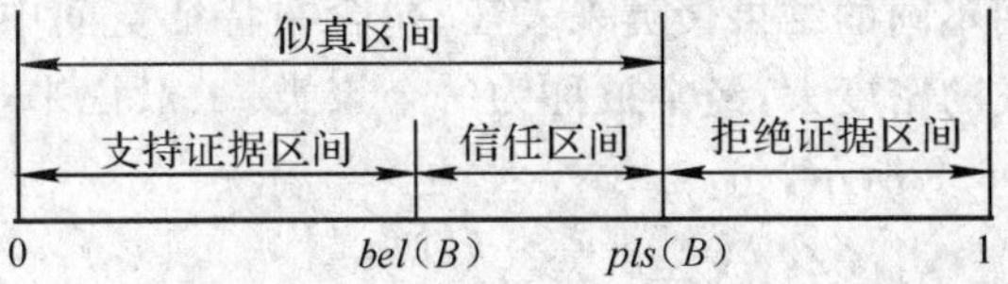

图 8.7　证据区间和不确定性

如果 m_1 和 m_2 是由两个独立的数据源导出的基本概率赋值函数,则 Dempster 组合规则可以计算这两个证据共同作用产生的基本概率赋值函数,即

$$m_1(C) \oplus m_2(C)=\frac{\sum_{A_i \cap B_j=C} m_1(A_i) m_2(B_j)}{1-\sum_{A_i \cap B_j=\varnothing} m_1(A_i) m_2(B_j)}$$

D-S 证据理论在多传感器数据融合中的基本应用过程如图 8.8 所示。

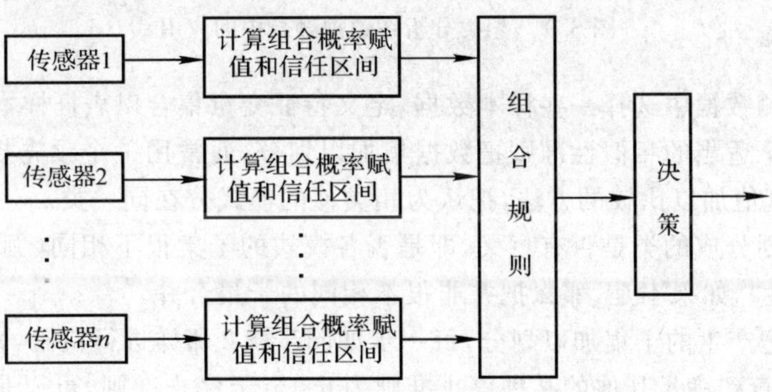

图 8.8　D-S 理论在数据融合中的应用

(1) 分别计算各个证据基本概率赋值函数 m_i、信任函数 bel_i 和似然函数 pls_i。

(2) 利用 Dempster 组合规则,得到所有证据联合作用下的基本概率赋值函数、信任函数和

似然函数。

(3) 利用一定的决策规则,选择联合证据作用下支持度最大的假设。

D-S组合规则在计算上相当复杂。

8.3.2 基于信息论的数据融合方法

有时对多传感器数据的处理并不完全考虑观测数据的随机形式,而是依赖于观测参数与目标说明之间的变换或映射关系。这类数据处理方法被称为是基于信息论的数据融合方法,有模板法、聚类分析法、神经网络法等。下面介绍聚类分析法和神经网络法。

1. 聚类分析法

聚类分析法主要用于目标识别及分类中,特别是在模式类的数目不能确定的情况下。聚类分析法的准则一般选用数据样本的某种相似性和距离度量。通常采用启发式或交互的方式来选择某些聚类的参数,诸如相似性度量和阈值,分类或合并的准则等。

聚类的寻找一般是把相似的数据集中在一起,成为可识别的组,并从数据集中分离出来,众多的不同特征数据可用不同的结果聚类来表征。包含在特征空间中的某个模式集的模式的密度比起周围区域中模式的密度大,经常被称为一个聚类。一般说来,聚类分析的过程可以用下述步骤加以描述,如图 8.9 所示。

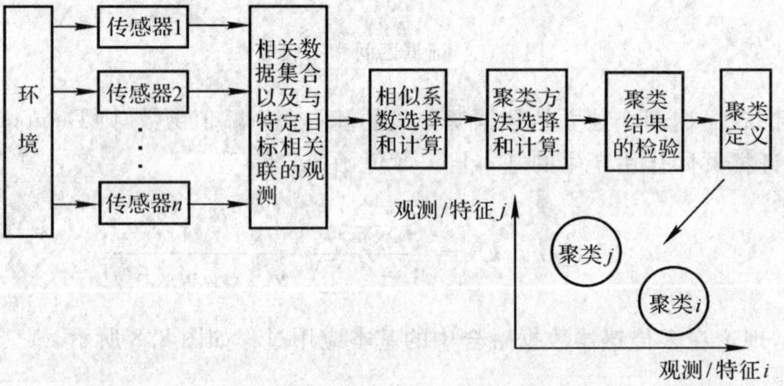

图 8.9 聚类分析在数据融合中的应用

步骤 1:从观测数据中选择一些样本数据,定义特征变量集合以表征样本中的实体。

步骤 2:用一个适当的相似性准则把数据集加以划分,通常用一个预先规定的相似性度量与一个或若干个阈值加以比较的方法,把认为相类似的模式分在同一类。

步骤 3:检验划分成的类是否有意义,即是否各模式的子集很不相同(例如,根据聚类之间的距离或者相关性),如果不是,那么把并非很不相同的子集合并。

步骤 4:反复把产生的子集加以划分,每一步如同步骤 2 那样进行检验,直到再没有进一步的细分结果,或者直到满足其他的某种停止准则为止。至于停止准则,可以是建立起来的聚类数目已满足关于类的总数的一种先验信息,或者是计算时间的限制以及达到限定的数据存储。

在给定一种相似性度量、差别的检验及停止的规则后,就由一般的程序得到一种特别的聚类程序。令 $\boldsymbol{X}_i$ 和 $\boldsymbol{X}_j$ 是两个给定的样本,它们的分量分别为 $X_{i1},\cdots,X_{in}$ 及 $X_{j1},\cdots,X_{jn}$,几种常用的相似度量列举如下:

(1) 点积

$$\boldsymbol{X}_i \cdot \boldsymbol{X}_j = |\boldsymbol{X}_i| \cdot |\boldsymbol{X}_j| \cos(\boldsymbol{X}_i, \boldsymbol{X}_j)$$

(2) 相似性比

$$S(\boldsymbol{X}_i, \boldsymbol{X}_j) = \frac{\boldsymbol{X}_i \cdot \boldsymbol{X}_j}{\boldsymbol{X}_i \cdot \boldsymbol{X}_i + \boldsymbol{X}_j \cdot \boldsymbol{X}_j - \boldsymbol{X}_i \cdot \boldsymbol{X}_j}$$

(3) 加权的欧几里德距离

$$d(\boldsymbol{X}_i, \boldsymbol{X}_j) = \sum_{k=1}^{n} W_k (X_{ik} - X_{jk})^2$$

(4) 不加权的欧几里德距离

$$d(\boldsymbol{X}_i, \boldsymbol{X}_j) = \sum_{k=1}^{n} (X_{ik} - X_{jk})^2$$

(5) 布尔“与”运算(或加权布尔“与”运算)

$$\sum_{k=1}^{n} X_{ik} \cap X_{jk}$$

(6) 规范化的相关系数

$$\frac{\boldsymbol{X}_i \cdot \boldsymbol{X}_j}{\sqrt{(\boldsymbol{X}_i \cdot \boldsymbol{X}_i)(\boldsymbol{X}_j \cdot \boldsymbol{X}_j)}}$$

式中，$\boldsymbol{X}_i \cdot \boldsymbol{X}_j = \sum_{k=1}^{n} X_{ik} X_{jk}$。

聚类分析为探索新的数据关系提供了一个很有价值的工具，它主要用于目标的识别与分类。然而，由于聚类算法的启发性质，它们的应用具有很大的主观倾向性。一般来说，相似性度量的定义、聚类算法的选择，数据的排列方式甚至输入数据的次序都可能在实际的应用过程中影响所得到的聚类。因此，使用聚类分析方法应对有效性和可重复能力进行分析，以形成有意义的属性聚类结果。

2. 人工神经网络法

人工神经网络简称 ANN(Artificial Neural Network)。其信息处理方法是仿效生物神经系统，通过许多互相连接的多层简单计算单元组成的网络处理输入信息。其处理单元或节点有多种互联方式，一般地，神经网络结构包含以下三个要素：

(1) 网络拓扑结构。网络拓扑结构描述了网络中各单元与其他单元的连接方式。

(2) 单元特性。单元特性定义了将各种输入合并为一个总体输入值的函数，以及将该总体输入值映射到某一输出的函数。

(3) 学习 / 自适应规则。该规则给出了一组初始加权集，以及在使用过程中如何改变加权值来提高性能的方法。

图 8.10 表示了一个三层神经网络结构，每层有四个处理单元，数据向量在网络的输入端输入，神经网络实现一个非线性变换，在网络的输出端得到一个输出向量。神经网络的每一个节点处理过程是：每个节点从上一层最多 N 个节点接收输入信息，这些输入 $x_0, x_1, \cdots, x_N$ 由处理单元进行综合，以产生一个输出 Y，它作为该网络的下一层节点的输入信息。综合 x_i 以产生 Y 是利用一个加权的非线性函数来实现的，即 $Y = f\left(\sum_{i=0}^{N} W_i x_i - \theta\right)$，其中 W_i 是权值，函数 f 可以假设是各种形式，为阶梯函数或曲线函数。

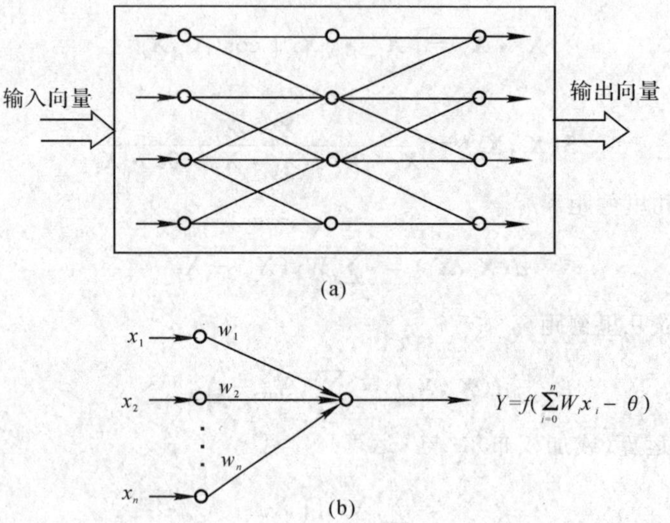

图 8.10　人工神经网络模型

ANN 具有独特的大规模并行处理、分布式信息存储、良好的自适应和自组织性及很强的学习、联想容错功能等特征，从而为我们提供了一种完全不同于传统方法的数据融合理论。在指挥控制等多传感器数据融合系统中，ANN 的输入向量可能是一个与目标有关的测量参数集（如目标的 ESM 数据、红外特征、距离、距变率，以及前后关系数据，如根据图像和情报得出的目标相对尺寸等）。输出可能是目标身份，也可能是推荐的响应或行动。ANN 在数据融合中的应用例子有：将载体与发射机关联（根据观测到的有关雷达的 PRI，RF 等数据来识别载体类型），以及声纳模式识别等。许多例子表明，基于 ANN 的融合方法优于传统的聚类分析法，尤其当输入数据中带有噪声和数据不完整时。然而，要真正将 ANN 方法在实际的融合系统中得到应用，无论网络结构设计或是算法规则方面，还有许多基础工作要做，如网络模型、网络的层次、每层节点数、学习策略等。基于信息论的数据融合方法还有一致标记法、表决法、熵法等。

8.3.3　基于逻辑推理的一类数据融合方法

通常，逻辑推断方法主要是指命题逻辑和谓词逻辑，它所采取的主要形式是演绎。从某种意义上说，多传感器数据处理过程也可以看做是采用逻辑推理的方法，从各种输入数据出发，“演绎”出某种结论。由于任何传感器获得的数据都可能是不完全的，不精确的，因此通常的命题逻辑和谓词逻辑就不是很适用，在此主要用到的是模糊逻辑、逻辑模板以及产生式规则、框架、语义网络等工具。

1. 模糊集合理论

模糊集定义如下：

一个集合 A 有成员 $x_1,\cdots,x_n$，集合 A 的每个元素 x_i 都有一个关联的值 $\mu(x_i)$，其取值为 0 到 1 之间的实值。当 $\mu_A(X)=0$ 时，表示元素 X 肯定不是集合 A 的成员；当 $\mu_A(X)=1$ 时，表示元素 X 肯定是集合 A 的成员。因此，在模糊集理论中，集合由规定的对 $[X,\mu(X)]$ 来定义，其中 X 是一个待判定的集合元素，$\mu(X)$ 是元素 X 对集合的隶属程度。

模糊集理论对于数据融合的意义在于它外延到了模糊逻辑。通过模糊命题的表示，用综合规则建立起演绎推理，并在推理中使用模糊概率，就可建立起模糊逻辑。模糊逻辑中所采用的一些基本推理规则也类似于普通的推理规则（即综合规则，笛卡儿乘积，投影变换等）。

模糊逻辑是一种多值逻辑，它允许命题以及与命题相关的推理操作都被赋予一个从0（假）到1（真）之间任何一个实值，表示该命题对真值集合的隶属程度。这样，一个模糊真值就可以视为一个数字真值的不精确表征。因此，多传感器数据融合过程中存在的不确定性可以直接在模糊逻辑中得到充分的表示，然后使用多值逻辑推理法，对各传感器提供的数据进行合并运算，从而实现数据融合。

模糊逻辑理论是一种高层决策方法，可用于各种多源信息的决策系统。如对战场态势估计或目标识别、部队作战企图和可能的作战目标等均可使用模糊推理技术进行。

2. 逻辑模板法

模板的概念来自于匹配，即将一个预先确定的模式（或模板）与观测数据进行匹配，确定条件是否满足，从而进行推理。这里所说的模式匹配的概念可以推广到更复杂的模式情况，包括逻辑条件、模糊概念，以及观测数据和用来定义一个模式的逻辑关系中的不确定性。图 8.11 为一个普通模板的例子。

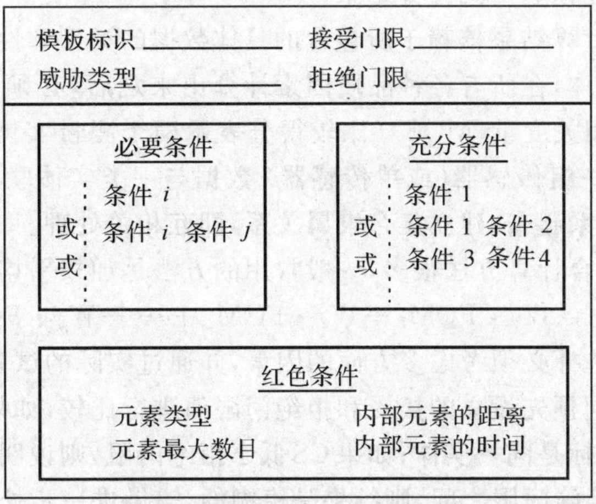

图 8.11　一个普通模板的例子

自 20 世纪 70 年代中期以来，模板法已成功地用于数据融合系统，基本的模板算法能够用来进行多传感器的观测与预先规定的条件的匹配，以确定这个观测是否提供了一个识别某个实体的证据，或者是否提供了关于某种态势的描述。模板处理的输入是一个或多个观测，可以包含一个时间周期中的所有有参或无参数据，因此瞬时变化也可以包含在这些结构中。输出是关于观测是否匹配于一个预定模型的说明，这个输出也可以包含与模板匹配处理所表示的对象关联的置信水平或概率。

在各种不同的应用模板中需要该应用领域的特定信息，一个普通的模板可用例子来说明，见图 8.11 中的“红色条件”。然而，某些类型的信息对所有模板而言是类似的，而与具体应用领域无关，如威胁类型、接受门限、拒绝门限、必要条件、充分条件以及描述或构成目标的分量等。威胁类型描述战术威胁的类别；接受和拒绝门限是用户指定的数字或逻辑准则，可用于模板的自动处理。必要和充分条件预先描述所需要的观测、逻辑关系和数据模式等，使得在自动模板处理中把这个模板当做一个候选物。基于模板的识别处理必须提供一个数据库或系统对用户模板进行修正的方案。

3. 品质因素法

品质因素(Figure Of Merit, FOM)通常是定义在[0,1]之间的一个函数,它用来度量两个实体间的相似程度,从而建立观测物体与目标属性间的某种量化的联系。一个FOM表示所观测到的目标与假设目标的相关程度,或者根据距离和其他度量反映目标与目标的关联程度。

FOM方法的基础是尽可能多地使用各种可能获得的观测,从而给出观测或分类的度量。FOM方法力图说明一些变量间的关系,以改善关联或分类策略。为了实现FOM逻辑,需在一个给出实体的所有预计到的可能观测之间建立一组关系,然后由某些方面的FOM进行加权求和,将其结果作为一个关联度量以支持一个判断策略,确定建立FOM的多传感器数据所表示的事件。

计算FOM的准则定义如下:

(1) 所有FOM计算的结果具有相同的形式;

(2) 所有FOM计算结果的值都满足 $0 \leqslant \text{FOM} \leqslant 1$;

(3) 所有FOM都能独立得到计算结果;

(4) 每个FOM的计算结果依赖于所包含的具体数据的类型和性质。

对于某一传感器实体,在所有各种品质因素计算出来之后,必须计算比较过程的总结果,包括比较得分(CS)和相关度量(MOC)。比较得分表示两个测量实体可能作为同一目标的总的似然值,相关度量是一组传感器(或单传感器)数据与一类实体联系或关联的度量,用来把单一实体与其他实体联系起来,建立集合隶属关系,即互相关处理。

对各品质因素的综合计算方法很多,一般常用的方法是加权平均法,即

$$CS = W_1 \cdot \text{FOM}_1 + W_2 \cdot \text{FOM}_2 + \cdots + W_n \cdot \text{FOM}_n$$

式中,W_i 为权重,它的选择必须考虑多方面的因素,并通过实际的试验不断调整。

然后,将比较记分同预先设立的接受和拒绝门限值进行比较。如果CS值高于接受门限,则传感器的观测与假设目标是同一实体;如果CS低于拒绝门限,则说明二者不是同一实体;如果CS值介于接受门限和拒绝门限之间,则结果是模糊的,需做进一步处理。

品质因素技术的关键在于与相关判定相联系的函数和门限,一般从物理模型、模拟条件和其他信息中得出,并须进行验证和调整。

8.3.4 估计理论

估计技术是融合算法中历史最悠久、最成熟的技术。多传感器数据融合的主要任务之一就是利用多传感器数据,对目标的距离和速度进行估计。目前关于状态估计的方法很多,主要有最小二乘估计、最小均方误差估计、极大似然估计、极大后验估计和线性最小方差估计等。这些估计技术是目标跟踪的基础。本书的前几章已经对这部分内容有所阐述,如 $\alpha-\beta$ 滤波算法、卡尔曼滤波算法等,在此不予赘述。

8.3.5 智能数据融合技术

按照多传感器数据融合的三个层次,第一层(位置/身份估计)处理各种数值数据,以最优估计技术(如卡尔曼滤波等)和参数匹配技术为基础,对目标的位置和身份进行估计。第二层

(态势评估)和第三层(威胁估计)要处理大量的反映数据间关系和含义的抽象数据(如符号),因此要使用推断或推理技术。

人工智能(Artificial Intelligence, AI)技术具有较好的符号处理功能,借助它可获得上述的推断或推理能力。在 AI 中,一个符号可定义为一种物理模式,它是与某些物理方法有关的大量符号组成的符号结构的一部分。可这样认为,符号是一串字符,符号结构则是包含符号的列表结构,谓词演算是一种形式语言,它用于对这样的符号结构进行操作,并通过这些操作导出推理。这样,在某种限制条件、人类逻辑推断以及计算机推断的范围内,开发出的形式方法已经能灵活地使用符号表示和知识操作来进行各种模拟活动。

AI 技术用于解决数据融合问题的主要应用有:① 专家系统(ES)或知识库系统(KBS);② 自然语言处理(NLP)(支持报文系统的数据融合);③ 规划(如计划识别);④ 自学习(对超过限制条件的极端行为的适应性);⑤ 智能辅助,如辅助决策、报警(I&W)。

采用人工智能技术的数据融合系统的优点:① 能模拟专业分析人员的行为;② 使用符号表示、符号推理、启发式搜索;③ 使用解释特性;④ 归档保存专业知识;⑤ 具有间接训练功能。

采用人工智能技术的数据融合系统的缺点:① 构成复杂困难(专家系统程序、知识工程);② 常常需要专门的计算设备;③ 需要专门的开发人员;④ 难于达到接近实时的性能;⑤ 不确定性表示方法需要复杂的管理技术。

8.4　数据融合用于目标关联和状态估计

8.4.1　概述

当一个或多个传感器提供多个动态目标的时序信息,或者由多个传感器提供对同一目标的独立量测时,需要融合多组量测数据,以估计出目标位置或运动状态信息。该过程包括数据关联和状态估计两种基本处理。

1. 数据关联的类型

数据关联问题按照关联的对象,可分为量测与量测关联(航迹起始),量测与航迹关联(航迹保持或更新),航迹与航迹关联(航迹综合)。

数据关联还可以分为静态数据关联和动态数据关联。

静态数据关联中的传感器量测来自稳态目标或事件以及动态目标的断续测量,常用于目标定位。但对动态目标来说,需要预测目标的未来位置,因而需要反复关联,即动态数据关联常用于对目标的跟踪。

2. 关联和估计的作用

实际上,每一种跟踪算法都是利用目标动态行为的某种模型。跟踪算法是把关联和估计这两种基本功能以不同的方式集成在一起,例如,经典的递推目标自动跟踪系统,就是把关联和状态估计作为一个闭环负反馈系统中的两个分开的有区别的功能,而其他批处理和递推算法则是把关联和估计功能紧密地结合在一起。关联的作用是把各传感器的观测与现有航迹按某种准则进行配对,以确定该观测属于已有目标、新目标还是虚警。相关准则依赖于空间和运动上的相似性,以及其他测量到的目标属性的相似性。数据关联之后,当把观测集分配到不同的目标集时,就进行状态估计。用与每个目标相关联的量测集来估计目标的状态,同时预测下一观测周期中每个航迹的状态并将其反馈，以便与下一观测值进行关联。

3. 关联和跟踪中的问题

数据关联和目标状态估计受到多方面因素的限制，从而使关联和估计问题复杂化。这些因素是：

目标数量和目标密度；

传感器的探测性能；

目标重现率和目标的动态特性；

传感器测量的准确性和过程噪声；

传感器或模型偏差；

背景噪声源（如星空、地面杂波以及海洋噪声等）；

状态估计器性能。

因此，设计关联和跟踪算法的目标是在考虑各种约束条件的前提下，利用最有效的方法，使错误关联和状态估计误差减至最小，获得真实目标状态的最佳估计。

8.4.2 动态数据关联与目标跟踪

对动态目标的数据处理，需对目标位置进行连续的或按时间采样的离散测量，并具有估计目标机动行为的能力，对目标的未来位置做出预测。该处理需要将传感器的每个新的数据集与目标航迹的预测位置反复进行关联，以确定哪一个传感器的检测是当前航迹或是新目标，或是虚警。

多目标跟踪的目的，是将所探测到的量测数据分解为相对于不同信息源所产生的相应不同观测集合或轨迹。一旦轨迹被形成和确认，则被跟踪目标的数目以及相应于每一条轨迹的目标运动参数，如位置、速度、加速度及目标分类特性等，均可相应地估计出。但在杂波环境下，容易出现漏报与虚警等情况。

对于动态目标的跟踪，可用如图 8.12 所示的通用递推数据关联和目标跟踪环表示。完成的功能如下：

1. 空间对准

空间对准是把不同平台的传感器测量数据变换到同一坐标系之下。变换之后，对于战区中的某一目标，选择航迹文件与其邻近的点迹和航迹作为备选物，以避免对航迹文件中的所有点迹、航迹的关联处理。在多平台多传感器配置条件下，目标测量的空间核对包括坐标变换和统一度量单位等。

2. 时间对准

考虑到最后的估计时间与正在接收的传感器量测的时间之差，必须首先在时间上将每条航迹与当前传感器量测进行对准。对于这些航迹，需要使用状态估计（目标运动导数和位置）在时间上向前延伸，以预测在新的传感器量测时刻的目标状态。

3. 选择关联的备选对象

经过空间对准的传感器量测的位置及其属性数据，用来从目标数据库中选择与关联备选量测相邻近的检测或航迹。使用邻近准则可以消除每个新量测与所有检测和航迹的无穷关联，而把处理集中在最可能的备选关联上。

4. 数据相关

数据关联是在传感器完成每一次扫描后，将每个新的传感器观测与其他观测以及从前面扫描检测到的目标的预测位置进行相关处理。根据目标状态（位置、速度）和属性（推测目标分类的测量参数）的相关性进行多元判定，把新的数据报告分配给下述可能的假设集合之一：一个新的目标检测集合，一个已存在的目标集合或虚警。

同一批目标可能同时被多个传感器发现，从而形成不同的本地航迹。多传感器数据融合的基本任务之一就是对所有本地航迹与综合航迹进行相关处理。相关处理是数据融合的基础和关键。

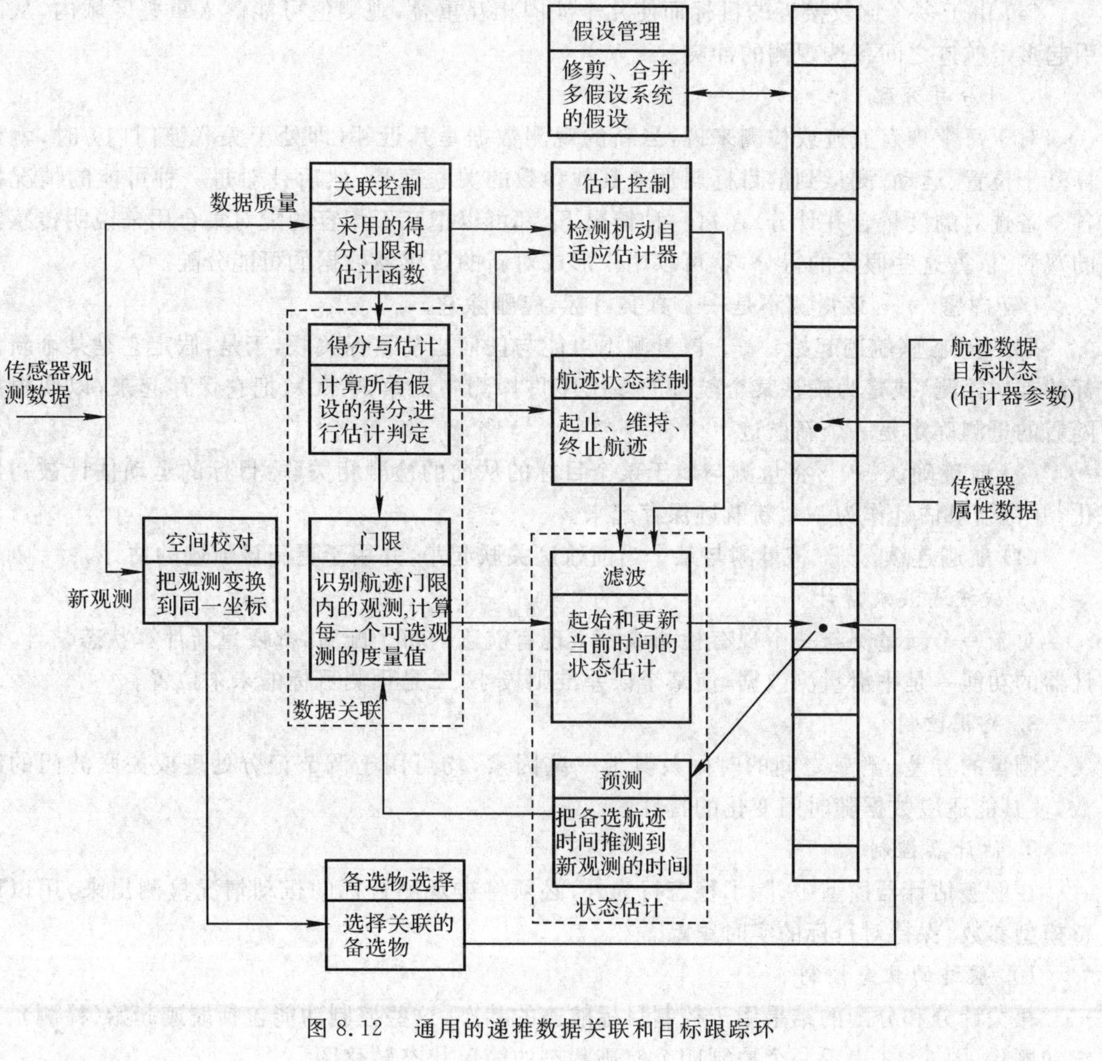

图 8.12　通用的递推数据关联和目标跟踪环

5. 跟踪波门

选择关联对象后，随即将经时间对准的备选航迹与新的传感器量测进行比较，并对每个预测的目标状态设置一个关联波门，以决定新量测是否符合某个空间（以及可能的属性）准则，以表明它是处在已有数据的邻域内。波门是以预测点为中心的空间测量区域，选择波门时主要考虑两点：一是要使单个观测的检测概率最大，二是要使错误关联概率最小。波门是确认区域，对航迹文件中的每个检测或航迹是唯一的。数据关联过程必须能确定最优方法，以便把波门内或外的观测分配给合适的现有航迹，或起始一条新航迹。必须考虑的波门条件有：

(1) 某些观测可能落在所有波门(轮廓线)的外面，从而决定它们是噪声(虚警)、新航迹的起始或已改变了行为(如目标机动)的现有航迹。

(2) 某些波门内可能只有一个观测，一般认为它是该波门的航迹所期望的后续观测，一般将其分配给该航迹。

(3) 某些波门内可能有多个观测，这时就按一定的规则，选择一个最佳观测，或选择能照顾到波门内所有观测的某种方法。

(4) 由于多个比较接近的目标而使几个波门相互重叠，观测值可能落入重叠区域内，从而引起多个航迹之间备选观测的冲突。

6. 计分并分配

对于每个现有航迹或检测来说，当新的观测数据是其近邻(即处于关联波门内)时，就计算基于位置、运动、测量到的目标属性或其他参数的关联度量，然后针对每一种可能的情况把各个备选对的度量合并计分。在每一种情况下，都可以把互不相容的配对集合用来说明传感器的观测。依据这些假设的得分，就可以用来形成对新的传感器数据的可能分配。

(1) 虚警 —— 该量测不是一个真实目标，应删除它。

(2) 新航迹(航迹起始)—— 该量测不可能与任何当前目标关联，于是，假定它是某个新目标的首次探测(或是为确认某个航迹的多次序贯探测中的第 N 次)，把它保存起来，以便根据随后的量测确定是一个新航迹。

(3) 航迹确认 —— 将量测与属于某个目标的从前的检测相关联：目标的运动估计被初始化，并将结果估计作为一个新航迹保存起来。

(4) 航迹连续 —— 将量测与某个当前航迹关联起来，并用于更新该航迹的估计。

7. 航迹滤波或估计

对于一个新量测与一个现有检测或一个现有航迹的每个配对，都要重新计算状态估计。估计器的功能一是平滑量测数据，使某个误差准则极小，二是预测目标的未来位置。

8. 关联控制

测量的方差、测量之间的时间及其他一些因素，均可用于调节记分处理或关联波门的维数，使其能适应数据随时间变化的特性。

9. 估计器控制

在航迹估计器模型中，除了稳态行为外，必须将被观测目标的机动情况检测出来，用以调整模型参数，保持对目标的实时跟踪。

10. 航迹的状态控制

相关计分和分配的结果用于控制目标航迹的状态，这些控制功能包括航迹起始(检测)、连续和删除。图 8.13 表示一个控制四个航迹状态的简单状态转移图。

非航迹 —— 将观测说明为虚警。

试探性航迹 A—— 检测到单个观测 A。

试探性航迹 B—— 因第一个预测波门内没有出现观测，故把试探性航迹确认为是失败的。

确认的航迹 —— 两个连续的或三个观测中有两个落入预测波门内，则确认该观测序列是一条航迹。若在随后的观测中被连续丢失的观测不多于 k 个，则延续这条航迹。

状态转移准则的选择，应保证关联速度和错误关联最小的性能。

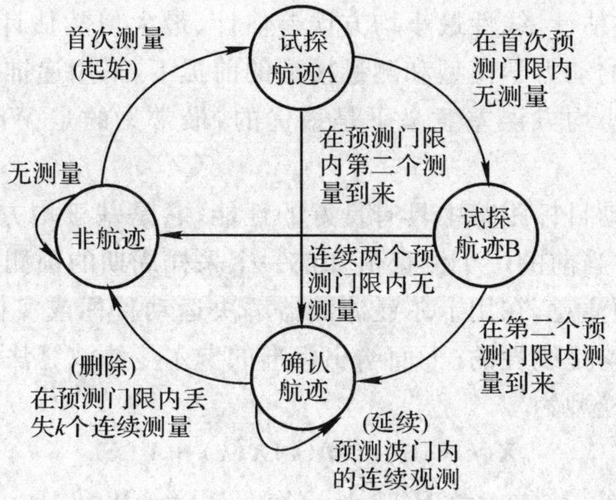

图 8.13　航迹状态转移图

8.4.3　状态估计

多传感器数据融合的主要任务之一就是利用多传感器数据进行目标的状态估计。所谓状态估计，就是在已知足够的、与系统状态有关的观测数据的条件下，通过数学方法寻求与观测数据最佳拟合的状态向量，主要指位置和速度的估计。位置估计包括距离、方位和高度或仰角的估计；速度估计包括速度和加速度的估计。例如，依据目标的地面方位和高度的观测数据，确定弹道目标的地心坐标和速度。

1. 状态估计模型

一般来说，目标的真实状态 X 与观测量 Z 之间的关系可用观测方程表示，即

$$Z = f(X) + N$$

其中，N 是随机的观测噪声。

状态估计就是在满足某个最佳估计准则的条件下，通过传感器获得的量测向量 Z 来确定目标的状态 X。状态估计的过程可用如图 8.14 所示的一个线性模型表示，这里估计器也是线性的。

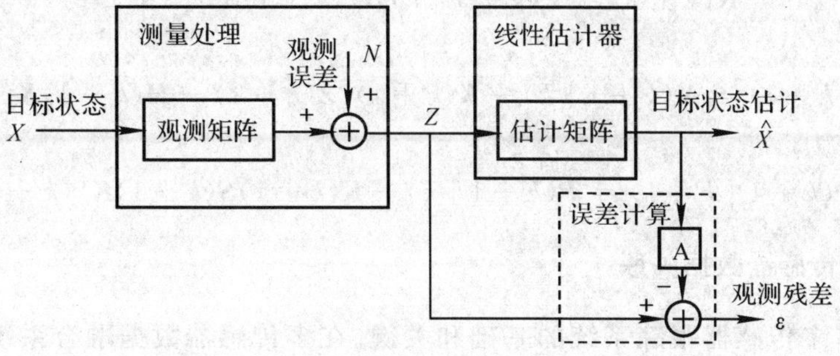

图 8.14　状态估计模型

2. 状态估计方法

状态估计是目标跟踪算法的基础。目前用于状态估计的方法有最小二乘估计、加权的最小二乘估计、最小均方误差估计、线性最小均方误差估计、最大似然估计等。对动态线性系统,状态估计是在建立了目标的动力学模型和测量模型的前提下,采用递推滤波器完成的。递推估计器的求解运算在线性最小均方误差意义下是最优的,最常见的是 Weiner 滤波器和卡尔曼滤波器。

卡尔曼滤波器在机动目标跟踪中具有良好的性能,它是基于均方误差最小的最佳估计并能递推计算,即它只需要当前的一个测量值和前一个采样周期的预测值就可进行状态估计,因此受到普遍欢迎。但必须注意,在用卡尔曼滤波器解决运动目标或实体的状态估计问题时,要求动态方程和测量方程均是线性的。下面给出标准的卡尔曼滤波算法。

动态线性系统数学模型为

$$\boldsymbol{X}(k+1)=\boldsymbol{\Phi}(k)\boldsymbol{X}(k)+\boldsymbol{V}(k) \tag{8.1}$$

$$\boldsymbol{Z}_i(k+1)=\boldsymbol{H}_i(k+1)\boldsymbol{X}(k+1)+\boldsymbol{W}_i(k+1) \tag{8.2}$$

其中,$\boldsymbol{X}(k)\in\mathbf{R}^{n\times1}$ 是时刻状态向量;$\boldsymbol{\Phi}(k)\in\mathbf{R}^{n\times n}$ 为 k 时刻的状态转移矩阵;$\boldsymbol{V}(k)\in\mathbf{R}^{h\times1}$ 是 k 时刻的过程噪声向量,且 $E[\boldsymbol{V}(k)]=0$,$E[\boldsymbol{V}(k)\boldsymbol{V}^{\mathrm{T}}(k)]=\boldsymbol{Q}(k)\delta_{kj}$;$\boldsymbol{Z}_i(k+1)\in\mathbf{R}^{m\times1}$ 为 k 时刻的测量向量;$\boldsymbol{H}_i(k+1)\in\mathbf{R}^{m\times n}$ 为 k 时刻的测量矩阵;$\boldsymbol{W}_i(k+1)\in\mathbf{R}^{m\times1}$ 是测量噪声向量,且 $E[\boldsymbol{W}(k)]=0$,$E[\boldsymbol{W}(k)\boldsymbol{W}^{\mathrm{T}}(k)]=\boldsymbol{R}(k)\delta_{kj}$,其中 δ_{kj} 为 Dirichlet 函数,即

$$\delta_{kj}=\begin{cases}0, & k\neq j\\ 1, & k=j\end{cases}$$

假设已知 k 时刻状态 $\boldsymbol{X}(k)$ 的滤波值 $\hat{\boldsymbol{X}}(k\mid k)$ 和协方差矩阵 $\boldsymbol{P}(k\mid k)$,则

状态预测值为

$$\hat{\boldsymbol{X}}(k+1\mid k)=\boldsymbol{\Phi}(k)\hat{\boldsymbol{X}}(k\mid k)$$

预测协方差矩阵为

$$\boldsymbol{P}(k+1\mid k)=\boldsymbol{\Phi}(k)\boldsymbol{P}(k\mid k)\boldsymbol{\Phi}^{\mathrm{T}}(k)+\boldsymbol{Q}(k)$$

新息(残差)向量为

$$\boldsymbol{d}(k+1)=\boldsymbol{Z}(k+1)-\boldsymbol{H}(k+1)\hat{\boldsymbol{X}}(k+1\mid k)$$

新息协方差矩阵为

$$\boldsymbol{S}(k+1)=\boldsymbol{H}(k+1)\boldsymbol{P}(k+1\mid k)\boldsymbol{H}^{\mathrm{T}}(k+1)+\boldsymbol{R}(k+1)$$

滤波增益矩阵为

$$\boldsymbol{K}(k+1)=\boldsymbol{P}(k+1\mid k)\boldsymbol{H}^{\mathrm{T}}(k+1)\boldsymbol{S}^{-1}(k+1)$$

状态滤波值为

$$\hat{\boldsymbol{X}}(k+1\mid k+1)=\hat{\boldsymbol{X}}(k+1\mid k)+\boldsymbol{K}(k+1)[\boldsymbol{Z}(k+1)-\boldsymbol{H}(k+1)\hat{\boldsymbol{X}}(k+1\mid k)]$$

滤波协方差矩阵为

$$\boldsymbol{P}(k+1\mid k+1)=\boldsymbol{P}(k+1\mid k)-\boldsymbol{K}(k+1)\boldsymbol{S}(k+1)\boldsymbol{K}^{\mathrm{T}}(k+1)$$

8.4.4 多传感器数据关联

数据关联是多传感器跟踪系统的基础和关键。在多传感器数据融合系统中,同一批目标可能同时被多个传感器发现,从而形成不同的本地航迹。数据融合的基本任务之一就是对所有本地航迹与综合航迹进行相关处理,即去重复处理。常见的关联方法有最邻近数据关联

(NNDA)、概率数据关联(PDA)、联合概率数据关联(JPDA)、交互多模型法(IMM)、全邻最优滤波法、多假设法、模糊数据关联等。

对多传感器的相关处理包括：

1. 点迹-点迹数据相关

点迹与点迹的相关用于航迹起始。航迹起始需要的关联窗口较大时，有利于航迹起始，但不利于跟踪精度的提高。在多传感器跟踪的环境下，关联窗口大小取决于雷达的分辨力、数据率和目标的机动情况。

航迹的起始可运用滑窗法和序贯检验法两种主要方法。

滑窗法是对包含 n 次雷达扫描的时间窗内的输入($z_1, z_2, \cdots, z_i, \cdots, z_n$)进行统计，如果在第 i 次扫描时相关波门内含有点迹，则元素 $z_i = 1$，反之为零。当时间窗内的检测数达到某一特定值 m 时，航迹起始便告成功。否则，滑窗右移一次扫描，即增大窗口时间。航迹起始告成的检测数 m 和滑窗中的相继事件数 n，两者共同构成了航迹起始逻辑，也称为“m/n”逻辑。

序贯检验法适用于相控阵雷达。

通常，对单部雷达，一条航迹从起始到确认一般需要三个以上的雷达测量周期。而在多传感器跟踪的情况下，由于各传感器是非同步工作的，其跟踪距离也不同，因此，对同一批目标的观测次序也不同。数据处理中心模块按时间次序接收各站点迹，这样处理中心在一个平均周期内，利用各站的点迹(空间配准后)就可起始一条航迹。

2. 点迹-航迹数据相关

点迹与航迹相关用于航迹维持与更新。

当数据处理中心接收某一传感器报来的一个新批点迹之后，求出各综合批航迹在该时刻的预测位置，再以各综合批航迹预测位置为中心，分别设置相关波门。利用位置相关法将新点迹与某个综合批相关波门相比较，若新点迹落入波门内，则认为相关，否则认为不相关。对于相关点迹，进行滤波处理，并更新该综合批航迹。对于不曾与任何综合批航迹相关的点迹，暂时保留于点迹库内，用于后续周期的新航迹起始；而对于多个相关周期内都不能与任何综合批航迹相关的点迹，则被当作杂波清除。

在前述卡尔曼滤波的基础上，若在 k 时刻系统获得的第 i 个量测为 $\boldsymbol{Z}_i(k)$，某一综合航迹的预测位置为 $\hat{\boldsymbol{X}}(k \mid k+1)$，定义距离函数

$$\boldsymbol{D}_i(k) = \boldsymbol{d}_i^{\mathrm{T}}(k)\boldsymbol{S}^{-1}(k)\boldsymbol{d}_i(k)$$

其中 $\boldsymbol{d}_i(k)$ 为第 i 个回波的残差即新息，$\boldsymbol{S}^{-1}(k)$ 为其协方差矩阵。若接收到的回波满足条件

$$\boldsymbol{D}_i(k) \leqslant \boldsymbol{\gamma}$$

则认为第 i 个回波与该航迹关联，否则不相关。

3. 航迹-航迹数据相关

在多传感器多目标环境下，航迹相关判定是情报综合处理的基础，也是一个难点。航迹与航迹相关用于在雷达重叠区域内判定两传感器跟踪的航迹是否属于同一批目标。

航迹关联可以分为有源传感器航迹关联、无源传感器航迹关联和有源与无源传感器航迹之间的关联三种类型。这里重点介绍有源传感器航迹关联。

(1) 基于单次航迹统计距离的关联算法。该算法首先是要定义两条航迹(i,j)之间的统计距离。航迹在 k 时刻状态估计的矢量差定义为

$$\tilde{\boldsymbol{x}}_{ij} = \hat{\boldsymbol{x}}_i - \hat{\boldsymbol{x}}_j \tag{8.3}$$

其中矢量差可以不包含航迹中所有状态；比如它一般包含位置、速度，而不包含加速度。两条航迹(i,j)之间的统计距离定义为

$$\boldsymbol{D}_{ij}^2 = [\tilde{\boldsymbol{x}}_{ij}]^{\mathrm{T}}[\boldsymbol{P}_i + \boldsymbol{P}_j - \boldsymbol{P}_{ij} - \boldsymbol{P}_{ij}^{\mathrm{T}}]^{-1}[\tilde{\boldsymbol{x}}_{ij}] = [\tilde{\boldsymbol{x}}_{ij}]^{\mathrm{T}}\boldsymbol{S}_{ij}^{-1}[\tilde{\boldsymbol{x}}_{ij}] \tag{8.4}$$

式中，$\boldsymbol{S}_{ij}$ 为航迹残差 $\tilde{\boldsymbol{x}}_{ij}$ 的协方差矩阵；$\boldsymbol{P}_i$ 和 $\boldsymbol{P}_j$ 分别为两条航迹状态估计的协方差矩阵；$\boldsymbol{P}_{ij}$ 为两条航迹估计误差之间的互协方差矩阵，它描述了由于过程噪声引起的估计误差之间的相关性。假设两条航迹 i,j 的初始估计误差不相关，$\boldsymbol{P}_{ij}(0\mid 0)=0$，可按如下递推公式对 $\boldsymbol{P}_{ij}$ 进行计算：

$$\boldsymbol{P}_{ij}(k\mid k) = \boldsymbol{A}_i(k)\boldsymbol{C}(k-1)\boldsymbol{B}_j^{\mathrm{T}}(k) \tag{8.5}$$

$$\boldsymbol{A}_i(k) = \boldsymbol{I} - \boldsymbol{K}_i(k)\boldsymbol{H}_i \tag{8.6}$$

$$\boldsymbol{B}_j(k) = \boldsymbol{I} - \boldsymbol{K}_j(k)\boldsymbol{H}_j \tag{8.7}$$

$$\boldsymbol{C}(k-1) = \boldsymbol{\Phi}\boldsymbol{P}_{ij}(k-1\mid k-1)\boldsymbol{\Phi}^{\mathrm{T}} + \boldsymbol{Q}(k-1) \tag{8.8}$$

式中，$\boldsymbol{K}_i,\boldsymbol{K}_j$ 分别为传感器 A，B 的滤波增益矩阵；$\boldsymbol{H}_i,\boldsymbol{H}_j$ 分别为传感器 A，B 的测量矩阵；$\boldsymbol{\Phi}$ 为目标动态方程的状态转移矩阵；$\boldsymbol{Q}$ 为过程噪声协方差。

如果假设 $\tilde{\boldsymbol{x}}_{ij}$ 在 k 时刻服从 $N[0;S_{ij}]$ 分布，那么 $\boldsymbol{D}_{ij}^2$ 服从自由度为 m 的 χ^2 分布，其中 m 为状态估计的维数。如果 $\boldsymbol{D}_{ij}^2 \leqslant \boldsymbol{\delta}$，则认为两航迹相关，否则不相关；其中门限 $\boldsymbol{\delta}$ 可由给定的检验显著性水平 α 和自由度 m 通过查表来确定，不同的关联航迹 i,j 对应不同的关联检验门限。

(2) 序贯航迹关联。在密集目标环境下，和 / 或交叉、分岔航迹较多的场合，前一种算法的关联性能会严重降低，出现大量错、漏关联航迹对，为此提出序贯航迹关联算法。该算法首先基于当前数据与过去多次扫描数据，重造检验统计量(航迹序贯统计距离)；然后基于当前和过去的关联决策，构造一个航迹关联质量函数以控制航迹关联进程。

重造的检验统计量定义为航迹序贯统计距离，即

$$\boldsymbol{SD}_{ij}(k) = \boldsymbol{SD}_{ij}(k-1) + \boldsymbol{D}_{ij}^2(k) \tag{8.9}$$

式中，$\boldsymbol{SD}_{ij}(k-1)$ 为 $k-1$ 时刻航迹序贯统计距离，$\boldsymbol{D}_{ij}^2(k)$ 为 k 时刻航迹统计距离，由式(8.4)定义，显然有 $\boldsymbol{SD}_{ij}(0)=0$。如果 $\tilde{x}_{ij}$ 服从高斯分布，那么 $\boldsymbol{SD}_{ij}(k)$ 就是服从自由度为 km 的 χ^2 分布随机变量，其均值和方差分别为 km 和 $2km$。与第一种算法相似，如果

$$\boldsymbol{SD}_{ij}(k) \leqslant \boldsymbol{\delta}(k) \tag{8.10}$$

则认为两航迹相关，否则不相关；门限 $\delta(k)$ 可基于给定的检验显著性水平 α 和自由度 km 通过查表来确定。不同的是，对于给定的 α，$\delta(k)$ 随 k 增加而提高，所以在计算中需要实时修正。

航迹正确关联的可靠程度由航迹关联质量函数来定义：

$$m_{ij}(k) = m_{ij}(k-1) + \Delta m_{ij}(k) \tag{8.11}$$

式中，$\Delta m_{ij}(k)=1$(式(8.10)成立时)或 $\Delta m_{ij}(k)=-1$(式(8.10)不成立时)；$m_{ij}(0)=0$，$\max\{m_{ij}(k)\}=6$。如果两条航迹在 k 时刻第一次关联，则 $m_{ij}(k-1)=0$。为减小计算量，当 $m_{ij}(k)=6$ 时，规定航迹 i,j 为固定关联对，在后续的关联检验中，该关联对不再进行关联检验，而直接进行航迹融合输出。也就是说，航迹 i,j 的对应关系不再变化，除非它们中有一个消亡或离开公共监视区为止。

如果传感器 B 有多条航迹与传感器 A 的航迹满足式(8.10)，那么选择航迹关联质量 $m_{ij}(k)$ 最大的为关联对；如果关联质量最大的 j^* 不止一个，则取航迹间位置差矢量序列的平均范数最小的 j^* 为最终关联对，即选择使下式成立的 j^* 为关联对：

$$j^* = \arg \min_{j \in \{j_1^*, \cdots, j_q^*\}} \frac{1}{k} \left(\sum_{l=1}^{k} \| \tilde{\boldsymbol{x}}_{ij}(l) \| \right)$$

或选择使下式成立的 j^* 为关联对：

$$j^* = \arg \min_{j \in \{j_1^*, \cdots, j_q^*\}} \boldsymbol{SD}_{ij}(k)$$

式中，$\tilde{\boldsymbol{x}}_{ij}(k)$ 和 $\boldsymbol{SD}_{ij}(k)$ 分别由式(8.3)和式(8.9)来定义；$\{j_1^*, \cdots, j_q^*\}$ 是使 $m_{ij}(k)$ 相等的传感器 B 的航迹集合。这种处理方法称为航迹的多义性处理。

8.4.5　航迹融合算法

对进行相关判定后的各雷达航迹，按照一定的最优准则进行融合处理，最终获得较高质量的关于目标状态的综合航迹。常用的航迹融合算法有加权平均算法和分层融合算法。

1. *加权平均算法*

加权平均算法是以各局部航迹的估计误差阵为权因子，并考虑各局部航迹的估计误差之间的互相关性，对各局部航迹进行加权处理，从而得到最优的融合航迹。其形式简单，运算量小，实时性好。

假设传感器 m 和 n 同时跟踪目标 i，在 k 时刻得到目标的滤波估计及滤波方差$(\hat{\boldsymbol{X}}_i^m(k), \boldsymbol{P}_m(k))$，$(\hat{\boldsymbol{X}}_i^n(k), \boldsymbol{P}_n(k))$，并送至融合中心，且各传感器对目标的观测误差互相关，则对 N 个传感器而言，可得融合方程为

$$\hat{\boldsymbol{X}}_f(k) = \boldsymbol{P}_f(k) \sum_{j=1}^{N} \boldsymbol{P}_j^{-1}(k) \hat{\boldsymbol{X}}_i^j(k)$$

$$\boldsymbol{P}_f^{-1}(k) = \sum_{j=1}^{N} \boldsymbol{P}_j^{-1}(k)$$

在考虑到了各局部航迹估计误差之间的互相关性以后，可以将上面两式修正为

$$\hat{\boldsymbol{X}}_f(k) = \boldsymbol{P}_f(k) \sum_{j=1}^{N} [\boldsymbol{P}_j(k) - \boldsymbol{P}_c(k)]^{-1} \hat{\boldsymbol{X}}_i^j(k)$$

$$\boldsymbol{P}_f^{-1}(k) = \sum_{j=1}^{N} [\boldsymbol{P}_j^{-1}(k) - \boldsymbol{P}_c(k)]^{-1}$$

式中，$\boldsymbol{P}_c(k)$ 是各传感器航迹互相关误差矩阵的估计，

$$\boldsymbol{P}_c(k+1) = \alpha \boldsymbol{P}_c(k)$$

$$\boldsymbol{P}_c(0) = 0$$

其中，α 是调整因子，取决于目标的机动特性，并随 $\boldsymbol{P}_c(k)$ 的变化确定。

2. *分层融合算法*

分层融合从卡尔曼滤波的角度出发，从最佳组合的角度，推导得出融合航迹的估计式。该算法具有分布式结构实现中心式融合的潜在精度，是基于各传感器的滤波及其预测的线性、无偏、最小方差估计。

假设传感器 1 和传感器 2 同时跟踪目标 i，在 k 时刻得到目标的滤波估计和滤波方差$(\hat{\boldsymbol{X}}_i^1(k), \boldsymbol{P}_1(k))$，$(\hat{\boldsymbol{X}}_i^2(k), \boldsymbol{P}_2(k))$，并传送至融合中心。根据线性估计理论，可得如下公式：

$$\hat{\boldsymbol{X}}_f(k) = \hat{\boldsymbol{X}}_i^1 + [\boldsymbol{P}_1(k) - \boldsymbol{P}_c(k)] \boldsymbol{P}_E^{-1}(k) [\hat{\boldsymbol{X}}_i^1(k) - \hat{\boldsymbol{X}}_i^2(k)]$$

$$\boldsymbol{P}_f(k) = \boldsymbol{P}_1(k) - [\boldsymbol{P}_1(k) - \boldsymbol{P}_c(k)] \boldsymbol{P}_E^{-1}(k) [\boldsymbol{P}_1(k) - \boldsymbol{P}_c(k)]^{\mathrm{T}}$$

$$\boldsymbol{P}_c = [\boldsymbol{I} - \boldsymbol{K}_1(k)\boldsymbol{H}(k)]\boldsymbol{\Phi}(k)\boldsymbol{P}_c(k-1)\boldsymbol{\Phi}^{\mathrm{T}}(k)[\boldsymbol{I} - \boldsymbol{K}_2(k)\boldsymbol{H}(k)]^{\mathrm{T}} + [\boldsymbol{I} - \boldsymbol{K}_1(k)\boldsymbol{H}(k)]\boldsymbol{Q}(k)[\boldsymbol{I} - \boldsymbol{K}_2(k)\boldsymbol{H}(k)]^{\mathrm{T}}$$

$$\boldsymbol{P}_c(0) = 0$$

$$\boldsymbol{P}_E(k) = \boldsymbol{P}_1(k) + \boldsymbol{P}_2(k) - \boldsymbol{P}_c(k) - \boldsymbol{P}_c^{\mathrm{T}}(k)$$

$\boldsymbol{K}_i(k)$ 为传感器 i 的卡尔曼滤波增益矩阵。在此，假设各传感器采用相同的状态转移矩阵和观测矩阵。

8.4.6 跟踪滤波器的实现问题

下面列出跟踪滤波器实现中最值得注意的几个问题：

1. 估计发散

当估计器降低测量协方差从而使加权预测比输入样条更重时，可能会出现估计发散。这种情况可能紧接着稳态周期之后发生，因为在此期间估计器使用非常小的协方差推导预期的观测。当目标机动、航迹偏离稳态航线时，如果不进行机动检测和修正测量值，估计就可能发散。

2. 滤波器初始化

一旦滤波器用一条新航迹的新观测启动以后，就要对滤波器进行初始化，初始协方差的选择对于滤波器能有效、迅速地得到准确的状态估计是非常关键的。

3. 坐标选择

状态参数坐标的选择对于滤波器性能和复杂性有很大影响。例如，对于独立跟踪视线坐标（如距离-方位-高度），即使使用简单的解耦滤波器，考虑到等速（在 xyz 坐标系中）目标在这些坐标中的非线性，也必须人为引入加速度项。多传感器系统的跟踪通常是在带有全耦合运动方程的 xyz 坐标中进行的，目的是降低滤波器的复杂性。

8.4.7 在多传感器估计中考虑的几个问题

虽然前面所描述的报告-航迹关联处理及航迹-航迹关联处理方法同样适用于多传感器关联估计，但要注意系统所要求的具体条件。在多传感器估计处理中，必须考虑多传感器所提供的观测具有不同的特征。表 8.2 概括了多传感器系统可能采用的三种关联-估计方法。

表 8.2 多传感器估计的三种方法

关联处理	多传感器估计器
报告-航迹关联 多传感器报告（测量） 与中心级航迹关联	① 测量融合 直接使用传感器测量进行估计。考虑两种情况： 异步传感器-序贯计算 同步传感器-并行计算，伪序贯，数据压缩
航迹-航迹 多传感器级航迹（状态估计） 与中心级航迹关联	测量融合（与上面同样方法） ② 状态向量融合 使用传感器级估计计算线性估计 ③ 航迹选择融合 选择一条传感器航迹作为最佳估计

对于航迹-航迹估计，常用航迹选择融合和状态向量融合两种方法。航迹选择融合简单地

选择一条最佳传感器级航迹估计作为中心航迹估计，并且不计算融合估计。

状态向量融合则是把多个状态向量在某个线性估计器中关联起来，以导出一个中心级状态估计。在这种情况下，估计器必须考虑具体的传感器参数，并能以类似于卡尔曼滤波器的形式实现，这样才能形成最小均方差估计。如果两个传感器的时标不一致，还必须把它们的状态估计外推到同一时间，并且要考虑交叉协方差项。交叉协方差项的计算比较复杂，它的作用关系到实现中的一些要求。

测量融合是最精确的估计器，它直接使用传感器测量（而不是航迹-航迹融合情况下的传感器估计）计算目标状态的中心估计。必须考虑测量融合的两种具体情况：

第一种情况是异步传感器。当各个传感器的测量处理不同步时，需要一个自适应估计器（依赖于传感器），对正在进行处理的测量及其协方差矩阵做出调整。

第二种情况是同步传感器。当所有传感器的采样周期相同时，有下面三种不同的实现方法：

(1) 并行实现方法。考虑到输入的测量来自 i 个传感器，所以这种方法直接修改卡尔曼状态方程。

(2) 伪序贯方法。伪序贯方法类似于异步传感器方法，但它要把传感器观测之间的外推时间设置成零。对于有 i 个观测的每一个集合，这种处理要经过 i 次递推才能完成。

(3) 数据压缩方法。这种方法要求把所有传感器测量转换到某个公共坐标系统。同样的转换方法用于研究单一类型的估计处理，包括公共的状态协方差矩阵，以及建立在数据压缩基础上的压缩的或融合的状态估计。

在上述三种方法中，数据压缩方法的计算量最小，而估计性能则相差无几。

8.5　数据融合技术用于目标识别

对观测实体的身份识别与判断是多传感器数据融合的一个非常重要的任务，是 C^3I 系统的一个关键功能。在利用多传感器对目标进行检测和定位之后，我们更关心的是这些目标是哪一类目标、具体是个什么样的目标，即要对检测到的目标进行识别，因为这对态势和威胁评估有着非常重要的意义。本节主要介绍采用多传感器观测进行目标识别的方法。

8.5.1　用于身份估计的数据融合技术

由于身份比位置含有更多的属性变量，所以目标的身份估计是一个比目标位置估计更为广泛的概念。在多传感器分类处理中，可能需要几个观测模型或进行反复试验才能刻画传感过程，还可能需要复杂的校准算法，或者以一个战斗命令为前提，等等。此外，目标身份的非度量方面允许有多种身份表示方法，每一种表示方法又都可以按几种不同方式进行操作，从而使得身份的说明处理比位置的融合处理更加困难。当前，解决身份数据融合问题的方法有多种，它们的理论基础来自概率与统计、人工智能、神经计算、模糊集理论等，在此，仅对这些方法的应用作简要评述。

迄今为止，关于身份融合算法的准确统一的分类尚不存在，图 8.15 所示是身份融合算法的一种概念性分类。

1. 物理模型类识别技术

物理模型类识别技术试图准确地建立可观测数据或可计算数据的模型，并通过将模型化数据与实际数据进行匹配来估计目标的身份。但是,要建立身份数据的模型是非常困难的。它只能利用一些经典技术在概念上估计目标身份,因而只用于某些基础研究。尽管如此,这些方法在技术上是可行的,已有少数作战系统使用。

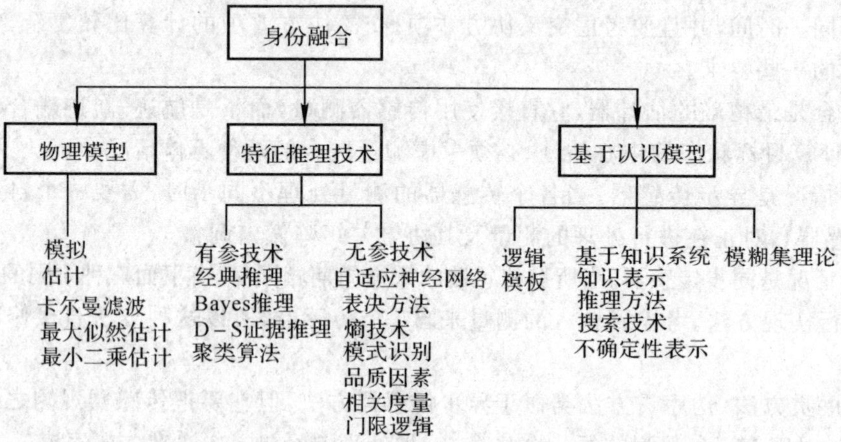

图 8.15　身份融合算法

2. 参数分类识别技术

参数分类识别技术不利用物理模型,而是把参数化数据(如目标特征)直接映射到身份说明,再通过身份属性对目标分类。参数分类法又进一步分为统计法和信息论技术。

(1) 统计法。统计法包括经典推理、贝叶斯推理和D-S方法。

经典推理技术完全依据数学理论,其优点是众所周知的,但当把它用于多变量统计时,就要求先验知识和计算多维概率密度函数,这对于实际应用是一个极大限制。其他缺点还有:只能同时估计两个假设;在多变量数据情况下其复杂性急剧上升;不具备先验似然估计的优点。所以,仅当所需数据是直接可利用时才使用这种方法,在数据融合中很少使用。

贝叶斯推理技术虽然解决了经典推理方法的某些困难,但它的缺点也是很明显的:定义先验似然函数比较困难;当出现多个可能的假设或多个条件相关事件时,显得很复杂;要求对立的假设彼此不相容;缺乏分配总不确定性的能力等。因此,对实际的融合系统没有什么吸引力。

D-S证据理论拓宽了贝叶斯理论,解决了一般水平的不确定性分配问题。根据人的推理模式,采用概率区间和不确定区间来确定多证据下假设的似然函数,还能计算任一假设为真条件下的似然函数值,因而具有较大的应用前景。美国国防部的AD报告表明,证据理论已开始用于多传感器特征融合,研制了一些原型系统。

(2) 信息论技术。信息论技术包括模板法、聚类分析和神经网络法等,这些方法的共同点是将自然分组与目标类型相联系。

聚类分析是各种过程的总称,它利用生物科学和社会科学中众所周知的一组启发式算法,根据预先指定的相似标准把观测分为一些自然组或聚集,再把自然组与目标预测类型相关。这些技术对于指纹识别或部队单位识别是可以发挥作用的,尤其是当找不到对观测进行属性指派或分类处理的理论方法时,这种方法对属性说明和分析观测数据是很有用的。通信情报和电子情报站的分析中常使用这种方法。然而,由于聚类算法的启发式特征,一般来说,数据的标准、相似尺度和聚类算法的选择，甚至输入数据的次序，都可能反映到结果聚集中，这增加了用户使用该法的难度。

模板法通过对观测数据与先验模板匹配处理，来确定观测数据是否支持由模板所表征的假设。

人工神经网络输入端的数据矢量经过非线性转换，在网络输出端产生输出矢量，这样一种转换就使得人工神经网络具有数据分类功能，因而，可将人工神经网络用于把多传感器数据转换成某个实体的特征的联合说明。虽然这种分类功能在某种程度上类似于聚类分析法，但是，特别当输入数据中混有噪声时，人工神经网络的优点更加突出。国外从 20 世纪 80 年代开始就对人工神经网络用于数据融合系统进行了广泛的研究，最近的应用是根据观测到的雷达数据识别舰船类型和传感器模式识别，最著名的系统是 ACDS。专家预言，人工神经网络在数据融合方面有广阔的应用前景。

熵法用于把多个传感器的观测数据组合成的特征说明，也许是在概念上最简单的方法，这是用于融合系统的一种新技术。但是，由于要对传感器输入加权以及应用了阈值和其他判定逻辑，从而增加了算法的复杂性。尽管如此，熵法仍很有应用价值，尤其是对于实时性要求很强的系统，当准确的先验统计不可利用时，或者是从整个成本-效益观点来看，熵法都是很有吸引力的。国外已开始将熵法用于计算与假设有联系的信息内容的度量值。

3. 认识模型类识别技术

第三类身份融合算法是基于认识模型的方法，它们模仿人类识别身份的推理过程，即基于人类处理信息的方法得出分类结果。这类技术包括专家系统、逻辑模板、模糊集合论等。前两种技术主要用于对复杂实体（如战斗单位或兵力结构）的存在性和意图进行高级推理。神经网络理论与模糊集合论的结合体 —— 模糊神经网络 —— 对于不确定性数据的识别和分类，具有很大的应用价值。

(1) 专家系统方法。专家系统或知识库系统对于实现较高水平的推理，如目标识别、态势评定、威胁估计、武器分配以及通常由军事分析员所完成的其他任务大有前途。但是，由于专家系统方法依赖于知识的表示，要通过数字特点、符号特点或基于推理的特点来表示对象的特征，其灵活性很大，因此，要成功地设计和开发一个用于数据融合的专家系统是很困难的，即使在今天，我们还不能完全理解整个知识工程过程，并且常常十分昂贵；要同时根据原理和实际来测试和评价也很困难。在许多情况下，潜在的真实情况（如对象特征）可能永远不能利用，这样，就不能形式地测试所应用的知识。此外，对于一个有意义的军事应用来说，为了实时性和快速性，要获得高效处理也是十分困难的。

(2) 模糊集合论方法。模糊集合理论是一种崭新的识别技术，当前虽然已经开始出现一些支持模糊推理的商业软件工具，但关于模糊集合理论的价值和用于数据融合的模糊逻辑仍在研究探讨之中。国外已开始将模糊集合理论用于分析判断不精确事件，使用模糊集合理论描述战场对象或对象集的特征。如果不使用近似推理，就不能真实地描述敌军的大致组成、敌军意图及作战目的。这一方面的研究工作仍然是如何在现实世界内定义隶属函数，以及对模糊推理与使用概率、证据间隔或可信度间隔的方法进行比较。

(3) 逻辑模板法。模板这一名称是基于逻辑的识别技术的总称，自 20 世纪 70 年代中期以来成功地用于数据融合系统，主要用于事件探测或态势估计所进行的多传感器数据融合，也用于单个目标的特征估计。

8.5.2　使用多传感器融合的自动目标识别

前面已经指出,多传感器数据融合系统的主要任务之一是对监视空域的各类目标进行检测、跟踪、定位和识别。检测与跟踪只能判断目标的连续存在,关键在于对目标的定位与识别。定位可以获得目标的具体坐标,为武器系统提供射击诸元。但在多传感器系统中,更重要的处理是目标识别。

一般来说,自动目标识别(ATR—automatic target recognition)系统都含有图像传感器,系统通过处理各个图像和图像序列来实现自动目标捕获、识别和跟踪。ATR的算法部分可分解为预处理、探测、分段、特征计算、选择和分类、确定优先级以及跟踪和瞄准点选择等。系统的总目标是实时实现这些功能,并能适应动态变化的战术态势。

1. 目标识别的两个主要功能

自动目标识别是模式识别技术在多传感器数据融合中的重要应用。图8.16是模式识别系统的两个主要功能,由特征观测 $X_1, X_2, \cdots, X_n$ 组成的向量称为特征向量或模式向量。H_i(假设)是 m 个类型中的第 i 个类型。特征提取是要找出一组可用于目标分类过程的特征,所选特征应能提供态势或目标的各种性质信息。特征提取是目标识别中最重要也是最困难的过程。

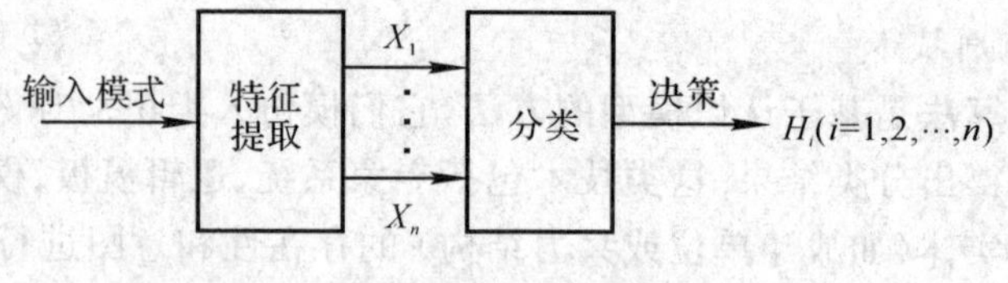

图8.16　模式识别的两个主要功能

贝叶斯分类器是错误分类概率最小的最优方法,但必须具备先验知识,计算量也很大,从而增加了实时应用的复杂性。一些近最优或次最优方法(如D-S方法)实现起来则相对比较简单。但总的来说,识别方法的选择和实现相对于特征提取任务还是简单的。特征集的确定和优化,涉及广泛的参数调整。此外,还需要一个大而典型的图像数据库来辅助参数调整。

由于分类结果的准确性取决于特征集,所以,要对特征集进行评定,即必须评定特征集的准确度、有效性及其成组性。

2. 特征及其提取

在身份融合过程中,无论在哪个级别上进行融合,均要从原始数据集合中提取出观测对象的特征信息,它是编制身份报告的基本要素。这里所说的特征实际上就是对原始数据的一种抽象,其目的是提供一个简化的集合,使该集合能够确切、简化地表示原始信息所描述的对象。把原始数据从高维空间经过某种映射或变换,用低维空间来表示其特征,这个低维空间的数据集合便称为特征向量。获取特征向量的过程称做特征提取。从广义的角度,特征提取实际上是将原始数据从数据空间到特征空间的一种变换。在实际应用的过程中,如果特征向量的维数较大,仍然可以通过选择最能描述观测对象的特征,即有效特征,进一步降低特征空间的维数,以利于向量运算,这个过程称之为特征选择。

我们知道,识别过程并不是把一幅原始图像与预存的图像直接进行比较,这样不仅耗费很多计算时间,而且代价相当昂贵。例如在一个大停车场识别一辆汽车,汽车有许多特征,首先我们想到的是颜色、形状、尺寸、车门数等，但实际上最好的特征是车牌号码，尽管有很多车是同一年生产的同一型号的汽车，但车牌号是唯一的。因此，特征选择是身份识别的重要步骤。

特征提取和特征选择是模式识别领域中的一个重要内容，有一系列方法解决这一问题。特征提取的方法有距离度量特征提取法、概率度量特征提取法、散度准则特征提取法、最小熵特征提取法。

目标或被识别实体的特征包括图像特征和信号的数据特征两大类。

图像数据的典型特征包括几何特征、结构特征、统计特征及频谱信息等特征。

信号数据特征主要包括时域特征、频域特征和小波域特征等。如脉冲宽度，脉冲重复频率或脉冲重复周期，脉冲幅度，脉冲的前、后沿的上升、下降时间，射频频率(RF)，以及脉内调制方式(正弦波、线性调频和相位编码等)、频谱形状、谱宽、谱峰、均值信号的时频分析表达式、小波表达式等。

在特征提取和特征选择过程中，人们通常选择最能代表观测实体本质的一组特征，建立特征集合或特征向量之后，使用各种模式识别技术完成身份报告的构建工作。

上面所给出的一些传感器输出的图像信号和数据信号的特征已经在识别领域得到了普遍应用。例如，电子情报(ELINT) 接收机根据脉冲信号的时域特征如射频频率、脉冲宽度、脉冲重复周期、脉冲调制方式等，对雷达信号进行分选；脉冲雷达根据所发射的时域特征进行信号检测；合成孔径雷达(SAR) 通过对各种飞机的几何形状和尺寸成像进行目标识别；喷气式飞机和火箭发动机的尾燃是红外传感器发现这类目标的主要特征。

随着科学技术的发展，各类传感器给出的图像信号和数据信号的各种特征会得到充分的利用，为目标识别提供更多的信息。图 8.17 给出了身份融合可利用的信息。

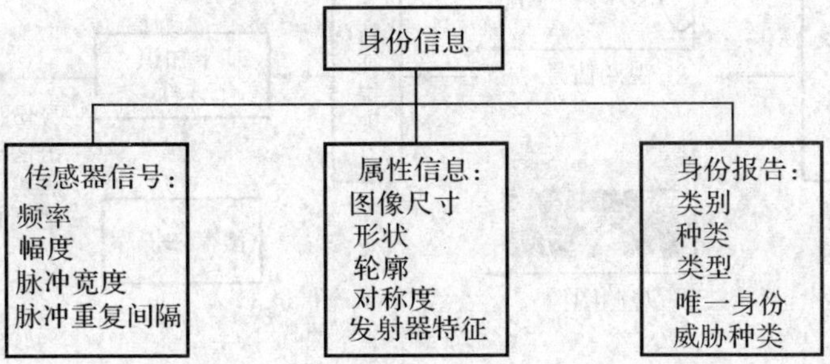

图 8.17　身份信息

对于分类器的性能，可用正确分类概率和虚警率两个指标来度量。分类概率用模糊矩阵来表示，而可信度则与每个分类、特征向量大小和数据库大小有关。分类器的可靠性取决于特征成组的质量，视特征成组的稳定性而定。

3. 使用多传感器融合的 ATR

由于目标信号特征的不可重复性，环境杂波，数据库中数据的局限性，目标被遮蔽，以及没有充分利用与图像有关的信息(如前后关系、结构、范围等) 等原因，都会影响对目标特征提取和分类，使得目标识别系统的性能不理想。解决的办法就是采用带有多传感器数据融合的自动目标识别(ATR)。

例如，在 C^3I 系统中，通过 ELINT 接收机和其他传感器断定，在我方跟踪的第 j 批目标上有一部雷达发射机在工作，经查阅平台数据库，得知它是一部机载 PD 雷达，只有某国的 H 型轰炸机装备该种雷达。根据先验信息就可知道，它可能携带的武器装备如炸弹多少枚，空-地导弹多少发，是否携带核弹头等；它所携带的电子装备除了 PD 雷达之外，还有 ESM，IFFN，EO 告警器等设备。再根据其飞行高度、运动速度、飞行方向和距我战略目标的远近，就可判断出它的战术和战略意图。可见，在 C^3I 系统中，采用多传感器数据融合技术，达到了目标识别的目的。

经典识别技术假设的前提是：不同类目标的特征位于多维特征空间的极易分开的区域上，而同类目标的特征则聚集在一起。这些方法几乎没有学习和适应外界环境变化的智能和推理能力。为使 ATR 系统具有自学习和智能推理能力，采用基于知识的 ATR 系统可以达到这一目的。

基于知识技术，即人工智能的方法，如专家系统和逻辑模板技术等，可以用来进行身份报告的处理和形成。这些方法避开了物理模型，力图模仿人类在进行目标身份识别时所使用的认识途径和推理方法。专家系统实际上是计算机软件，它使用知识表示技术和推理方法对所观测的事物进行推断，以得到预期的结论；逻辑模板技术可以对逻辑关系进行处理。

基于知识的技术可以利用原始传感器数据，也可以利用抽象出来的特征信息。基于知识方法的核心是知识的表示和推理方法。知识表示包括规则、框架和剧本。同时还需要建立知识库、数据库和推理技术，以完成身份报告处理。所使用的推理技术包括布尔逻辑、决策树和模糊逻辑等。图 8.18 给出了一个基于知识系统获得的身份报告的框图。

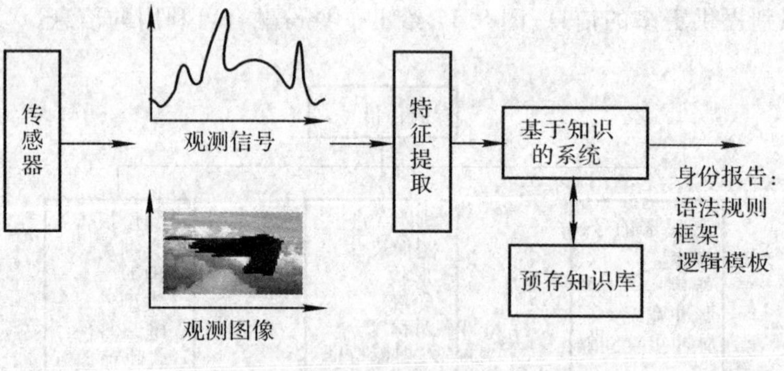

图 8.18 基于知识系统的身份识别

8.6 基于数据融合的态势评估与威胁评估(STA)

态势评估(Situation Assessment)和威胁评估(Threat Assessment)是信息融合系统的重要组成部分，是 C^3I 系统的核心内容，它们分别属于二级融合和三级融合处理。它们作为战场信息提取和处理的最高形式，是指挥员了解战场敌我双方兵力对比、兵力部署、武器配备、战场环境、保障及其变化以及敌方对我方哪些阵地、重点保护目标的威胁程度和威胁等级的重要途径，STA 不仅是指挥员决策的信息源，也是用于战术、战略决策的有力的辅助手段。

8.6.1　态势评估(SA)

1. 态势评估含义

所谓态势评估，就是对战场上敌、我、友(中)三方战斗力分配情况的综合评价过程。这个过程应当涵盖以下几个方面：

(1) 通过信息获取、分析和判断，综合战场上敌、我、友三方兵力、兵器、平台等位置、强度、机动和作战活动与地理、气象环境的匹配等因素，将表面上所观察到的战斗力分布、活动和战场周围环境，与敌方作战意图和机动能力有机地联系起来。

(2) 分析并确定事件发生的深层次原因，将得到的敌方兵力结构、使用情况和特点与敌方的作战意图联系起来。

(3) 预测 $T+1, T+2, \cdots, T+n$ 时刻，敌人兵力、平台的位置、行动及一切可能发生的事件。

(4) 形成战场上敌、我、友三方战斗力与战场环境匹配的态势图。

2. 态势评估元素

态势元素的评估结果实际上是提供给指挥员的战场综合视图。它包括：

(1) 蓝色视图 —— 敌方态势；

(2) 红色视图 —— 我方态势；

(3) 白色视图 —— 地理、气象等战场环境态势。

将它们综合在一起便是战场综合态势图，它为威胁估计提供依据。态势评估元素如图 8.19 所示。

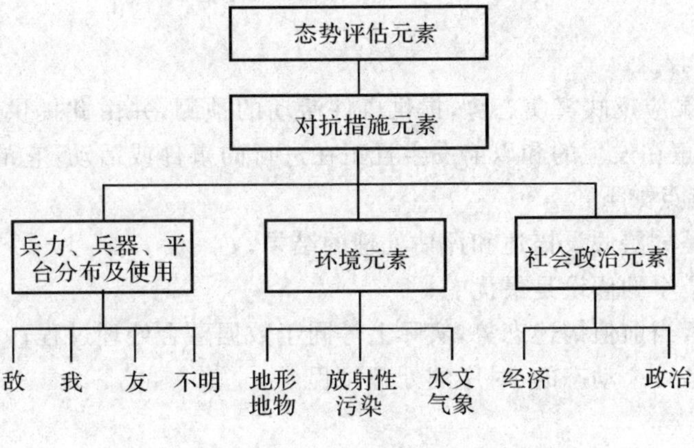

图 8.19　态势评估元素及其关系

图 8.19 只是粗略地表示其相互关系，实际上每一项都包含许多内容。例如敌方，除图中标出的敌兵力、兵器、平台分布和使用之外，敌兵士气、心里状态、训练水平、民族特点和意志力等，都对战场有重要影响。

3. 态势评估的主要内容

态势评估主要包括三部分内容。

(1) 态势元素提取：包括战场信息的获取和输入。所获取的信息包括图形、图像、数据和报告；对平台数据要完成简单处理、相关、变换和动态信息的实时更新，为态势推理做准备。

(2) 态势分析:包括对目标的合批、分批计算。所谓合批是将执行同一任务或有同一活动规律的实体进行分类与合并,如将从几个方向飞向同一空域的几个机群算做一批。分批是由于战术等原因,把同一批目标在运动的过程中分成几批,以便执行不同的任务。态势分析进行协同关系推理和敌方意图判断。

(3) 态势预测:包括敌兵力、平台等在未来某个时刻位置的预测和计算。

态势评估的过程是一个动态过程,在不断地分析和不断地预测计算的同时,要不断地对态势事件进行检测。如敌、我增援部队的出现,新的战斗机群或轰炸机的参战,均会改变当前的态势,改变敌我双方兵力的对比。应当把以上三方面的内容看成一个整体。态势评估结构示意图如图 8.20 所示。

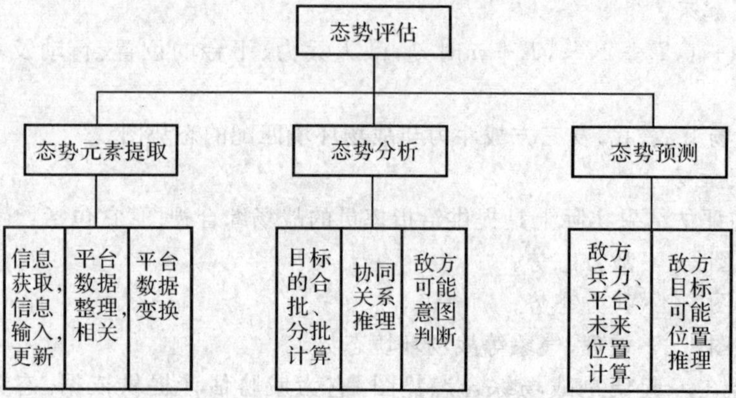

图 8.20 态势评估结构示意图

4. 态势评估的特点

态势评估的结果应反映真实态势,提供事件活动的预测,并由此提供最优传感器的依据。因此,SA 处理的是正在发生的和以前发生且正在进行的事件或活动,它的重点是所关心的区域的行为模式。其特点如下:

(1) 态势评估是分层假设描述和评估处理的结果;

(2) 不确定性最小的假设是最优的;

(3) 用态势元素当前值描述态势,实际上等同于数据融合处理过程;

(4) 态势评估是一个动态的、时序的处理过程。

5. 态势显示

态势显示是在电子地图基础上进行的,而且应配有军标库,要有好的软件平台,要有好的人机界面和接口。显示内容包括:

(1) 敌我双方兵力、武器分布,包括双方各种阵地;

(2) 地形、地物,包括山川、河流、湖泊、桥梁、机场等;

(3) 各种运动目标,包括空中目标、水下目标、地面目标等;

(4) 气象信息,包括温度、雨、雾、雪及未来气象信息;

(5) 决策信息。

把以上各种信息显示在电子地图上并及时更新,最后形成一个动态态势图,更新时间应根据系统性能、战术和技术状况来决定。也可以配备一些表格显示,显示一些关键信息。

8.6.2　威胁评估(TA)

1. 威胁评估的定义

威胁评估是关于敌方兵力的杀伤能力和对我方威胁程度的估计。威胁评估是在态势评估的基础上，综合敌方的破坏力、机动能力、运动模式及行为企图的先验知识，得到敌方的战术含义，估计出作战事件出现的程度或严重性，并对敌作战意图做出指示与警告。其重点是定量表示敌方作战能力和对我方威胁程度。威胁评估也是一个多层视图的处理过程，包括对我方薄弱环节的估计。

2. 威胁评估元素

威胁评估的元素如图 8.21 所示。

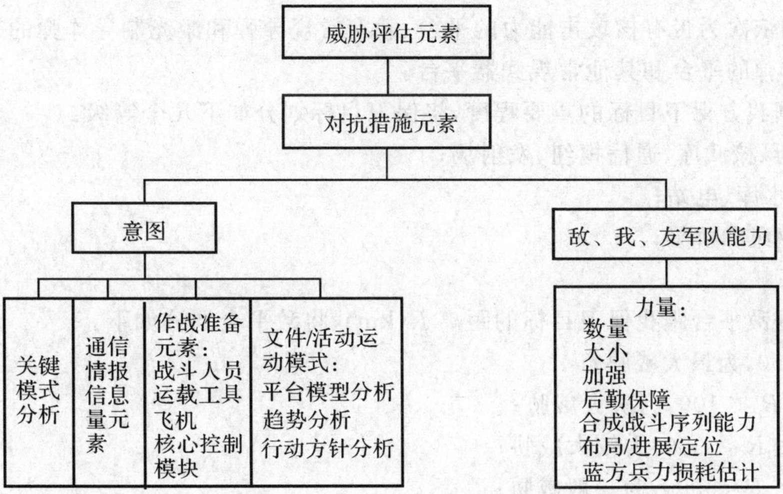

图 8.21　威胁评估元素示意图

3. 威胁评估的主要内容

威胁评估主要包括三个方面的内容。

(1) 综合环境判断。

1) 进攻能力推理。根据敌平台类型，查询平台数据库，找到该类平台作战能力的描述。例如，在第二级处理时，通过身份识别已经知道平台类型为某种类型的隐身战斗轰炸机，通过查询平台数据库，找到该型号飞机的描述，便可知道该型号飞机的概况，如它的性能参数、携带的武器类型、主要无线电设备性能，可获得平台的电子战能力和硬武器的杀伤、摧毁能力的有关数据，最后综合分析和推理得出敌平台的进攻能力的有效描述。

2) 平台意图推理。根据敌平台的进攻能力、速度、航向以及敌战略、战术意图和作战目标，推断出敌各平台的可能行为。

3) 时间等级计算。判断敌平台经多长时间才能对攻击目标实现有效攻击。时间等级计算是威胁评估中的一个重要指标，它涉及我方能赢得多少时间的问题。假设我方的反应时间是 1 min，敌平台的有效攻击时间只有 0.5 min，我方就来不及反应。平台离目标越近，对目标的威胁程度越高。因此，可根据平台当前的位置、速度、飞行方向，计算出敌平台对我方实施攻击的时间。通常将时间划分为若干个等级，时间越短，等级越高。

(2) 威胁等级评估。

1) 威胁等级推理。根据敌平台的进攻能力、时间等级和我方保卫目标的重要程度，可推断出敌平台对我保卫目标的威胁程度。

2) 划分威胁等级考虑的主要因素。威胁评估是一个非常复杂的问题，如何确定威胁等级以及确定威胁等级时要考虑的因素均是十分重要的问题。因为要考虑的因素很多，所以只能考虑主要因素而忽略次要因素。如需要考虑敌方兵力分配，敌我双方的作战能力，地理、气象环境对武器性能的影响等。再加上敌平台隐身、伪装等欺骗行为，都给正确判断敌方作战意图和做出正确的威胁评估带来很大的困难。特别是当前大量采用高技术等手段，战场态势变化迅速，要考虑评估的实时性更应考虑主要因素。

(ⅰ) 根据敌平台携带的武器类型，通常按杀伤力将其划分为四个威胁等级，即最高、次最高、高和低。如依次为带有核攻击能力的平台、载有常规导弹和激光制导炸弹的平台、载有重型炸弹或集束炸弹的平台和其他常规武器平台。

(ⅱ) 根据我方保卫目标的重要程度，将保卫目标划分如下几个等级：

A:指挥所、核武库、通信枢纽、发射场；

B:机场、水库、电站；

C:交通枢纽和桥梁；

D:大型厂矿。

(ⅲ) 根据敌平台距我保卫目标的距离 R(km)，将敌平台划分如下：

A: $R < 50$，为最大威胁；

B: $50 < R < 100$，为次大威胁；

C: $100 < R < 300$，为较大威胁；

D: $300 < R < 500$，为一般威胁；

E: $R > 500$，对保卫目标不构成威胁。

(ⅳ) 敌平台的数量。根据敌平台的数量、位置和类型，可以计算出总的攻击能力。按照不同的攻击能力，将其划分若干等级。

(ⅴ) 敌平台的到达时间，是指敌平台从当前位置到达我保卫目标所需要的时间。到达时间越短，威胁程度越高。到达时间可根据平台速度和当前位置进行计算。

(ⅵ) 威胁等级的确定。综合考虑以上各种因素来确定威胁等级，但对某个具体平台来说，并不一定要考虑上面所有的因素。因此，在建立威胁等级时，要根据具体平台来决定考虑哪些因素。

(3) 辅助决策。威胁评估给出了各个平台的威胁等级。接下来的就是辅助决策系统针对各种平台的威胁程度，为指挥员提供作战指挥的参考方案。参考方案通常包括两部分：给出决策建议供指挥员参考；对战斗结果进行预测。

1) 辅助决策属多目标决策，多目标决策一般不存在最优解，只能得到满意解；

2) 对多目标决策问题，决策方法就是要求出满意解，其过程是先求出非满意解，然后从中找出一个满意解。

威胁评估结构如图 8.22 所示。

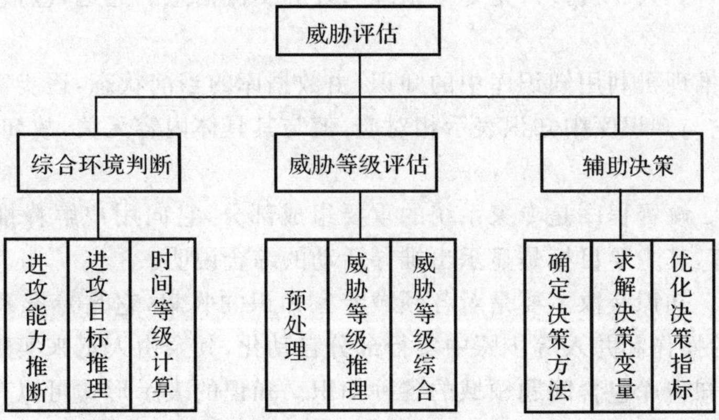

图 8.22　威胁评估结构示意图

8.6.3　态势评估和威胁评估的实现方法

态势评估和威胁评估(STA)作为战场高层信息处理过程,具有以下特点:

(1) STA 是多级活动,其信息流几乎总是跨越不同的层次来进行融合处理的,并在不同层次进行控制,这就要求 STA 的分析处理必须对级内或跨级操作控制比较灵活。

(2) STA 是多功能处理技术,包括概念、信息管理、决策生成和实现等,其核心是推理技术,因此需要大规模的辅助系统和方法库或先验知识库,以得到精确合理的推论,以及易理解、易管理和易通信的选择集合。

(3) STA 应用于多种军事环境,包括和平时期、危急关头和战争期间的多工作态势。

(4) STA 处理也受心理因素的影响。

鉴于以上特点,STA 处理无法用单一方法来实现。到目前为止,尚没有一个统一的度量公式,故 STA 是数据融合的薄弱环节。用于 STA 的方法很多,包括期望模板技术、品质因素技术、贝叶斯网技术、模糊逻辑推理法、专家系统法等。下面仅简单介绍基于知识的专家系统在 STA 中的应用。

STA 处理是一种非常复杂的过程,它不仅需要由各传感器来的信息,而且需要军事作战条例、装备特点、地形、气象条件及它们对装备所产生的影响,以及大量的其他因素,如敌方采取的行动等不确定因素。这些知识是 STA 的重要组成部分,所以基于知识系统或专家系统将会为 STA 提供广阔的发展空间。

专家系统是人工智能研究中最引人瞩目的成果,目前已广泛应用于医疗诊断、化学分析、工程设计、军事决策等领域,大大提高了工作效率和质量。下面介绍专家系统的特点及在 STA 中的应用。

1. 专家系统的组成和特点

专家系统(ES)是一组计算机程序,是指在某一特定的领域内,利用专家知识来解决应用问题的智能程序。它与一般的应用程序不同,它将问题求解所需的知识分开,单独构成知识库,并使用推理机制像专家一样解决问题。专家系统的组成结构如图 8.23 所示。

通常,专家系统由 6 个部分组成。

(1)人—机接口。人—机接口是专家系统与外界交流信息的通道,包括系统与用户和专家的信息交流。

(2)推理机。推理机利用知识库中的知识,由数据库的当前状态,逐步实行推理,最终得到给定问题的解。它与知识库中知识表示相对应,但与其具体内容无关,故知识库的扩充不影响推理机。

(3)解释程序。解释程序是专家系统的重要组成部分,它向用户解释推理路线,并告诉用户知识库中的内容,其主要目标是显示出推导活动的综合说明。

(4)知识获取。知识获取主要是对各领域专家知识的收集,它是专家系统研究中的瓶颈,目前只能在获取的操作和并入等步骤中实行部分自动化,其余由人工来实现。

(5)知识库。知识库包含问题领域的各种知识。知识的表示形式可以有多种,知识种类有理论知识和经验知识。

(6)全局数据库。全局数据库存储关于问题的事实与数据的初始状态、中间状态和目标。随着问题的不同,其内容也是动态变化的。

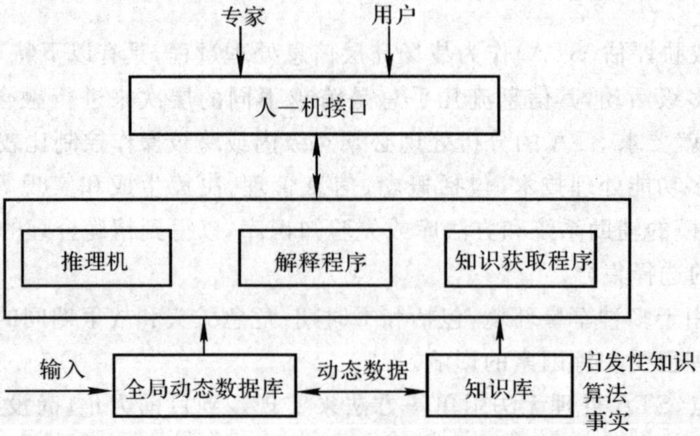

图 8.23 专家系统的组成

2. 专家系统在 STA 中的应用

专家系统与普通程序的区别主要在于,知识库和推理机是分开的。知识库可以方便地被修改而不需要重新编程,这有利于知识库的更新、积累和扩充。专家系统可以对知识库进行动态、不完全的搜索,结果根据输入数据的等级而有所差别。它使用依赖知识的表示技术,使得表示一个目标属性有一定的灵活性,既可以用数字表示,也可用符号表示,或基于推理的表示,在描述参数不充分的情况下,这些表示具有一定的优点。专家系统还可以使用带有不确定性的知识和经验,对不完全、模糊性事件实行推理判断。

图 8.24 是一个使用了 ES 技术的融合系统的示意图。

3. 常用专家系统语言

常用的专家系统语言有很多种,其中最重要的有两种,即 LISP 语言和 PROLOG 语言。LISP 开辟了符号处理的先河,是一种更接近于数据函数式的语言;PROLOG 属于非过程型编程语言,具有较强的逻辑推理性。二者都适用于专家系统的开发,并支持符号处理与逻辑推理,但其解释和编译速度难以提高,从而又限制了它们的应用范围,不适用于 STA 这种实时性很高的系统。C语言具有高效、灵活、可移植性能好的优点，已成为目前应用最广泛的一种编程语言。C++是C语言的扩展，不仅保留了C语言的全部优点，而且全面支持面向对象的程序设计的特点，具有面向对象的全部特征，即封装性、继承性和多态性等。由C到C++，不仅加进了面向对象的特征，更主要的是引入了面向对象的程序设计方法。

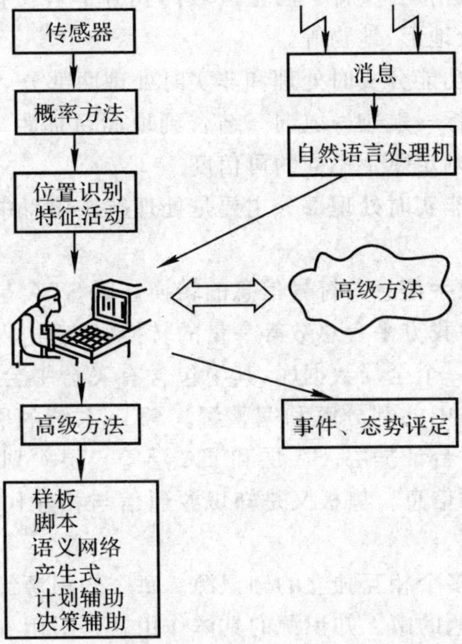

图8.24 一个使用了ES技术的融合系统的示意图

4. 黑板模型

黑板模型是一种构成专家系统较理想的方式。它是为了实现问题分级求解与并行处理而提出来的。黑板模型可以被看做是一种多专家的专家系统，它由知识源、黑板与控制机制组成。由于黑板结构中包含多专家知识，允许采用不同的知识表示方法以及灵活的推理，因此黑板模型非常适用于STA系统。由黑板模型组成的STA系统如图8.25所示。

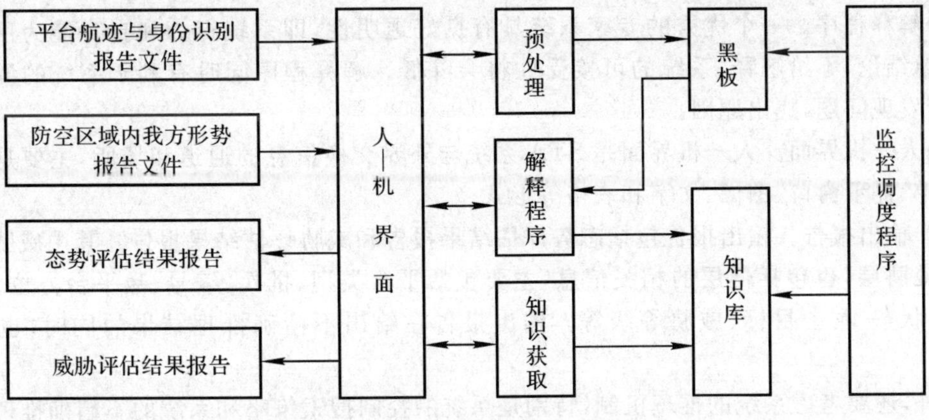

图8.25 由黑板模型组成的STA系统

(1)平台航迹与身份识别报告。多传感器信息经数据融合低级处理之后,形成了对飞行平台的定位与跟踪报告。这属于融合的一级结果,包括极坐标系中的 r,θ,φ 及 v 和时间信息。身份报告主要包括编号、批次、类型及敌我属性。由于其中包含不确定性,每条航迹都给出一个可信度,以说明航迹信息与事实的符合程度。

(2)防空区域内我方形势报告文件。防空区域内我方形势文件主要包括我方各重要军事设施的类型、位置报告,以及地形、地物等。

(3)预处理。预处理按功能分实时处理和非实时处理两部分。

实时处理:主要包括坐标→航迹→航向→结合到地面目标距离、航向角等因素,判定攻击企图,并根据夹角的大小给判定赋予不同的可信度。

非实时处理:预处理中非实时处理部分主要是处理航迹信息中的不随时间变化部分,如属性、类型和编号等。

以上两部分均包括由数字信息向符号信息的转换。因 STA 是高级符号推理过程,故包括敌方平台高度、到达时间、敌我方平台总数等参量的转换,最后送入黑板的底层中。

(4)黑板。黑板相当于一个全局数据库,其中包含有飞行平台的原始数据、预处理后的信息以及态势评估与威胁评估中的部分解和完整解。STA 系统的黑板可根据具体情况被划分成若干层,如原始数据层、平台证据层、SA 层和 TA 层等。层次划分并不严格,每层的推理工作一般都需要来自下一层的信息。黑板又是知识源通信与相互作用的媒介,黑板上的信息变化将引起相应知识源的操作。

(5)知识库。知识库分多个相互独立的知识源。每个知识源都完成特定的任务,它们通过黑板进行通信,合作求出问题的解。知识源的具体作用就是引用一些黑板上某一层次的信息,去修改黑板上另一些层次的信息,每个知识源都涉及黑板上的一两个层次。

(6)监控与调度。监控与调度的主要任务是根据黑板底层的输入信息,调动相关知识源,逐步进行推理,得出 SA 和 TA 的结论。

(7)知识获取。知识获取主要分知识形成和知识输入两个部分。领域知识是由专家提供的,而不是现成的。能直接送入计算机进行处理的信息,由于保密的原因,搜集、整理具有相当的困难,加上不同的指挥员对一些与经验有关的知识可能有不同的看法与理解,分析起来难度大。就是仅将知识整理、表示成便于计算机存储、修改及处理的形式,工作量也很大。这部分工作由人工完成,此后输入在计算机提示下完成。

(8)解释程序。一个优秀的专家系统具有良好透明性,即系统行为和自身能为用户所理解。只给结论,不给解释,系统的可接受性将会降低。解释程序同时有利于系统的调试和维护,便于发现问题,找出原因。

(9)人—机界面。人—机界面是 STA 系统与外界交换信息的通道和场所,主要是采用下拉式菜单、提示窗口、图像、文字和表格等形式。

(10)输出报告。输出报告包括态势评估结果报告和威胁评估结果报告。其中威胁评估结果来自威胁层,也包括低层的相关信息,主要包括平台类型、批次、编号、敌平台方位、战斗能力、运动状态、攻击目标、威胁等级等。输出报告在给出不精确推理结果的同时,也给出可信度。

此外,还要考虑系统的推理机制,特别是系统的控制搜索策略和系统的不精确推理等。

5. 系统的知识库

系统的知识库主要包括三个方面内容。

(1)系统的领域知识。系统的领域知识包括：

1)防御区域的军事设施，根据重要性可分成若干级别；

2)空中可能出现的空袭平台，如 F—16、幻影—2000 等多种作战平台；

3)平台的运动状态可分多个级别；

4)平台对防空兵器的破坏率及杀伤率；

5)多批次平台的处理；

6)平台编队、组成和进攻模式；

7)平台状态的连续性等。

(2)知识表示方法。知识表示方法通常利用产生式规则，它是专家系统中最常用的知识表示方法。其优点主要表现在以下几点：

1)模块化：由它们构造的大专家系统，库中的规则易于增、删、改，而不影响系统的其他规则。

2)一致性：所有知识都按产生规则编写，控制操作及修改都容易。

3)自然性：易于理解。产生式规则是用 AND 或 OR 连接的，如：

IF　雷达　THEN　二级军事设施(1.0)

其中(·)表示结果的可信度。又如：

IF　极强敌　AND　运动状态一级
AND　攻击目标一级　THEN　威胁等级一级(0.99)

(3)知识库的建立。采用面向对象的设计思想设计的系统知识源，把知识源表示成一类统一结构的对象，包括知识源规则集和操作这些规则的所有函数。这里设计的知识库由知识源的多个对象组成。知识源的定义由 C++ 中的类实现。

以上仅给出了专家系统的一个框架，在实际设计和实现时还有很多工作要做，在此不一一赘述。

8.7　多传感器数据融合在 C^3I 系统中的应用

随着 C^3I 系统性能的增加和复杂度的提高，系统中使用的传感器在类型和数目上都有所增加，需要收集、加工和分类的信息量非常庞大，这就要求 C^3I 系统必须采用自动化数据融合的技术和方法，使之能高效率处理大量的输入数据，并产生精确的估计，得到连续的战术或战略态势表示。这样，指挥员才能准确及时地掌握战场情况，才能有效地进行战场管理和决策。

在 C^3I 系统中使用多传感器数据融合的理由如下：

(1)目标的机动性或速度越来越大，反应时间越来越短，要求数据处理系统有较快的响应速度；

(2)武器杀伤力的增强要求系统有更敏感的检测能力和更快的对抗反应；

(3)敌方采取各种措施降低目标的可观察性，控制可能被识别的目标特性，因而要求系统能够更灵敏地检测和识别处理目标特征；

(4)在高费用和高风险的场合，需要操作人员遥控指挥或自主武器系统，此时通常需要自动融合处理；

(5)当平台类型和密度增加，并拥有完善的对抗措施时，目标的破坏性、欺骗性以及毁灭性对抗措施也随之增加，此时需提高对目标的识别能力。

为满足上述军事应用上的需求，在数据融合系统中采取以下措施来提高数据融合处理的自动化水平。

(1)使用多种传感器和多个频道(如无线电、红外、光电)的发射和反射，进行截获、检测、识别和跟踪目标；

(2)利用战区战术数据链和全球战略数据网，在指挥和控制节点间有效地传输数据，交换互相关联的航迹和检测，并进行传感器之间的交接；

(3)使用带有数据链的分布式传感器网络，提供具有改进检测和对抗性能的协调监视和定位能力；

(4)使用多个互补的无源传感器(如 ESM，IR 或 EO)，发展无源的、低可观测性的武器系统，来替代或支持如雷达之类的单一、有源传感器系统。

数据融合技术可被广泛地应用于 C^3I 系统的各个方面，如目标跟踪和状态估计、自动目标识别、态势和威胁估计等。

8.7.1 军用数据融合-决策支持的体系结构

图 8.26 为一个典型的军事数据融合-决策支持系统——C^3I 系统。系统使用多种传感器从作战环境中收集数据，并形成报告送给数据融合子系统。传感器收集的数据有以下几种：

(1)检测报告，包括标记了时间的事件或带有有效位置或性质信息的目标；

(2)传感器级航迹，它模拟目标的状态(行为)，并可能包含目标的性质信息；

(3)事实陈述，一般由情报源提供，并且往往关系到敌方部队的当前或预测的行为。

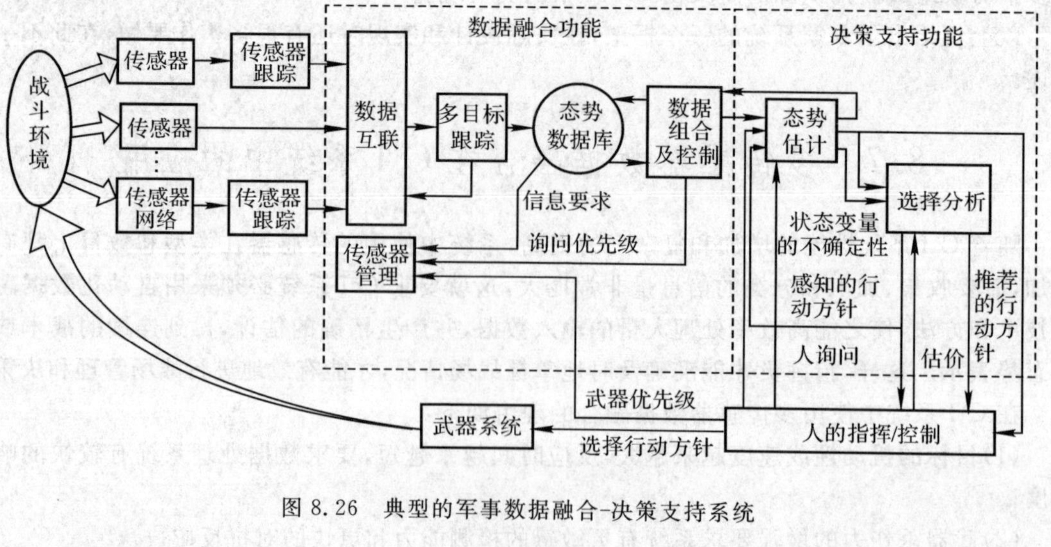

图 8.26 典型的军事数据融合-决策支持系统

1. 数据融合子系统

本子系统完成一级融合功能，把初始传感器报告进行关联和组合，最终形成一个公共态势数据库。目标运动的时候，传感器报告也按时间积累，瞬时航迹随时间向前延伸，这些目标航迹、事件和检测的历史数据，以及对事实的描述，都保存在态势数据库中，并用数值分类算法和符号处理将与各个目标相关联的属性数据进行组合，以改善对目标-事件性质的估计。

(1)用于多目标跟踪的数据关联和估计。首先在时间和空间上对传感器检测和航迹进行关联，以便把传感器的数据分配到各个目标文件中。由于从传感器来的报告和航迹有着不同的几何形状、分辨率、测量空间和时间，因此必须把所有测量结果变换到一个公共的空间坐标系和时间参考系中，进行时间、空间和量纲对准，从而得出各种关联假设，以确定所有可能的报告-报告或报告-航迹分配。图 8.27 描述了典型的关联跟踪功能，其中的传感器分为跟踪和非跟踪(只有报告)两类。

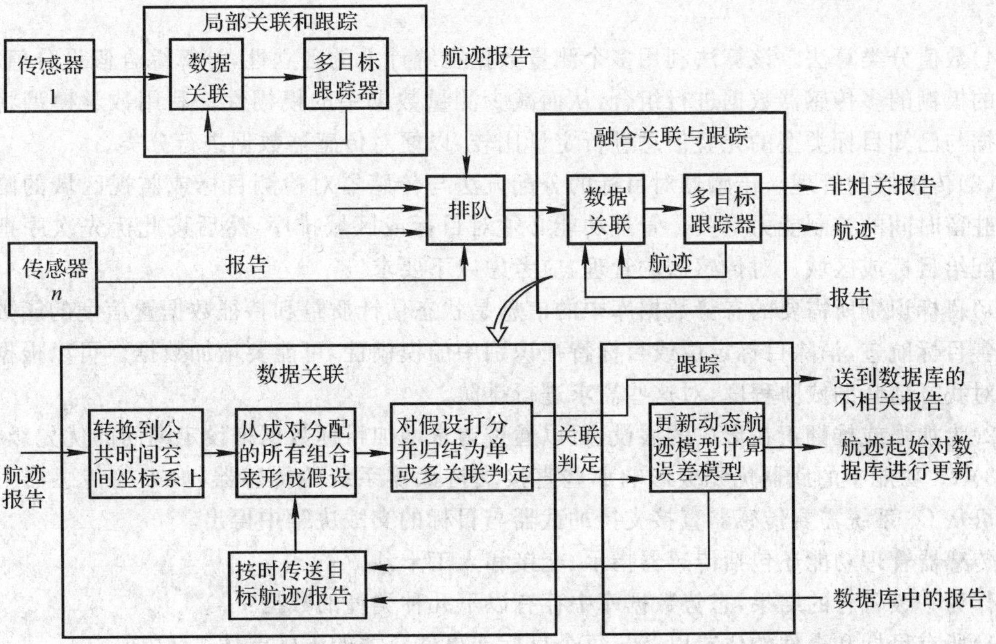

图 8.27　数据关联和跟踪功能

首先把每个新航迹报告转换到公共的空间坐标系，然后形成假设分配对，即把假设分配给态势数据库中现有的报告或航迹。测出传感器报告与假设分配之间的距离，以及表征传感器报告和假设分配的特征数据，根据这个度量对每个假设记分、评价，从中选择一个假设分配对。当有多个假设可利用时，为避免重复计算和出现多假设的情况，要使可接受的假设分配对最少。

如果现有航迹对新报告数据的分配是唯一的，则可更新动态跟踪滤波器，以改善对目标行为的估计。将不相关的报告存放到态势数据库中，以便与进一步的检测数据进行可能的关联。由于传感器测量和目标密度的不确定性，常常用概率方法对多传感器系统产生的多个假设进行记分和评估。

在整个关联-跟踪过程中，对假设的管理和对机动目标的动态跟踪是最困难的问题。

(2)用于目标识别的属性融合。为了把目标归类到某个目标集或目标类，数据关联后的下一步工作是对态势数据库中与每个目标相联系的所有传感器数据进行组合，并由此推知目标的身份。一般来说,可选用结构化的算法和符号推理,使组合-推理自动化。对直接测量的特性、行为特征以及数据库中的上下文信息的任意组合,都可以用于目标分类。为进行这种组合处理,要求有以下几种类型的先验知识。

1)结构化模型。结构化模型用来定义目标属性(如声音-IR-雷达特性,RF发射,运动包络线以及各组成部分)与目标或目标类之间的关系。

2)行为模型。行为模型用以刻画目标或事件的时间行为(如飞机的速度-高度飞行包络线,地面部队集结-进攻轮廓)和空间行为(如目标编成,武器射程)。

3)启发式推理规则。启发式推理规则包括简单的IF-THEN规则和布尔(AND,OR,COMPLEMENT)关系,由它们提供一个构造推理模板的通用结构。每条规则都含有前项和后项。

4)数值分类算法。该算法利用多个测量数据在统计上的独立性,计算综合假设分值,对不完全的模糊的多传感器数据进行组合,从而减少测量数据中的模糊性。利用数学模型将传感器数据与已知目标类型的先验信息进行定量比较,以便对传感器数据进行分类。

(3)传感器的管理。传感器对目标的分配方法与传感器对检测目标或监视区域的瞄准及照射驻留时间的控制能力有关。管理功能必须对目标或区域排序,然后按此优先次序把传感器分配给目标或区域。对传感器的管理,应考虑以下要求。

1)目标识别所需要的态势数据库中的信息是状态估计质量和特征数据置信度的函数。为了改善目标航迹,消除目标定位或目标特征识别中的模糊性,可能要增加数据。可以根据每个目标对我方部队的威胁程度,对这些需求进行排队。

2)为加强或推翻正在形成的假设,可以通过请求增加目标数据来设定询问的优先级。

3) C^2 功能中的武器优先级影响那些直接支持武器系统的传感器,如火控传感器。该优先级可从 C^2 系统需要传感器直接支持的武器与目标的交战决策中得出。

传感器管理功能还包括传感器指示、交接和人工干预。

作为一级融合的结果,态势数据库中存有以下几种类型的数据:

1)所有目标和事件的位置以及与每个目标或事件有关的不确定性;

2)动态目标的状态估计(航迹),根据该状态可预测目标的未来行为;

3)目标识别信息以及与目标特征有关的不确定性或模糊性;

4)由各个目标的位置、行为或多目标聚集行为所得出的军事态势的重要性;

5)传感器分配、调度或对每个目标的优先级。

2. 决策支持子系统

数据融合子系统的结果要被送往决策子系统,用于态势评定和威胁估计。由于传感器测量和覆盖方面的缺点,从而使模型化态势中含有不确定性。其结果,就使多个假设涉及态势模型中的多个元素(如目标位置、身份、行为特征)。这样,态势评估功能就要运用军事条例模板和随机推理来对多个假设进行选择,以减少重要方案的数量。然后将可能的态势集,连同状态变量的不确定性,一起送到方案分析模块,以建立军事行动的各种可选方案,并对其进行分析和排序。

以上功能属于高层次的数据融合和推理,通过融合推理,确定目标或事件的状态及其行为的含义或军事意义。通过人工或自动询问搜索(空间的、时间的或频谱的)模式,从中推断出态势或威胁,可用以下加以描述。

(1)作战计划和指令,可利用的行动路线,敌军意图或活动;

(2)我军攻击敌方目标的机会;

(3)敌军对我军的威胁,以及解除威胁的对抗措施。

在以上决策结果的基础上,研究和形成各种行动方案,计算所期望的结果,将最佳的行动方案连同打分一起送给指挥员,供其评估和考虑。

3. 人工指挥和控制

在指挥中心,空中每个目标的航迹参数、速度、态势、身份、武器、发射包络线及其他信息都被通过图形或表格等形式显示出来,供指挥员决策用。此外,指挥员还可观察各种可选的作战预案和预期结果。指挥员的任务是根据定下的作战方案调度武器系统,并通过对战斗环境的影响完成对原定计划的修改。同时,还要将计划行动和程序输入态势数据库,以辅助组合和推理过程。

8.7.2　一个典型的战术空战数据融合系统

图 8.28 是一个防御性空中对抗作战示意图。我方战斗机沿巡逻航线飞行,空中预警机(AWACS)为它们提供远距离监视支持。

战斗机上融合的数据有两个来源:

(1)战斗机自身传感器,包括火控雷达、敌我识别(IFF)、红外传感器(IRST)、雷达-IR-EO 报警传感器及电-光(EO)传感器等;

(2)战术数据链,它能够把预警飞机获得的目标航迹和性质传给每一架战斗机,或从这架战斗机传给另一架战斗机。

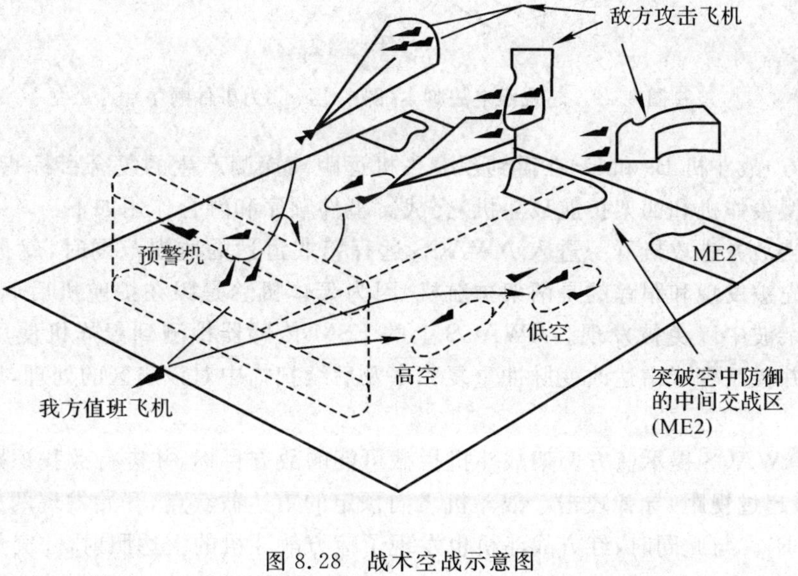

图 8.28　战术空战示意图

为不致贻误战机,必须迅速截获、跟踪识别和交换目标,同时为飞行员提供攻击方案。这样,每架战斗机需要有适当容量(10～30 条航迹)和决策能力的融合系统,它们共享传感器数据,并能相互协作进行一场多目标攻击。整个空战指挥系统的数据融合和决策能力分布于各战斗机中,并通过战术数据链联系起来。

数据融合也可在个别战斗机(如长机)上完成。为了能够给每个飞行员提供空域(这个空域大大超过视距武器的最大发射包络线)内目标的合成显示画面,僚机飞行员必须通过战术数据网的子网交换数据。战斗机同时也作为辅助传感器传送融合航迹和识别信息,以便于预警机上的中心目标数据库进行融合。中心数据库中保存有更大范围的监视数据。接着预警飞机把航迹和标识信息传送给战斗机,对覆盖范围内的目标进行指示。这种数据传输网络也可以扩展到陆基传感器(如警戒雷达、ESM 等),由它们提供航迹信息和接受来自广域监视数据库的指示命令。

图 8.29 是一个典型的超视距空战脚本。

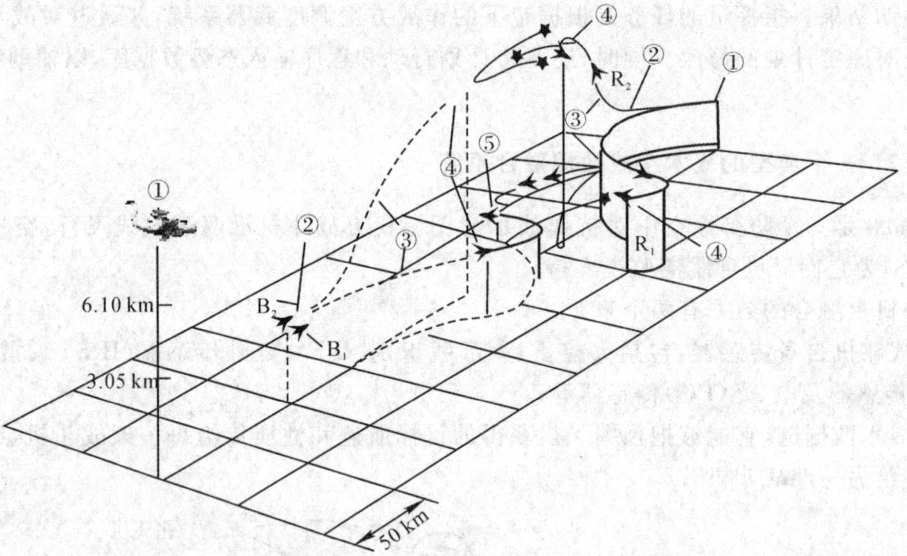

图 8.29　超视距空战脚本(图中①～⑤为事件顺序)

蓝军(我方)战斗机 B_1 和 B_2 在得到预警飞机远距离探测产生的复合目标指示后,与敌方机组(两架中型轰炸机和四架护航战斗机)交战。事件顺序和融合作用如下:

第一步:当敌方进攻机群一进入 AWACS 远程警戒雷达的监视范围时,就被 AWACS 发现。其中,首先被发现和跟踪的是两架护航机,因为轰炸机总是跟在护航机后面,并作低空飞行,混在地面杂波中以免被发现。AWACS 上的 ESM 传感器检测到轰炸机使用的地形跟踪雷达发射机,并控制警戒雷达改变脉冲重复频率及后续扫描中对该扇区的处理,以改善对目标的探测。

第二步:AWACS 提示蓝方两架战斗机拦截可能的敌方目标,并进行敌我识别。若确系敌机,就用中程(超过视距)导弹攻击。战斗机飞向预定的雷达截获点,开始发现两架红方(敌方)战斗机 R_1 和 R_2。与此同时,红方战斗机也发现了蓝方战斗机的雷达照射,并突然从轰炸机上方离开,转弯后首先调整无线电波来增加雷达交叉截面和可探测性,企图使蓝方战斗机跟踪假目标。R_2 则迅速爬升,抢占高度优势并试图引诱蓝方战斗机远离轰炸机。

第三步:蓝方的 B_1 和 B_2 紧紧跟踪红方战斗机,并交换雷达航迹,以便得到一个最优方案,按照这个方案,将 B_1 和 B_2 上的传感器合理分配去跟踪两个分开的红方目标,并同时搜索尚未发现地形跟踪雷达目标(轰炸机)。

在每架蓝方战斗机的融合系统中，一级融合处理把雷达、IRST 和 ESM 的数据加以综合，以改善目标航迹，并试图把这些发射源与目标关联起来，以决定该发射源是否唯一地与给定的敌方使用的飞机型号相关。同时，机上的 IFF 询问直接发向每个目标，看这些目标是否能够与规定的密语进行响应。结果两个目标都没有响应，于是蓝方战斗机上的战斗管理算法相互进行协调，分配 B_1 去迎战 R_1，B_2 去迎战 R_2，从而使传感器覆盖的范围和导弹机会达到最优。由 B_1 盯住它视野内的 R_1，B_2 则加速爬升。由于爬升后的 B_2 现在能够在少杂波环境下跟踪 R_2 了，因此 B_2 可以把对目标的跟踪从雷达切换到 IRST。从拦截目标到可交战的整个转换，以及每架蓝方战斗机的态势和威胁估计显示，都描绘了相同的目标图像，这些图像用一些符号表示目标的特征，蓝方对红方的截击兵力分配，自身所面临的潜在威胁，以及对每个指定目标的导弹发射包络线数据等。

第四步：随着每架蓝方战斗机飞向指定的目标，要对传感器进行管理，以获得更确定的目标识别信息。首先激活中距离非协同目标识别传感器模型（在适当的传感器信号级上），试图通过传感器特征图来识别目标。

在 B_1 的融合系统中，雷达特征与非单一的 ESM 数据组合后，能够辨别出 R_1 确实是敌方的一个特定的战斗机型。之后，第三级融合处理就确定战斗机的导弹能力，并预测最优的交战点。这些信息以数据形式链接到 B_2，由 B_2 的第三级融合进行处理。根据 R_2 与 R_1 的协同行为和 R_2 切换到的雷达模式，表示它将要与 B_2 交战，以及 R_2 开始干扰 B_2 雷达这些事实，推断出 R_2 是敌机。B_1 和 B_2 分别向 R_1 和 R_2 发射导弹，导弹在指令制导阶段由每架飞机上的一级融合处理所得到的跟踪数据提供支持。

第五步：在整个格斗过程中，AWACS 和 ESM 已经周期性地检测到轰炸机的地形跟踪雷达，B_1 把第一级融合处理器中的发射源航迹（仅是方位）传送给 AWACS，以对轰炸机进行无源定位。随着 AWACS 与 B_1 之间的距离增加，以及 B_1 与轰炸机的距离缩短，航迹估计得到改善，从而使状态估计充分精确，提示 B_1 去搜索轰炸机。在 B_1 对轰炸机发起攻击前，通过发射源或雷达特征在短距离内能够准确地识别目标。

虽然这个空战例子是比较简单的，但它充分说明战术空战融合功能的复杂性。这些融合功能面对的是机动目标，并要求在比较短的时间内在三维空间上完成，所以，在每架飞机上必须进行三级融合，必要时，还要利用来自其他飞机传感器的数据。

8.7.3　军用数据融合系统的特殊问题

军用数据融合系统，由于其特殊的用途和目的，必须考虑战争策划者和指挥者的某些特殊要求。军用数据融合系统的特殊问题如下：

1. 信息和软件的安全性问题

军用数据融合系统汇集了各类传感器和信息源的数据，这些数据常常具有不同级别的保密性和访问权限。源情报数据由于要进行推理，其收集手段有多种，因此也最容易泄密，所以它的保密级别比战术传感器更高，在对这些源数据进行多次处理时，必须对输入、输出数据严格按照保密程序保密。在把数据融合结果分发到各级用户（如国家或区域指挥员和作战部队）时，要求数据处理具有对数据的跟踪审查功能，以便对各级输出数据按保密进行分级，并限制授权用户的存取权限。另外，计算机在整个数据融合系统中属于核心设备，支持系统正常工作的各种软件是数据融合系统的神经中枢。如果软件系统出了差错，就会导致整个系统失效和瘫痪，甚至会产生灾难性后果。计算机工作时的电磁辐射也易造成泄密。特别还有计算机病毒的侵袭，发作后会使计算机速度变慢，内存破坏，系统停机，网络通信中断，数据混乱等，从而可能导致整个系统或部分系统失灵，甚至还可能误伤自己。例如，在海湾战争中，由于数据融合错误，美军轰炸了巴格达的一所民用防空洞，遭到国际舆论的谴责。英阿马岛之战中，英方将飞鱼式导弹列为友方导弹，殊不知阿方也使用了这种导弹，因敌我识别错误英舰被击沉，导致了惨痛失败。所以，融合系统中软件的安全性问题也必须考虑。

2. 多传感器对抗

敌人总是要对我方的多传感器系统采取各种欺骗、破坏和利用等对抗措施，如果现有的数据融合系统没有考虑向对方传感器发送虚假信息这一反对抗措施，则可使用多个传感器进行协同对抗。这可能很有效，但应考虑以下几个问题：

(1)协同的传感器欺骗。使用多个传感器进行协同欺骗，可使敌方产生一个虚假的探测或分类。虽然多传感器协同欺骗较单传感器欺骗更复杂，但由于敌方融合了多个虚假输入，因而这种对抗措施的欺骗性比较高。

(2)选择性干扰破坏。如果对敌方多传感器组中多传感器的选择性实施干扰，可使敌方传感器在时间、空间或频谱范围内产生盲点，减低性能，并为未探明目标或活动提供检测机会。

(3)行为欺骗。根据敌方行为推断其性质、意图或计划的基于知识的系统，必须考虑突然的、未必可能的行为，以及人的欺骗等因素。

3. 对用于杀伤的数据可信度的要求

军用系统使用数据融合的目的是杀伤(武器投入)和非杀伤(情报、侦察、监视、目标截获)，对数据可信度的要求与杀伤目的有关。例如，对某个目标使用武器所进行的目标识别，就要求非常高的识别准确性，以免弄错被攻击目标(由于错误的对敌判断)，减少对我方部队的威胁(由于错误的对我判断)。对于报警、提示和计划来说，可信度比较低的数据仍然是可以使用的；但对于在正规交战原则指导下与目标的交战，只有高可信度的数据(如准确的敌方识别信息)才能使用，这一点是毫无疑义的。由于上述原因，对数据可信度量级的明确说明及其合适的显示方式，在军事系统中极为重要。

4. 融合系统的分类方法

军用数据融合系统除要求对传感器、信息源和处理的信息进行保密外，一般还要求对数据收集的手段和处理方法加以分类，对军用传感器、数据融合系统和软件代码也要进行分类。这些分类可以揭示系统的能力、性能限制及薄弱环节，从而针对不同的系统能力、性能限制和薄弱环节采取相应的措施，保证系统的保密性。

参考文献

[1] 吕辉,贺正洪．防空指挥自动化系统原理．西安:西安电子科技大学出版社,2003.

[2] А. П. Янцев. ОСНОВЫ ОБРАБОТКИ И ПЕРЕДАЧИ ИНФОРМАЦИИ. ВОЕННОЕ ИЗДАТЕЛЬСТВО МИНИСТЕРСТВА ОБОРОНЫ СССР МОСКВА, 1978.

[3] 刘作良,许锦州,江光杰．指挥自动化系统．北京:解放军出版社,2001.

[4] 苏建志,温熙森,沈永平,等．指挥自动化系统．北京:国防工业出版社,1999.

[5] 刘曙阳．C^3I系统开发技术．北京:国防工业出版社,2000.

[6] 杨力生．军队指挥自动化系统．北京:国防工业出版社,1994.

[7] 杨金华,黄彬．作战指挥概论．北京:国防大学出版社,1995.

[8] 赵树杰．统计信号处理．西安:西北电讯工程学院出版社,1986.

[9] 华中和,吴国良．雷达网信息处理(上册)．武汉:空军雷达学院,1992.(内部教材)

[10] 夏南银,张守信,穆鸿飞．航天测控系统．北京:国防工业出版社,2002.

[11] 王正明,周海银．弹道跟踪数据的校准与评估．长沙:国防科技大学出版社,1999.

[12] 张守信．外弹道测量与卫星轨道测量基础．北京:国防工业出版社,1992.

[13] 陈芳允,贾乃华．卫星测控手册．北京:科学出版社,1992.

[14] 贺正洪,胥明军．一种适合防空C^3I的坐标变换方法．系统工程与电子技术,2000,22(7).

[15] 贺正洪,赵学军,张金成．分布式防空C^3I的坐标变换体系．系统工程与电子技术,2005,22(7).

[16] Zhuo Y, Leung H. Sensor alignment with Earth-Centered Earth-Fixed (ECEF) coordinate system[J]. IEEE Transactions on Aerospace and Electronic Systems, 1999, 35(2).

[17] 刘桂芳,冯毅．高技术条件下的C^3I——军队指挥自动化．北京:国防大学出版社,1994.

[18] 陈文伟．决策支持系统及其开发．2版．北京:清华大学出版社,南宁:广西科学技术出版社,2000.

[19] 胡寿松．自动控制原理．3版．北京:国防工业出版社,1994.

[20] 江秀汉,周建辉,汤楠．计算机控制原理及其应用．西安:西安电子科技大学出版社,1995.

[21] 贺正洪,张金成．防空C^3I系统中实现武器自动控制的途径．飞航导弹,2001(3).

[22] 卢成文．世界飞机手册．北京:航天工业出版社,1994.

[23] 中国军事百科全书编审委员会．中国军事百科全书[M/CD]．北京：军事科学院军事百科研究部，北京北大方正电子出版社，1995.
[24] 杨静宇，邬永革，刘雷健，等．战场数据融合技术．北京：兵器工业出版社，1994.
[25] 刘同明，夏祖勋，解洪成．数据融合技术及其应用．北京：国防工业出版社，1998.
[26] 何友，王国宏，陆大绘，等．多传感器信息融合及应用．北京：电子工业出版社，2000.
[27] 杨万海．多传感器数据融合及其应用．西安：西安电子科技大学出版社，2004.
[28] 康耀红．数据融合理论及应用．西安：西安电子科技大学出版社，1997.
[29] 周宏仁，敬忠良，王培德．机动目标跟踪．北京：国防工业出版社，1991.
[30] A. 菲利那，F. A. 斯塔德．雷达数据处理．北京：国防工业出版社，1988.
[31] 蔡庆宇，薛毅，张伯彦．相控阵雷达数据处理及技术．北京：国防工业出版社，1997.
[32] 杨启和．地图投影变换原理与方法．北京：解放军出版社，1989.
[33] 胡毓钜，龚剑文，黄伟．地图投影．北京：测绘出版社，1986.